TRAUNER VERLAG

BILDUNG

Bildung, die begeistert!

Vernetzungen

■ Tourismusgeografie und Reisebüro

MANFRED DERFLINGER

PETER ATZMANSTORFER

GOTTFRIED MENSCHIK

ALFRED REIMAIR

SABINE POHL

IV

HLT

PEFC

PEFC/06 39 364/05

© 2019
TRAUNER Verlag + Buchservice GmbH
Köglstraße 14, 4020 Linz
Österreich/Austria
Alle Rechte vorbehalten.

Nachdruck und sonstige Vervielfältigung, auch auszugsweise, nur mit ausdrücklicher Genehmigung des Verlages.

Layout wurde vom Patentamt mustergeschützt © Österreich 2010

Lektorat/Produktmanagement:
Mag. Claudia Danzer
Korrektorat: Johann Schlapschi
Gestaltung und Grafik: Teresa Foissner
Titelgestaltung: Sandra Bauer
Schulbuchvergütung/Bildrechte:
© Bildrecht GmbH/Wien
Gesamtherstellung:
TRAUNER Druck GmbH & Co KG

ISBN 978-3-99062-377-0
Schulbuch-Nr. 190.766

ISBN 978-3-99062-591-0
Schulbuch-Nr. Kombi E-Book 190.901

www.trauner.at

Impressum

Derflinger u. a., Vernetzungen – Tourismusgeografie und Reisebüro IV HLT

1. Auflage 2019
Schulbuch-Nr. 190.766
Schulbuch-Nr. Kombi E-Book 190.901
TRAUNER Verlag, Linz

Die Autoren

DIR. HR MAG. MANFRED DERFLINGER
Direktor der Höheren Bundeslehranstalt für wirtschaftliche Berufe Steyr

MMAG. PETER ATZMANSTORFER
Professor an der Höheren Lehranstalt für wirtschaftliche Berufe und Bildungsanstalt für Kindergartenpädagogik der Don-Bosco-Schwestern Vöcklabruck

MAG. DR. GOTTFRIED MENSCHIK
Professor an der Bundeshandelsakademie Wien 22

MAG. ALFRED REIMAIR
Professor an der Höheren Lehranstalt für Tourismus Bad Ischl

DIPL.-PÄD. SABINE POHL, BED
Berufsschule für Handel und Reisen, Wien

Approbiert für den Unterrichtsgebrauch:

Für den IV. Jahrgang an Höheren Lehranstalten für Tourismus im Unterrichtsgegenstand Tourismusgeographie und Reisebüro, Bundesministerium für Bildung, Wissenschaft und Forschung, GZ 5.048/0035-IT/9/2018 vom 05. Juli 2019

Die Inhalte entsprechen dem vorgeschriebenen Kompetenzraster laut Bildungsstandards und sind laut Lehrplan zu vermitteln. Eine Auswahl bzw. Gewichtung ist nur innerhalb einzelner Kapitel (Beispiele bzw. Vertiefungsangebote) gewährleistet, nicht jedoch dürfen lt. Ministerium einzelne Kapitel oder Kompetenzbereiche ausgelassen werden.

Liebe Schülerin, lieber Schüler,
Sie bekommen dieses Schulbuch von der Republik Österreich für Ihre Ausbildung. Bücher helfen nicht nur beim Lernen, sondern stehen Ihnen auch im Berufsleben zum Nachlesen und Nachschlagen zur Verfügung.

Einleitung

Das Ziel von **Vernetzungen** ist es, den Schülerinnen und Schülern Kompetenzen zu vermitteln, die es ihnen ermöglichen sich in einer vernetzten Welt zurechtzufinden, die Wechselwirkungen von räumlichen, ökologischen, gesellschaftlichen und wirtschaftlichen Realitäten zu erkennen und diese kritisch zu hinterfragen.

Zu Beginn eines jeden Großkapitels stimmen Einstiegstexte in die Thematik ein und zeigen den Schülerinnen und Schülern, was sie in diesem Kapitel erwartet.

Zahlreiche **Grafiken** und **Karten** ermöglichen es den Lernenden sich einen visuellen Überblick über den Lernstoff zu verschaffen.

Am Ende der Kapitel finden sich **Ziele-erreicht-Seiten,** die auf unterschiedlichste Weise den erarbeiteten Stoff abfragen, vertiefen und festigen.

Im **topografischen Überblick** kann die Schülerin/der Schüler ihr/sein Wissen mit Hilfe von stummen Karten und gezielten Arbeitsaufgaben überprüfen.

Wesentliche Elemente und verwendete Symbole

Die angeführten **Ziele** kennzeichnen, über welches **Wissen** bzw. über welche **Kompetenzen** die Schülerinnen und Schüler nach Durcharbeiten des Kapitels verfügen. Die Ziele sind farblich nach dem jeweiligen **Kompetenzniveau der Bildungsstandards** gekennzeichnet.

Sowohl für die Ziele als auch die unterschiedlichen Arbeitsaufgaben werden drei Kompetenzniveaus mit folgenden Operatoren verwendet.

Folgende Piktogramme unterstützen das Lehren und Lernen mit dem Buch:

 Meine Ziele KOMPETENZ-ERWERB ✓

- **Anforderungsbereich I – Reproduktion**
  (be)nennen, herausarbeiten, beschreiben, darstellen, ermitteln, zusammenfassen, aufzählen, wiedergeben, feststellen, auflisten, bezeichnen, definieren, darlegen, lokalisieren, im Atlas/auf der Karte suchen

- **Anforderungsbereich II – Transfer**
  Analysieren, erklären, vergleichen, auswerten, einordnen, zuordnen, begründen, erstellen, untersuchen, skizzieren, erheben, recherchieren, berechnen, charakterisieren, kennzeichnen, feststellen, formulieren, erläutern, bestimmen, angeben, herausarbeiten, erarbeiten, ermitteln, erschließen, exzerpieren, herausfinden, interpretieren, widerlegen, zeichnen, verfassen, schreiben, gestalten (z.B. eine Schautafel etc.)

- **Anforderungsbereich III – Reflexion und Problemlösung**
  Beurteilen, überprüfen, bewerten, erörtern, gestalten, interpretieren, Stellung nehmen, entwerfen, entwickeln, gestalten, erstellen, veranschaulichen, problematisieren, prüfen, überprüfen, sich auseinandersetzen, diskutieren, hinterfragen, (verantwortungsvoll) handeln

 Arbeitsaufgaben erfordern die praktische Umsetzung des Wissens und verlangen zum Teil eigene kreative Lösungsansätze. Sie helfen den Lernenden, die Kenntnisse und Fertigkeiten zu festigen.

 „Ziele erreicht?"-Aufgaben am Ende eines Kapitels ermöglichen den Lernenden, selbst festzustellen, inwieweit sie in ihrem Lernprozess erfolgreich waren. Der Kompetenzzuwachs wird aufgezeigt.

 für Wissenswertes und Tipps

Zitierte Quellentexte aus Büchern, Zeitungen und Internet vertiefen die Informationen. Einerseits werden dadurch komplexe Zusammenhänge oft besser verständlich, andererseits können so auch unterschiedliche Standpunkte zu ein und demselben Thema präsentiert werden.

Viel Freude und Erfolg wünscht Ihnen das Autorenteam!

Inhaltsverzeichnis

Orientierung

Meine Ziele

Nach Bearbeitung dieses Kapitels kann ich

- Karten nach ihrem Zweck einordnen;
- die Funktionsweise eines GPS beschreiben;
- die Lage von Städten mit Koordinaten bestimmen;
- den Zeitunterschied zwischen verschiedenen Städten berechnen;
- Karten und Online-Karten verwenden.

1 Geografie in ihrer Vielfalt

Die Geografie beschreibt und erklärt die räumlichen Strukturen und Vorgänge an der Erdoberfläche sowie ihre Auswirkungen auf den Menschen und ihre raumwirksamen Handlungen. Sie entwickelt Konzepte zum Verständnis und zur Lösung von Problemen zwischen Mensch und Umwelt und bildet somit die Nahtstelle zwischen den Naturwissenschaften und den Sozialwissenschaften.

T ragfähigkeit
O berflächenformen
U rwald
R aumplanung
I ndustrieräume
S ahelzone
M eeresstraße
U ral
S chiffsverkehr

G lobalisierung
E rosion
O zonschicht
G estein
R egenwald
A gglomeration
F airer Handel
I sobaren
E uropäische Union

T

O

U

R

I

S

M

U

S

G

E

O

G

R

A

F

I

E

Arbeitsaufgabe

- Finden Sie weitere geografische Begriffe oder Namen für den Begriff Tourismusgeografie.

2 Orientierung im Raum

Nachrichtensendungen aller Art liefern ständig Informationen von jedem Punkt der Erde rund um die Welt. Wissenschaftler/innen sprechen in diesem Zusammenhang vom globalen Dorf. Sie meinen damit, dass mithilfe von Satelliten aktuelle Nachrichten fast überallhin weitergegeben werden können. Nicht nur die Brennpunkte des Weltgeschehens sollten genau verortet werden können, auch in vielen Situationen des täglichen Lebens ist es wichtig, sich genau orientieren zu können.

2.1 Lagebestimmung von Orten

Dazu ist das Lesen und Auswerten von Karten genauso notwendig wie die Fähigkeit, Lage, Entfernungen und räumliche Beziehungen zwischen einzelnen Gebieten abzuschätzen. Daneben werden zunehmend moderne Methoden wie GPS eingesetzt. Grundlage für beides ist das Gradnetz.

2.1.1 Das Gradnetz

Schon in der Antike wurde von Gelehrten das Gradnetz entworfen, das die Erde mit gedachten Linien überzieht. Die Lage eines Ortes auf der Erde kann so genau durch seine geografischen Koordinaten bestimmt werden.

Die geografischen Koordinaten sind:
- die **geografische Länge** (Abstand vom Nullmeridian nach Westen oder Osten)
- und die **geografische Breite** (Abstand vom Äquator nach Norden oder Süden).

Länge und Breite werden in Grad, Minuten und Sekunden angegeben (jeweils 60 Minuten ergeben ein Grad, 60 Sekunden eine Minute).

Meridiane sind Halbkreise, die vom Nord- zum Südpol gehen. Zwei gegenüberliegende Meridiane bilden einen Längenkreis. Als **Nullmeridian** kann man eigentlich jeden Meridian definieren. Man muss sich nur darauf einigen. 1884 hat eine internationale Konferenz den Meridian, der durch den Londoner Stadtteil Greenwich geht, als Nullmeridian festgesetzt. Vom Nullmeridian aus wird die Erde nach Westen (westliche Länge) und nach Osten (östliche Länge) in je 180 Grad eingeteilt.

Parallel zum **Äquator** – dem längsten Breitenkreis – sind jeweils 90 Breitenkreise nach Norden und Süden im Abstand von 111 km gezogen.

Orientieren (latein. „orientare") bedeutete ursprünglich, die Himmelsrichtung nach der im Osten aufgehenden Sonne zu bestimmen. Im übertragenen Sinn heißt es: eine Richtung suchen, nach einer Himmelsrichtung einstellen, sich geografisch zurechtfinden, sich informieren.

Längen- und Breitenkreise sind gedachte Linien und in der Realität nicht sichtbar. In Greenwich ist allerdings ein Stück des Nullmeridians dargestellt und somit zu besichtigen.

Im lateinamerikanischen Land Ecuador (spanisch für Äquator) gibt es ein Äquatordenkmal. Dort kann der Äquator tatsächlich begangen werden.

■ Bestimmen Sie die Längen- und Breitengrade der im Gradnetz vorgegebenen Punkte B–F.

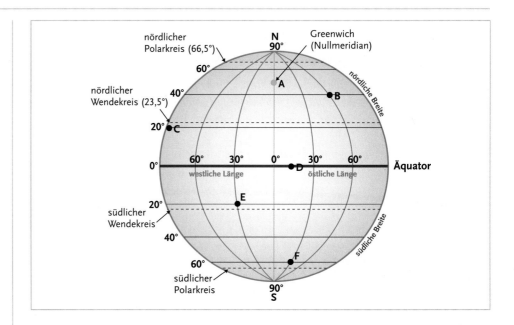

2.1.2 Der Maßstab

Der Maßstab ist ein Instrument zum Größenvergleich. Jede Darstellung der Erdoberfläche ist eine Verkleinerung des realen Abbildes. Der Maßstab dient dazu, das Verkleinerungsverhältnis darzustellen. Jede Karte enthält eine Maßstabsleiste. Als großmaßstäbig werden Karten bezeichnet, die eine detailgenaue Darstellung ermöglichen. Es sind dies Maßstäbe von 1 : 5 000 bis 1 : 50 000.

In kleinmaßstäbigen Karten müssen bestimmte Darstellungsformen generalisiert werden, um die Karte lesbar zu machen. Dazu gehört die je nach Kartenmaßstab und Verwendungszweck der Karte notwendige Vereinfachung der Formen (Geländeformen, Siedlungen, Verkehrswege). Einzelne nicht mehr darstellbare Objekte werden bei kleineren Maßstäben weggelassen oder es werden dafür bestimmte Zeichen (Signaturen) verwendet.

So funktioniert's!
Sie messen auf einer Karte mit dem Maßstab 1:500 000 zwischen den Orten A und B einen Abstand von 4,5 Zentimeter.

Schritt 1: Sie verschaffen sich Klarheit, welche Distanzen im angegebenen Maßstab gelten: 1 cm in der Karte sind 500 000 cm oder 5 km in der Natur.

Schritt 2: Sie multiplizieren die von Ihnen gemessenen Zentimeter mit der Maßstabsgröße: 4,5 x 5.

Ergebnis: Die Strecke zwischen A und B ist – als Luftlinie – 22,5 km lang.

 Arbeitsaufgaben

1. Suchen Sie mithilfe eines Atlas die Koordinaten von New York, Sydney, Nairobi und Graz.
2. Welche Orte liegen auf folgenden Koordinatenschnittpunkten: 140° ö. L., 36° n. Br.; 37° ö. L., 2° s. Br.; 72° w. L., 43° s. Br.?
3. Raten Sie, bevor Sie im Atlas nachsehen: Liegt New York auf der gleichen geografischen Breite wie:

   ■ Palermo   ■ Rom   ■ Mailand

   Überprüfen Sie das Ergebnis Ihrer Einschätzung unter Zuhilfenahme des Atlasses.
4. Rechnen Sie die Maßstäbe um und füllen Sie die Tabelle aus. Merkhilfe: Beim Umrechnen von cm in km müssen fünf Stellen gestrichen werden.

Maßstab der Karte	cm	km
1 : 25 000		
1 : 200 000		
1 : 1 500 000		
1 : 90 000 000		

2.2 Darstellungsformen – kartografische Hilfsmittel

Die erste Weltkarte entstand ca. 600 v. Chr. in Babylon. Aber erst Galileo Galilei (*1564; †1642) bereitete den Weg für eine professionelle Kartografie. Die erste große Weltkarte schuf Mercator 1569. Mittlerweile wird die Welt mithilfe von Satelliten vermessen und dargestellt.

Kartografische Hilfsmittel

Globus	Atlas	Karten
Der Globus ermöglicht auf seiner Oberfläche die einzige verzerrungsfreie Abbildung der Erdoberfläche.	Ein Atlas ist eine Zusammenstellung von Einzelkarten mit oder ohne Text- bzw. Bildbeilagen.	Karten sind vereinfachte, verzerrte Abbilder der Erde und stellen die Erdoberfläche in Teilen oder als Ganzes in einer Ebene verkleinert dar.

2.2.1 Der Globus

Der Globus bildet die Erde dreidimensional ab. Alle Flächen, Strecken und Winkel sind in richtiger Größe, Lage bzw. Länge dargestellt. Allerdings bietet er nur sehr wenige Information für eine genaue Orientierung und Ortsbestimmung.

2.2.2 Der Atlas

Es gibt eine Vielzahl von Themenkreisen, auf die sich ein Atlas spezialisieren kann: Umweltatlas, Bergbauatlas, Geschichtsatlas, Regionalatlas usw. Er enthält auch Karten zum Auffinden von Städten, Flüssen, Bergen und viele andere Informationen. Es existieren traditionell gedruckte Atlanten, aber auch interaktive Online-Atlanten.

2.2.3 Die Karten

Es gibt eine Vielzahl von Karten zu unzähligen Themen. Grundsätzlich unterscheidet man zwischen:

- **Physischen (oder topografischen) Karten:** Hierin findet man die Geländeformen dargestellt (das Relief), die Namen von Landschaften, Siedlungen, Flüssen und Seen. Die wichtigste Aussage liegt in der Darstellung des Reliefs. Meistens werden Tiefländer in Grüntönen dargestellt, Gebirge und Hochländer in Brauntönen. Beispiel: Straßenkarten
- **Thematischen Karten:** Hier werden bestimmte Themen ausgewählt und auf einer Karte dargestellt. Beispiele für Themen sind die Bevölkerungsdichte, das Bruttoinlandsprodukt (BIP) pro Kopf und die Klimazonen.

Straßenkarten bieten für Reisende spezielle Informationen. Dazu zählt eine genaue Unterscheidung der Verkehrslinien mit der Angabe von Entfernungen zwischen einzelnen Orten. Bei großmaßstäbigen Karten, wie z. B. im Maßstab 1 : 200 000, sind auch touristisch interessante Objekte eingezeichnet. Dazu gehören Beherbergungsbetriebe, Sehenswürdigkeiten und viele, auch kleinere, Ortschaften.

Radwanderkarten bieten zusätzliche Informationen über den Verlauf von Radwegen und spezielle Einrichtungen für Radreisende.

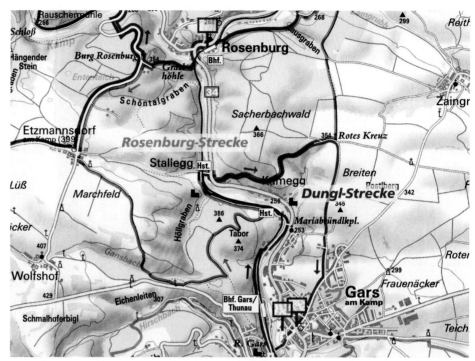

Ausschnitt aus einer Mountainbikekarte im Maßstab 1 : 50 000: „Dungl-Strecke" in Gars am Kamp, NÖ

Wanderkarten und Radkarten haben üblicherweise die Maßstäbe 1:50.000 oder 1:25.000. Wegmarkierungen, besondere Sehenswürdigkeiten und genaue Höhenangaben ersichtlich sein. Die Wanderwege sind mit Nummern versehen und zumeist rot eingezeichnet. In einer Legende sind häufig auch die Wegzeiten und die Hütten mit ihren Öffnungszeiten beschrieben.

Ein **Stadtplan** ist die zweidimensionale Darstellung des Verkehrsnetzes einer Kommune. Die zentrale Information des Stadtplanes ist das Straßennetz mit den Straßennamen. Die Straßen werden üblicherweise zusätzlich in einem Straßenverzeichnis aufgelistet. Wichtige Punkte wie Verwaltungsgebäude, kulturelle Einrichtungen, Sehenswürdigkeiten etc. werden hervorgehoben. Ergänzt wird der Stadtplan durch die Darstellung des öffentlichen Personennahverkehrs. Wesentliche Orientierungshilfen in Stadtplänen sind auch die Wasserstraßen und Wasserflächen des Ortes.

Pläne von Plätzen und Gebäuden

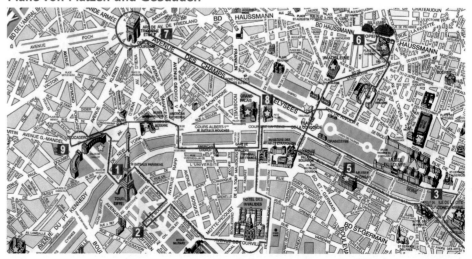

Legende:

━━━ Mountainbikestrecke

━━━ Mountainbikestrecke

➡ Richtungspfeil

➡ Richtungspfeil

Die **Legende** ist die Zusammenfassung und Erläuterung aller in einer Karte oder in einem Kartenwerk verwendeten Kartenzeichen, Farben und Schriften.

💡 In der Kartografie bezeichnet man als **Plan** eine großmaßstäbige Karte. Dabei geht die Reichweite von Stadtplänen mit einem Maßstab von 1 : 15 000 bis zu Gebäudeplänen im Maßstab 1 : 100.

✏ ■ Nebenstehendes Beispiel stellt einen v. a. für touristische Zwecke erstellten Stadtplan dar. Beurteilen Sie die inhaltliche Qualität der Darstellung. Welche Informationen werden betont, welche fehlen Ihrer Meinung nach?

Um im öffentlichen Raum und in öffentlichen Gebäuden weltweit Orientierung zu ermöglichen und zu erleichtern, ist es erforderlich, international verständliche Zeichen (Piktogramme) zu verwenden. So sind z. B. alle in einem Flughafen verwendeten Zeichen weltweit gleich gestaltet.

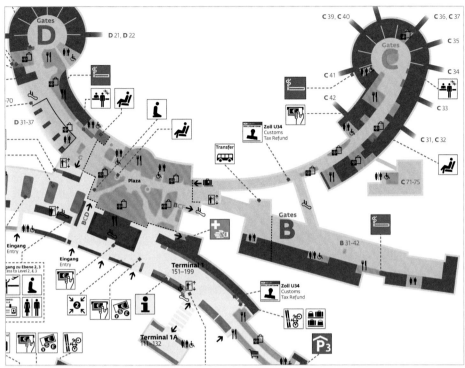

Dieser sehr detailgetreue Lageplan des Vienna Airports bietet mit seinen vielen Logos, die weltweit gleich sind, eine sehr gute und rasche Orientierung. Hinweis: Der Terminal 3 ist in der Darstellung nicht enthalten.

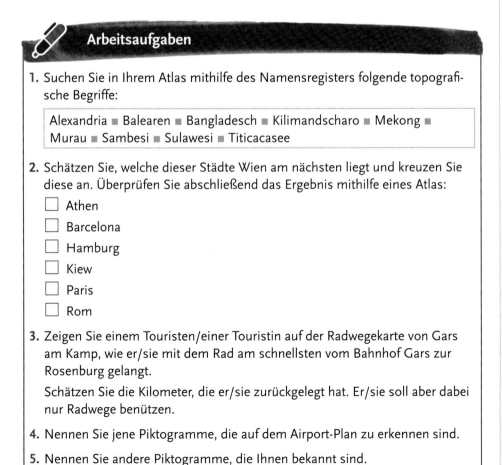

Arbeitsaufgaben

1. Suchen Sie in Ihrem Atlas mithilfe des Namensregisters folgende topografische Begriffe:

   Alexandria ■ Balearen ■ Bangladesch ■ Kilimandscharo ■ Mekong ■ Murau ■ Sambesi ■ Sulawesi ■ Titicacasee

2. Schätzen Sie, welche dieser Städte Wien am nächsten liegt und kreuzen Sie diese an. Überprüfen Sie abschließend das Ergebnis mithilfe eines Atlas:

   ☐ Athen
   ☐ Barcelona
   ☐ Hamburg
   ☐ Kiew
   ☐ Paris
   ☐ Rom

3. Zeigen Sie einem Touristen/einer Touristin auf der Radwegekarte von Gars am Kamp, wie er/sie mit dem Rad am schnellsten vom Bahnhof Gars zur Rosenburg gelangt.

   Schätzen Sie die Kilometer, die er/sie zurückgelegt hat. Er/sie soll aber dabei nur Radwege benützen.

4. Nennen Sie jene Piktogramme, die auf dem Airport-Plan zu erkennen sind.

5. Nennen Sie andere Piktogramme, die Ihnen bekannt sind.

Der österreichische Sozialphilosoph und Ökonom Gerd Arntz entwickelte 1936 Isotype (International System of Typographic Picture Education), ein Visualisierungssystem, mit dem komplexe Zusammenhänge auf einfache Weise durch **Piktogramme** international verständlich dargestellt werden.

2.3 Geoinformation – digitale Karten und mehr

Auch in der Geografie macht die Digitalisierung nicht Halt und ermöglicht in Form von Geoinformation eine Vielzahl an Nutzungen. Digitale Karten bieten Informationen, lassen durch räumliche Analysen neue Informationen und nutzerspezifische Karten entstehen und bieten die Möglichkeit, zunehmend benutzerfreundlich räumliche Informationen zu verarbeiten.

Unterscheidung GPS – GIS

GPS	GIS

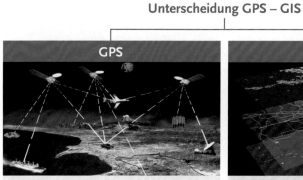
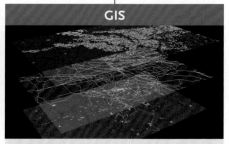

Das Global Positioning System (GPS) beruht auf den Informationen von Satelliten, die die Erde umkreisen. GPS-Systeme funktionieren auf der Basis von geografischen Koordinaten.

Beispiele:
- Navigationssysteme in Pkws,
- Smartphone-Apps

Unter geografischen Informationssystemen (GIS) versteht man Computerprogramme, die die Lage von Orten mit verschiedensten Sachinformationen verbinden und so Karten mit unterschiedlichen Aussagen erzeugen können.

Beispiele:
- Standortsuchen unterschiedlichster Art,
- in der Stadt-, Regional-, Verkehrs- und Landschaftsplanung,
- in der Umweltforschung und Umweltbeobachtung,
- in der Wirtschaft zur Analyse von Kundenbedürfnissen,
- im staatlichen Sicherheitsmanagement (Polizei, Feuerwehr, Militär).

2.3.1 GPS oder „Wo bin ich?"

Das GPS benötigt vier Satellitensignale, um eine genaue Position bestimmen zu können. Es werden die Strecken zwischen den einzelnen Satelliten und dem Empfänger gemessen. Es wird abgelesen, wie lange das Funksignal vom Empfänger zu den Satelliten braucht. Danach werden die geografischen Koordinaten des Empfängers, d. h. seine Position, berechnet.

Eine weitere Anwendungsmöglichkeit im Straßenverkehr: Nach einem Unfall wird automatisch über das Mobiltelefon eine Notrufzentrale informiert. Im Falle eines Diebstahls kann das Auto schneller gefunden werden. Auch für lebensrettende Maßnahmen wird GPS immer häufiger verwendet. Zur Ortung und Rettung von Verunglückten in der Wüste oder im Meer ist dieses Positionierungssystem bestens geeignet.

Auch im Freizeitbereich finden sich GPS-Anwendungen. Wanderungen abseits von Wanderwegen werden durch GPS-Koordinaten möglich. Wüstendurchquerungen, sei es bei Wüstenrallyes wie Paris–Dakar oder Offroad-Touren durch Abenteuerurlauber sind ohne GPS-Ausrüstung schon lange nicht mehr denkbar.

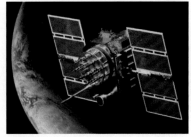

Ein GPS-Satellit

Fallbeispiel Geocaching – Freizeitspaß mit geografischen Koordinaten

Wandern war gestern. Geocaching heißt der neue Trend. Das Prinzip ist einfach: Jemand versteckt etwas, und andere müssen es suchen. Anstatt das Versteck allerdings mit einem Kreuzchen auf einer Schatzkarte zu markieren, ermittelt der moderne Verstecker die Koordinaten des Geheimplatzes mit dem Global Positioning System und veröffentlicht sie auf speziellen Internetseiten. Jeder, der einen GPS-Empfänger besitzt, kann diese Koordinaten in das Gerät eingeben und sich damit auf Wanderschaft begeben, um das Versteck zu entdecken. Der Cache, wie der Schatz beim Geocaching genannt wird, besteht meist aus einem wasserdicht verschlossenen Behälter, in dem ein kleiner Tauschgegenstand und ein Logbuch aufbewahrt werden. Hat man den Cache gefunden, trägt man sich im Logbuch ein und tauscht das kleine Geschenk gegen ein anderes kleines Geschenk ein.

Nach: www.manager-magazin.de

Der häufigste Einsatz: Routenplaner

Routenplaner sind Computerprogramme, mit deren Hilfe ein optimaler Weg zwischen einem Start- und einem Zielort gefunden werden kann. Es kann ausgewählt werden, ob die schnellste, kürzeste, wirtschaftlichste (ökonomischste) oder schönste Route gesucht werden soll.

Routenplaner haben mittlerweile meist die traditionellen Straßenkarten ersetzt. Gegenüber den Straßenkarten haben Routenplaner folgende Vorteile:

- Genaue Streckenbeschreibung mit Kilometer- und Zeitangaben, genaue Angaben, wann und wo man abbiegen muss.
- Der Maßstab der Karten kann beliebig verkleinert oder vergrößert werden.
- Zusätzliche Informationen können abgerufen werden, wie Hotels, Tankstellen oder Sehenswürdigkeiten entlang der Strecke.

Routenverlauf
Start: Bad Ischl
Ziel: Salzburg

Fahrzeugtyp: Pkw
Entfernung 66 km
Fahrtzeit: 1:10 h:min

Für die Strecke von der HLT Bad Ischl zur HLT Kleßheim – eine Strecke von 66 km – berechnete der Routenplaner des ÖAMTC eine Fahrzeit von 1:10 Stunden.

Onlineatlanten

Beispiel Google Maps

Google Earth bietet ausgehend von einer bestimmten Ansicht des Globus die Möglichkeit, immer weiter in die Details hineinzuzoomen. Die Detailauflösung der Rasterdaten beträgt meist 15 m, in manchen US-amerikanischen Ballungsgebieten sogar 15 cm. Bei dieser Auflösung sind sogar einzelne Menschen zu erkennen.

Reales Bild der Erde durch Google Earth – http://earth.google.com

Nicht nur topografische Informationen auf Basis von Luftbildern können abgerufen werden, sondern auch zahlreiche weitere Informationsschichten wie z. B. Hotels, Schulen und Apotheken können zu- und weggeschaltet werden. Sogar eigene Karten können relativ einfach erstellt und hochgeladen werden.

2.3.2 Geografische Informationssysteme (GIS)

GIS werden in vielen Bereichen verwendet.

Beispiel Stadtplanung

Gemeinden, Städte oder Bundesländer setzen GIS für Planungen ein. Unzählige Sachinformationen können dadurch zentral und lagebezogen verwaltet werden und den unterschiedlichen Nutzern und Nutzerinnen innerhalb der Verwaltung, in Planungsbüros, aber auch interessierten Bürgern/Bürgerinnen als analoge Pläne oder als Web-Anwendung zur Verfügung gestellt werden.

■ Nennen Sie die Karten, die im GIS der Stadt Feldkirch online zur Verfügung stehen. Verwenden Sie dazu den Link www.trauner/feldkirch.aspx.

Feldkirch in verschiedenen Ansichten: Sachebenen in GIS verschaffen Überblick

Beispiel Gefahrenzonenplanung

Fachleute weisen mit GIS Gefahrenzonenpläne für Hochwässer, Lawinen und dgl. aus. Gebiete, die mit einer hohen Wahrscheinlichkeit von Naturgefahren betroffen sein könnten, werden auf Karten ausgewiesen und Schutzmaßnahmen geplant und umgesetzt, damit Schäden minimiert und Kosten vermieden werden.

■ Erheben Sie die Naturgefahren in Ihrer Gemeinde mit http://karten.naturgefahren.at

Gefahrenzonenkarte 30-jähriges Hochwasser im Bereich Krems/Donau. Online-GIS stellen „Insider-Wissen" zur Verfügung: http://karten.naturgefahren.at/

Abfragedatum: 7. Oktober 2015

Beispiel Fernerkundung – Informationsgewinnung mit Satelliten

Satelliten liefern räumlich verarbeitbare Daten bester Qualität. Die Verwendung von Fernerkundungsdaten reicht von der großflächigen Kartierung der Landnutzung, der Überwachung (Monitoring), z. B. der Regenwaldabholzung oder der Ausbreitung von Städten, bis zur Echtzeitkoordination von Naturkatastrophen oder zur Beobachtung von Flüchtlingsströmen.

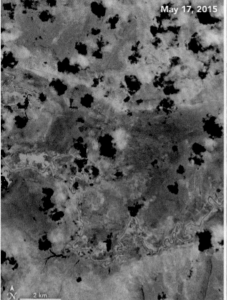

Seit 1972 liefern die LANDSAT Satelliten der NASA umfassende Bilder der Erde.
http://landsat.gsfc.nasa.gov/

Tausende Menschen wurden 2018 in Ostafrika durch ein gigantisches Hochwasser entlang des Shebelle Rivers (Somalia) heimgesucht. Die Flussebene dieses einzigen ganzjährigen Flusses Somalias ist die fruchtbarste Region dieses armen Landes. Hilfseinsätze können durch dieses Landsat Monitoring besser koordiniert werden.

Beispiel Kartierung von Umweltschäden

■ Vergleichen Sie, welche Informationen unter den verschiedenen Internetadressen zu finden sind. Beurteilen Sie die Ausführung der interaktiven Karten nach ihrer Nützlichkeit für Touristen bzw. Geschäftsreisende:
- www.geo2geo.de/
- www.cia.gov/index.html
- http://geography.about.com/od/findmaps/
- http://www.maps.ethz.ch/

Landsat macht mithilfe eines Spektroradiometer-Sensors deutlich, wie viel Fläche des Primärwaldes Sumatras durch Brandrodung zerstört wird. Trotz eines Verbots der indonesischen Regierung werden jährlich etwa 500 000 Hektar Urwald in Palmplantagen verwandelt, ohne dass es irgendwelche Gegenmaßnahmen gäbe.

Arbeitsaufgaben

1. GPS-Systeme haben viele Vorteile. Finden Sie auch Nachteile heraus.

2. Analysieren Sie Ihr persönliches Nutzungsverhalten der GPS-Funktion Ihres Smartphones.

3. Ihre Familie plant eine Ferienreise. Rovinj in Istrien oder Jesolo in Oberitalien stehen zur Wahl. Berechnen Sie mithilfe der angegebenen Routenplaner die Strecke, die Sie mit dem Pkw fahren müssen. Wie kommen Sie mit der Bahn an Ihr Ziel? Recherchieren Sie unter: http://fahrplan.oebb.at.

4. Erörtern Sie einen Zusammenhang zwischen Fernerkundung und Katastrophenmanagement.

2.4 Kartografische Darstellungen im Tourismus

An dieser Stelle werden Sie mit speziellen kartografischen Darstellungen aus dem Bereich des Tourismus konfrontiert. Diese entsprechen größtenteils nicht den in diesem Großkapitel gebrachten Darstellungen, sondern sind aus dem Bereich der „Mental Maps" entnommen. Dabei handelt es sich um die Darstellung realer Fakten durch einen Wahrnehmungsfilter, wodurch Auswahl der Fakten, Entfernungen, Formen, Lage je nach Vorstellung des Betrachters verändert werden können.

Sie haben als Touristiker/in besonders häufig im Bereich des Tourismusmarketing zu tun. Dies umfasst auch den Bereich der lokalen Darstellung von Sehenswürdigkeiten der Region/Stadt. Dabei muss eine Auswahl getroffen werden, die in der Folge entsprechend vereinfacht und verzerrt dargestellt wird.

A **Imagebilder mit ausgewählten Top-Zielen des Tourismus**

💡 Eine Mental Map gibt eine strukturierte Abbildung wieder, wie ein Teil der räumlichen Umwelt von einem Menschen wahrgenommen wird.

B Stadtplan mit lagerichtiger Darstellung ausgewählter Sehenswürdigkeiten

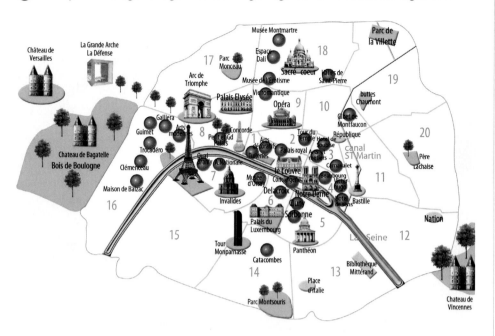

C Interaktive Karte einer Reiseroute

Durch Anklicken der einzelnen Zwischenziele einer Reise öffnen sich detailreiche Informationen. Zur Ansicht lesen Sie den QR Code in der Randspalte ein.

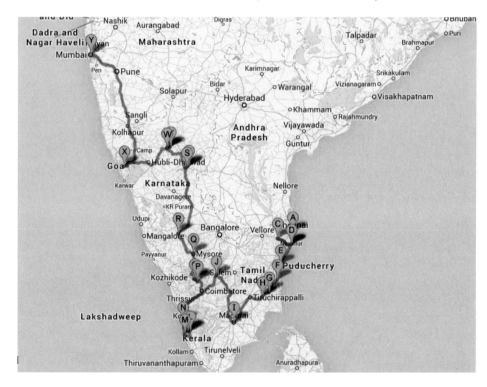

D Darstellung bestimmter Verbreitungsregionen für touristisch interessante Produkte

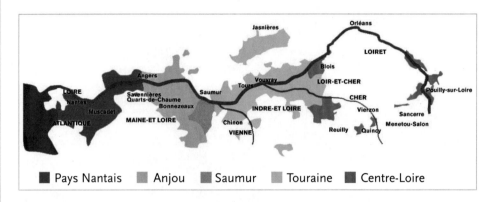

E Skizze mit Angaben der Lage einer Tourismusdestination im Großraum

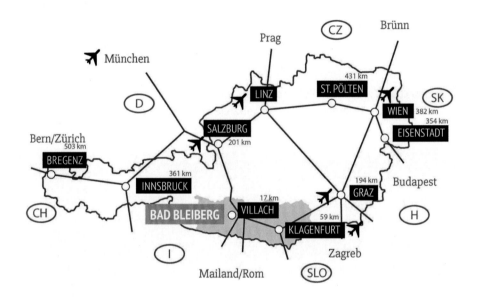

F Detailskizze mit starker Generalisierung und Vereinfachung

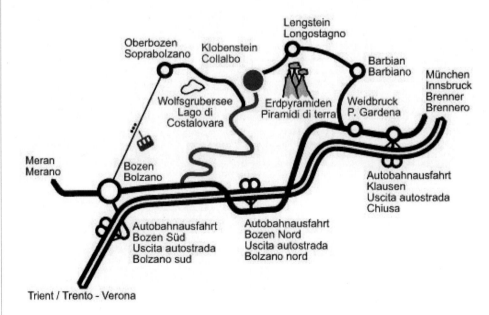

Arbeitsaufgaben

1. Erstellen Sie eine Skizze Ihres Schulortes als Teil Ihres Bundeslandes und generalisieren Sie die Anfahrtsmöglichkeiten mit dem Auto, der Bahn oder dem Flugzeug. Generalisieren Sie dazu auch die Umrisse des Bundeslandes. Nutzen Sie dazu: www.trauner.at/austrianmap.aspx

2. Problematisieren Sie diese Form der Darstellung von touristischen Zielen. Welche Illusionen werden dabei erzeugt, was wird verschwiegen?

3. Stellen Sie Vermutungen an, warum diese Form der kartografischen Darstellungen trotz umfangreichen internetbasierten Kartenmaterials immer noch so häufig in touristischen Drucksorten aller Art verwendet wird.

Bezeichnung der Ortsnamen für den Tourismus

In Tourismusprogrammen gelangt meist die deutsche Schreibweise zum Einsatz. Daneben gibt es die Transkriptionen der vor Ort gebräuchlichen Namen oder die von unterschiedlichen Sprachgruppen verwendeten Namen bzw. die international häufiger gebrauchte englische Schreibweise.

Auf einer Karte von Georgien finden sich nebeneinander Ortsnamen in lateinischer Schrift (Georgien, Türkei Armenien und Iran) sowie georgischer und armenischer Schrift. Der Name der Hauptstadt Tbilisi wurde in deutscher Schreibweise (Tiflis) dargestellt.

💡 Der Name für Georgien lautet in der endonymischen Form: „Sakartwelo", in georgischer Schrift

დამჭერლოობა

Quelle Wikipedia: Georgien

Mögliche Schreibweisen

Bei Reisen in nicht deutschsprachige Staaten und häufig auch in Staaten mit anderen Schriftzeichen als den lateinischen stellt sich die Frage nach der „richtigen" Schreibweise. Diese Frage ist besonders in den Reisekatalogen und auf Karten mit der Reiseroute von Relevanz. Ausländische geographische Namen in exakter Schreibweise erfordern die Verwendung von Sonderzeichen. Geographische Namen aus Staaten, die nichtlateinische Buchstabenschriften benutzen (z. B. Kyrillisch, Griechisch), werden entweder transkribiert oder transliteriert (Umschriftung). Während durch die Transkription (phonetische Umschriftung) die Kartennamen möglichst lautgetreu in die lateinische Schrift übertragen werden, ist die Transliteration eine buchstabengetreue Umsetzung unter Verwendung diakritischer Zeichen. Die russische Hauptstadt wird dementsprechend in Moskwa transkribiert und in Moskva transliteriert. Bilderschriften wie das Chinesische lassen sich nur durch Umschriftsysteme übertragen. Für einen Teil der geographischen Namen des Auslands existieren deutsche Exonyme, d. h. von den fremdsprachlichen amtlichen Namen abweichende deutsche Namen.

Nach: https://www.spektrum.de

Unter einem Endonym versteht man einen (geographischen) Namen, der in dem Gebiet verwendet wird, in dem sich das bezeichnete Objekt befindet. Ein in der deutschen Sprache verwendeter geographischer Name, der anders lautet als der Name, der in dem Gebiet gesprochen wird, in dem das betreffende Objekt liegt, nennt man Exonym. Zum Beispiel sind Venedig oder Kopenhagen deutsche **Exonyme** für die offiziellen einheimischen (endonymischen) Formen Venezia und København.

Schreibweise von Ortsnamen im Vergleich

deutsche Schreibweise	ortsübliche Schreibweise in lateinischer Schrift	in ortsüblicher Sprache	weitere Bezeichnung in anderer Sprache
Ulan Bator	Ulaanbaatar	Улан-Батор	ᠤᠯᠠᠭᠠᠨ ᠪᠠᠭᠠᠲᠤᠷ
Schanghai	Shanghai	上 (shàng) „hoch"	海 (hǎi) „Meer"
Sankt Petersburg		Санкт-Петербург	Piter -von Pjotr-
Windhuk	Windhoek	Otjomuise „Ort des Dampfes"	ǃAe-ǁGams „heiße Quelle"
Dubai	Dubayy	دبي	
Chennai	Ce ai	சென்னை	
Tiflis	Tbilissi	თბილისი	
Plowdiw	Plovdiv	Пловдив	Filibe (türkisch)
Iraklion	Iraklio	Ηράκλειο	

Nach: Wikipedia

💡 Ein Timeconverter ist ein Internetdienst zur Umrechung der verschiedenen Ortszeiten auf der Welt, z. B.:
- www.timeanddate.com
- www.timezoneconverter.com

💡 2018 wurde in der EU die Debatte über die Abschaffung der Zeitumstellung gestartet. An einer Onlinebefragung haben sich 4,6 Mio. EU-Bürger/innen beteiligt, die mit Mehrheit für eine Abschaffung eintraten. Der Verkehrsministerrat hat die Entscheidung aufgeschoben.

3 Orientierung in der Zeit – die Zeitzonen

Der Sonnenhöchststand wird in der Regel mit der Tagesmitte (12 Uhr) definiert. Zeitzonen ermöglichen es, nicht laufend bei einer Ortsveränderung, z. B. in einem Staat, die Zeit umstellen zu müssen. So beträgt der Zeitunterschied in Österreich zwischen dem östlichsten und westlichsten Punkt 29 Minuten..

Grenzen der Zeitzonen

Die Zeitzonengrenzen orientieren sich vielfach an den politischen Grenzen der Staaten. So umfasst die **MEZ** (mitteleuropäische Zeit) den Großteil Europas, einschließlich Frankreichs und Spaniens, die eigentlich schon zur **GMT** (Greenwich Mean Time), als auch **UTC** (Universal Time Zone) bezeichnet, gehören müssten.

Die Uhr muss im Vergleich zu Österreich in Großbritannien, Irland sowie Island und Portugal eine Stunde zurückgestellt werden, da diese der GMT angehören, in Griechenland oder Rumänien ist es bereits eine Stunde später, da diese Staaten der Osteuropäischen Zeit angehören.

Staaten mit großer West-Ost-Erstreckung wie die USA oder Russland haben Anteil an mehreren Zeitzonen. China hingegen, das sich eigentlich über mehrere Zeitzonen erstreckt, hat sich aus Gründen der Einfachheit für eine einzige Zeitzone entschieden.

Sommerzeit

In einigen Staaten wird die Uhrzeit während des Zeitraumes von Ende März bis Ende Oktober um eine Stunde vorgestellt. Die Sommerzeit ist im Zeitzonenplan nicht berücksichtigt.

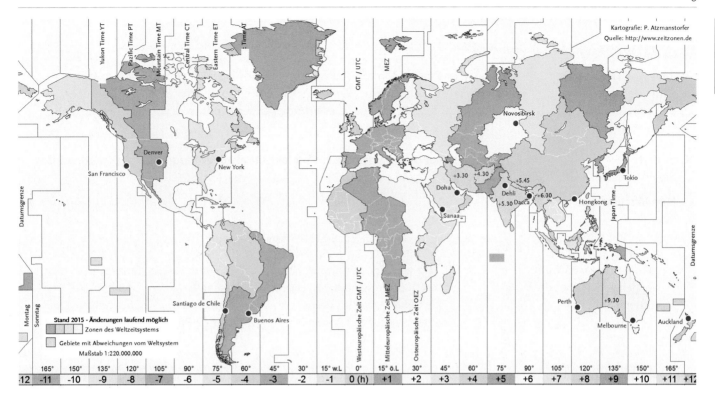

Kartografie: P. Atzmanstorfer
Quelle: http://www.zeitzonen.de

Arbeitsaufgabe

■ Frau Verena Eberl ist Flugbegleiterin und fliegt unten angegebene Langstrecken-Destinationen an. Bestimmen Sie den jeweiligen Zeitunterschied von Österreich aus gerechnet und beschreiben Sie die genaue Lage dieser Orte (geografische Koordinaten und Angabe des Kontinents).

Ort	Lage	Zeitunterschied
Denver	39° n. B., 108° w. L./Nordamerika	– 8 h
San Francisco		
New York		
Tokio		
Sanaa/Jemen		
Doha		
Delhi		
Dhaka		
Perth		
Auckland		
Melbourne		
Buenos Aires		
Santiago de Chile		
Nowosibirsk		
Hongkong		

Ziele erreicht? – „Orientierung"

Technik und Geschwindigkeit haben unseren Planeten immer „kleiner" gemacht. Wie selbstverständlich nutzen wir Orientierungssysteme in den Autos oder am Rad bzw. beim Wandern. Bei Fernreisen überschreiten wir Zeitzonen, nicht immer problemlos. Um unsere Orientierung zu festigen, bedarf es grundlegender Kenntnisse von diversen Darstellungsarten der Erde.

1. Bewerten Sie die Aussagen mit Schulnoten und überlegen Sie ein Schlagwort als Begründung dazu. Diskutieren Sie die Ergebnisse.

Eine Blitzumfrage

„Ein Globus verschafft einen verkleinerten, aber originalgetreuen Überblick."

„Nur wer sich auf physischen Karten orientieren kann, wird auch Navigationssysteme fehlerfrei nutzen können."

„Thematische Karten verschaffen einen Überblick zu bestimmten Themen ohne lange Beschreibungen."

„Die präziseste Lagebeschreibung eines Ortes ist die Angabe seiner Koordinaten."

„Fernerkundung mithilfe von Satelliten verschaffen der Menschheit wertvolle Erkenntnisse."

„Die Kenntnis der Zeitzonen ermöglicht eine perfekte Kommunikation im Zeitalter des globalen Handels."

2. Treffen Sie zu den folgenden Spotlights Aussagen. Diskutieren Sie die Ergebnisse.

Spotlights zum Beruf

„Der Verkauf von Urlaubsdestinationen erfolgt oft über vereinfachte Darstellungen. Diese „verschweigen" oft bewusst einen Teil der Wirklichkeit."

„Um im internationalen Daten- und Informationsaustausch erfolgreich zu sein, ist es nötig das System der Zeitzonen gut zu beherrschen."

Aus diesem Kapitel habe ich die nachstehend angeführten Erkenntnisse und/oder Einsichten gewonnen:

Naturkräfte formen die Landschaft

Meine Ziele

Nach Bearbeitung dieses Kapitels kann ich

- die Grundzüge der Plattentektonik, der Gebirgsbildung, von Erdbeben und des Vulkanismus beschreiben;
- die Arbeit von endogenen und exogenen Kräften bei der Landschaftsbildung unterscheiden;
- Landschaftsfotos nach Gesichtspunkten der Landschaftsbildung bewerten.

1 Entstehung und Aufbau der Erde

Seit der Entstehung der Erde hat sich die Erdoberfläche immer wieder verändert. Gebirgsbildungen, Vulkanausbrüche und Meteoriteneinschläge haben ebenso Spuren hinterlassen wie der mehrfache Wechsel von Warm- und Kaltzeiten. Vielfältige Landschaften, wie Hoch- und Tiefländer, Küsten und Wüsten, Gebirge und Täler, wurden von Kräften aus dem Erdinneren und Kräften, die von außen auf die Erdoberfläche wirkten, gestaltet.

Wussten Sie, dass ...

- sich im **Kambrium** (von 542 Mio. bis 488 Mio. Jahren) aufgrund der hohen Sauerstoffproduktion das Leben auf der Erde explosiv zu entwickeln begann?
- im **Karbon** (von 359 Mio. bis 299 Mio. Jahren) in tropischem Klima jene Pflanzen wuchsen, aus denen dann die Steinkohle entstand?
- in der **Trias** (von 251 Mio. bis 200 Mio. Jahren) das Zeitalter der Dinosaurier begann, die vor 65 Mio. Jahren (Beginn des Paläogens) durch die Trübung der Atmosphäre aufgrund von Vulkanausbrüchen oder eines Meteoriteneinschlags ausstarben?
- aus Pflanzenresten der **Kreidezeit** (von 145 Mio. bis 65 Mio. Jahren) das Erdöl entstand?
- im **Paläozän** vor ca. 23 Mio. bis 1,8 Mio. Mio. Jahren die Gebirgsbildung der Alpen begann?
- der Zusatz „vor heute" bei allen die Erdgeschichte betreffenden Daten verwendet wird? Geologen und Geologinnen sehen die 2 000 Jahre nach Christus in Relation zu den Millionen Jahren der Erdgeschichte als eine vernachlässigbare Größe.

1.1 Erdzeitalter

Die Erde, die vor ca. 4,6 Mrd. Jahren entstanden ist, hat bis heute viele Veränderungen erfahren. In diesem für uns unvorstellbar langen Zeitraum wurden Gebirge gebildet und wieder abgetragen, entstanden Rohstoffe, wie Kohle oder Erdöl, und selbst das Klima hat sich mehrfach grundlegend geändert. Vor allem ist aber das Leben auf unserem Planeten entstanden.

Zeitalter	Epoche	Beginn v. Mio. J.	Dauer Mio. J.	Lebensformen
Erdneuzeit	Quartär	2	2	Auftreten des Menschen, Mammut, Riesenhirsch Pflanzen und Tiere der Eiszeit
	Teritär	70	68	Pflanzen und Tiere nähern sich den heutigen Formen Blütenpflanzen
Erdmittelalter	Kreide	135	65	Vögel, Ende der Saurier Laubhölzer und Gräser
	Jura	190	55	Hauptzeit der Saurier Nadelhölzer
	Trias	220	30	Saurier, erste Säuger Riesenformen von Schachtelhalmen und Farnen
Erdaltertum	Perm	280	60	Entfaltung der Wirbeltiere Erste Nadelhölzer
	Karbon	360	80	Erste Reptilien und Amphibien Erste Wälder (Bärlappe, Schachtelhalme)
	Devon	410	50	Größte Mannigfaltigkeit der Fische, erste keit der Fische Erste Baumfarne
	Silur	435	25	Panzerfische Erste Landpflanzen
	Ordovizium	500	65	Erste Fische Meeres- und Süßwasseralgen
	Kambrium	600	100	Leben nur im Meer Wirbellose Meeres-und Süßwasseralgen
Erdurzeit	Praekambrium	~3,8 Mrd.		Entstehung des Lebens einfache Lebensformen, z.B. Korallen, Bakterien, Algen

Pleistozän – Eiszeiten

Vor ca. 1,8 Mio. Jahren begann eine Periode abwechselnder Warm- und Kaltzeiten, die wegen schwankender Temperaturen aufgrund unterschiedlich starker Sonnenaktivität verursacht wurden. Während der Kaltzeiten, die als Eiszeiten bezeichnet werden, waren Teile Mitteleuropas von Eismassen bedeckt, die weit ins Alpenvorland reichten. In Mitteleuropa wurden sie nach den bayerischen Alpenvorlandflüssen Günz, Mindel, Riss und Würm benannt. Die letzte Eiszeit (Würm) endete erst vor 13 500 Jahren.

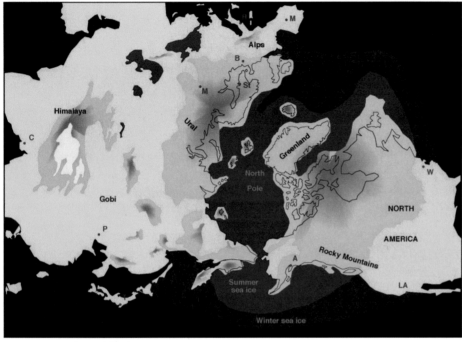

Vereisung während der letzten Eiszeit

Holozän – Jetztzeit

Wenn auch das Klima des Holozäns im Großen und Ganzen dem heutigen entspricht, sind seit der letzten Eiszeit als Folge unregelmäßiger Sonnenaktivität immer wieder natürlich bedingte Schwankungen feststellbar. So gab es während des Mittelalters eine Warmzeit, in der die Wikinger zwischen 986 und 1500 Grönland besiedeln konnten und das Polarmeer schiffbar war. Zwischen dem 15. und 19. Jahrhundert hingegen herrschte die sogenannte „Kleine Eiszeit" in der die Winter so kalt waren, dass die Themse in London und die Kanäle in den Niederlanden zufroren. Selbst die Alpengletscher stießen damals weit über ihre heutigen Grenzen vor. Seit etwa 150 Jahren ist wieder eine Erwärmung festzustellen, die im Gegensatz zu den bisherigen natürlich bedingten Klimaänderungen mit hoher Wahrscheinlichkeit auf den Menschen zurückzuführen ist (Treibhauseffekt).

Neues Zeitalter seit 2016
„Anthropozän" - ein neues geologisches Zeitalter, das vom Menschen bestimmt ist. Denn der Mensch greift seit Beginn der Industriellen Revolution so massiv in die biologischen, geologischen und atmosphärischen Prozesse auf der Erde ein, dass die Auswirkungen noch in 100 000 bis 300 000 Jahren zu spüren sein werden. Denn mindestens so lange dauern die einzelnen Abschnitte in der Erdgeschichte, auch Epochen genannt.

Quelle: https://www.br.de

Arbeitsaufgaben

1. Nennen Sie den Grund für die Ausbildung von Eiszeiten.

2. Nennen Sie die Großräume, die in der letzten Eiszeit von Gletschern bedeckt waren.

3. Vergleichen Sie die Klimaverhältnisse des Mittelalters mit denen der Frühen Neuzeit.

4. Nennen Sie den Grund für die Klimaerwärmung der letzten Jahrzehnte.

1.2 Der Erdaufbau

Lithosphäre = die Gesteinshülle der Erde

Die Lithosphäre setzt sich aus der festen Erdkruste – kontinentalen Kruste (kK) und ozeanischen Kruste (oK) – sowie dem oberen Teil der Asthenosphäre zusammen. Die zähflüssige Konsistenz der Asthenosphäre ermöglicht das Verschieben der Platten. Es folgen Erdmantel und Erdkern. Der flüssige Erdkern erreicht eine Mächtigkeit von 2 200 km, der feste Erdkern von 1 270 km. Der mittlere Erdradius beträgt 6 370 km.

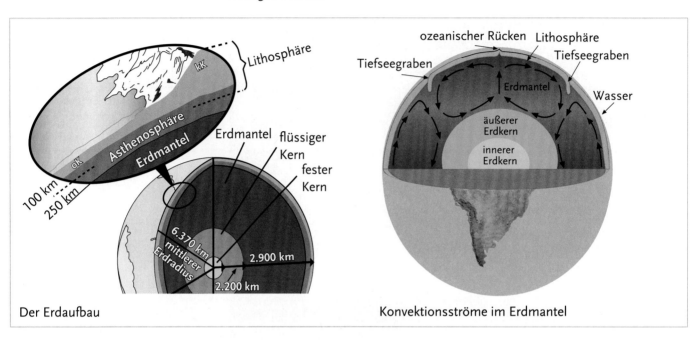

Der Erdaufbau

Konvektionsströme im Erdmantel

Lithosphäre – Unterschiedliche Gesteine

Es gibt unzählige Gesteinsarten, die unterschiedlich entstanden sind und verschiedene Eigenschaften aufweisen. Die feste Gesteinshülle (Lithosphäre) besteht aus verschiedenen Gesteinen:

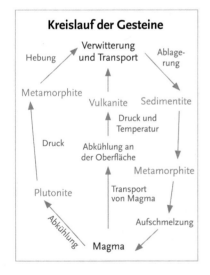

Kreislauf der Gesteine

Unterschiedliche Gesteine			
Tiefengesteine (Plutonite)	**Sedimentgesteine (Sedimente)**	**Umwandlungsgesteine (Metamorphite)**	**Vulkanite**
wie z. B. der Granit, bildeten sich durch Abkühlung der Gesteinsschmelze (Magma) in der Erdkruste	wie z. B. der Sandstein, sind aus Ablagerungen von Meeressanden entstanden, die verfestigt wurden; Kalkstein ist aus ehemaligen Korallenriffen gebildet worden, Edelsteine entstanden unter hohem Druck im Erdinneren.	wie z. B. der Marmor, entstanden, als Kalkgestein bei einer Gebirgsbildung in Tiefen von über 5 km ins Erdinnere abtauchte, dort aufschmolz und später wieder an die Oberfläche gehoben wurde	Der sehr fruchtbare Vulkanit resultiert aus der Gesteinsschmelze der Vulkane (Lava).

💡 In Sedimentgesteinen finden sich schließlich versteinerte Pflanzen (u. a. Farne) oder Tiere (Muscheln, Schnecken, Tintenfische ...) als Fossilien, aus denen Schlüsse auf vergangene Erdepochen gezogen werden können.

Verwendung von Gesteinen

Gesteine wurden immer z. B. am Bau oder in der Kunst verwendet. Je nach ihren Eigenschaften (Härte, Aussehen und dgl.) nutzen Menschen bestimmte Gesteine.

Verwendung von Gesteinen

Granit	Sandstein	Marmor

Der harte und widerstandsfähige Granit wird im Straßenbau für Pflasterungen und Bordsteine verwendet.	Der sehr brüchige, aber leicht verarbeitbare Sandstein wurde u. a. als Baumaterial gotischer Dome, wie des Stephansdomes in Wien, verwendet.	Die Pieta (Maria mit Leichnam Jesu) Michelangelos im Petersdom wurde aus weißem, feinkörnigem Marmor gemeißelt.

Arbeitsaufgaben

1. Nennen Sie die Gesteine, die im Bereich der Erdkruste und im oberen Mantelbereich verwandelt werden.

2. Nennen Sie noch andere Ihnen bekannte Verwendungszwecke für die angeführten Gesteinsarten.

3. Beschreiben Sie den vertikalen Aufbau der Erde.

2 Die dynamische Erdkruste

Viele großflächige und weitläufige Oberflächenformen der Erde, wie kontinentale und untermeerische Gebirge, Tiefseegräben und ozeanische Rücken, sind durch Bewegungen der Erdkrustenplatten entstanden. Unsere Erkenntnisse darüber basieren auf der Theorie der Kontinentaldrift (driften heißt gleiten), mit der Alfred Wegener 1915 die Geologie herausgefordert hat. Seine Forschungsergebnisse werden seit den 1960er-Jahren in der Theorie der Plattentektonik zusammengefasst.

2.1 Große und kleine Erdplatten

Da die Küstenlinien Afrikas und Südamerikas fast wie ein Puzzle zusammenpassen, vermutete Wegener, dass diese beiden Kontinente einmal ein einheitlicher Kontinent waren und sich seitdem auseinanderbewegten. Erst spätere Forschungen konnten Nachweise erbringen, dass die Lithosphäre aus verschiedenen Platten besteht. Exakte Satellitenmessungen beweisen heute diese Annahme.

Allerdings sind die Platten größer als die sichtbare Kontinentalmasse. So endet z. B. die Afrikanische Platte erst an den ozeanischen Rücken im Atlantik und Indischen Ozean. Die Grenze zu Eurasien verläuft im Mittelmeerraum. Die Gesteinshülle der Erde, die Lithosphäre, besteht also aus unterschiedlich großen Platten, die bis in eine Tiefe von ca. 100 km reichen.

Das Driften der Kontinente

Vor einer Milliarde Jahre waren die Landmassen im Angara-Kontinent vereint. Er zerfiel, seine Teile trieben über 500 Mio. Jahre auseinander, bis sie in einem neuen Großkontinent Pangäa vereinigt wurden. Sein Zerfall wurde vor 220 Mio. Jahren durch die vom Osten eindringende Tethys eingeleitet.

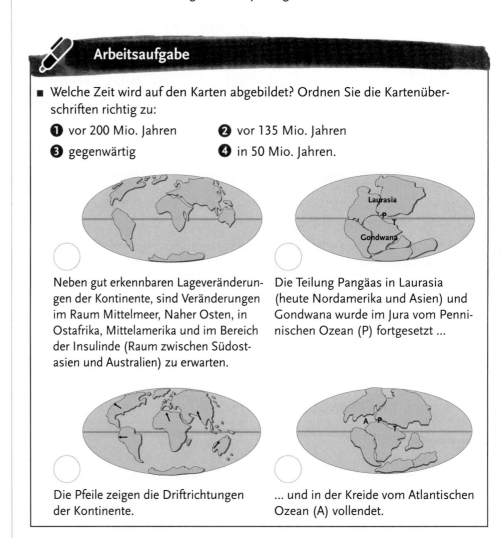

Arbeitsaufgabe

■ Welche Zeit wird auf den Karten abgebildet? Ordnen Sie die Kartenüberschriften richtig zu:

❶ vor 200 Mio. Jahren   ❷ vor 135 Mio. Jahren

❸ gegenwärtig   ❹ in 50 Mio. Jahren.

Neben gut erkennbaren Lageveränderungen der Kontinente, sind Veränderungen im Raum Mittelmeer, Naher Osten, in Ostafrika, Mittelamerika und im Bereich der Insulinde (Raum zwischen Südostasien und Australien) zu erwarten.

Die Teilung Pangäas in Laurasia (heute Nordamerika und Asien) und Gondwana wurde im Jura vom Penninischen Ozean (P) fortgesetzt ...

Die Pfeile zeigen die Driftrichtungen der Kontinente.

... und in der Kreide vom Atlantischen Ozean (A) vollendet.

2.2 Plattenbewegungen

Die Platten schwimmen auf einem zähflüssigen Untergrund (Asthenosphäre) und werden von unterirdischen Strömen (Konvektionsströmungen) bewegt. Diese Ströme entstehen durch Temperaturunterschiede zwischen dem heißen Erdmantel und der schon abgekühlten Erdkruste. Ähnlich funktioniert z. B. die Zirkulation der Luft im Zimmer, wenn im Winter ein Fenster geöffnet wird und die Temperaturunterschiede ebenfalls zu Konvektionsbewegungen führen. An den Plattengrenzen treten verstärkt Erdbeben und/oder Vulkanismus auf.

Aus den unterschiedlichen Bewegungen resultieren unterschiedliche Oberflächenformen:

Kollision
Aufeinander zufahrende Platten bilden Hochgebirge.

Beispiel:
Himalaja

Subduktion
Taucht eine Platte unter eine andere, entstehen vulkanische Gebirge auf der einen, Tiefseegräben auf der anderen Seite.

Beispiel:
Anden

Dehnung
Bewegen sich Platten auseinander, entstehen kontinentale Gräben,), im Meer die ozeanischen Rücken (riesige untermeerische Gebirge).

Beispiel:
der ostafrikanische Grabenbruch Rift Valley

Transformstörungen
Wenn sich Platten aneinander vorbeibewegen, entstehen Sprünge in der Erdkruste, die in große Tiefen reichen.

Beispiel:
die San-Andreas-Verwerfung in Kalifornien

Arbeitsaufgaben

1. Beschreiben Sie die Bedeutung der Prozesse im Erdmantel für die Plattentektonik.

2. Interpretieren Sie die Grafik des Erdaufbaus: Welche Konvektionsströme finden statt, damit ein ozeanischer Rücken bzw. ein Tiefseegraben entsteht?

3. Ordnen Sie zu. Schreiben Sie die entsprechenden Nummern in die Kreise auf der Karte:

   ❶ **Kollision:** Der indische Subkontinent schiebt gegen die eurasische Platte – der Himalaja entsteht.

   ❷ **Subduktion:** Die Nascaplatte schiebt sich unter die südamerikanische Platte – die Vulkankette der Anden und der Atacamagraben entstehen.

   ❸ **Dehnung:** Mitten im Atlantischen Ozean reißt die Erdkruste auseinander. Aufströmendes Magma schiebt die Krustenteile auseinander – der mittelatlantische Rücken entsteht.

   ❹ **Transformstörungen:** Pazifische und nordamerikanische Platte fahren aneinander vorbei – die San-Andreas-Spalte entsteht.

4. Beurteilen Sie folgende Regionen nach ihrer Gefährdung (hoch oder niedrig) durch Vulkane und Erdbeben. Verwenden Sie dazu die Karte:

   Skandinavien _____

   Karibik _____

   Bali (Indonesien) _____

   Südafrika _____

   Kalifornien _____

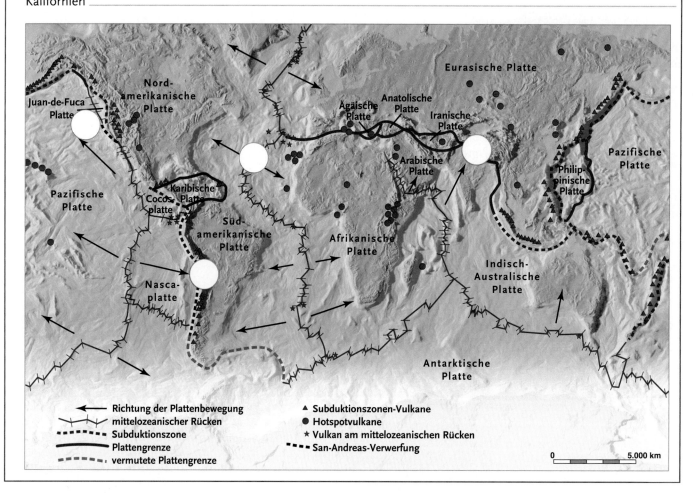

3 Die Gestaltung der Erdoberfläche

Seit der Entstehung der Erde hat sich die Erdoberfläche immer wieder verändert. Gebirgsbildungen, Vulkanausbrüche und Meteoriteneinschläge haben ebenso Spuren hinterlassen wie der mehrfache Wechsel von Warm- und Kaltzeiten. Vielfältige Landschaften, wie Hoch- und Tiefländer, Küsten und Wüsten, Gebirge und Täler, wurden von Kräften aus dem Erdinneren und Kräften, die von außen auf die Erdoberfläche wirkten, gestaltet.

Kräfte, die auf das Relief der Erde wirken

endogene Kräfte	exogene Kräfte
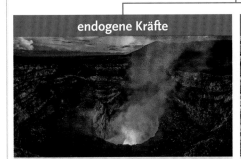	
Die endogenen Kräfte schaffen die grobe Oberflächenstruktur der Erde	**Die exogenen Kräfte** bilden die kleinen Formen der Landschaften

Die aus dem Erdinneren wirkenden endogenen Kräfte wie die Gebirgsbildung oder der Vulkanismus haben eine grobe Oberflächenstruktur der Erde geschaffen. Allerdings sind die gegenwärtig auftretenden Formen des Vulkanismus oder der Erdbeben trotz ihrer oft bedeutsamen Zerstörungskraft nur mehr Restkräfte. Wir werden an ihre Existenz erinnert, wenn der Ätna, der Vesuv oder andere Vulkane aktiv sind oder der Mittelmeerraum von Erdbeben erschüttert wird, die jährlich um einige Millimeter wachsenden Alpengipfel nehmen wir kaum wahr.

Für die Kleinmodellierung der Oberfläche sind die exogenen Kräfte verantwortlich. Dies sind z. B. die Kräfte des fließenden Wassers, des Eises, des Meeres und des Windes. Sie wirken von außen auf die Erdoberfläche ein. Durch Abschürfung (Erosion) entstehen Täler, Steilküsten und Flachländer; durch Aufschüttung und Ablagerung (Akkumulation) z. B. Dünen, Schwemmkegel und Flachküsten.

Folgen:
- Gebirgsbildung
- Erdbeben
- Vulkanismus

Folgen:
- Täler
- Hänge

Unter **Relief** versteht man die Oberflächengestalt der Erde, die durch das Zusammenwirken der endogenen und exogenen Kräfte entsteht.

3.1 Die Gebirgsbildung

Im Laufe der Erdgeschichte fanden mehrere Gebirgsbildungen statt, deren Ablauf mehrere Millionen Jahre dauerte. Nach den Entstehungsphasen sind die Gebirge wieder (teilweise) abgetragen worden und die heutigen Oberflächenformen sind entstanden. Hochgebirge sind die jüngsten Gebirge, solche aus älteren Erdzeitaltern sind heute, zumindest zum Teil, abgetragen.

Man unterscheidet:

- **Präkambrische Gebirge:** Der Baltische Schild ist heute fast eingeebnet.
- **Kaledonische Gebirge:** sind wie die schottischen Berge im Silur entstanden und sind ebenfalls weitgehend eingeebnet.
- **Variskische Gebirge:** sind wie die Böhmische Masse mit dem Mühl- und Waldviertel im Karbon entstanden und sind heute meist sanftwellige Mittelgebirge.
- **Alpidische Gebirge:** sind wie die Alpen in der Kreide entstanden, heben sich seither und sind Hochgebirge.

Arbeitsaufgabe

- Ordnen Sie die drei Texte den Bildern zu:
  - ❶ Reste eines präkambrischen Gebirges in Skandinavien.
  - ❷ Die Grampians in Schottland sind im Erdaltertum entstanden.
  - ❸ Die Rocky Mountains sind zeitgleich mit unseren Alpen entstanden.

Gebirgsbildung am Beispiel der Alpen

Die Alpen sind dadurch entstanden, dass die Afrikanische mit der Eurasischen Platte kollidierte und sich unter sie schob. Man kann drei Phasen unterscheiden: die Sedimentation, die Faltung und die Hebung. Der Prozess der Hebung durch den Druck der Afrikanischen Platte ist heute noch im Gange.

Sedimentation

Der Nil sedimentiert auch heute ins Mittelmeer. Mittransportierte Schotter und Sande werden im Nildelta (im Bild oben) abgelagert.

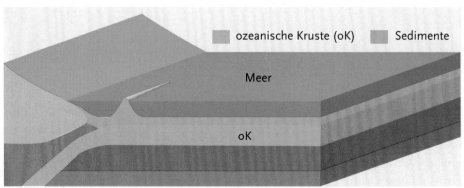

In der Trias und im Jura wurden Sedimente im damals existierenden Meer abgelagert. Versteinerte Riffkorallen und Meeresmuscheln im Kalkgestein beweisen dies.

Faltung

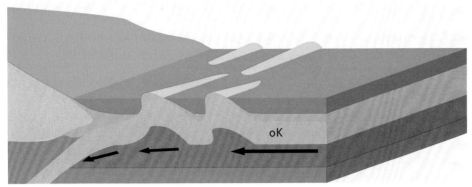

In der Kreide begann die Subduktion der Afrikanischen unter die Eurasische Platte. Dabei wurden Teile der Meeressedimente zusammengeschoben und gefaltet.

Der Gipfel des Dachsteins wurde aufgefaltet. Dieser Prozess findet auch heute noch statt.

Hebung

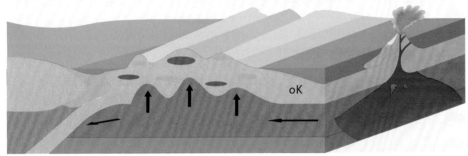

Beständiger Druck der Afrikanischen Platte hob im Paläogen die Gesteinsmassen. Als die Kalksedimente zerbrachen, richteten sie sich vertikal auf, es entstanden die Nördlichen und die Südlichen Kalkalpen. Dazwischen wurden ab dem Zeitpunkt von vor 33 Mio. Jahren die Zentralalpen herausgehoben. Die Hebung hält an, sie beträgt heute noch ca. 1 mm/Jahr.

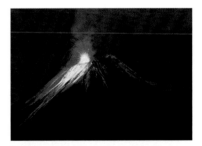

Hochland von Tibet: Die Hebung der Region ist durch den Druck der Indisch-Australischen Platte auf die Eurasische Platte nach wie vor im Gange

3.2 Vulkanismus

Obwohl Vulkanausbrüche heute meist vorhergesagt werden können und Menschen aus gefährdeten Gebieten evakuiert werden, sind Zerstörungen nicht zu verhindern. Trotz dieser Gefahren nutzen die Menschen die Vorteile des Vulkanismus: die Fruchtbarkeit der vulkanischen Böden, die Energie der vulkanischen Erscheinungen und auch den Tourismus.

3.2.1 Aktive, tätige und erloschene Vulkane

Von den ca. 1 900 aktiven Vulkanen, die jederzeit ausbrechen können, sind jährlich allerdings nur 40 bis 50 tätig. Ausbrüche kündigen sich durch vorausgehende Erdbeben und Gaseruptionen an, sodass die Evakuierung der Bevölkerung in vielen Fällen erfolgreich erfolgen kann. Der Vesuv ist 1944 zuletzt ausgebrochen, seismische Messungen deuten aber auf eine mögliche bevorstehende Eruption.

Wegen geänderter Konvektionsströme im Erdinneren brechen zahlreiche Vulkane heute nicht mehr aus. Man spricht von erloschenen Vulkanen. So waren in der Oststeiermark (Stradner und Gleichenberger Kogel) Vulkane vor 12 bis 16 Mio. Jahren aktiv. Heute zeugen u. a. vulkanische Gesteine von dieser Aktivität.

Im Gegensatz zu den aktiven Vulkanen Vesuv und Ätna bricht der Stromboli (Äolische Inseln, Italien) täglich aus: Er ist ein tätiger Vulkan. Auch der Ätna bricht im Gegensatz zum Vesuv häufig aus."

💡 Auf der Erde gibt es 500 bis 600 aktive Vulkane. Pro Jahr werden davon etwa 50 tätig.

Wo brechen Vulkane aus?

Die Vulkangebiete liegen an den Plattengrenzen und Schwächezonen der Erdkruste, wobei der Motor des Vulkanismus die Konvektionsströme im Erdmantel sind. Im Zusammenhang mit der Plattentektonik entstehen dabei verschiedene Großformen in der Landschaft.

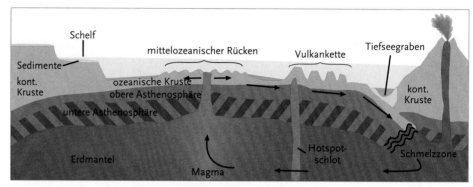

Untermeerischer Vulkanismus: an mittelozeanischen Rücken, Vulkanketten auf stationären Hotspots und an Tiefseegräben

Man unterscheidet folgende Vulkanismus-Typen:

💡 **Magma** ist flüssige Gesteinsschmelze im Erdinneren. Lava hingegen ist an die Erdoberfläche ausgetretenes Magma, das bis zu 1 200 °C heiß ist.

Vulkane am mittelozeanischen Rücken – wo Platten auseinanderdriften

An den untermeerischen mittelozeanischen Rücken entweichen ca. 80 Prozent der gesamten Lava aus den Spalten im Ozeanboden. Dabei schiebt nachfolgende Lava die früher abgelagerte von der Zentralspalte weg, es entsteht ständig neuer Meeresboden und der Ozeanboden wird gedehnt. Seit Kolumbus hat sich der Atlantik so um ca. 25 Meter verbreitert. Die Lava bildet Gebirgsketten mit Höhen bis zu 3 000 Metern, wobei Inseln wie Island über den Meeresspiegel ragen.

Die Aschenwolke des isländischen Vulkans Eyjafjallajökull beeinträchtigte wochenlang den Flugverkehr in weiten Teilen Europas ▶

Vulkane an Plattenrändern – wo Platten abtauchen

Taucht eine schwerere ozeanische Platte unter eine leichtere kontinentale Platte, entstehen Tiefseegräben und die ozeanische Platte schmilzt in der Tiefe auf. Ein Teil der Schmelze gelangt bei Ausbrüchen in Vulkanen als Lava an die Oberfläche und bildet eine vulkanische Gebirgskette. Der Großteil der Schmelze wandert in Richtung der mittelozeanischen Rücken. Entlang des Ring of Fire (der Pazifische Ozean ist von Vulkanen umgeben) finden wir u. a. die Nascaplatte, die sich unter die Südamerikanische Platte schiebt und den Atacamagraben vor der Westküste Chiles sowie die Anden bildet.

Der Pico do Fogo auf den Kapverden brach zuletzt 1990 aus ▶

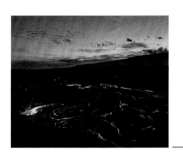

Hotspotvulkanismus – wo Platten über Hotspots gleiten

Hotspotvulkanismus findet man an dünnen Stellen der Erdkruste, z. B. um Hawaii und im Yellowstone-Nationalpark in den USA, wo die Erdkruste nur drei bis vier Kilometer dick ist. Die hawaiianischen Inseln sind durch Ausbrüche eines stationären Hotspots entstanden, über die sich der Meeresboden weiterbewegte.

◄ Lavaaustritt knapp über dem Meeresniveau auf Hawaii, einer Vulkankette, die über einem stationären Hotspot entstanden ist

Der pazifische Feuerring

Die meisten Vulkane und auch Erdbeben kommen rund um den Pazifik vor. Man nennt diese Region daher auch den pazifischen Feuerring. Am Rand des Pazifiks treffen zahlreiche Platten aufeinander. Meistens schiebt sich eine Platte unter eine andere. Durch diese Bewegungen entstehen die meisten Vulkane.

Insgesamt gibt es über 400 Vulkane in dieser Region. Viele Regionen am pazifischen Feuerring sinddicht besiedelt, wie Japan, die Philippinen, Java oder Kalifornien. Die Bedrohung menschlichen Lebens ist deshalb besonders stark.

Erdbeben, Vulkane, Plattentektonik: Der „Ring of Fire"

QUELLE: APA +++ GRAFIK: „Die Presse" [GK]

Quelle: diepresse.com

■ Tragen Sie in der Karte die Erdbeben der letzten Jahre ein:

2012
A Haida Gwaii 7,7

2013
B Santa Cruz Island/ Salomonen 8,0
C Kobe/Japan 5,8

2014
D Iquique/Chile 8,2
E Illapel/Chile 8,3

2015
F Christchurch/Neuseeland 7,8

2016
G Puerto Montt/Chile 7,7
H Kamtschatka 7,3

2017
I Papua Neuguinea 7,9

2018
J Kodiak Island/Alaska 7,9
K Fidschi Inseln 7,9

Arbeitsaufgaben

1. Suchen Sie im Atlas Inseln, die auf dem mittelozeanischen Rücken liegen.

2. Suchen Sie im Atlas Beispiele für die kontinentalen Gräben und Vulkane, die an diesen Schwächezonen entstanden sind.

3. Ordnen Sie die Vulkane den einzelnen Typen zu (A, B, C)

☐ Piton de Neiges (Reunion) ☐ Cotopaxi (Ecuador) ☐ Mauna Loa (Hawaii)

☐ Eyjafjallajökull (Island) ☐ Agung (Bali) ☐ Ponta do Pico(Azoren)

3.2.2 Vulkanische Kleinformen

Vulkanismus tritt nicht nur in Vulkanen auf, auch zahlreiche vulkanische Kleinformen verweisen auf die Existenz dünner Erdkrustenteile bzw. hoch liegender, wärmender Magmakörper.

Der Geysir Strukkur in Island

Geysire

Geysire kommen in aktiven vulkanischen Gebieten vor und werden in der Regel durch Grundwasser gespeist, das durch die Wärme des fast an der Oberfläche liegenden heißen Erdmantels erhitzt wird. In periodischen Abständen schießt das fast siedende Wasser in Form von Fontänen aus dem Erdboden. Diese Fontänen erreichen Höhen von mehr als 60 Metern.

Die Kalksinterterrassen bei Pamukkale sind eine der wichtigsten Tourismusattraktionen in der Türkei

Sinterterrassen

Bei Sinterterrassen wird Wasser unterirdisch durch vulkanische Aktivitäten erwärmt und tritt als heiße Quelle an die Oberfläche. Die hohen Kalk- und Mineralienanteile des Wassers lagern sich beim Quellenaustritt ab und bilden über einen Zeitraum von Millionen Jahren Sinterterrassen.

Thermalquellen

Thermalquellen gibt es in Vulkangebieten, an Bruchlinien oder in Regionen, deren Erdkruste von Gebirgsbildungen geschwächt ist. Sie entstehen, wenn abgesunkenes Wasser von einem hoch liegenden Magmakörper erwärmt wird.

3.2.3 Vulkanische Erscheinungen werden wirtschaftlich genutzt

Vulkanische Gebiete zählen schon immer zu den am dichtesten besiedelten Gebietender Erde. Der verheerende Ausbruch des Vesuvs im Jahre 79 v. Chr., der u. a. die antike Stadt Pompeji zerstört hat, traf eine blühende Kultur. Trotz der nach wie vor bestehenden Gefährdung durch den Vesuv ist u. a. wegen der sehr fruchtbaren Böden die Gegend um Neapel das am dichtesten besiedelte Gebiet Italiens. Auch andere Vulkangebiete der Erde – insbesondere in den armen

Weinanbau auf den Kapverden – unmittelbar in der Vulkanasche

Ländern der Welt – sind ein attraktiver Lebensraum, wo Vulkanausbrüche in Kauf genommen werden.

Die heilende Wirkung der aus unterschiedlichen Mineralien zusammengesetzten Wässer der Thermalquellen wird für den Kur- und Wellnesstourismus genutzt. In Österreich verdanken z. B. Bad Radkersburg, Bad Gleichenberg oder Bad Waltersdorf in der steirischen Thermenregion den Thermalwässern ihre Bedeutung.

Geothermische Kraftwerke

Geothermie bedeutet Erdwärme. In vulkanischen Gebieten ist die Erde wärmer als anderswo. Wasser wird in die Tiefe geleitet, dieses Wasser erwärmt sich und wird als Heißwasser oder Dampf direkt auf eine Turbine geleitet. Obwohl mehr als 250 geothermische Kraftwerke weltweit die Energie des Erdinneren nutzen, decken sie nur zwei bis drei Prozent des weltweiten Energiebedarfs ab.

Geothermisches Kraftwerk

Thermalwassernutzung in Island in der blauen Lagune (beliebtes Baderesort) und im geothermischen Kraftwerk.

In Island wird geothermische Energie zur Heizung der Häuser und Glashäuser sowie in thermischen Kraftwerken genutzt. So werden etwa manche Gehsteige in der Hauptstadt Reykjavik im Winter beheizt und die mehr als 40 km lange Verbindungsstraße von Reykjavik zum Flughafen wird nachts durchgehend mit Straßenlaternen beleuchtet. Die geothermische Energie liefert Heizung und Warmwasser für ca. 90 Prozent aller isländischen Haushalte. Mit Erdwärme und Wasserkraft deckt Island 99,9 Prozent seines Strombedarfs.

Arbeitsaufgaben

1. Fassen Sie die Entstehung von Geysiren bzw. Sinterterrassen zusammen.

2. Nennen Sie weitere Möglichkeiten der Nutzung von Thermalquellen.

3. Analysieren Sie die Gründe für die starke menschliche Besiedelung von Vulkangebieten.

3.3 Erdbeben

Die Erdbebengebiete sind bekannt, der Zeitpunkt eines Erdbebens kann nicht vorausgesagt werden. Über 90 Prozent aller Erdbeben werden von Plattenbewegungen ausgelöst. Vor oder bei Vulkanausbrüchen auftretende Beben machen ca. 8 Prozent aus.

Der Rest entsteht bei Einstürzen von Höhlen oder alten Bergwerksstollen. Der Großteil der bis zu 20 000 Beben ist so schwach, dass sie nur mit Seismografen gemessen werden können, nur eines von 500 verursacht Zerstörungen.

Erdbeben in der VR China 1977 – die größte Katastrophe der Geschichte, bei der 500 000 Menschen starben

Tektonische Beben

Wenn sich Platten oder Teile davon aneinanderreiben und miteinander verhaken, bauen sich Spannungen auf, die sich von Zeit zu Zeit ruckartig als Beben entladen. Besonders intensiv sind Beben an Plattenrändern, doch können sie auch im Inneren der Platten an Bruchlinien und anderen Schwächezonen der Erdkruste auftreten. Der Ausgangspunkt des Bebens, das Hypozentrum, liegt in Tiefen zwischen ca. 30 und 700 km, im senkrecht darüberliegenden Epizentrum an der Oberfläche wird die höchste Erdbebenstärke gemessen.

Bebensicheres Bauen

Nach dem Vorbild ostasiatischer Holzrahmenhäuser werden weitgehend erdbebensichere Hochbauten errichtet. Ihre Elastizität und Festigkeit wurde mit Stahlstäben in Betonsäulen und Betonträgern erreicht. In so gebauten Betonskeletthäusern erhöht sich die Überlebenschance der Bewohner, da Einstürze zumindest verzögert werden können.

Betonskeletthaus auf der Insel Korfu in Griechenland

Sehr bekannt ist die San-Andreas-Verwerfung in Kalifornien, die die Grenze zwischen der Nordamerikanischen und der Pazifischen Platte bildet. Sie verläuft, vom Golf von Kalifornien in Mexiko kommend, östlich an Los Angeles vorbei, erreicht San Francisco, dessen Zentrum sie durchschneidet, um in Nordkalifornien wieder ins Meer abzutauchen. An dieser Transformstörung schiebt sich die Pazifische Platte um ca. 6 cm jährlich nach Nordwesten. In ca.10 Mio. Jahren soll deswegen Los Angeles an San Francisco vorbeifahren! Obwohl die San-Andreas-Verwerfung zu den am besten untersuchten Bebengebieten der Erde gehört, sind die Bebenprognosen auch dort noch ungenau.

Seebeben – Tsunami

Am 26. Dezember 2004 starben mehr als 200 000 Menschen durch einen Tsunami, der von einem Seebeben ausgelöst wurde, dessen Epizentrum südwestlich von Sumatra im Indischen Ozean lag. Durch die Erdstöße mit der Stärke von 9,1 nach Richter wurden abrupt große Wassermassen verdrängt, die mit einer Geschwindigkeit von mehreren 100 km/h Richtung Küste rasten. Beim Auftreffen auf die flachen Küstengewässer wurde die Welle abgebremst und zu einer bis zu 15 Meter hohen Welle aufgestaut, die die flacheren Küstenabschnitte Indonesiens, Thailands, Myanmars, Südostindiens und Sri Lankas verwüstete. Selbst afrikanische Staaten wie Somalia oder Kenia im Westen des Indischen Ozeans waren betroffen.

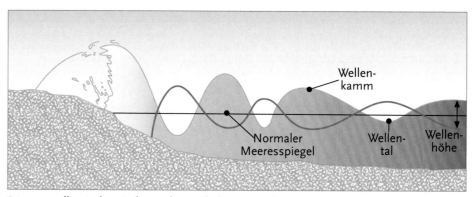

Die von vulkanischen Beben oder Seebeben ausgelöste Tsunamiwelle ist am offenen Meer unbedeutend, an den Küsten aber todbringend

Die thailändische Westküste wurde von der Tsunamiwelle schwer getroffen

Beben als Auslöser von Naturkatastrophen

Nur die größten Katastrophen, wie das Seebeben 2004 im Indischen Ozean oder das Erdbeben in Verbindung mit einem Tsunami und dem Supergau in einem AKW bei Fukushima 2011 mit jeweils Tausenden Toten oder Hunderttausenden Obdachlosen erwecken weltweites mediales Interesse.

Die Katastrophen auslösende Tsunamiwelle überrollt die Küste Japans.

In den pazifischen Anrainerstaaten werden die Menschen von einem satellitengestützten Frühwarnsystem gewarnt, im Bereich des Indischen Ozeans wurde das System erst nach der Katastrophe des Jahres 2004 aufgebaut.

Bebenmessung

Die Richterskala gibt die Stärke eines Erdbebens an. Dabei wird mit Seismografen der Ausschlag der Schwingung gemessen. Das schwerste gemessene Beben fand 1960 vor der Küste Chiles statt und erreichte eine Stärke von 9,5 nach Richter. Die Mercalli-Sieberg-Skala beschreibt hingegen die Schäden, die Beben anrichten.

Mercalli	Beschreibung	Richter
I	Nur durch Instrumente nachweisbar	1
II	Kaum merklich	2
III	Von einigen Menschen bemerkt	3
IV	Von den meisten Menschen bemerkt, kleine Schäden möglich	4
V	Menschen aus Schlaf geweckt, Bäume und Masten schwanken	5
VI	Möbel können sich verschieben, leichte Schäden	5,3–5,9
VII	Schwere Schäden an leicht gebauten Häusern, leichte Schäden an massiven Bauwerken, Menschen geraten in Panik und laufen aus Häusern, Todesopfer in dicht besiedelten Regionen wahrscheinlich	6,0–6,9
VIII	Verbreitete Zerstörungen von Gebäuden, leichte Schäden an erdbebensicheren Gebäuden, Erdrutsche	7,0–7,3
IX	Allgemeine Gebäudezerstörungen, Fundamente verschieben sich, im Erdboden erscheinen erkennbare Risse	7,4–7,7
X	Verwüstungen, katastrophenartige Zerstörungen, breite Risse im Erdboden, die meisten Gebäude zerstört	7,8–8,4
XI	Alle Gebäude zerstört, landschaftsverändernde Zerstörungen, breite Spalten im Erdboden und in Straßen	8,5–8,9
XII	Großflächige verheerende Katastrophe	Ab 9

Seismografen zeichnen die Stärke von Erdbeben auf. Hier noch ein traditionelles, nicht digitales Modell.

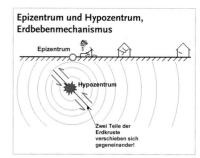

Modell einer Ausbreitung von Erdbebenwellen

Exkurs

Erdbebenzonen in Österreich

Die bebengefährdeten Gebiete liegen an tektonischen Schwächezonen im Großraum von Villach, in der Mur-Mürz-Furche in der Steiermark, in der Thermenlinie südlich von Wien, im Großraum um Innsbruck und im Fernpassgebiet in Tirol.

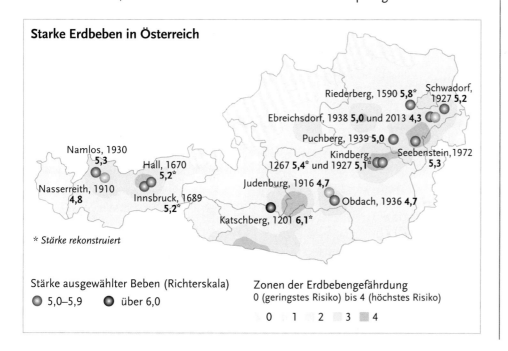

Starke Erdbeben in Österreich

Riederberg, 1590 **5,8***
Schwadorf, 1927 **5,2**
Ebreichsdorf, 1938 **5,0** und 2013 **4,3**
Puchberg, 1939 **5,0**
Namlos, 1930 **5,3**
Hall, 1670 **5,2***
Kindberg, 1267 **5,4*** und 1927 **5,1***
Seebenstein, 1972 **5,3**
Nasserreith, 1910 **4,8**
Innsbruck, 1689 **5,2***
Judenburg, 1916 **4,7**
Obdach, 1936 **4,7**
Katschberg, 1201 **6,1***

* Stärke rekonstruiert

Stärke ausgewählter Beben (Richterskala)
● 5,0–5,9   ● über 6,0

Zonen der Erdbebengefährdung
0 (geringstes Risiko) bis 4 (höchstes Risiko)
0   1   2   3   4

■ Bestimmen Sie mithilfe der Karte die Erdbebengefährdung Ihrer Heimatregion.

Arbeitsaufgaben

1. Erläutern Sie die besonderen Gefahren von Seebeben mit küstennahem Epizentrum am Beispiel des Bebens vom 11. März 2011.

_____

_____

2. Werten Sie Medienberichte von aktuellen Beben nach Ursachen und Schäden aus.

3. Ordnen Sie die folgenden Begriffe den Definitionen bzw. längeren Texten und den Fotos zu.

> ❶ Geysir ■ Tektonisches Beben ■ ❷ Richterskala ■ ❸ Lava ■ ❹ Thermalquellen ■ ❺ Tsunami ■ Epizentrum ■
> ❻ Magma ■ Hypozentrum

Gesteinsschmelze nach dem Austritt an der Erdoberfläche (ca. 1 200 Grad Celsius)	
heiße Springquelle	
Übertragung der vom Seismografen aufgezeichneten Schwingungen	
Wenn sich Platten reiben und verhaken, entstehen Spannungen, die sich ruckartig als Beben entladen	
Ausgangspunkt eines Bebens, liegt 30 bis 700 km unter der Erdoberfläche	
Zentrum des Bebens an der Erdoberfläche	
Absinkendes Wasser wird von einem hoch liegenden Magmakörper erwärmt und steigt wieder auf	
durch ein Erdbeben ausgelöste Flutwelle	
Gesteinsschmelze im Erdinneren	

4. Ordnen Sie die Texte den Bildern zu:

❶ Island ist ein Teil des mittelatlantischen Rückens und von zahlreichen vulkanischen Phänomenen geprägt. Heiße Quellen ermöglichen einerseits die Gewinnung von billiger Energie, andererseits können sie touristisch genutzt werden.

❷ Der Gebirgsstock des Hochkönig ist mit einer Höhe von 2 941 m der höchste Gebirgsstock der Berchtesgadener Alpen und ein Produkt der Plattenkollision und -überschiebung.

❸ Ganz Ostafrika ist durch einen gigantischen Grabenbruch geprägt. Dieser ist durch das Auseinandertreiben zweier Platten entstanden.

❹ Viele Inseln sind vulkanischen Ursprungs. So auch die Azoren, die ähnlich wie Island Teil des mittelozeanischen Rückens sind.

❺ Das Tote Meer ist ein extrem salzhaltiger See, der an der tiefsten Stelle der Erde liegt (–422 m). Dies ist ein Teil eines gewaltigen Grabenbruchs, der in Ostafrika beginnt, sich über das Rote Meer weiterzieht und im Jordantal zwischen Israel und Jordanien endet.

❻ Die Anden in Südamerika sind durch zahlreiche Vulkane geprägt, die die klassische Kegelform aufweisen. Hier taucht die ozeanische Nazca-Platte unter die kontinentale südamerikanische Platte.

3.4 Exogene Kräfte verändern Landschaften

Das Relief, die Oberflächengestalt der Erde, wird durch unterschiedliche exogene Kräfte ständig umgestaltet, sodass die Landschaftsformen entstehen. Beispielsweise formen die Kräfte des fließenden Wassers und das Gewicht des sich bewegenden Eises Täler, die Bewegung der Meereswellen gestaltet Küstenformen und der Wind verfrachtet Sandkörner. Das so entstandene Abtragungsmaterial wird an vielen Stellen abgelagert und immer wieder weitertransportiert, bis es letztendlich ins Meer gelangt. Nur einige dieser Prozesse und die dadurch entstehenden Formen können hier exemplarisch herausgearbeitet werden.

Die Erosion schreitet voran: Das Wasser spült den Boden eines Hanges ab und bildet tiefe Furchen.

Je älter eine Landschaft ist, desto länger konnten die exogenen Kräfte auf das Relief wirken. Im Laufe von Millionen von Jahren wurden ganze Gebirge eingeebnet und wurden zu flachen Landschaften. Auch wenn die Hebung der meist schroff erscheinenden Alpen bereits im Paläozän, also vor mehr als 60 Millionen Jahren, begonnen hat, reichte dieser unglaublich lange Zeitraum nicht aus, sie abzutragen.

Die viel ältere Böhmische Masse, in Österreich also das Mühl- und Waldviertel, wurde über einen erheblich längeren Zeitraum in ein hügeliges Mittelgebirge verwandelt.

Die Arbeit der exogenen Kräfte

Verschiedene physikalische und chemische Prozesse wirken auf das Relief und gestalten es um. Die Art des Gesteines, das Wasser, klimatische Voraussetzungen, die Vegetation und vieles mehr bestimmen, welche exogenen Kräfte an einem bestimmten Ort auf das Relief wirken. So ist der Wind in der vegetationslosen Wüste ein wichtiger Faktor oder das Eis in den Hochgebirgen. In der Regel verändern mehrere dieser Kräfte gleichzeitig das Relief, und Formen aus der Vergangenheit, wie z. B. aus der Eiszeit, kann man heute noch in der Landschaft erkennen.

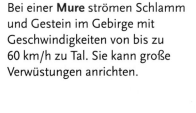

Bei einer **Mure** strömen Schlamm und Gestein im Gebirge mit Geschwindigkeiten von bis zu 60 km/h zu Tal. Sie kann große Verwüstungen anrichten.

Die Arbeit der exogenen Kräfte ist für uns gegenwärtig sichtbar, wenn etwa durch Bergstürze große Mengen von Felsmassen ins Tal stürzen oder Geröll- und Schlammmassen von Muren Straßen unpassierbar machen.

Gschliefgraben bei Gmunden; der rutschende Hang knickt Bäume wie Streichhölzer

Am 16. 01. 2015 ereignete sich am Dobratsch in Kärnten ein gewaltiger Bergsturz, bei dem 6 000 m³ Gestein abstürzten

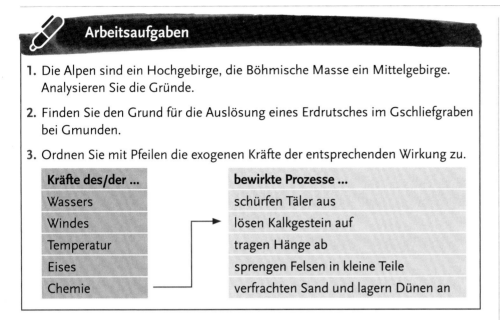

Arbeitsaufgaben

1. Die Alpen sind ein Hochgebirge, die Böhmische Masse ein Mittelgebirge. Analysieren Sie die Gründe.

2. Finden Sie den Grund für die Auslösung eines Erdrutsches im Gschliefgraben bei Gmunden.

3. Ordnen Sie mit Pfeilen die exogenen Kräfte der entsprechenden Wirkung zu.

Kräfte des/der ...	bewirkte Prozesse ...
Wassers	schürfen Täler aus
Windes	lösen Kalkgestein auf
Temperatur	tragen Hänge ab
Eises	sprengen Felsen in kleine Teile
Chemie	verfrachten Sand und lagern Dünen an

3.4.1 Täler und Hänge haben vielfältige Formen

Kein Tal gleicht dem anderen. Unterschiedliche Gesteine und tektonische Voraussetzungen ebenso wie die verschiedenen Bedingungen für die exogenen Faktoren lassen nach der physikalischen oder chemischen Verwitterung des Gesteins bzw. des Bodens, d. h. der Zerkleinerung des Untergrundes, verschiedene Talformen entstehen, die unser Landschaftsbild prägen.

Während die Eismassen der Eiszeiten bereits bestehende Täler überformten und Trogtäler ausbildeten, war in den Warmzeiten die Arbeit des Wassers von entscheidender Bedeutung. Dabei kamen folgende Prozesse der Erosion, d. h. der Abtragung, zum Zuge: die Tiefenerosion, die Seitenerosion und die Hangdenudation.

Unter Tiefenerosion versteht man die Vertiefung des Flussbettes, unter Seitenerosion seine Verbreiterung. Denudation ist eine großflächige Hangabtragung durch Wasser.

Je nach der Bedeutung dieser Erosionsformen bilden sich die Talformen heraus.

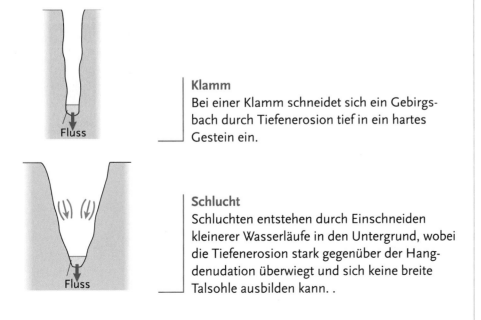

Klamm
Bei einer Klamm schneidet sich ein Gebirgsbach durch Tiefenerosion tief in ein hartes Gestein ein.

Schlucht
Schluchten entstehen durch Einschneiden kleinerer Wasserläufe in den Untergrund, wobei die Tiefenerosion stark gegenüber der Hangdenudation überwiegt und sich keine breite Talsohle ausbilden kann. .

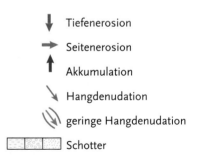

↓ Tiefenerosion

→ Seitenerosion

↑ Akkumulation

↘ Hangdenudation

(↓) geringe Hangdenudation

▭ Schotter

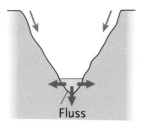

Kerbtal

Kerbtäler bzw. V-Täler entstehen durch Tiefenerosion und gleichzeitig auftretende Seitenerosion sowie Denudation, wobei die Talsohle kaum ausgeprägt ist.

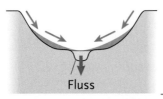

Mudental

Muldentäler bilden sich bei starker Denudation, die Tiefenerosion spielt eine geringere Rolle und die Hänge sind flach.

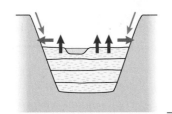

Sohlental

Bei einem Sohlental finden alle drei Erosionsformen statt, die breite Talsohle wird akkumuliert und der Fluss nimmt nicht mehr die volle Talbreite ein.

💡 Das Trogtal wurde durch die erodierende Wirkung fließender Gletscher geschaffen. Die Bäche haben sich nachträglich eingeschnitten.

Arbeitsaufgabe

■ Ordnen Sie die nummerierten Talformen den Bildern zu.

❶ Die Liechtensteinklamm bei Sankt Johann im Pongau

❷ Paklenica-Schlucht (Kroatien)

❸ Kerbtal – Patagonien (Argentinien)

❹ Muldental bei Nossen (Deutschland)

❺ Sohlental – Murtal, Steiermark und Salzburg

❻ Trogtal – Garneratal südlich Gaschurn (Montafon/Silvretta).

3.4.2 Akkumulationsformen dominieren im flachen Land

Während im Gebirge Erosionsformen (Abtragungsformen) überwiegen, dominieren im Flachland Aufschüttungs-, sogenannte **Akkumulationsformen**, wie z. B.:

- **Flussterrassen:** Vom Fluss mittransportierte Schotter und Sande werden abgelagert, weil das Gefälle bereits so gering ist, dass sie nicht mehr weitertransportiert werden können. Anschließend schneidet sich der Fluss durch die Tiefenerosion ein.

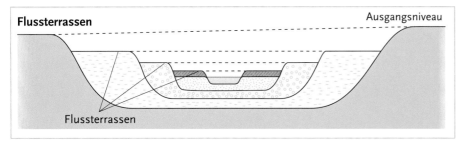

- **Flussläufe mit Schotterakkumulationen**

  Schotter wird durch Erosion in den Bergen gelöst und durch hohe Transportgeschwindigkeit in die Täler der Vorflüsse transportiert. Durch die abnehmende Fließgeschwindigkeit in den Ebenen nimmt auch die Transportkraft der Flüsse ab. Es kommt zu Akkumulationen der oft großen Schottermassen. Die Flüsse können dabei ständig ihren Lauf verändern. In Europa gibt es nur noch wenige unregulierte Flussläufe, die dieses Phänomen deutlich zeigen. Dies ist einerseits der Lech in Tirol und der Tagliamento in Friaul.

Bis weit in die Ebene weist der Tagliamento ausgedehnte Schotterflächen auf. Auwälder und kleine bewachsene Inseln bilden ein großes zusammenhängendes Ökosystem von etwa 150 km². Der letzte große Wildfluss in Mitteleuropa beherbergt eine überdurchschnittlich hohe Zahl an Tier- und Pflanzenarten.

- **Flussdelta:** Die Schotter und Sande werden schlussendlich im Meer abgelagert. Auf seinem letzten Stück verzweigt sich der Fluss in mehrere Mündungsäste. Es bildet sich ein Flussdelta, wobei das Land immer weiter in das Meer hinausgeschoben wird. Eines der größten Deltas der Welt, das Gangesdelta, ist mit 80 000 km² fast so groß wie anz Österreich. Auch die Donau mündet in einem Delta ins Schwarze Meer. Mit ca. 5 000 km² ist es ca. doppelt so groß wie Vorarlberg.

Am Rande des Donaudeltas in Rumänien: Mehrere Flussarme und viele Kanäle prägen das Landschaftsbild

Bei der Akkumulation werden durch Flüsse oder das Meer Sedimente (unverfestigte Gesteine) abgelagert.

Flussterrasse des Seti-Rivers in Nepal

Arbeitsaufgaben

1. Beschreiben Sie den Prozess der Entstehung von Schotter- bzw. Flussterrassen.

2. Arbeiten Sie die Unterschiede zwischen endogenen und exogenen Kräften bei der Formung eines Reliefs heraus.

3. Arbeiten Sie mit den Bildern: Ordnen Sie die nummerierten Texte den Bildern zu. Besprechen Sie ihren Inhalt und differenzieren Sie die Bildinhalte nach Erosions- und Akkumulationsformen. Dominiert eine Erosionsform, vergeben Sie den Buchstaben E, dominiert eine Akkumulationsform, entscheiden Sie sich für A.

❶ Loser Treibsand wird zu **Dünen** aufgeschüttet. Das Tal des Todes in Kalifornien liegt ca. 85 m unter dem Meeresniveau, die Sommertemperaturen liegen im Schnitt über 50 °C.

❷ Die unterhalb der Pasterze befindliche große **Sanderfläche** besteht aus abgelagertem feinstem Schwemmmaterial des Gletscherbaches. Er überflutet zur Zeit der Schneeschmelze die gesamte Fläche. Im Sommer vertiefen sich einzelne Gerinne.

❸ Die **Kliffküste** bei Dover in England. Die Kreidefelsen sind aus Meeressedimenten entstanden.

❹ Das **Lavafeld** stammt von einem Ausbruch um 1920. Es liegt auf einem 300 m hohen Vulkan, der vor ca. 1 000 Jahren in der Nähe von Flagstaff in Arizona entstanden ist.

❺ Die heute teilweise bewaldeten Felsbuckel dieser **Schärenküste** östlich von Stockholm wurden vom eiszeitlichen Eis abgehobelt. Schleifspuren von Steinen an der Felsoberfläche lassen Rückschlüsse auf die Fließrichtung des Eises zu. Die Flutung der Felsen erfolgte erst am Ende der Eiszeit, als der Meeresspiegel um bis zu 100 m anstieg.

❻ Die brüchige **Gletscherzunge** des Brikdalsbreen in Norwegen endet in einem kleinen See, der rechts von einer Moräne begleitet wird. Eine Sanderfläche bildet das linke Ufer. Das Gletschertor am Ende der Gletscherzunge zeigt die Stelle an, wo der Gletscherbach in den See mündet. Die schwimmenden Eisschollen wären im Meer Eisberge. Als Erosionsformen sind abgehobelte glatte Felsen (links) und das vom Eis ausgeschürfte U-Tal (auch Trogtal) zu erkennen.

Ziele erreicht? – „Naturkräfte formen die Landschaft"

1. Arbeiten Sie mit den Texten zu den Bildern:
   Streichen Sie bei den rot hinterlegten Wörtern jeweils das falsche.

   ❶ Die sizilianische Großstadt Catania liegt nur ca. 30 Kilometer
   vom tätigen/aktiven **Vulkan Ätna,** der alle paar Jahre ausbricht,
   entfernt. Trotz der Gefährdung durch den Vulkan siedeln im
   Großraum der Stadt mehr als 650 000 Menschen. Fast jährlich
   kommt es zu Ausbrüchen und Lava/Magma tritt aus, die immer
   wieder Zerstörungen hervorruft.

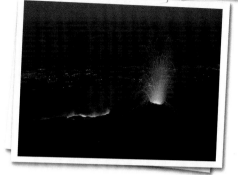

   ❷ Vor etwa 65 Mio. Jahren begann die „Arbeit" am **Grand Canyon** im
   Südwesten der USA. Tektonische/historische Bewegungen hatten
   eine Erdplatte nach unten/oben gedrückt, das heutige Colorado-
   Plateau. Durch dieses Plateau fraß sich nun der Vorläufer des heutigen Colorado (Tiefenerosion/Seitenerosion). Der Grand Canyon
   ist heute Nationalpark und eine der touristischen Hauptattraktio-
   nen der USA.

   ❸ Im **Monument Valley** (SW-USA), einem riesigen Tieflandbecken,
   wurden vor Hunderten Millionen Jahren Schichten über Schichten
   von Sand abgelagert (Erosion/Akkumulation). Im Rahmen der
   alpidischen/kaledonischen Gebirgsbildung vor etwa 65 Millionen
   Jahren wurde die Oberfläche durch stetigen Druck von unten
   angehoben und es entstand ein Felsplateau. Anschließend arbei-
   teten Wind, Regen und Temperaturen daran, die Oberfläche des
   Plateaus abzutragen/aufzuschütten (Erosion). Nur die weicheren/
   härteren Teile blieben als Tafelberge stehen.

   ❹ Die **Gorges du Verdon** in Südfrankreich besteht aus Kalkablage-
   rungen, die vor einigen hundert Millionen Jahren im damaligen
   Meer entstanden sind/abgetragen wurden. Vor 150/65–70 Millionen Jahren begannen sich die Alpen zu heben und der Fluss Verdon schnitt sich tief durch das Gestein, bis die heutige Schlucht/
   das heutige Kerbtal entstanden ist.

   ❺ Ganges und Brahmaputra schufen durch Ablagerungen/ Abtra-
   gungen eines der größten Flussdeltas der Welt, das Gangesdelta.
   Der lehmige Boden ist äußerst unfruchtbar/fruchtbar. Das Delta
   zählt zu den am dichtest/dünnst besiedelten Gebieten. Allerdings
   ist es durch tropische Wirbelstürme und Überflutungen regelmäßig großen Gefahren ausgesetzt.

2. Ordnen Sie die Nummern in der Karte den topografischen Begriffen in der Tabelle zu. Suchen Sie den Berggipfel und ordnen Sie diesen jeweils den Namen in der Tabelle zu.

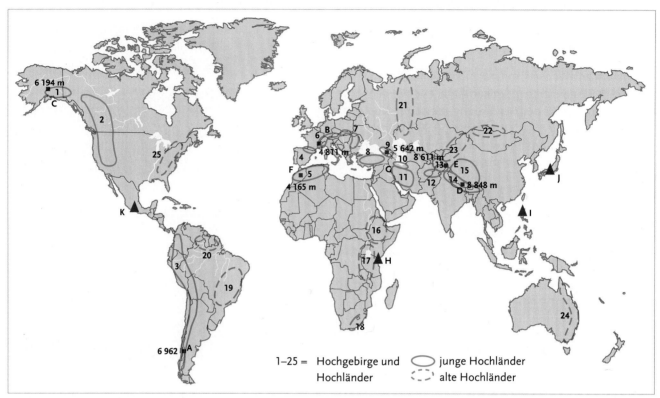

1–25 = Hochgebirge und Hochländer

⬭ junge Hochländer

⬭ alte Hochländer

Alte Hochgebirge und Hochländer

- 19 Brasilianisches Bergland
- 18 Drakensberge
- 25 Appalachen
- 21 Ural
- 20 Bergland von Guyana
- 22 Tienschan
- 23 Altai
- 24 Great Dividing Range
- 16 Hochland von Äthiopien
- 17 Ostafrikanisches Seenhochland

Junge Hochgebirge und Hochländer

- 3 [A] Anden _____ CERRO ACONCAGUA
- 6 [B] Alpen _____ MOUNT BLANC
- 4 [ ] Pyrenäen _____
- 1 [C] Alaska Range _____ DENALI
- 14 [D] Himalaja _____ MOUNT EVEREST
- 2 [ ] Rocky Mountains _____
- 13 [ ] Hindukusch _____
- 12 [ ] Hochland von Tibet _____
- 15 [E] Karakorum _____ K2 MOUNT GODWIN AUSTEN
- 7 [ ] Karpaten _____
- 5 [F] Atlas _____ JBEL TOUBKAL
- 8 [ ] Hochland von Anatolien _____
- 10 [ ] Elburs _____
- 11 [ ] Hochland von Iran _____
- 9 [G] Kaukasus _____ ELBRUS

Weitere wichtige Berge

- [H] 5 895 m _____ KILIMANJARO
- [I] 1 486 m _____ PINATUBO
- [J] 3 776 m _____ FUJI - SAN
- [K] 5 462 m _____ POPOCATEPETL

3. Erklären Sie anhand des Himalaja die Entstehung von Gebirgen.

Wetter- und Klimagrundlagen

Meine Ziele

Nach Bearbeitung dieses Kapitels kann ich

- die Entstehung von Jahreszeiten, Druckgebilden und Winden beschreiben;
- die ökologischen Grundlagen der Klima- und Vegetationszonen wiedergeben;
- die Vegetation der Klimazonen beschreiben;
- die großen Klimazonen lokalisieren;
- Klimadiagramme interpretieren;
- Klimazonen für die touristische Eignung bewerten.

1 Wetter- und Klimagrundlagen

Das Klima unterscheidet sich in den verschiedenen Regionen der Erde aufgrund der unterschiedlich ausgeprägten Klimafaktoren. Somit leben die Menschen unter verschiedenen Klimabedingungen. Auch das Wetter beschäftigt die Menschen täglich: sei es als Bauer/Bäuerin, der/die auf Regen wartet oder als Tourist/in, der/die gerne einen regenfreien Strandurlaub verbringen möchte.

Klimafaktoren beeinflussen das tägliche Wetter. Dieses wird mit Klimaelementen (z. B. Temperatur, Luftdruck usw.) gemessen. Die Durchschnittswerte dieser Klimaelemente über einen längeren Zeitraum gemessen, ergeben das Klima.

Das Wetter ist nicht das Klima

Wetter	Klima
	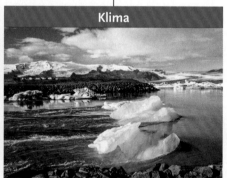
Das **Wetter** ändert sich in unseren Breiten ständig. Auf Regen folgt Schönwetter, auf kalte Phasen folgen wärmere Tage. In den Tropen bleibt das Wetter hingegen relativ gleich: es gibt im Laufe des Jahres kaum Temperaturunterschiede. Das Leben der Menschen wird vielfach vom Wetter mitbestimmt.	Das **Klima** ist hingegen der mittlere Zustand der Atmosphäre, der für lange Zeiträume in bestimmten Regionen typisch ist.
Meteorologen/Meteorologinnen erstellen immer genauere Wettervorhersagen.	Klimatologen/Klimatologinnen hingegen erforschen die Änderungen im Klima.

1.1 Sonnenstand und Jahreszeiten

1.1.1 Sonnenstand

Die Sonnenstrahlen fallen am Äquator sehr steil ein, an den Polen hingegen sehr flach. Deshalb ist es an den Polen wesentlich kälter als am Äquator. Ähnliches erleben wir im Sommer und im Winter. Im Sommer steht die Sonne direkt über uns, der Einfallswinkel der Sonnenstrahlen ist sehr steil, es ist heiß. Im Winter steht die Sonne sehr schräg, der Einfallswinkel der Sonnenstrahlen ist flach. Es ist kalt. Auf gleiche Weise sind die Temperaturunterschiede zwischen Morgen, Mittag und Abend zu erklären.

Zenit	Wendekreise	Polarkreise
Die Sonne befindet sich im Zenit, wenn sie genau senkrecht, also 90 Grad, über dem Ort steht, an dem man sich befindet.	nennt man die auf 23,44° nördlicher sowie südlicher Breite gelegenen Breitenkreise. Sie sind der nördlichste bzw. südlichste Breitenkreis, auf denen die Sonne im Zenit steht.	nennt man die auf 66,5° nördlicher sowie südlicher Breite gelegenen Breitenkreise, auf denen die Sonne an den Tagen der Sonnenwende gerade nicht mehr untergeht bzw. nicht mehr aufgeht und im Winter die Polarnacht und im Sommer der Polartag herrschen.

Der Überschrift "Sonnenstand" sind die drei Spalten Zenit, Wendekreise und Polarkreise zugeordnet.

Durch die Neigung der Erdachse, die 66,5 Grad zur Ebene der Erdumlaufbahn verläuft und die Bewegung der Erde um die Sonne, ist der Sonnenhöchststand (Zenit) und somit das höchste Angebot an Energie an jedem Tag des Jahres an einem anderen Ort der Erde.

Arbeitsaufgaben

1. Erklären Sie den Unterschied zwischen Wetter und Klima.

2. Ordnen Sie die folgenden Tage des Sonnenhöchststandes den Kreisen in der Karte zu:

   a) 21. März   b) 21. Juni   c) 23. September   d) 21. Dezember

Polartag: Am nördlichen Polarkreis geht am 21. Juni die Sonne einen Tag, am Pol ein halbes Jahr nicht unter

1.1.2 Die Jahreszeiten auf der Nord- und Südhalbkugel

Als Folge des „wandernden" Sonnenhöchststandes entstehen bspw. in den Tropen die Regen- und Trockenzeiten oder in unseren Breiten die vier Jahreszeiten. Allerdings braucht die Luft einige Zeit, um sich zu erwärmen, somit ist der heißeste Monat in Österreich nicht der Juni, sondern der Juli. Ebenso braucht die Luft einige Zeit, um abzukühlen, daher ist der kälteste Monat nicht der Dezember, sondern der Jänner.

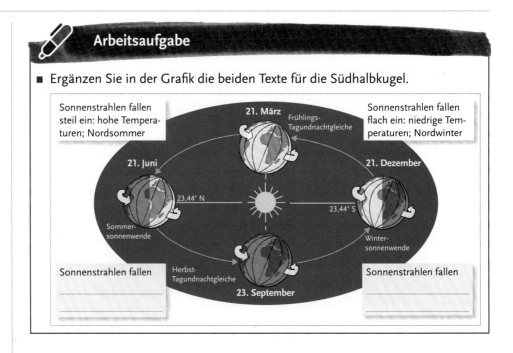

Arbeitsaufgabe

- Ergänzen Sie in der Grafik die beiden Texte für die Südhalbkugel.

Sonnenstrahlen fallen steil ein: hohe Temperaturen; Nordsommer

Sonnenstrahlen fallen flach ein: niedrige Temperaturen; Nordwinter

21. März — Frühlings-Tagundnachtgleiche

21. Juni

21. Dezember

23,44° N

23,44° S

Sommersonnenwende

Wintersonnenwende

Sonnenstrahlen fallen

Herbst-Tagundnachtgleiche

23. September

Sonnenstrahlen fallen

1.2 Klimafaktoren

Unterschiedliche Parameter beeinflussen die wichtigsten Klimafaktoren Temperatur und die Niederschläge. Diese wiederum bestimmen die Vegetation und infolgedessen die natürlichen Lebensgrundlagen der Menschen.

Palmen in Irland: Obwohl viel weiter nördlich als Österreich gelegen, wachsen an der Südküste der Insel Palmen. Der Einfluss des Atlantiks und insbesondere des warmen Golfstroms ermöglichen dies.

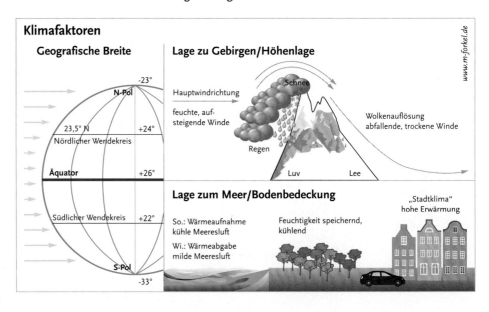

Klimafaktoren

Geografische Breite

-23°
N-Pol
23,5° N   +24°
Nördlicher Wendekreis
Äquator   +26°
Südlicher Wendekreis   +22°
S-Pol
-33°

Lage zu Gebirgen/Höhenlage

Hauptwindrichtung

feuchte, aufsteigende Winde

Schnee

Wolkenauflösung abfallende, trockene Winde

Regen

Luv   Lee

www.m-forkel.de

Lage zum Meer/Bodenbedeckung

So.: Wärmeaufnahme kühle Meeresluft

Wi.: Wärmeabgabe milde Meeresluft

Feuchtigkeit speichernd, kühlend

„Stadtklima" hohe Erwärmung

1.2.1 Geografische Breite

Am Nordpol ist es kälter als bei uns in Mitteleuropa und am Äquator ist es wärmer, weil die gleiche Menge Sonnenstrahlen an den Polen eine viel größere Fläche beleuchtet als am Äquator. Die Erwärmung ist am Äquator also höher, da der Einfallswinkel der Sonnenstrahlen sehr hoch ist und so die gleiche Anzahl Strahlen am Äquator einen viel kleineren Raum erwärmen braucht als in höheren Breiten und an den Polen, da der Einstrahlungswinkel dort sehr flach ist. Die geografische Breite bestimmt also die grundsätzlichen Temperaturen einer Region.

1.2.2 Höhenlage/Lage zu Gebirgen (Relief)

Mit zunehmender Höhe nehmen die Temperaturen ab. So ist es in den Hochalpen kälter als etwa im Wiener Becken. Weiterhin haben Luvseiten (Luv = dem Wind zugewandt) von Gebirgen mehr Niederschläge als die Leeseiten (Lee = dem Wind abgewandt). Beispielsweise fällt nördlich des Alpenhauptkamms mehr Niederschlag als südlich davon, da der Wind in Mitteleuropa meistens aus dem Nordwesten kommt.

Luv bedeutet dem Wind zugewandt,
Lee dem Wind abgewandt.

1.2.3 Lage zum Meer/Bodenbedeckung

In einem Ort am Meer fällt in der Regel mehr Regen als im Binnenland. Außerdem nehmen die Meere im Sommer Wärme auf, die sie im Winter wieder abgeben. So sind die Temperaturschwankungen am Meer geringer. Meere beeinflussen also die Temperaturen und Niederschläge eines Ortes.In Städten mit dunklem Asphalt ist die Erwärmung höher (Stadtklima) als beispielsweise auf schneebedeckten Flächen, da dunkle Flächen die Wärme besser aufnehmen.

1.3 Tiefdruck und Hochdruck

Warme Luft dehnt sich wie jeder warme Körper aus und steigt auf, kalte Luft hingegen zieht sich zusammen und sinkt zu Boden. Insgesamt wird aber die Luft über einem Gebiet nicht mehr oder weniger. Es ändern sich nur die Druckverhältnisse, thermische Hoch- und Tiefdruckgebiete entstehen:

Druckverhältnisse

Tiefdruckgebiete	Hochdruckgebiete

Erwärmt sich ein Gebiet sehr rasch, steigt die Luft auf. Oben sind daher viele Luftmoleküle vorhanden, unten jedoch sehr wenige. Dies nennt man Tiefdruck. Tiefdruck bedeutet nicht, dass es kalt, sondern dass es wolkig ist. Es kann regnen, da die aufsteigende Luft abkühlt. Der in der Luft enthaltene Wasserdampf kann mit der Abkühlung nicht mehr von der kühleren Luft gehalten werden, es beginnt zu regnen.

Umgekehrt sinkt kalte Luft zu Boden, wo sich dann viele Luftmoleküle befinden. Man spricht von Hochdruck. Das Wetter bei Hochdruck ist schön, es ist wolkenfrei. Bei Hochdruckwetterlagen ist es im Winter bitterkalt, im Sommer heiß, da mangels einer Wolkendecke die Energie ungehindert aus dem Weltall ein- bzw. ins Weltall ausstrahlen kann.

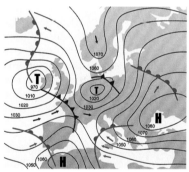

In traditionellen Wetterkarten sind Hochdruckgebiete ebenso wie Kalt- und Warmfronten, die die Niederschläge bringen und mit Winden verbunden sind, eingezeichnet.

Winde rund um den Globus

Zwischen Tief- und Hochdruck kommt es zu Ausgleichsströmungen, den Winden. Diese wehen immer zwischen einem Hoch- und einem Tiefdruckgebiet. Winde entstehen also aufgrund der unterschiedlichen Erwärmung der Erdoberfläche und der daraus resultierenden Bildung von Druckgebilden.

Arbeitsaufgabe

- Erklären Sie die Entstehung von Hochdruck bzw. Tiefdruck und die damit verbundenen Wettererscheinungen.

1.4 Globale Luftdruckgürtel – globale Winde

Durch die höchste Sonneneinstrahlung erwärmt sich die Luft am Äquator, die dadurch viel Feuchtigkeit aufnehmen kann, am stärksten und steigt auf. Am Boden entsteht ein Tiefdruckgebiet, die äquatoriale Tiefdruckrinne. Die aufgestiegene Luft regnet sich ab und sinkt dann Richtung der Wendekreise als mittlerweile trockene und in der Höhe abgekühlte Luft ab. Diese absteigende Luftbewegung führt zu Hochdruck, der subtropische Hochdruckgürtel entsteht.

Zwischen dem subtropischen Hochdruckgürtel und der äquatorialen Tiefdruckrinne wehen ständig Winde. Es sind dies die sogenannten Passate. Auf der Nordhalbkugel kommen diese Winde aus dem Nordosten, deshalb heißen sie **Nordostpassate.**

Auf der Südhalbkugel heißen sie **Südostpassate.** Beide Winde strömen Richtung Äquator. Da sich dort beide Winde treffen, nennt man die äquatoriale Tiefdruckrinne auch **innertropische Konvergenzzone (ITCZ)** (Konvergenz = Zusammenfließen).

Von den Polarkreisen in 66,5 Grad nördlicher bzw. südlicher Breite bis zu den Polen kann sich die Luft kaum erwärmen. Die Luft bleibt aufgrund der Kälte am Boden. Somit entsteht das **polare Kältehoch,** das nicht nur extrem niedrige Temperaturen, sondern auch sehr geringe Niederschläge aufweist. Weiter südlich, wo es schon wärmer ist, steigt die Luft wieder auf, es entsteht die subpolare Tiefdruckrinne. Zwischen dem polaren Kältehoch und der **subpolaren Tiefdruckrinne** wehen die **polaren Ostwinde.**

Zwischen dem 35. und dem 65. Breitengrad fließen die polare Kaltluft und die subtropische Warmluft zusammen. Zwischen dem subtropischen Hoch und dem subpolaren Tief wehen die sogenannten **außertropischen Westwinde.** Österreich liegt im Bereich dieser Westwindzone. Ein Großteil der Niederschläge kommt deshalb aus Westen bzw. Nordwesten. Im Westen Europas ist es auch wesentlich feuchter als im Osten Europas.

1.5 Klimaelemente – und wie man sie misst

Klimaelemente sind Messgrößen, die durch Messgeräte oder Beobachtung erfasst werden und zur Beschreibung des Wetters bzw. des Klimas dienen. Es gibt viele verschiedene Klimaelemente. Die drei wichtigsten sind:
- Temperatur (gemessen in Grad Celsius oder in Grad Fahrenheit, z. B. in den USA)
- Niederschlag (gemessen in mm, das entspricht einem Liter Niederschlag pro m2)
- Luftdruck (0,75 mm Hg = 1 mbar = 1 hPa (0,75 Millimeter Quecksilbersäule = 1 Millibar = 1 Hektopascal)

💡 Die ITCZ wandert mit dem Sonnenhöchststand. Im Nordsommer bis maximal zum nördlichen Wendekreis und im Südsommer bis zum südlichen Wendekreis. Die Region, die von ihr überstrichen wird, erhält große Niederschlagsmengen (Regenzeit). In den entfernten Regionen herrscht Trockenzeit.

Die gebräuchlichste Einheit ist hPa. Der mittlere Luftdruck auf der Erde beträgt 1013 hPa.)

Die Klimaelemente hängen eng miteinander zusammen. Das folgende Schema soll diesen Zusammenhang darstellen.

Gegenseitige Beeinflussung der Klimaelemente

| **hohe Temperatur** (22 °C) | ▶ | **Luftdruck fällt** (Tiefdruck) (998 hPa) | ▶ | **Luftfeuchte steigt** (92 %) | ▶ | **Wolken** (Gewitterwolke - Cumulonimbus) | ▶ | **Niederschlag** (9 l/m²) |

Warmluft steigt auf   beim Aufstieg: Abkühlung
Luft strömt nach oben   relative Luftfeuchte steigt
Sogwirkung am Boden

Arbeitsaufgaben

1. Ordnen Sie die fett gedruckten Begriffe des Textes in der Grafik richtig zu (Winde werden mit einem Pfeil neben dem Balken dargestellt.) Beachten Sie, dass es Windzonen gibt, die sowohl in der nördlichen wie in der südlichen Hemisphäre auftreten.

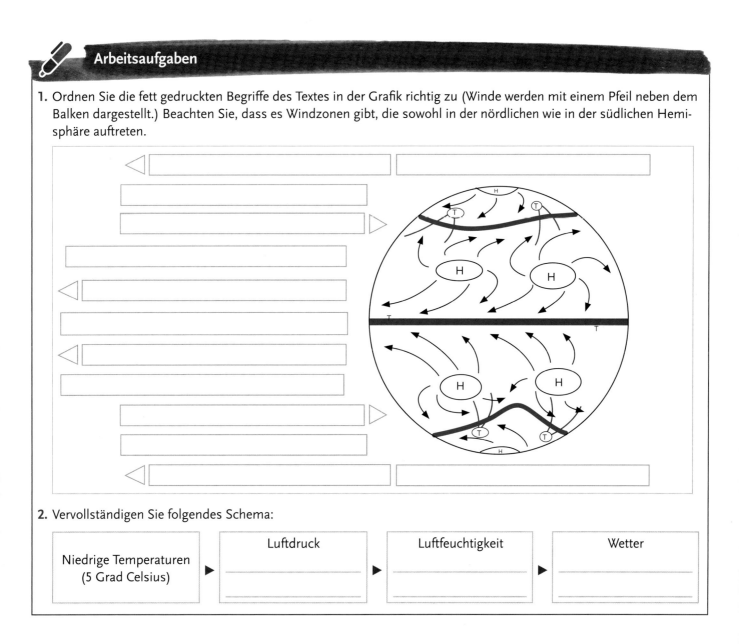

2. Vervollständigen Sie folgendes Schema:

Niedrige Temperaturen (5 Grad Celsius)	▶	Luftdruck	▶	Luftfeuchtigkeit	▶	Wetter

2 Wie man ein Klima beschreibt – das Klimadiagramm

Für die Reiseplanung sind Klimadiagramme gute Hilfsmittel.

Das Klima einer Region ist äußerst kompliziert. Viele Faktoren und zahlreiche Einflüsse bestimmen das Wettergeschehen und langfristig das Klima. Niederschlag und Temperatur sind die beiden wichtigsten Klimafaktoren. Die Jahresverläufe dieser beiden Faktoren werden im Klimadiagramm dargestellt. So kann jedes Klima relativ einfach beschrieben werden.

Der Aufbau eines Klimadiagramms

Dies ist das Beispiel des Klimadiagramms für Rom. Die blaue Linie stellt den Verlauf der Niederschläge im Jahr dar, die rote Linie den Verlauf der Temperatur. Fällt die blaue Linie unter die rote, gibt es zu wenig Niederschlag und es herrscht Trockenzeit.

In Rom ist dies in den Sommermonaten der Fall. Rom ist ein typisches Beispiel für das Mittelmeerklima. Im Sommer ist es heiß und trocken, eine ideale Zeit für den Urlaub. Der Winter ist zwar nicht so kalt wie bei uns, aber es ist sehr regnerisch.

Arbeitsaufgaben

1. Finden Sie folgende zwölf Informationen auf dem Klimadiagramm. Schreiben Sie die Zahlen aus dem Diagramm in die Kreise.

   ◯ Mittlere Jahrestemperatur

   ◯ Niederschlagsskala in Millimeter (20 mm = 1 cm)

   ◯ Trockene Zeit (arid)

   ◯ Mittlere jährliche Niederschlagsmenge

   ◯ Temperaturkurve

   ◯ Höhe über dem Meer (in Meter)

   ◯ Temperaturskala in °C (10 °C = 1 cm)

   ◯ Monate Jänner–Dezember (auf der Südhalbkugel Juli–Juni)

   ◯ Feuchte Zeit (humid)

   ◯ Wachstumszeit (über 5 °C, wenn genügend Feuchtigkeit vorhanden ist)

   ◯ Niederschlagskurve

   ◯ Name der Wetterstation

   Hinweis: Üblicherweise werden bei sehr hohen Niederschlägen in den Klimadiagrammen die Werte oberhalb von 100 mm Niederschlag um den Faktor 1:10 verkürzt dargestellt. Grafisch bedeutet das, dass dieser Bereich über 100 mm blau/schwarz eingefärbt wird. (siehe Seite 54ff)

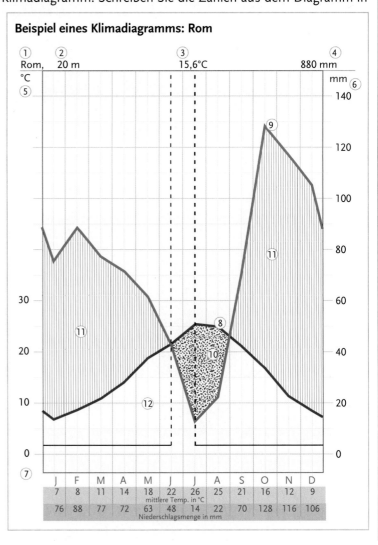

Beispiel eines Klimadiagramms: Rom

	J	F	M	A	M	J	J	A	S	O	N	D
mittlere Temp. in °C	7	8	11	14	18	22	26	25	21	16	12	9
Niederschlagsmenge in mm	76	88	77	72	63	48	14	22	70	128	116	106

2. Ordnen Sie die nummerierten Aussagen im Klimaquiz den entsprechenden Klimadiagrammen zu.

❶ Hohe Luftfeuchtigkeit erfordert leichte Kleidung; Moskitonetz schützt vor Insekten (nicht notwendig in Hotels gehobener Kategorie); Erkältungsgefahr durch Klimaanlagen.

❷ Trinken (mehr als zu Hause, keinen Alkohol!); Sonnenschutz (nach dem Vorbild der Einheimischen nicht der Sonne aussetzen); Gewitterregen in der Wüste können Wadis oft meterhoch überfluten – Lebensgefahr!

❸ Die Stadt liegt zwar auf der geografischen Breite von Süditalien, es herrscht jedoch wintertrockenkaltes Klima.

❹ Diese Stadt liegt auf der Höhe von Sizilien, das Klima entspricht auch jenem im Mittelmeerraum.

❺ Ganzjährig Niederschläge; höchste Temperaturen im Sommer, der im Jänner und Februar ist.

❻ Trotz geringer Niederschläge im Sommer Regenkleidung und Insektenschutz nicht vergessen. Wintertemperaturen werden durch Wind verschärft (Windchill).

Besonderheiten der Darstellung

- Bei besonders hohen Niederschlagswerten (100 mm in einem Monat) werden die Werte oft mit Flächenfarbe dargestellt (Blau bei mehrfärbigen Diagrammen, Schwarz bei schwarz-weißen Diagrammen). Außerdem werden 100 mm auf 1 cm dargestellt, damit die Grafiken nicht zu groß werden.

- Bei schwarz-weißen Diagrammen werden die feuchten Zeiten immer mit horizontalen Linien dargestellt, die trockene Zeit gepunktet.

- Klimadiagramme auf der Südhalbkugel beginnen mit dem Monat Juli.

3. Übertragen Sie in den ersten beiden Klimadiagrammen die Monatsmittelwerte von Temperatur und Niederschlag der Städte in den vorgegebenen Raster. Kennzeichnen Sie in allen Klimadiagrammen mit den jeweiligen Farben Rot und Blau die humiden und ariden Zeiten.

Klimadaten aus der ganzen Welt

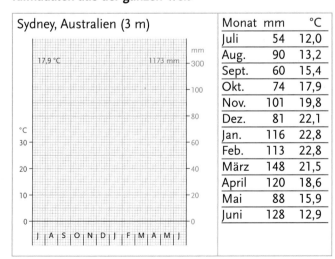

Sydney, Australien (3 m)

Monat	mm	°C
Juli	54	12,0
Aug.	90	13,2
Sept.	60	15,4
Okt.	74	17,9
Nov.	101	19,8
Dez.	81	22,1
Jan.	116	22,8
Feb.	113	22,8
März	148	21,5
April	120	18,6
Mai	88	15,9
Juni	128	12,9

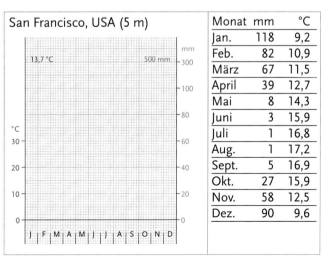

San Francisco, USA (5 m)

Monat	mm	°C
Jan.	118	9,2
Feb.	82	10,9
März	67	11,5
April	39	12,7
Mai	8	14,3
Juni	3	15,9
Juli	1	16,8
Aug.	1	17,2
Sept.	5	16,9
Okt.	27	15,9
Nov.	58	12,5
Dez.	90	9,6

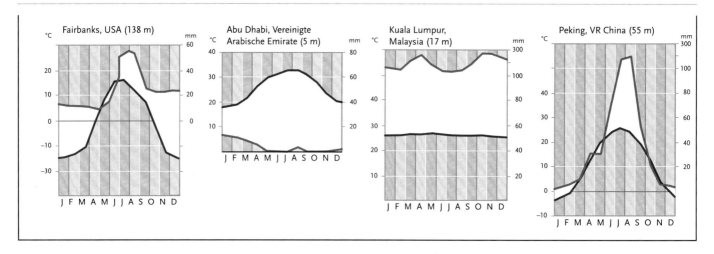

3   Die Klima- und Vegetationszonen

Es gibt vier große Klima- und Vegetationszonen. Die unterschiedlichen klimatischen Bedingungen bestimmen diese Zonen.

Klima- und Vegetationszonen			
Tropen	**Subtropen**	**Gemäßigte Zone**	**Kalte Zone**
Das Wandern der ITCZ innerhalb des Jahres bestimmt die landschafts-ökologischen Ausprägungen der Tropen	Die Lage des subtropischen Hochdruckgürtels bestimmt die Subtropen	Das Geschehen in der gemäßigten Zone steht unter dem wechselnden Einfluss subtropischer Warm- und polarer Kaltluft.	In der kalten Zone ist das geringe Energieangebot während eines Jahres von Bedeutung.

Das Resultat all dieser Einflüsse ist die natürliche Vegetation.

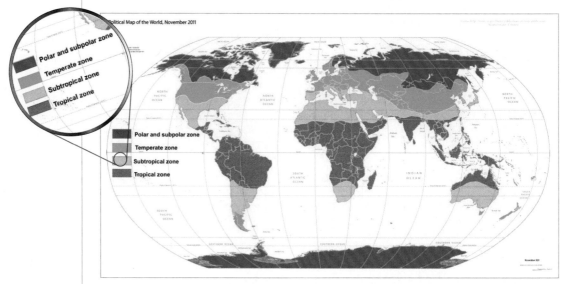

Quelle: https://content.meteoblue.com

3.1 Tropen – die heiße Zone

Die Tropen liegen nördlich und südlich des Äquators.

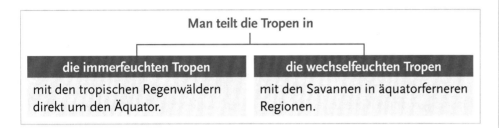

Man teilt die Tropen in

die immerfeuchten Tropen	die wechselfeuchten Tropen
mit den tropischen Regenwäldern direkt um den Äquator.	mit den Savannen in äquatorferneren Regionen.

Tropen:
Niederschlagsmenge: zwischen 1 500 und 5 000 mm
Temperatur: zwischen 20 und 30 °C

3.1.1 Die immergrünen Regenwälder in den immerfeuchten bzw. inneren Tropen

Die immerfeuchten Tropen haben fast das ganze Jahr Niederschläge, die aus den intensiven täglichen Nachmittagsgewittern und den Zenitalregen resultieren. Besonders heftig sind diese, wenn im Frühling und im Herbst die ITCZ den Äquator überquert. Zehn bis zwölf Monate sind humid. Die Temperatur schwankt während des Jahres kaum, man spricht daher von einem Tageszeitenklima. In diesem Klima entstehen immergrüne, tropische Regenwälder, die besonders üppig und artenreich sind.

Arbeitsaufgabe

- Zeichnen Sie im Klimadiagramm von Manaus in der weißen Fläche zwischen der blauen Niederschlags- und der roten Temperaturkurve mit senkrechten blauen Strichen die humiden und mit roten Punkten die ariden Monate ein. Diese Arbeitsaufgabe gilt auch für alle Klimadiagramme der folgenden Seiten.

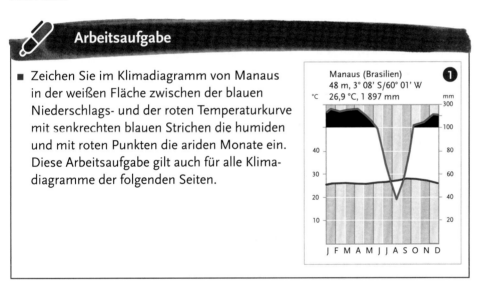

Manaus (Brasilien)
48 m, 3° 08' S/60° 01' W
26,9 °C, 1 897 mm

Brasilianischer Regenwald

3.1.2 Die Savannen der wechselfeuchten oder äußeren Tropen

Die Niederschläge nehmen vom Äquator in Richtung der Wendekreise immer mehr ab. In den Jahreszeitenklimaten der wechselfeuchten Tropen wechseln sich zwei bzw. eine Regenzeit(en) mit Trockenzeiten ab, wobei die Regenzeit mit der ITCZ wandert.

Während in Äquatornähe zwei Regenzeiten heftige Starkregen bringen, muss sich äquatorferne die Vegetation mit einer kurzen Regenzeit begnügen. Die Temperaturen bleiben in den äußeren Tropen das ganze Jahr mit nur geringen Schwankungen hoch.

Mit den abnehmenden Regenmengen Richtung der Wendekreise wandelt sich auch die Vegetation, die sich an die zunehmende Trockenheit anpasst. Vor allem Gräser dominieren in der natürlichen Vegetation, man spricht von Savannen.

Feuchtsavanne

Die äquatornahen Feuchtsavannen

Die beiden Regenzeiten finden statt, wenn der Sonnenhöchststand und somit die ITCZ in Richtung Wendekreis wandert und anschließend wieder in Richtung des Äquators zurückkehrt. Die jährlichen Niederschlagsmengen bewegen sich zwischen 1 000 und 1 500 mm. Die Feuchtigkeit der sieben bis neun humiden Monate ermöglicht übermannshohe Gräser.

In den drei bis fünf ariden Monaten werfen die hochwüchsigen Bäume ihre Blätter ab. Daneben wachsen auch ganzjährig laubtragende Sträucher und entlang der Flüsse sogenannte Galeriewälder, die mit den tropischen Regenwäldern vergleichbar sind.

Die Trockensavannen

In den Trockensavannen dauert die sommerliche Regenzeit fünf bis sechs Monate, die Niederschlagsmengen betragen zwischen 500 und 1 000 mm. Die Trockenzeit dauert sechs bis sieben Monate, sie verlängert sich mit der Entfernung vom Äquator. Im Grasland gibt es einzeln stehende Bäume, wie Schirmakazien. Es gibt auch Wälder und laubwerfende Sträucher, in Australien Eukalyptusbäume.

Die äquatorfernen Dornsavannen

In Dornsavannen regnet es nur zwei bis vier Monate lang. Die Niederschlagsmenge liegt zwischen 200 und 500 mm. Acht bis zehn Monate sind arid. Wegen der geringen Niederschlagsmenge wachsen nur mehr niedrige Gräser und Dornsträucher. Unter 200 mm Niederschlag beginnt die Halbwüste.

Feuchtsavanne

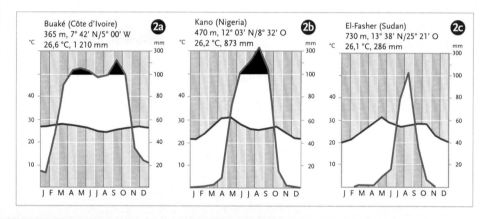

Buaké (Côte d'Ivoire) 365 m, 7° 42' N/5° 00' W 26,6 °C, 1 210 mm — **2a**

Kano (Nigeria) 470 m, 12° 03' N/8° 32' O 26,2 °C, 873 mm — **2b**

El-Fasher (Sudan) 730 m, 13° 38' N/25° 21' O 26,1 °C, 286 mm — **2c**

Arbeitsaufgaben

1. Arbeiten Sie den Unterschied zwischen den Jahres- und Tageszeitenklimaten heraus.

2. Fassen Sie die Änderungen in der Vegetation in den wechselfeuchten Tropen zusammen.

3. Ordnen Sie im Raster die richtigen Begriffe zu.

> a) Dornbusch, Dornbuschwald ■ immergrüner Hochwald ■ Savannenwald, Galeriewald ■ laubabwerfender Trockenwald
>
> b) kniehohes Gras ■ übermannshohes Gras ■ brusthohes Gras
>
> c) Anbau nur mit Bewässerung ■ ununterbrochener Anbau ■ Regenfeldbau mit einer Ernte ■ Regenfeldbau mit zwei Ernten
>
> d) Bananen, Maniok ■ Hirse, Mais ■ Mais, Durra, Maniok
>
> e) Erdnüsse, Baumwolle ■ Erdnüsse, Baumwolle (bewässert) ■ Bananen, Ölpalmen, Kautschuk, Kakao, Kaffee ■ Baumwolle (bewässert)
>
> f) Rinder ■ Rinder, Schafe ■ Rinder, Schafe

Äquator				Wendekreis
	Tropischer Regenwald	**Feuchtsavanne**	**Trockensavanne**	**Dornbuschsavanne**
	bis 2 Monate arid	2 bis 4 Monate arid	4 bis 8 Monate arid	8 bis 10 Monate arid
a) Bäume				
b) Gräser				
c) Ackerbau				
d) traditioneller Anbau				
e) Cashcrops				
f) Viehzucht				

3.2 Vielgestaltige Subtropen

Im Gegensatz zu den Tropen gibt es in den Subtropen jahreszeitliche Temperaturschwankungen und ausgeprägte Jahreszeiten.

3.2.1 Die subtropischen Halbwüsten und Wüsten

Extreme Trockenheit (zwölf Monate arid) kennzeichnet diese Zone. Wenn alle paar Jahre Niederschläge fallen, können diese intensiv sein und z. B. Wadis (Trockentäler) überfluten.

Auch Nachtfröste sind möglich, da während der Nacht die Energie mangels schützender Wolkendecke wieder in das Weltall abgestrahlt wird. Die Temperaturgegensätze zwischen Tag und Nacht zerlegen das Gestein. Es entstehen je nach Härte des Ausgangsgesteins Steinwüsten (Hamadas), Kieswüsten (Serire) oder Sandwüsten (Ergs). Winde verwehen den Sand über weite Strecken und Dünen bilden sich.

Vegetation findet man nur in Oasen, die entweder durch Grundwasservorkommen entstehen, oder entlang von Flüssen, die aus feuchteren Gebieten kommen (z. B. der Nil). Eine typische Pflanze in den Oasen Nordafrikas ist die Dattelpalme. Andere typische Pflanzen sind Kakteen und Agaven. Die Vegetation schützt sich mit dicken Blättern gegen die Verdunstung.

3.2.2 Die sommertrockenen Hartlaubwälder – das Mittelmeerklima

Sie liegen an der Westseite der Kontinente **(Westseitenklima).** In Europa zählt zu dieser Zone der Mittelmeerraum, weshalb man vom Mittelmeerklima spricht. Aber auch in Mittelkalifornien, Mittelchile, im Kapland Südafrikas sowie im Süden Australiens gibt es Regionen, in denen fast alle Niederschläge vom Herbst bis ins Frühjahr fallen und man daher vom **Winterregenklima** spricht. Im Sommer liegen diese Gebiete im Bereich des Wüsten bildenden subtropischen Hochdruckgürtels.

Die Pflanzen haben sich an den langen, ariden Sommer angepasst und haben Blätter entwickelt, die durch ein hartes Gerüst diese trockene Zeit überstehen. Man

Sandwüste in Marokko mit typischen Dünen

 Fakten:
Niederschlag: unter 20 mm
Temperatur: von 50 °C am Tag auf 0 °C in der Nacht

Oasen: Aus Grundwasserhorizonten stammendes Wasser sorgt für Inseln der Fruchtbarkeit in der Wüste

spricht daher von Hartlaubgewächsen, Beispiele sind Oleander, Lorbeer und Erika. Wegen jahrhundertelanger Überweidung und Bauholznutzung, insbesondere rund um das Mittelmeer, existiert heute fast nur noch Sekundär- oder Nachfolgevegetation in Form von Buschwald, der in Italien Macchia genannt wird.

Buschwald im Mittelmeergebiet   *Bambuswald im Südosten Chinas*

3.2.3 Die sommerfeuchten Lorbeer- und Bambuswälder

Sie befinden sich an der Ostseite der Kontinente (Ostseitenklima), bspw. im Südosten der USA oder im Südosten Chinas, und haben ganzjährig humides Klima. Die Hauptniederschläge fallen im Sommer, daher spricht man auch von subtropischen Sommerregengebieten. Die Niederschläge bringt der Monsun, auch tropische Wirbelstürme spielen eine wichtige Rolle. Im Winter sind sogar Minusgrade möglich. Artenreiche Mischwälder aus immergrünen Gewächsen bestimmen das Landschaftsbild, soweit es vom Menschen nicht verändert worden ist.

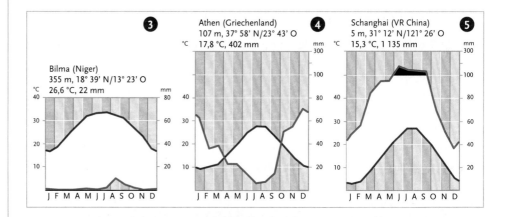

Arbeitsaufgaben

1. Interpretieren Sie die weitverbreitete Aussage: Es sind mehr Menschen in der Wüste ertrunken als verdurstet.

2. Beschreiben Sie die Strategien der Pflanzen, sich an die Trockenheit der Wüste anzupassen.

3. Beschreiben Sie die Strategien der Pflanzen, sich an die Trockenheit des Mittelmeerklimas anzupassen.

4. Stellen Sie einen Zusammenhang zwischen dem Klima und dem Tourismus im Mittelmeergebiet her.

5. Fassen Sie die Klimabedingungen der Ostseitenklimate zusammen..

3.3 Die gemäßigte Zone – Wälder, Steppen, Wüsten

Die Tiefdruckgebiete, die v. a. aus Nordwesten und Westen die Niederschläge bringen, regnen sich auf ihrem Weg vom Atlantik, wo sie die Feuchtigkeit aufnehmen, in Richtung des Inneren des Kontinentes ab und es wird immer trockener. Die Vegetation ändert sich entsprechend: Wälder gehen in Steppen und diese in Halbwüste und Wüste über.

In Nordamerika stauen sich die Wolken an den Nord-Süd-verlaufenden Rocky Mountains. Im Luv des Gebirges gibt es daher die außertropischen Regenwälder, im Lee hingegen ist es trocken. Auf der Südhalbkugel findet man diese Klimazone nur im Süden von Chile, in Tasmanien und auf der Südinsel Neuseelands vor, da ansonsten diese geografischen Breiten von Meer bedeckt sind.

Die gemäßigte Klimazone ist also sehr unterschiedlich. Man unterscheidet daher zwischen folgenden Zonen:

Bretagne, Frankreich

Gemäßigte Zone		
Feuchtgemäßigte Ausprägung	**Steppen**	**Wüsten**
In Küstennähe spricht man vom ozeanischen Klima, in küstenfernen Regionen vom kontinentalen Klima.	Mit abnehmenden Niederschlagsmengen verändert sich auch die Vegetation: Der Mischwald geht in Grasland, in die Steppe, über. Sie reicht von Ungarn über die Ukraine, Südsibirien bis in die Mongolei und Nordchina. In Nordamerika bedeckt die Steppe das gesamte Innere des Kontinents. Dort nennt man die Steppe Prärie, in Argentinien Pampa. In den Steppen gibt es die fruchtbarsten Böden der Erde, die Schwarzerden.	In Zentralasien, China und der Mongolei haben sich, teilweise auch durch Hochgebirge von Regenfällen abgeschirmt, winterkalte Wüsten, wie z. B. die Wüste Gobi, gebildet. Bei Jahresniederschlägen von weniger als 50 mm schwankt die Temperatur je nach Jahreszeit zwischen +40 °C und −40 °C.
Beispiel: Bretagne, Frankreich – ozeanisch geprägt	**Beispiel:** Steppensee Neusiedler See: Im Burgenland beginnen die Steppenlandschaften, die bis nach Russland und Kasachstan reichen.	**Beispiel:** Wüste Gobi

Das ozeanische Klima

In Küstennähe ist es feucht mit ganzjährig hohen Niederschlägen. Die Sommer sind kühl und die Winter mild. Durch die warmen Meeresströmungen des Golfstroms und des Nordpazifischen Stroms reicht die gemäßigte Zone an der Westseite Eurasiens und Nordamerikas weit nach Norden. Hingegen gibt es an der Ostseite beider Kontinente kalte Meeresströmungen – den Oya-Shio und den Labradorstrom –, sodass die kalte Zone viel weiter nach Süden reicht.

Durch die ausreichenden Niederschläge entstehen sommergrüne Laub- und Mischwälder mit Eichen, Buchen, Eschen und Kastanien im westlichen Europa und im östlichen Nordamerika. An der nordamerikanischen Pazifikküste wachsen durch den Gebirgsstau bei Niederschlägen bis zu 5 000 mm im Jahr Mammutbäume und Tannen. Diese Wälder sind allerdings nur mehr in Resten erhalten, da der Mensch sie in fruchtbare landwirtschaftliche Flächen verwandelt hat.

Die Waldkarpaten zeigen die kontinentale Ausprägung des gemäßigten Klimas

Das kontinentale Klima

In küstenfernen Regionen, z. B. in Osteuropa, ändert sich das Klima. Die Winter werden kälter, die Sommer heißer. Insgesamt wird das Klima trockener. Dazwischen befindet sich eine Übergangsregion, in der auch Österreich liegt.

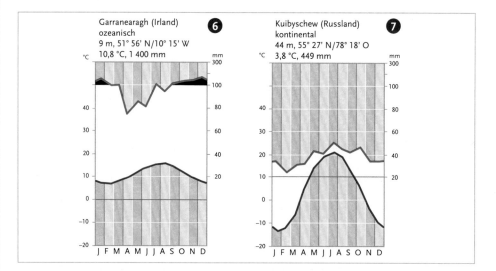

Arbeitsaufgaben

1. Fassen Sie die Gründe für die Ausbildung der vier Jahreszeiten zusammen.

2. Beschreiben Sie die Folgen der abnehmenden Niederschläge in Richtung des Kontinents in Eurasien für die Ausprägung der Vegetation.

3. Erklären Sie den Unterschied zwischen ozeanischem und kontinentalem Klima.

4. Ziehen Sie Schlüsse auf die Niederschlagsmengen im Westen und Osten Österreichs.

5. Beschreiben Sie die Bedeutung des Golfstroms für das Klima Europas.

6. Bewerten Sie die Eignung der Steppe für die Landwirtschaft.

3.4 Die kalte oder polare Zone

Die nördlichsten Gebiete der Erde zählen zu den am dünnsten besiedelten Regionen. Die Antarktis ist, abgesehen von der Anwesenheit einiger weniger Tausend Wissenschafter/innen, überhaupt unbesiedelt. Während der Polarnacht geht bis zu einem halben Jahr die Sonne nicht auf, der Winter ist daher sehr lang, die Vegetationsperiode, wenn überhaupt vorhanden, sehr kurz.

Borealer Nadelwald, ca. 150 km westlich von Fairbanks, Alaska

Polare Zone:
Temperatur: −50 °C im Winter und +15 °C im Sommer

3.4.1 Der nördliche oder boreale Nadelwald

In diesem Bereich dauert der Winter bereits ca. neun Monate. Die Zeit, die die Pflanzen zum Wachsen haben, beschränkt sich daher auf ca. drei Monate. Die Flüsse tauen Anfang Juni auf und frieren Ende September wieder zu.

Der boreale Nadelwaldgürtel umspannt den Norden der Nordhalbkugel in einer Breite von 700 bis 3 000 km. Auf der Südhalbkugel kommt er nicht vor, da sich in diesen geografischen Breiten nur Meer befindet. In Nordeuropa überwiegen die klimatisch unempfindlichen Fichten und Kiefern, in Sibirien, wo er Taiga genannt wird, die nadelwerfenden Lärchen. Der nördliche Nadelwald ist artenarm.

3.4.2 Die baumlose Tundra

Die Vegetationszeit in der Tundra liegt wegen der noch längeren Winter unter zwei Monaten. Selbst im Sommer erreichen die Monatsmitteltemperaturen weniger als 10 °C. Die Niederschlagsmenge ist extrem gering.

Wie auch in der Nordzone des borealen Nadelwaldes taut in der Tundra der Boden im kurzen Sommer nicht mehr zur Gänze auf, man spricht von Permafrost- oder Dauerfrostboden. Dieser Boden taut im kurzen Sommer nur an der Oberfläche auf. Großflächige Seen und v. a. Sumpfgebiete entstehen, da sich das Wasser im Sommer an der Oberfläche staut. Verkehrslinien, Pipelines oder Siedlungen müssen aufwendig auf Stelzen errichtet werden, ansonsten würden sie im Sommer im aufgeweichten Boden versinken.

Der Tundrengürtel bedeckt ein Zehntel der Festlandoberfläche, seine Vegetation ist spärlich. Nur niederwüchsige Pflanzen wie Zwergsträucher, Flechten, Moose, Gräser und Birkengebüsch können sich wegen der langen Winter entwickeln.

Tundra in Alaska

3.4.3 Die Zone des ewigen Eises

Das Nordpolargebiet, Grönland und die Antarktis sind bis auf wenige Küstengebiete von Eis bedeckt. Ob dies aufgrund des menschlich verursachten Klimawandels in einigen Jahrzehnten noch der Fall sein wird, ist unklar.

Die Niederschläge sind sehr gering, nur die Ausläufer von Tiefdruckgebieten aus den gemäßigten Breiten bringen manchmal Regen. So beträgt der Niederschlag im Inneren der Antarktis aufgrund des polaren Hochs nur 150 mm pro Jahr. Das Jahresmittel der Temperatur liegt bei –35 °C, die tiefste gemessene Temperatur betrug –89,6 °C. Charakteristisch sind die vielen Stürme. Es werden bis zu 340 Sturmtage pro Jahr gezählt. Blizzards (Schneestürme) erreichen Windgeschwindigkeiten von über 200 km/h.

Zone des ewigen Eises:
Niederschlag: 150 mm
Temperatur: –35 °C

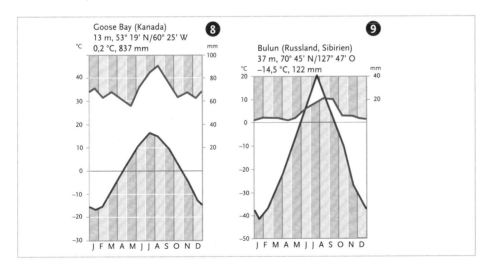

Goose Bay (Kanada)
13 m, 53° 19' N/60° 25' W
0,2 °C, 837 mm
8

Bulun (Russland, Sibirien)
37 m, 70° 45' N/127° 47' O
–14,5 °C, 122 mm
9

Arbeitsaufgaben

1. Erklären Sie den Unterschied zwischen Taiga und Tundra.

2. Suchen Sie Gründe für die Artenarmut der Taiga.

3. Beschreiben Sie die Entstehung und die Folgen des Permafrosts.

4. Suchen Sie Gründe für die Baumlosigkeit der Tundra.

5. Stellen Sie Vermutungen an, warum trotz der geringen Niederschläge die Eisdecke in der Antarktis so mächtig ist.

Die geografische Verbreitung der Klimazonen

Arbeitsaufgaben

1. Tragen Sie die Nummern der Klimadiagramme in die Kreise der Karte ein.

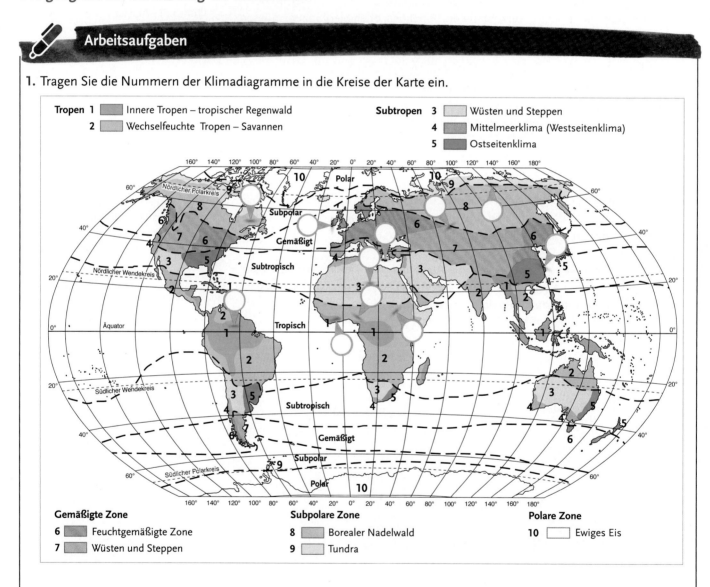

Tropen 1 ▮ Innere Tropen – tropischer Regenwald
2 ▮ Wechselfeuchte Tropen – Savannen

Subtropen 3 ▯ Wüsten und Steppen
4 ▮ Mittelmeerklima (Westseitenklima)
5 ▮ Ostseitenklima

Gemäßigte Zone
6 ▮ Feuchtgemäßigte Zone
7 ▮ Wüsten und Steppen

Subpolare Zone
8 ▮ Borealer Nadelwald
9 ▯ Tundra

Polare Zone
10 ▯ Ewiges Eis

2. In nachfolgender Tabelle stehen die falschen Verbreitungsgebiete neben den Klimazonen. Verbinden Sie die Klimazonen mit den richtigen Verbreitungsgebieten.

Klimazonen	Verbreitungsgebiete (Auswahl)
Tropischer Regenwald	Der Südosten der USA, Südchina, Ostküste Australiens
Savannen	Grönland, Antarktis
Wüsten und Steppen der Subtropen	Alaska, Kanada, Sibirien, das nördliche Skandinavien
Westseitenklima (Mittelmeerklima)	Ein Großteil Afrikas, große Teile Brasiliens, Indien, Südostasien, Mexiko und Mittelamerika
Ostseitenklima	Zentralasien, der Westen der USA, Patagonien (die Südspitze Argentiniens)
Feuchtgemäßigte Zone	Nordalaska, Nordkanada, Nordsibirien
Wüsten und Steppen der gemäßigten Zone	Sahara, arabische Halbinsel, der Südwesten der USA, das Innere Australiens
Borealer Nadelwald	Amazonastiefland, Kongobecken, Indonesien, Karibik
Tundra	Ein Großteil Europas, der Osten der USA, Nordchina, Südchile
Ewiges Eis	Mittelmeergebiet, Kalifornien, Mittelchile, Südwestaustralien

Ziele erreicht? – „Wetter- und Klimagrundlagen"

1. Verbinden Sie die folgenden Aussagen zur Entstehung der Klimazonen:

Die inneren Tropen	sind ein Resultat der absteigenden, trockenen Luft, die den subtropischen Hochdruckgürtel bildet, der wiederum wüstenbildend ist.
Die wechselfeuchten Tropen	ist von den niederschlagsbringenden Westwinden geprägt, die sich auf dem Weg in den Kontinent abregnen. Ein großer Wandel der Vegetation ist die Folge.
Die subtropischen Wüsten	sind schon weiter vom Äquator entfernt. Es kommt zu Regenfällen, wenn die ITCZ mit dem Sonnenhöchststand durchwandert. Unterschiedliche Savannen entstehen.
Das Mittelmeergebiet	liegen am Äquator. Durch die hohen Niederschläge, die durch das Abregnen der aufsteigenden, sehr feuchten Luft entstehen, bilden sich die tropischen Regenwälder.
Die gemäßigte Zone	ist durch lange Winter und kurze Vegetationsperioden gekennzeichnet. Nadelwälder (Taiga) gehen polwärts in die baumlose Tundra bis zur Eiswüste über.
Die kalte Zone	entsteht durch den wechselnden Einfluss des trockenen subtropischen Hochdruckgürtels und der niederschlagsbringenden Westwinde.

2. Interpretieren Sie die folgenden Klimadiagramme: Ordnen Sie die richtige Ausprägung einer Klimazone zu und bestimmen Sie, um welche Stadt es sich handeln könnte.

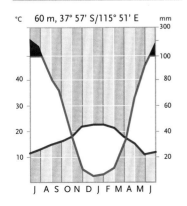 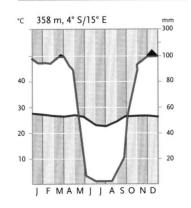 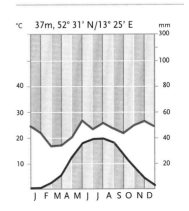

2. Analysieren Sie die Auswirkungen des Wanderns der ITCZ auf die folgenden Klimazonen. Beachten Sie insbesondere das Entstehen von Jahreszeiten.

Tropen	Subtropen	gemäßigte Zone

3. Wählen Sie zwei der zehn auf der Karte S. 61 beschriebenen Ausprägungen der Klimazonen und nennen Sie Gründe, warum Sie in ihr – sollten Sie die Wahl haben – leben wollen, oder auch nicht.

Klimazone	Vorteile	Nachteile

3. Ihre Eltern/Erziehungsberechtigten möchten mit Ihnen in den Semesterferien einen Badeurlaub unternehmen. Sie werden als Experte/Expertin befragt, welches der drei Ziele besonders warm und trocken ist und wo die Wassertemperatur zu dieser Zeit angenehm ist.

Zur Auswahl stehen Hurghada, Gran Canaria, Malediven (Klimadiagramme sind im Internet leicht abfragbar – suchen Sie Klimatabellen, die Ihnen alle benötigten Hinweise liefern).

Wechselwirkungen zwischen Naturraum und Wirtschaft

Meine Ziele

Nach Bearbeitung dieses Kapitels kann ich

- Formen der menschlichen Nutzung von Klimazonen beschreiben;
- Veränderungen von Natur- und Kulturlandschaften durch den Menschen beschreiben;
- wichtige Waldgebiete, Wüsten, Meere, Meeresstraßen und Kanäle lokalisieren;
- Nutzungsformen der Erde analysieren;
- menschliche Nutzungsformen von Natur- und Kulturräumen bewerten;
- alternative Handlungsweisen von Nutzungsweisen entwickeln.

1 Der Mensch verändert die Naturlandschaften – Kulturlandschaften entstehen

Als **Naturlandschaft** wird im Unterschied zur Kulturlandschaft eine Landschaft bezeichnet, deren Bestandteile (Tier- und Pflanzenwelt, Gesteine, Boden) vom Menschen nicht beeinflusst sind.

Eine **Kulturlandschaft** entsteht durch die dauerhafte wirtschaftliche Nutzung und Besiedlung der ursprünglichen Naturlandschaft durch menschliche Gruppen.

Reine Naturlandschaften sind heute nur mehr selten vorhanden. Es sind dies die unbesiedelten oder von Naturvölkern besiedelten Gebiete an den Polen, in Gebirgen, Wüsten und Wäldern. In den dichter besiedelten Räumen sind Naturlandschaften nur mehr in geschützten Bereichen als Nationalparks oder Naturschutzgebiete zu finden. Menschliche Nutzung macht aus Naturlandschaften Kulturlandschaften.

Formen landwirtschaftlicher Nutzung von Kulturlandschaften – einige Beispiele

Almwirtschaft in den Alpen
Diese Wirtschaftsform prägt das Landschaftsbild der Hochgebirge in Europa, der Alpen, Pyrenäen, Karpaten und anderer. Ohne diese Wirtschaftsform wären die europäischen Hochgebirge bis auf ca. 1 500 Meter durchgehend bewaldet. Früher wurde viel und unkontrolliert gerodet, um neue Weideflächen zu gewinnen. Heute sind die Pflege vorhandener Weideflächen und die Rodung von Bergwald in den gesamten Alpen strengen Regeln unterworfen.

Olivenhain auf dem Peloponnes (Griechenland)
Diese Pflanzungen prägen den gesamten Mittelmeerraum und sind neben Wein und Zitrusfrüchten ein typischer Bestandteil der mediterranen Kulturlandschaft. Die Geschichte der Nutzung dieser Pflanzen reicht bis in die Antike zurück. Die ältesten Bäume sind fast 2 000 Jahre alt. Die Früchte werden v. a. zur Ölgewinnung herangezogen.

Brandrodungsfeldbau in Brasilien – ein traditionelles System der Landnutzung
Mit Hackmessern, Äxten und Sägen wird Regenwald gerodet, nur die größten Bäume bleiben stehen. Anschließend zündet man das Holz an; es verbrennt und liefert nährstoffhaltige Asche. Angebaut wird für den Eigenbedarf:
Maniok, Yams, Kochbananen, Bohnen. Die Erträge gehen nach kurzer Zeit allerdings stark zurück. Spätestens nach vier Jahren liefert der Boden nur noch geringe Erträge, sodass ein Ortswechsel notwendig wird.

Oasenwirtschaft im Dadestal (Marokko)

Entlang der Flüsse, die aus den Atlasgebirge kommen, sind am Rande der Sahara fruchtbare Kulturlandschaften entstanden. In intensiver Gartenkultur werden verschiedene Pflanzen auf Stockwerken angebaut: Dattelpalmen auf dem obersten Stockwerk, Obstbäume auf dem mittleren (z. B. Feigenbäume), Gemüse, Getreide und Viehfutter darunter. Die Produkte dienen der Selbstversorgung und werden auf den lokalen Märkten verkauft. Die starke Bewässerung der kleinen Felder führt allerdings oft zur Versalzung der Böden.

Die Reisterrassen von Banaue – die älteste Kulturlandschaft auf den Philippinen

Sie liegen in einer gebirgigen Landschaft etwa 1500 Meter über dem Meeresspiegel. Vor etwa zweitausend Jahren begannen die Einwohner dieser Gegend, Reisfelder zu bauen. Die Hänge haben eine bis zu siebzigprozentige Steigung. Bis zum heutigen Tag werden auf den Terrassen Reis und Gemüse von Einheimischen für den Eigenbedarf angebaut..

Kaffeeplantage in Kolumbien

Es handelt sich um forst- oder landwirtschaftliche Großbetriebe, die sich auf die Erzeugung eines einzigen Produktes (Monokultur) für den Weltmarkt spezialisiert haben. Typische Produkte sind Bananen, Baumwolle, Holz, Kaffee, Kakao und Tee. Um die großen Betriebsflächen zu gewinnen, müssen Regenwälder oder Savannen gerodet werden. Die einseitige Nutzung belastet die Böden.

Der Wheat Belt – ein Anbaugebiet im Westen der USA

Hier wird in großflächigen Monokulturen v. a. Weizen für den Weltmarkt angebaut. Die baumlose Landschaft war ursprünglich eine Steppe (die sogenannte Prärie). Durch den Anbau von Getreide ist der Boden oft starken Erosionen ausgesetzt. Die fruchtbare Schwarzerde wird nach der Ernte durch Regen und Wind weggespült.

■ Finden Sie mithilfe der Klimazonenkarte heraus, in welcher Klimazone sich die dargestellte Kulturlandschaft befindet.

Arbeitsaufgabe

■ Beurteilen Sie die Beispielsregionen nach ihrem Nutzungspotential für die Landwirtschaft. Welche Beispielsregionensind besonders fruchtbar, in welchen gibt es möglicherweise Risiken wie Trockenheit oder Versalzung oder andere mögliche ökologische Gefahren.

Landschaftsveränderungen in Industrienationen

Arbeitsaufgabe

■ Durch sein mehr oder weniger planvolles Wirtschaften entzieht der Mensch auch in den Industrienationen der Natur immer weitere Flächen und belastet durch die Emissionen nahezu alle Siedlungsräume. Ordnen Sie in der Folge die Texte den Fotos zu!

❶ Hochhausbauten minimieren zwar die benötigte Grundfläche im Verhältnis zur geschaffenen Wohnfläche, aber gerade die Stadtränder mit den oftmals günstigeren Grundstückspreisen sind von der Verbauung besonders gefährdet.

❷ Der Abbau wertvoller Rohstoffe bringt auch eine Unmenge taubes Gestein zu Tage, das – einmal vom wertvollen Rohstoff – getrennt, auf riesigen Abraumhalden deponiert wird.

❸ Flüsse – hier die Donau mit Blickrichtung Wien – wurden und werden wegen besserer Schiffahrtsrouten oder der einfacheren Anlage von größeren Siedlungen begradigt. Die Altarme können da und dort erhalten bleiben, in den meisten Fällen werden sie jedoch zugeschüttet und bebaut.

❹ Zur Energiegewinnung werden Flüsse durch Staumauern gefasst und füllen in ihren Stauräumen oft zahlreiche Täler. Ja manchmal – wie hier am Reschensee – werden auch Gebäude oder ganze Siedlungen überflutet.

❺ Autobahnen überziehen ehemals fruchtbaren Ackerboden und sorgen für eine maximale Verkehrsbelastung. Die Abgase gefährden Mensch und Natur.

2 Die Zerstörung der tropischen Regenwälder

Der tropische Regenwald ist die sensibelste Naturlandschaft der Erde. Jahrzehntelange schwerwiegende Eingriffe in den Naturhaushalt haben weltweit zu einer immer rascher fortschreitenden Zerstörung geführt. Unabsehbare Folgen drohen auch für die Erste Welt, wenn der Kahlschlag nicht gestoppt wird. Ein Umdenken ist sowohl aufseiten der Industriestaaten als auch aufseiten der Staaten, in denen es Regenwald gibt, nötig.

Zur „Ersten Welt" gehören die Industriestaaten mit hohem Lebensstandard.

2.1 Was ist ein Regenwald?

Der tropische Regenwald ist die artenreichste Naturlandschaft der Erde. Millionen Tier- und Pflanzenarten existieren dort in einer Lebensgemeinschaft. Auf nur wenigen Hektar Fläche können mehrere Hundert Baumarten wachsen. Der Regenwald zeigt einen typischen Stockwerkaufbau.

2.1.1 Der Nährstoffkreislauf im tropischen Regenwald

Am Fuß der mehrere Stockwerke hohen Bäume, die bis zu 70 m hoch werden, befindet sich ein oberflächlich liegendes Wurzelsystem, das dreimal so dicht ist wie in unseren Wäldern. Dort werden die abgestorbenen Organismen durch Bodenpilze so aufgearbeitet, dass alle Nährstoffe, die bei ihrer Zersetzung angefallen sind, sofort wiederverwertet werden können.

Tropfwasser aus den Baumkronen schwemmt Exkremente (Kot, Ausscheidungen) in die Wurzelzone ein, was die Aufarbeitung des organischen Materials beschleunigt. Epiphyten, das sind Pflanzen, die auf und von anderen leben, schaffen einen eigenen Lebensraum, wodurch die Artenvielfalt noch gesteigert wird. Der Nährstoffkreislauf ist geschlossen.

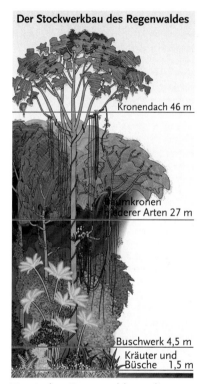

Der Stockwerkbau des Regenwaldes

Kronendach 46 m

Baumkronen niederer Arten 27 m

Buschwerk 4,5 m
Kräuter und Büsche 1,5 m

Tropischer Regenwald mit dem typischen Stockwerksaufbau.

Die Nährstoffe befinden sich in den Pflanzen und nicht im Boden

Im Gegensatz zu unseren Wäldern befinden sich aufgrund von ganzjährigen Vegetationsperioden die Nährstoffe in den Pflanzen und nicht im Boden. Der tropische Regenwald ernährt sich aus einer selbst erzeugten Moderschichtauflage. Die tropischen Böden reagieren besonders sensibel, wenn man sie ihrer Wälder beraubt. Sie werden binnen weniger Jahre unfruchtbar und können sich nicht wieder regenerieren.

Die gegenwärtige Zerstörung der tropischen Regenwälder durch den Menschen hat also katastrophale Folgen, v. a. da der Boden durch die intensiven tropischen Niederschläge ausgewaschen wird. Es ist möglich, dass wieder Wald entsteht. Dieser Sekundärwald ist aber um vieles ärmer an Arten als der Primärwald.

Arbeitsaufgaben

1. Fassen Sie die Bedeutung des Nährstoffkreislaufes in tropischen Regenwäldern zusammen.
2. Unterscheiden Sie die Fruchtbarkeit von Primär- und Sekundärwäldern.

2.1.2   Bedeutende Funktionen der Regenwälder

 Tropische Regenwälder sind die fruchtbarste Naturlandschaft der Erde, weil im gleichförmigen Klima der Tropen ganzjähriges Wachstum möglich ist.

 Regenwälder speichern enorme Mengen von Wasser. Der wie ein riesiger Schwamm funktionierende Wald saugt 95 % der jährlichen Niederschlagsmenge auf.

 Sie spielen eine bedeutende Rolle für die Atmosphäre, indem sie große Mengen CO_2 speichern und Sauerstoff abgeben.

 Die Tropenwälder beeinflussen durch ihren Wasserhaushalt das Weltklima. Die dunklen Wälder speichern Hitze, darüber ist die Luft kühler. Es kommt dadurch zur Wolkenbildung. Diese Wolken gelangen oft auch in höhere Breiten und führen dort zu Niederschlägen.

 Sie beherbergen 80 % aller Insektenarten sowie 60 % aller bekannten Pflanzenarten. Etwa 45 Millionen Arten sind in den Tropen derzeit bekannt.

 Ungefähr 75 000 essbare Pflanzen wurden bereits gefunden, davon fanden 150 den Weg in den kommerziellen Handel.

 Sie sind eine unerschöpfliche Apotheke. 25 % aller modernen Medikamente haben ihren Ursprung im Regenwald.

2.1.3   Die Verbreitung der Urwälder heute und vor 8000 Jahren

Die tropischen Regenwälder gehören zu den letzten verbliebenen Urwäldern der Erde. Besonders in Brasilien sind noch große Flächen unberührten Waldes erhalten. In Afrika dagegen sind nur mehr kleine Restflächen vorhanden. In Madagaskar z. B. ist der ursprüngliche Urwald völlig verschwunden.

Urwald: ein von menschlicher Nutzung völlig unberührter Wald. Tropische Regenwälder sind ebenso Urwälder wie z. B. manche borealen (nördlichen) Nadelwälder Sibiriens oder Kanadas. Früher waren auch weite Teile Europas von Urwäldern bedeckt.

Die drei Hauptverbreitungsgebiete des tropischen Regenwaldes

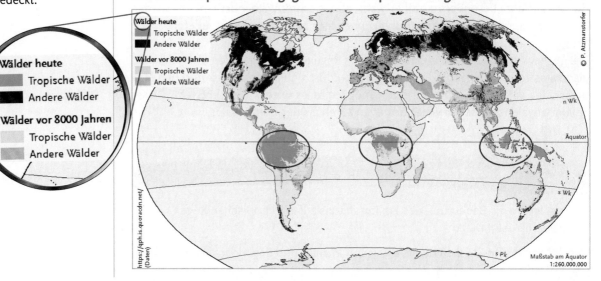

Arbeitsaufgaben

1. Arbeiten Sie mit dem Atlas: Welche Staaten haben wesentlichen Anteil am tropischen Regenwald in

Lateinamerika	Afrika	Südostasien
BRASILIEN	KONGO – BECKEN	THAILAND
ECUADOR	KAMERUN	INDONESIEN
KOLUMBIEN	GABUN	MALAYSIA

2. In der folgenden Aufzählung von Urwaldgebieten sind auch die drei wichtigsten Verbreitungsgebiete des tropischen Regenwaldes vorhanden. Kreuzen Sie diese an:

- ☐ Sibirien
- ☐ Alaska
- ☒ Indonesien
- ☐ Chile
- ☒ Kongobecken
- ☐ Südchina
- ☒ Amazonasbecken
- ☐ Nördliches Kanada
- ☐ Rocky Mountains
- ☐ Kamtschatka

3. Geben Sie die wichtigsten Funktionen des Regenwaldes wieder.

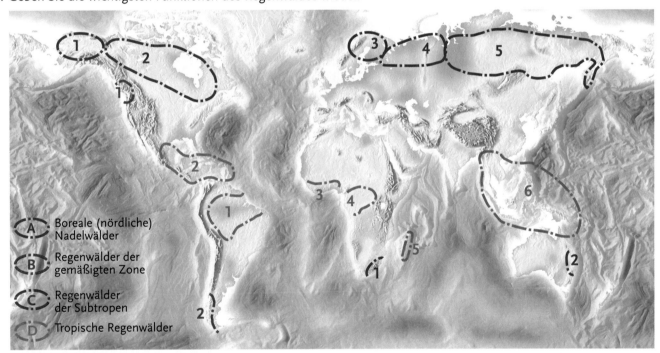

A. Boreale (nördliche) Nadelwälder
B. Regenwälder der gemäßigten Zone
C. Regenwälder der Subtropen
D. Tropische Regenwälder

Region	Nummer	Klimazone
Nordwesten der USA, Südwesten Kanadas	1	B
Amazonasbecken	1	D
Chile	2	B
Alaska	1	A
Südostasien	6	D
Nordskandinavien	3	A
Madagaskar	5	D
Mittelamerika	2	D

Region	Nummer	Klimazone
Queensland, Australien	2	C
Kongobecken	4	D
Ostküste Südafrikas	1	C
Nordkanada	2	A
Westafrika	3	D
Nordrussland	4	A
Sibirien	5	A

2.2 Die Nutzung und Zerstörung des Regenwaldes

2.2.1 Die ursprüngliche Regenwaldnutzung

300 Millionen Indigene (Ureinwohner) leben auf der Erde, 50 Millionen davon in den tropischen Regenwäldern. So verschieden die indigenen Völker sind, seien es die Indianer Lateinamerikas, die Pygmäen in Zentralafrika, die Papuas in Neuguinea oder die Penan auf Borneo, so haben sie doch eines gemeinsam: Sie leben in und vom Regenwald, ohne ihn dadurch zu zerstören.

- Sammeln von Waldfrüchten, Nüssen, Wurzeln, Gemüse, Pilzen und Honig
- Jagd auf Wild und Reptilien
- Sammeln und Verarbeitung von Arzneipflanzen
- Gewinnung von Harzen und Farbstoffen aus Pflanzen

Weiters ist der Brandrodungsfeldbau wichtig. Kleine Felder für den Eigenbedarf werden durch Brandrodung gewonnen. Der Wald wird an manchen Stellen abgebrannt. Die Baumstümpfe bleiben im Boden, sie geben dem Boden Halt und Erosion wird verhindert. Ebenso bleibt die Asche liegen. Sie dient als Dünger und gibt dem Boden wertvolle Nährstoffe.

Die Flächen werden für ein paar Jahre genutzt. In Südamerika werden z. B. Bohnen, Süßkartoffeln und Maniok angebaut. Nach ein paar Jahren werden die Felder aufgelassen. Man wandert in andere Gebiete des Waldes, um dort neue Felder zu bebauen. In der Zwischenzeit kann sich der Boden auf den alten Feldern erholen. Rasch wächst ein Sekundärwald (ein junger, neuer Wald) nach. Nach frühestens zehn Jahren werden die ehemaligen Felder wieder verwendet.

2.2.2 Gründe für die Zerstörung des Regenwaldes

Noch existiert die Hälfte des ursprünglich vorhandenen Regenwaldes. Die Bemühungen, ihn zu retten, werden täglich intensiver.

Kommerzielle Holzwirtschaft
Sie ist die Hauptursache der Zerstörung und passiert durch nationale und internationale Gesellschaften.

Urwaldriesen werden ihres wertvollen Holzes wegen als Einzelstämme entnommen. Der Abtransport verursacht dabei oft mehr Schäden als die Holzentnahme selbst.

Siedler und Plantagen
Siedler/innen aus übervölkerten Regionen wandern entlang der großen Straßen mit staatlicher Förderung in den Wald ein und schaffen durch Abbrennen des Waldes kleinflächige Landwirtschaften. Großunternehmen zerstören den Wald, um Plantagen anzulegen.

Palmöl, Kaffee, Kakao, Bananen, Soja oder ähnliche Produkte werden dort für den Weltmarkt produziert.

Indigene Völker (eingeborene Völker): Völker, die ein Gebiet vor der Kolonialisierung oder Eroberung durch europäische oder andere Staaten bewohnt haben. Sie haben ihre eigene Kultur, Sprache und Wirtschaftsweise bewahrt.

Brandrodung im Amazonastiefland

Rohstoffgewinnung und Straßenbau

Rohstoffabbau (v. a. Metalle wie Eisenerz, Bauxit, Kupfer, aber auch Diamanten) trägt ebenfalls zur Vernichtung der Wälder und des sozialen Lebens bei. Dazu werden Straßen zum Abtransport der Bodenschätze und der wertvollen Holzstämme in zuvor unwegsames Gelände geschlagen. Dabei werden auch Stammesgebiete indigener Bewohner/innen zerstört.

Energiegewinnung

Durch den Bau von Kraftwerksanlagen werden Hunderttausende Hektar Regenwald von Stauseen überschwemmt. Die Begründung für den Bau der Anlagen ist die Gewinnung von billiger Energie. Der Dammbau hat meist negative Auswirkungen auf die Umwelt: Die nun mögliche intensive Bewässerung führt zu Versalzung auf den landwirtschaftlich genutzten Böden, und die Industrie, die mit der neuen Energie gespeist wird, verschmutzt sehr häufig die Luft oder den Boden.

Arbeitsaufgaben

1. Welche Bildunterschriften passen zu welchem Bild? Schreiben Sie den Buchstaben in den Kreis auf dem jeweiligen Bild.

A Die Kraftwerksanlage von Itaipu mit einer Jahresproduktion von 12 Mio. KW deckt 25 Prozent des brasilianischen und 75 Prozent des paraguayanischen Strombedarfs.

B Ölpalmenplantage in Kolumbien. Palmöl ist weltweit das wichtigste Pflanzenfett und wird u. a. für die Herstellung von Margarine verwendet.

C Der Regenwald ist der Hauptlieferant für tropische Edelhölzer, die v. a. für den Möbelbau verwendet werden (z. B. Teak, Mahagoni oder Ebenholz).

D Mit dem Bau von Straßen beginnt die Zerstörung tropischer Regenwälder. Sind die Straßen erst einmal gebaut, dann ist es leicht für Siedler, Jäger, Holzfäller und Goldgräber, in die Wälder einzudringen.

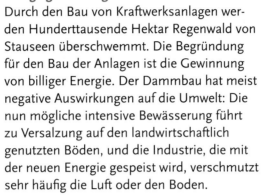

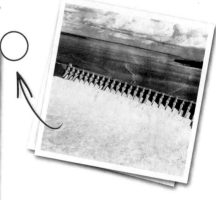

2. Recherchieren Sie im Internet die Namen einiger indigener Völker.

3. Nennen Sie die Gründe, warum der tropische Regenwald durch die ursprüngliche Nutzung nicht zerstört wird.

Es muss nicht immer Tropenholz sein

Manche heimische Hölzer erfüllen, auch bei Gartenmöbeln, die gleichen Ansprüche wie tropisches Hartholz. Für den Außenbereich eignen sich die Lärche sowie die Edelkastanie, die in ihrer Witterungsbeständigkeit geradezu ideal ist. Eine besonders gute Alternative zum Tropenholz ist das Holz der Robinie, das von einer dem Teak vergleichbaren Haltbarkeit ist. Sie wurde vor 500 Jahren aus Nordamerika eingeführt und wächst heute vor allem in Ungarn und Rumänien.

■ Recherchieren Sie mithilfe von www.regenwald.at über den Regenwald der Österreicher/innen in Costa Rica.

■ Beurteilen Sie die verschiedenen Möglichkeiten, den Regenwald zu schützen. Welche Maßnahmen sind realistisch, welche eher unrealistisch, welche sind wirksam (effizient), welche nicht usw. Präsentieren Sie die Ergebnisse in der Klasse.

2.2.3 Chancen für den Regenwald

In vielen Regionen der Dritten Welt wächst der Widerstand gegen die Zerstörung der tropischen Regenwälder und gegen die rücksichtslose Ausbeutung der Natur. Eine Chance zur Rettung liegt bei den Einheimischen selbst, die andere Chance liegt bei den Konsumentinnen und Konsumenten in den Industrienationen.

Es gibt mehrere Möglichkeiten, den Regenwald zu schützen:

Was Sie als Konsument/in tun können

■ Nach der Herkunft des Holzes fragen; bei Plantagenanbau auf Gütesiegel schauen.
■ Den Kauf tropischer Früchte einschränken.
■ Aktionen zum Schutz des Regenwaldes unterstützen (z. B. Kauf von Regenwald über NGOs).
■ Verpackungen aus Aluminium vermeiden, da die Bauxitverhüttung besonders zur Zerstörung der Tropen beiträgt.
■ Fairtrade-Produkte kaufen, die eine ökologische Bewirtschaftung der Anbauflächen und faire Preise für die Landarbeiter/innen garantieren.

Kaufen Sie sich Ihren Regenwald

Spenden Sie einen symbolischen Anteil am Regenwald der Österreicher! Schenken Sie Ihren Verwandten, Freunden, Bekannten – oder sich selbst – zu Weihnachten, zum Geburtstag, zur Hochzeit oder zu einem anderen Anlass ein Stück Regenwald. Als Spenderin/Spender erhalten Sie A4-Farbzertifikate über die gewünschten Quadratmeter- Anteile.

Sie können Namen (von Beschenkten oder Ihren eigenen) auf das Zertifikat oder die Zertifikate von uns aufdrucken lassen oder selbst eintragen. Sie können jede beliebige Quadratmeterzahl ab 50 m² bestellen. Hundert Quadratmeter kosten 14 Euro. Mit jeder noch so kleinen Beteiligung am Freikauf sichern Sie das Überleben Tausender Lebewesen.

www.regenwald.at

Beispiele zum Schutz des Regenwaldes	
Staatliche Schutzprojekte im Regenwald des Kongobeckens	**Auch eine Möglichkeit – Vogelräuber werden zu Vogelwächtern**
Die Staatschefs von Kamerun, Gabun, Republik Kongo, Äquatorialguinea, der Zentralafrikanischen Republik und des Tschad legten ein grenzübergreifendes Schutzprojekt fest, das über 3,5 Millionen Hektar Wald umfasst – mehr als die Fläche Belgiens. Die Wälder des Kongobeckens bieten mehr als der Hälfte aller afrikanischen Pflanzen- und Tierarten eine Heimat, darunter den vom Aussterben bedrohten Waldelefanten und Tieflandgorillas.	Statt für acht Dollar illegal ein Nest des Molukkenkakadus im Manusela-Nationalpark auf der indonesischen Gewürzinsel Seram auszurauben und dabei oft auch noch den Nestbaum zu fällen, führen die ehemaligen Wilderer nun ausländische Birdwatcher für zehn Dollar am Tag zu den besten Aussichtsposten. Ein sanfter Tourismus setzt ein, der den Regenwald nicht zerstört.

3 Die Ausbreitung der Wüsten

Die Wüsten wachsen. Jedes Jahr verschlingen sie weltweit rund 40 000 Quadratkilometer Ackerland – eine Fläche so groß wie die Schweiz – und bedrohen so die Lebensgrundlage von zwei Milliarden Menschen. Einerseits ist der menschlich verursachte Klimawandel für diesen Prozess verantwortlich, andererseits zerstören nichtangepasste Nutzungen wertvollen Lebensraum.

3.1 Desertifikation: vom Mensch verursacht

Die Wüste macht vor nichts halt. Nach Schätzungen von Experten sind rund 40 Prozent der Landflächen der Erde bedroht, darunter zwei Drittel Afrikas sowie ein Drittel Chinas und der USA. Immer größere Teile der ehemals fruchtbaren Weizenregionen des amerikanischen Mittelwestens werden Opfer der Desertifikation. Auch Europa bleibt nicht verschont: So kann beispielsweise ein Fünftel Spaniens zur Wüste werden.

Desertifikation (von engl. desert): von menschlichen Eingriffen verursachte Wüstenbildung.

Überall auf der Welt wachsen die Wüsten rasant. So wandert die Sahara etwa fünf Kilometer im Jahr Richtung Süden. Die Wüste Gobi in China ist mit jährlich sechs bis acht Kilometern noch schneller. Die Ursachen der Wüstenbildung liegen aber weniger im Klimawandel als in menschlichen Eingriffen.

Wüstenbildung

Ursachen	Folgen	Gegenmaßnahmen

Ursachen

- Intensive Bewirtschaftung des Bodens mit schweren Maschinen.
- Falsche Bewässerungstechniken werden eingesetzt (zu viel Wasser steht in den Bewässerungskanälen).
- Die fruchtbare Humusschichte wird durch Winde weggeblasen oder durch starke Regenfälle weggeschwemmt.
- Immer mehr Bauern bewirtschaften Böden, die eigentlich für den Ackerbau ungeeignet sind.
- Die Viehherden werden immer größer.

Beispiel:
Veraltete Bewässerungstechnik

Folgen

- Verdichtung der Böden (das Wasser kann nicht abfließen, die Pflanzen verfaulen).
- Das stehende Wasser verdunstet, die Böden versalzen (durch den hohen Salzgehalt sterben die Pflanzen ab).
- Weniger Pflanzen wachsen und die Erosion schreitet voran.
- Die Böden werden ausgelaugt, der Ertrag wird immer geringer.
- Die spärliche Vegetation wird zertrampelt und dadurch vernichtet.

Beispiel:
(Über-)weidung mit Ziegen sorgt für eine rasch fortschreitende Desertifikation

Gegenmaßnahmen

- Wiederaufforstung abgeholzter Flächen und von übernutztem Weideland
- Verbesserte Anbautechnik gegen Erosion und Wasserverlust
- Zurückdrängen der Exportlandwirtschaft zugunsten des Anbaus für den Eigenbedarf.

Beispiel:
Künstliche Bepflanzung soll die Wüste Gobi aufhalten

Fallbeispiel Chinas grüne Mauer

Chinas Wüsten breiten sich aus

China gilt für viele Europäer als dicht besiedeltes Land. Aber die Hälfte der chinesischen Staatsfläche sind dünn besiedelte Hochgebirge oder Wüste. Und die Wüste (v. a. die Wüste Gobi) breitet sich immer mehr aus. Als Ursachen für die Desertifikation gelten die übermäßige Beanspruchung der Böden, Überweidung, Abholzung und veraltete Bewässerungssysteme in der Landwirtschaft.

Chinas Kampf gegen die Wüste

Seit drei Jahrzehnten stemmt sich das größte Volk der Erde mit aller Macht gegen die fortschreitende Verwüstung. Eine neue chinesische Mauer – ein grüner Schutzwall aus Milliarden Bäumen und weitreichenden neu begrünten Flächen – soll Chinas Zukunft retten. Jeder Chinese ist zu irgendeinem Zeitpunkt in seinem Leben einmal unmittelbar in dieses größte Projekt der Menschheitsgeschichte eingebunden. Aber es wird noch Generationen dauern, bis die grüne Mauer ihren Zweck vollständig erfüllen kann. Und es steht keineswegs fest, ob sie es jemals auch wirksam und nachhaltig tun wird.

Nach: www.phoenix.de, 3. April 2009

 Arbeitsaufgaben

1. Schreiben Sie die Nummern folgender desertifikationsgefährdeter Gebiete auf die entsprechende Stelle auf der Karte.

❶ Sahelzone   ❷ Kasachstan   ❸ Nordchina

❹ Great Plains (USA)   ❺ Südspanien   ❻ Gran Chaco (Nordargentinien, Paraguay)

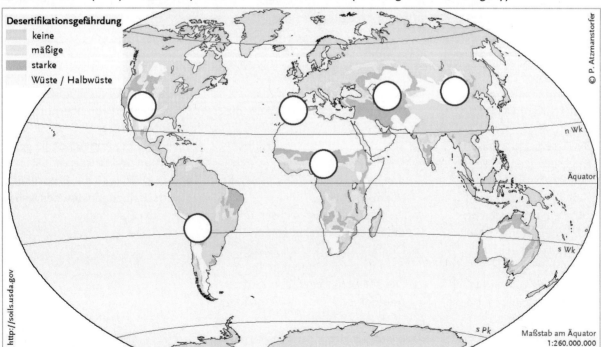

2. Beschreiben Sie die Mitteln, mit denen man in China gegen das Fortschreiten der Wüste kämpft.

3.2 Die Sahelzone – eine gefährdete Region

Im Mittelalter war der Sahel am Südrand der Sahara eine blühende Region. Die Staaten des Gebietes galten als die reichsten der Welt. Heute ist Sahel oft gleichbedeutend mit Hunger und Dürre. Die wiederkehrenden Katastrophen sind aber nur zum Teil naturbedingt, sie gehen hauptsächlich auf die Einflüsse des Menschen zurück. Die Staaten des Sahel gehören zu den ärmsten der Welt.

3.2.1 Was läuft in der Sahelzone schief?

Bevölkerungszunahme

Die enorme Bevölkerungszunahme in der Sahelzone bewirkt, dass die Brachezeiten (Ruhezeiten) der Felder verkürzt werden. Diese zu starke Nutzung der Böden bewirkt einen immer weiter sinkenden Ertrag. Die Bauern reagieren darauf mit einer Erweiterung der Anbaufläche in noch trockenere Räume. Die Felder werden wegen des schlechten Ertrags (zu wenig Wasser) rasch wieder aufgelassen, Erosion ist die Folge.

Wegen des weiter ausgedehnten Ackerbaus werden die Nomaden mit ihren Viehherden in immer trockenere Räume abgedrängt. Dort zerstören ihre Herden die letzten Vegetationsdecken endgültig. So müssen die Nomaden ihre Existenz aufgeben und wandern in die Städte, wo sie in Slums wohnen und oft auf Nahrungsmittelhilfe angewiesen sind.

Mit der Bevölkerung wächst auch der Holzverbrauch. Fürs Kochen und das Einzäunen der Weiden werden die letzten Bäume und Sträucher abgeholzt. Der Brunnenbau durch Entwicklungshilfe-Organisationen führt zwar zu dem ersehnten Wasserangebot. Allerdings werden die Böden in der Umgebung total überweidet und so ebenfalls zerstört.

Cashcropanbau hemmt die Eigenversorgung

Landwirtschaftliche Erzeugnisse – vor allem Baumwolle und Erdnüsse– sind die Hauptexportgüter der Sahelzone. Diese Produkte werden auf den ertragreichsten Feldern angebaut, Getreide für die Ernährung der Bevölkerung muss hingegen vielfach importiert werden.

Laufende Hilfe macht hilfsbedürftiger

Bei Katastrophen ist Nahrungsmittelhilfe unumgänglich. Sie darf aber langfristig die Selbstversorgung nicht ersetzen, da:
- Nahrungsmittelgeschenke die Preise der Nahrungsmittel drücken und eigener Anbau unattraktiv wird,
- gespendeter Weizen und Milchpulver die Essgewohnheiten der Empfänger/innen verändern und einheimische Nahrungsmittel wie Hirse, Sorghum oder Mais verdrängen, wodurch lokale Produzenten dann weniger Nahrung anbauen,
- die Abhängigkeit auch in „guten" Jahren bleibt und dauernde Abhängigkeit entsteht.

Bürgerkriege verursachen menschliche Tragödien

Innerhalb dieser künstlich geschaffenen Staaten finden laufend bewaffnete Konflikte statt Nicht zuletzt zerstören diese wertvolle Ackerflächen und vertreiben Menschen aus ihren Dörfern. So kümmert sich in manchen Regionen niemand mehr

Die Bezeichnung **Sahel** kommt aus dem Arabischen und bedeutet Ufer (as-sahil). Gemeint ist der Rand der Wüste.

Die Bepflanzung der Wüstenrandgebiete soll den Vormarsch der Dünen bremsen

um den Ackerbau oder die Viehzucht. Die nicht mehr bestellten Böden werden ebenfalls zu Wüsten.

Arbeitsaufgaben

1. Beschreiben Sie die Methoden, mit denen die Bevölkerung der Sahelzonen gegen die Desertifikation kämpft.

2. Arbeiten Sie mit dem Atlas und suchen Sie die sechs Sahelstaaten.

3. Bewerten Sie die Methoden zur Bekämpfung der Ausbreitung der Wüste. Welche sind realistisch? Wo liegen die Knackpunkte und die Risiken? Was passiert in einem worst-case-Szenario (d. h. wenn alles nichts hilft)?

4. Fassen Sie die einzelnen Aussagen dieser Seite zusammen.

3.2.2 Vegetation und Niederschlag im Sahel

Die natürliche Vegetation des Sahel – Folge der Niederschlagsmenge

Der Sahel liegt im Bereich der wechselfeuchten Tropen. Sowohl die Trocken- als auch die Regenzeit ist durch das Wandern der ITCZ bedingt. Einer kurzen Regenzeit steht eine lange Trockenzeit gegenüber. Die Regenzeit wird in Richtung Norden immer kürzer, die Trockenzeit verlängert sich hingegen. Mit der Abnahme der Niederschläge verändert sich auch die natürliche Vegetation: Die Trockensavanne im Süden geht in die Dornbuschsavanne über. Schließlich folgt die Halbwüste und Wüste.

Die Ausdehnung der Sahelzone

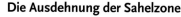

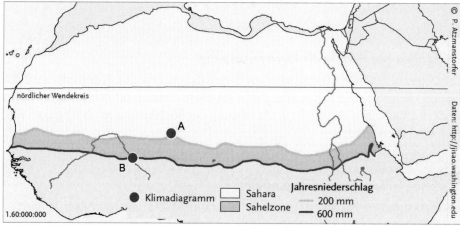

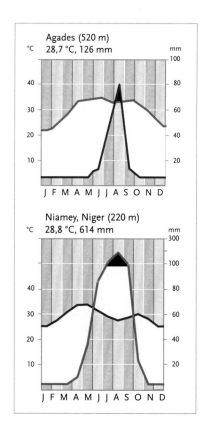

Sahelzone in Burkina Faso während der humiden Periode

Sahelzone in Senegal während der ariden Periode

■ Ordnen Sie die Punkte „A" und „B" aus der Karte den Klimadiagrammen zu.

Der Sahel ist natürlich bedingt dürregefährdet

Nur während zwei bis zweieinhalb Monaten fällt so viel Niederschlag, dass die Menge für die Landwirtschaft genutzt werden kann. Diese kurze Regenzeit ist in normalen Jahren allerdings ziemlich heftig. In diesen zweieinhalb Monaten erhält der Sahel so viel Niederschlag wie das Weinviertel während eines ganzen Jahres. Allerdings wandert die ITCZ in manchen Jahren nicht so weit nach Norden. Es regnet somit weniger, was sich bei den an sich in normalen Jahren geringen Niederschlagsmengen katastrophal für die Landwirtschaft auswirkt: der Sahel ist eine der dürregefährdetsten Regionen der Erde.

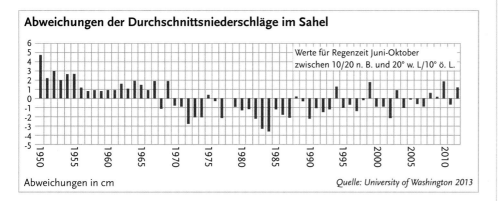

Abweichungen der Durchschnittsniederschläge im Sahel

Werte für Regenzeit Juni-Oktober zwischen 10/20 n. B. und 20° w. L/10° ö. L.

Abweichungen in cm

Quelle: University of Washington 2013

Arbeitsaufgaben

1. Interpretieren Sie mithilfe der Karten die Veränderung der Niederschläge in der Sahelzone von Süd nach Nord.

2. Beschreiben Sie die Veränderung der Niederschläge und der Vegetation im Sahel von Süden nach Norden.

3. Beschreiben Sie die Bedeutung der Regenzeit für die Landwirtschaft.

4. Nennen Sie den Grund für die Dürre in manchen Jahren im Sahel.

5. Interpretieren Sie das Diagramm und nennen Sie die fünf Jahre, in denen die Niederschläge am geringsten ausgefallen sind.

3.2.3 Desertifikation – Überstrapazierung der Natur

Die Landwirtschaft verdrängt die Nomaden/Nomadinnen nach Norden

Der Ertrag der Felder ist im Sahel gering. Um die Böden nicht überzubeanspruchen, lassen die Bauern und Bäuerinnen die Felder nach einer Anbauperiode von vier bis fünf Jahren etwa ein Jahrzehnt lang brach liegen, d. h. sie nutzen diese nicht. Allerdings wächst die Bevölkerung in den Sahelstaaten so stark, dass die Brachezeiten verkürzt werden, um ausreichend Lebensmittel zu erzeugen. Diese Übernutzung des Bodens reduziert die Erträge der Felder. Die Bauern und Bäuerinnen sind daher gezwungen, neue Felder anzulegen.

Der Ackerbau breitet sich daher in den trockenen Norden des Sahels aus. Allerdings müssen viele der neuen Felder in dieser nördlichen Ungunstregion schnell wieder aufgegeben werden. Da die natürliche Vegetationsdecke nach dem Aufgeben der Felder fehlt, kommt es zu massivem Bodenabtrag durch Erosion. Vor allem aber werden die Nomaden und Nomadinnen in die nördlichsten Bereiche der Region und in die Halbwüste abgedrängt, wo deren Tiere die spärliche Vegetation total abfressen, die sich anschließend nicht mehr erholen kann. Die Wüste breitet sich aus, man spricht von Desertifikation. Viele Menschen sind in Folge gezwungen, in die Städte abzuwandern.

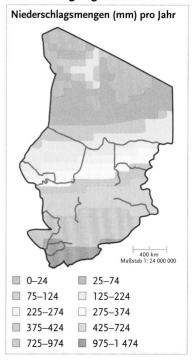

Niederschlagsregionen im Tschad

Niederschlagsmengen (mm) pro Jahr

400 km
Maßstab 1: 24 000 000

- 0–24
- 25–74
- 75–124
- 125–224
- 225–274
- 275–374
- 375–424
- 425–724
- 725–974
- 975–1 474

FAO-Statistik

■ Übertragen Sie die Grenzen des Sahel in die Niederschlagskarte und schätzen Sie, bis wie weit in den Norden Weidewirtschaft der Nomaden möglich ist.

Überweidung an einer Wasserstelle

Holzverbrauch und Brunnenbau – weitere Faktoren der Verwüstung

Holz wird nicht nur zum Kochen, sondern auch zum Einzäunen des Wohnbereiches, der Äcker und der Viehgehege benötigt. Durch die massiv gewachsene Bevölkerung hat auch der Verbrauch von Holz entsprechend zugenommen. Meist ist heute die Abholzung größer als der Nachwuchs. Die Schutzfunktion des natürlichen Bewuchses für den Boden fehlt in abgeholzten Regionen, auch hier breitet sich die Wüste aus.

Tiefbrunnen, die für genügend Wasser sorgen sollen, erweisen sich langfristig als Problem, insbesondere solche, die in Gebieten angelegt wurden, die früher nur während besonders feuchter Jahre genutzt worden waren. Der Tierbestand erhöht sich aufgrund des genügend vorhandenen Wassers, allerdings fressen die Tiere die Umgebung kahl und auch hier bildet sich Wüste.

Nur 5 % aller Einwohner/innen Burkina Fasos verfügen über Elektrizität; um das Abholzen der restlichen Wälder zu verhindern, könnten neben Licht auch Kochgeräte mit Solarstrom betrieben werden

3.2.4 Hunger ein politisches Problem?

Die Sahelstaaten gehören zu den wirtschaftlich schwächsten Staaten der Erde. Auch politisch sind sie alles andere als stabil. Die Grenzen dieser Staaten wurden von den europäischen Kolonialmächten ohne Rücksicht auf die lokalen Gegebenheiten im 19. Jahrhundert gezogen.

Unruhen und Bürgerkriege zerstören immer wieder den fragilen Frieden so z. B.:
- der Südsudan kämpfte jahrzehntelang schlussendlich erfolgreich um seine Unabhängigkeit. Millionen waren betroffen (Tod, Vertreibungen, Zerstörungen),
- im Westsudan (Darfur): Rebellen kämpften gegen die Zentralregierung. Vier der sechs Millionen Menschen wurden in Mitleidenschaft gezogen, mehr als 300 000 flüchteten teilweise in den benachbarten Tschad,
- Mali: 2012 brachen Konflikte zwischen der Zentralregierung den Tuaregs sowie islamischen Fundamentalisten auf der anderen Seite aus.

2012 eskalierte der Konflikt in Mali –mit bislang ungewissem Ausgang

Arbeitsaufgaben

1. Nennen Sie den Grund für die Aufgabe des schonenden Ackerbaus.

2. Stellen Sie den Nutzungskonflikt zwischen „Bauern" und „Nomaden" gegenüber.

3. Nehmen Sie zur Aussage Stellung: „Hunger ist ein politisches Problem."

4. Recherchieren Sie im Internet:
   - Ist für die Sahelstaaten derzeit Hungerhilfe notwendig?
   - Werden in den Sahelstaaten derzeit politische Konflikte gewaltsam ausgetragen.

3.2.5 Wie stoppt man die Desertifikation?

Durch eine ökologisch verträgliche Landwirtschaft könnte die Desertifikation gestoppt werden. Folgende Maßnahmen wären dazu nötig:

- bessere Anbautechniken, das Anlegen bewachsener Dämme, Terrassen und Hecken als Erosionsschutz könnte den Bodenverlust vermindern,
- eine Intensivierung der Landwirtschaft in umweltverträglicher Form nur auf den dafür geeigneten Böden würde bewirken, dass der Anbau auf nicht geeigneten Flächen zurückgehen würde,
- die Aufforstung gerodeter und der Schutz der noch intakten Waldflächen würde die Erosion verzögern,
- alternative Einkommen wie z. B. die Agroforstwirtschaft könnten die Ausbeutung des Bodens und die Überweidung stoppen,
- eine bessere Vermarktung der Lebensmittel würde die Bauern und Bäuerinnen zu einer ökologisch verträglichen Landwirtschaft motivieren.

Um erfolgreich die Desertifikation zu stoppen, muss die lokale Bevölkerung mit einbezogen werden. Vor allem die einflusslosen Frauen müssten mehr Entscheidungsbefugnis erhalten. Außerdem sollte Entwicklungshilfe die Ausbildung der Menschen verbessern.

Begrünung in der Sahelzone

Der Kampf gegen die Wüstenbildung, gegen Abholzung und Bodenerosion ist eine der größten Herausforderungen in der Trockenzone des Sahel. Nur Bäume können die Austrocknung stoppen. Sie halten den Wind ab und das Wasser im Boden, sie bieten Schatten, sie dienen als Dünger. Hunderte Millionen Dollar sind in die Begrünung geflossen. Die Methode FMNR (Farmer Managed Natural Regeneration) erscheint Erfolg versprechend: bis auf vier oder fünf junge Triebe alle Zweige abschneiden, das abgeschnittene Blattwerk liegen lassen und nach einigen Wochen einsammeln. Der Erfolg spricht für sich: Trotz der Dürre, die gerade in Westafrika herrscht, haben die Farmer etwa in Niger, die mit dieser Methode arbeiten, 14 000 Tonnen an Getreideüberschüssen erzielt.

Nach: http://www.spiegel.de, 18. Juni 2012

Die FMNR-Methode geht von der Beschattung der Felder durch Bäume aus. Bevor der Farmer Batiwel aus Malawi die Methode einsetzte, erntete er im Schnitt 4 bis 5 Ochsenkarren Mais, heute sind es 12 bis 15 Karren.

- Beschreiben Sie die Methode und die Erfolge des FMNR.

Arbeitsaufgabe

- Gestalten Sie mit den folgenden vier Seiten in Form einer Gruppenarbeit je ein Plakat oder eine Powerpoint-Präsentation zu den Themen:

  a) Vegetation und Niederschlag im Sahel

  b) Desertifikation – Überstrapazierung der Natur

  c) Hunger – ein politisches Problem?

  d) Wie stoppt man die Desertifikation?

  Stellen Sie die Ergebnisse der Klasse vor und bearbeiten Sie anschließend das Wirkungsschema am Ende des Kapitels.

Ursache-Wirkungs-Schema: Sahelzone –
grafische Darstellung der Arbeitsgruppenergebnisse

Die Texte über die Desertifikation der Sahelzone enthalten viele Informationen. Es handelt sich dabei auch um Informationen, die zusammenhängen und nicht für sich alleine stehen. Mithilfe eines Ursache-Wirkungs-Schemas kann man versuchen, diese komplexen Zusammenhänge relativ einfach grafisch darzustellen.

Arbeitsaufgaben

1. Ordnen Sie folgende Begriffe den leeren Kästchen im Schema zu.

> Verdrängung der Nomaden nach Norden ■ Verdrängung des Nahrungsmittelanbaus ■ Zerstörung der Vegetationsdecke ■ Ausdehnung des Feldbaus ■ Bau von Tiefbrunnen ■ Abwanderung der Nomaden in die Städte ■ Erosionsgefährdung durch Monokulturen ■ Erhöhter Holzverbrauch ■ Abhängigkeit der Sahelstaaten

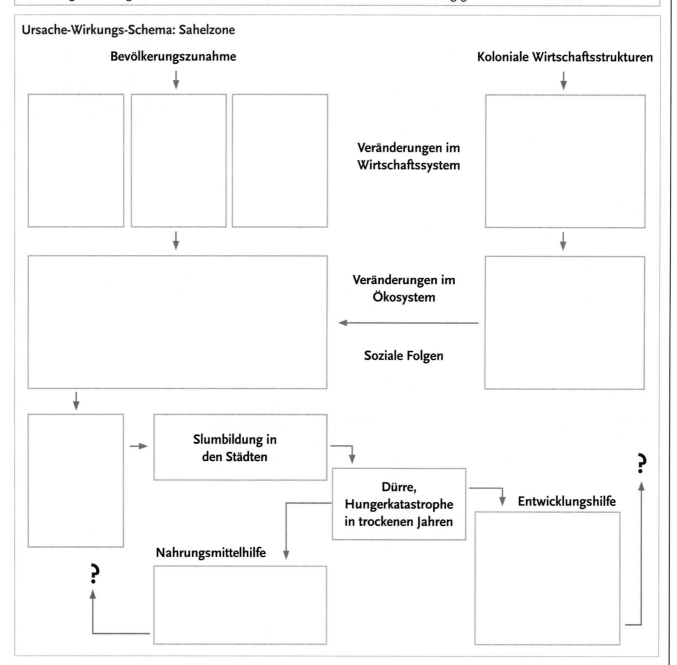

2. Zu welchen Kästchen führen die beiden Pfeile mit Fragezeichen zurück? Ordnen Sie die Pfeile dem entsprechenden Kästchen zu.

3. Die großen Wüstengebiete der Welt: Ordnen Sie die Nummern in der Karte den Wüstengebieten und Klimazonen zu.

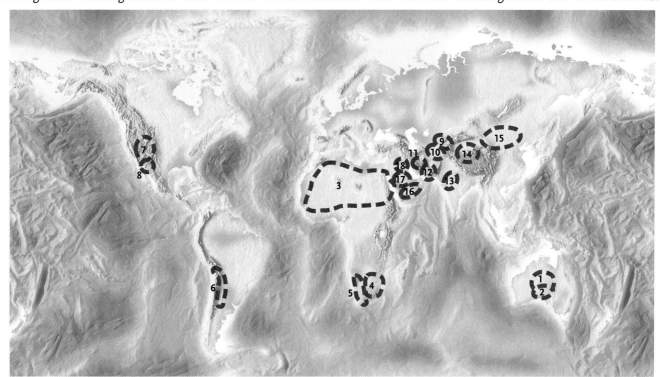

Wüste	Klimazone	Nummer auf der Karte
Sahara	Subtropen	
Gobi	gemäßigte Zone	
Kalahari	wechselfeuchte Tropen	
Atacama	Subtropen	
Großes Becken (Utah)	gemäßigte Zone	
Mojavewüste (Kalifornien)	Subtropen	
Namib (Namibia)	Subtropen	
Kysylkum (Kasachstan, Usbekistan)	gemäßigte Zone	
Karakum (Usbekistan)	gemäßigte Zone	
Takla Makan (China)	gemäßigte Zone	
Thar (Indien)	wechselfeuchte Tropen	
Rub-al-Khali (Arabien)	Subtropen	
Nefud (Arabien)	Subtropen	
Syrische Wüste	Subtropen	
Große Salzwüste (Iran)	Subtropen	
Lut (Iran)	Subtropen	
Gibsonwüste (Australien)	Subtropen	
Große Viktoriawüste (Australien)	Subtropen	

4 Mangelware Wasser

In vielen Regionen der Welt war Wasser lange Zeit im Überfluss vorhanden, daher frei verfügbar und kostenlos. Doch durch klimatische Veränderungen, Übernutzung, unterschiedliche Zugangsbedingungen und verantwortungslose Verschmutzung wurde Wasser zu einem knappen Rohstoff.

Pro-Kopfverbrauch

Tschad	USA	EU	Österreich
20 Liter/ Tag	300 Liter/ Tag	150 Liter/ Tag	129 Litern/ Tag

4.1 Wasser ist kostbar

Im Verlauf des letzten Jahrhunderts hat sich die Weltbevölkerung verdreifacht, der Wasserverbrauch aber versechsfacht! Von 1900 bis 2000 ist der Weltwasserverbrauch von 800 km3 auf 4 370 km3 pro Jahr angestiegen. Doch die Unterschiede im Verbrauch sind enorm.

Der Wasserkreislauf

1 360 Mio. km^3 Wasser gibt es auf der Erde. Doch 97 Prozent davon sind Salzwasser, 2 Prozent sind als Eis an den Polen gespeichert. Lediglich 8 000 km^3 (0,014 Prozent der Gesamtwassermenge) stehen für die menschliche Nutzung zur Verfügung.

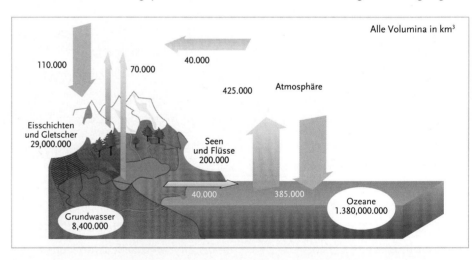

Atmosphäre = Vor UV-Strahlen schützende, lebenswichtige Lufthülle der Erde, in der physikalische Prozesse stattfinden, die man Wetter nennt. Die atmosphärische Luft setzt sich zusammen aus 78 Vol. % (Volumprozent) Stickstoff, 21 Vol.-% Sauerstoff, 0,03 Vol.-% Kohlendioxid und 0,97 Vol.-% Edelgasen.

Insgesamt fallen 110 000 km^3 Wasser in Form von Niederschlag auf die Landfläche der Erde. 40 000 km^3 fließen jährlich oberflächlich wieder in die Weltmeere zurück, der Rest versickert ins Grundwasser oder verdunstet. Die größte Wassermenge jedoch bewegt sich zwischen Meer und Atmosphäre (ca. 400 000 km^3) in Form von Verdunstung und Niederschlag.

Wie viel Wasser gibt es auf der Erde?

Die Gesamtmenge als Badewanne stelle man sich mit 150 Liter Inhalt vor.

Dann entspricht ein halber Eimer voll dem gesamten Süßwasser.

Die Menge, von der Menschen leben müssen, füllt ein Likörglas (0,02 l).

Wasserverteilung auf der Erde

Die Wasservorräte in Bächen, Flüssen, Seen und Grundwasser sind äußerst ungleich über die Welt verteilt. Auf 60 Prozent der Landfläche herrscht Wasserknappheit.

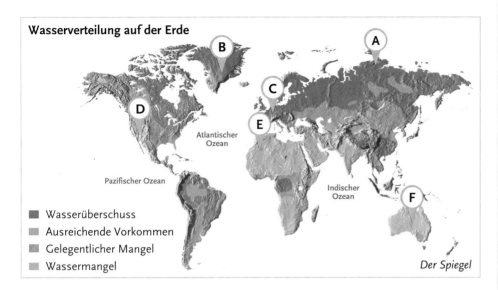

Wasserverteilung auf der Erde

Atlantischer Ozean

Pazifischer Ozean

Indischer Ozean

- ▪ Wasserüberschuss
- ▪ Ausreichende Vorkommen
- ▪ Gelegentlicher Mangel
- ▪ Wassermangel

Der Spiegel

Unterschiedliche Wasserverteilung – einige Beispiele

Kalifornien liegt im Bereich des subtropischen Winterregenklimas. Die Sommer sind heiß und trocken. Durch die sehr aufwendige Lebensart der Amerikaner/innen mit sehr hohem Wasserbedarf kommt es regelmäßig zu Wasserknappheit.

Der gesamte **Norden Afrikas** wird großteils von der größten Wüste der Welt, der Sahara, eingenommen. Dort regnet es fast nie. Nur in einzelnen Grundwasser- oder Flussoasen gibt es Wasser.

Das gesamte **Innere Australiens** besteht aus Wüsten und Savannen. Dürreperioden treten dort in regelmäßigen Abständen auf.

Sibirien liegt größtenteils im Bereich des kalten Klimas. Obwohl es wenig Niederschlag gibt, existiert ein Wasserüberschuss. Wegen der Kälte verdunstet nur wenig.

Die Alpen sind wie alle Hochgebirge bedeutende Wasserreservoirs. Die Niederschläge steigen mit zunehmender Seehöhe. Viel Wasser ist in den Gletschern gespeichert. 95 % der jährlichen Niederschlagsmenge auf.

Die größte Insel der Welt, **Grönland,** ist nach der Antarktis der größte Süßwasserspeicher der Erde.

Arbeitsaufgabe

- Ordnen Sie die Texte den Buchstaben auf der obenstehenden Karte zu.

4.2 Der Kampf ums Wasser

Wasserkriege – Kriege der Zukunft?

Gerade in den trockenen Regionen der Welt gibt es nicht genug Wasser, um den steigenden Bedarf zu decken. Viele Experten meinen, dass es immer häufiger zu kriegerischen Konflikten um den Zugang zu sauberem Wasser kommen wird. Besonders gefährlich ist es, wenn Flüsse durch mindestens zwei Staaten führen. Jene Staaten, die am Oberlauf des Flusses liegen, können durch verstärkte Wasserentnahme oder den Bau von Kraftwerken die Wasserversorgung der am Unterlauf liegenden Staaten gefährden.

Wüste Judäa: Die Staaten des Nahen Osten liegen in einem Trockenraum. Der Zugang zu Wasser ist für die stark wachsende Bevölkerung von entscheidender Bedeutung.

Der Meeresspiegel des Toten Meeres sinkt jährlich um ca. einen Meter. Grund: Aus dem einzigen bedeutenden Zufluss werden für den Trinkwasserbedarf und für die Landwirtschaft große Mengen an Trinkwasser entnommen.

Wasserknappheit – auch ein politisches Problem

Besonders kompliziert ist die Lage in Israel und Palästina, wo neben dem Kampf um Siedlungsgebiete auch der Kampf um das Wasser den Konflikt verschärft.

Die UN, Umweltbehörden und Politiker/innen kritisieren den Zustand des Jordanflusses, der an der syrischen Grenze entspringt und über Israel durch den See Genezareth in die palästinensischen Gebiete fließt und für eine Region mit mehr als 13 Millionen Einwohnern die wichtigste Wasserquelle ist. 1964 bauten israelische Ingenieure ohne Zustimmung der Nachbarländer einen Damm, der den Abfluss des Sees kontrolliert. Somit liegt die Wasserversorgung allein in den Händen der israelischen Regierung. Zudem zapft Syrien über Pipelines große Mengen Wasser ab. Unterhalb des Sees Genezareth ist der Jordan in einem furchtbaren Zustand. Weniger als ein Zehntel des Wassers aus dem See wird in den unteren Flusslauf weitergeleitet. Und die Hälfte davon ist stark verunreinigt durch Abwässer von Industrie und Landwirtschaft. Nach Erhebungen der WHO verbrauchte ein israelischer Haushalt im Jahr 2011 rund 250 Liter pro Kopf, während es in der Westbank etwa 70 Liter waren.

Nach: http://www.dw.com, DW-Akademie vom 14. Februar 2014

Wasserentnahmen der Israelis aus dem See Genezareth verursachen Wassermangel in Palästina. Auch das Grundwasser, das unter dem Westjordanland liegt, wird durch Brunnen von Israelis angezapft.

Der Jordan versorgt mehrere Staaten mit Wasser: den Libanon, Israel, Jordanien und das derzeit von Israel besetzte Westjordanland (Palästina). Wer wie viel Wasser des Jordan verwenden darf, ist sehr umstritten. Die Palästinenser werfen den Israelis vor, das Wasser des Jordan im Norden (v. a. aus dem See Genezareth) für eigene Zwecke abzuleiten, sodass im trockenen Westjordanland zu wenig für die Bevölkerung und die Landwirtschaft zur Verfügung steht.

Hoffnung für Gaza und die Westbank

Israel und Jordanien diskutieren seit Jahren über die von Israel besetzten, wasserreichen Golanhöhen. Trotzdem arbeiten beide Länder beim Wassermanagement zusammen: So ermöglicht Israel den Jordaniern, gesammeltes Regenwasser in den See Genezareth umzuleiten, und leitet es im regenarmen Sommer über einen Kanal wieder zurück. Der Chef der palästinensischen Wasserbehörde Attili hat auch Hoffnung für das Westjordanland und Gaza. Vor allem aufgrund des technischen Fortschritts und der menschlichen Vernunft: Die Türkei bietet an, Wasser nach Gaza zu verschiffen. Pipelines könnten Palästina und Israel versorgen. Mit der Entsalzung können wir Meerwasser verfügbar machen.

Nach: http://www.dw.com, DW Akademie vom 21. September 2012

Arbeitsaufgaben

1. Nennen Sie die Gründe für die weltweite Zunahme des Wasserverbrauchs.

2. Erläutern Sie warum zukünftige Kriege oft Kriege um Wasser sein könnten.

3. Beschreiben Sie den Wasserkonflikt zwischen Israelis und Palästinensern.

4. Recherchieren Sie über die Möglichkeiten, Wasser zu sparen und beurteilen Sie deren Wirksamkeit.

5. Recherchieren Sie im Internet: Wie ist die aktuelle Lage in Bezug auf die Wasserversorgung in Gaza und der Westbank?

4.3 Der Aralsee trocknet aus

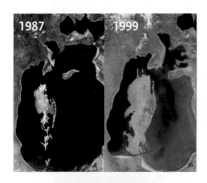

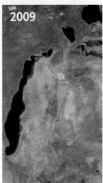

Satellitenaufnahme des Aralsees

Kaum ein Gewässer wurde im 20. Jahrhunderts so zerstört wie der Aralsee. Einst eines der größten Süßwasserreservoirs der Welt, schrumpfte er zwischen 1970 und 2000 um über 60 Prozent. Die Folge war ein ökologisches Desaster unbekannten Ausmaßes. Nun erholt sich der See jedoch sichtbar.

Der ursprünglich 64 000 km² große See, an dem Kasachstan und Usbekistan Anteil haben, verlor seit 1980 ständig an Größe. Mit dem Wasser der Zuflüsse Syr-Darja und Amu-Darja wurden riesige Reis- und Baumwollfelder bewässert.

So gelangte jahrzehntelang zu wenig Wasser in den See und er trocknete aus. Vorher unternahmen die Sowjetunion und dann ihre Nachfolgestaaten skurrile Rettungsversuche. Wasser von sibirischen Flüssen oder vom Kaspischen Meer sollte umgeleitet werden.

Ein Großprojekt könnte allerdings zumindest einen Teil des Aralsees retten. Staudämme sollen den kleineren nördlichen Teil bewahren. Für den südlichen Teil des Sees wird der 12,7 Kilometer lange Betondamm das restlose Austrocknen bedeuten. Außerdem müsste umgehend die Bewässerung der Baumwollfelder eingestellt werden, um dem See wieder ausreichend Wasser zufließen zu lassen.

Arbeitsaufgaben

1. Formulieren Sie den Text des fünften Feldes aus den Hinweisen – welche Maßnahmen könnten zur Rettung des Aralsees beitragen?

❶ Anfang der 1960er-Jahre wurde in Moskau beschlossen, entlang der beiden Ströme gigantische Bewässerungssysteme zu bauen. Das Wasser wurde umgeleitet, um in Kasachstan, Usbekistan und Turkmenistan riesige Monokulturen – vor allem Baumwollfelder – zu bewässern.

❷ Der Aralsee trocknete durch die Bewässerung der Baumwollfelder immer stärker aus. Der See ist mittlerweile in zwei Teile zerfallen, heute gibt es einen kleineren nördlichen Teil sowie den südlichen Aralsee.

❸ Der Aralsee hat sich mittlerweile zwischen 100 und 150 Kilometer von seinen ursprünglichen Ufern zurückgezogen. Seit 1966 sind etwa 42 000 km² Salzwüste entstanden. Durch den steigenden Salzgehalt der Seen ist die Fischereiwirtschaft völlig erloschen.

❹ Das schwindende Wasser lässt Salze sowie giftige Pestizide und Chemikalien aus der Landwirtschaft zurück. Die gesundheitlichen Folgen für die Bevölkerung sind massiv: So sind etwa Atemwegserkrankungen wie Asthma und Allergien der Bronchien, außerdem Blutarmut und vor allem Krebs weit verbreitet.

❺ _____

_____

_____

_____

_____

_____

2. Die Meere, Meeresstraßen und Kanäle der Welt: Ordnen Sie die Buchstaben der Karte den Weltmeeren zu.

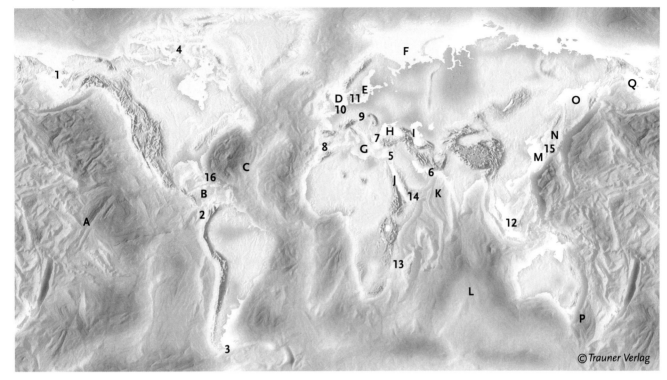

© Trauner Verlag

Meere (A–Q)

☐ Gelbes Meer

☐ Atlantischer Ozean

☐ Beringsee

☐ Ostsee

☐ Japanisches Meer

☐ Ochotskisches Meer

☐ Pazifischer Ozean

☐ Nordsee

☐ Mittelmeer

☐ Tasmansee

☐ Indischer Ozean

☐ Rotes Meer

☐ Schwarzes Meer

☐ Kaspisches Meer

☐ Nördliches Eismeer

☐ Karibisches Meer

☐ Arabisches Meer

Meeresstraßen und Kanäle (1–16)

☐ Bosporus

☐ Straße von Dover

☐ Straße von Hormus

☐ Malakkastraße

☐ Beringstraße

☐ Sueskanal

☐ Panamakanal

☐ Straße von Mosambik

☐ Magellanstraße

☐ Rhein-Main-Donau-Kanal

☐ Nordwestpassage

☐ Straße von Gibraltar

☐ Bab al Mandab

☐ Koreastraße

☐ Straße von Florida

☐ Kattegat

5 Rohstoffe in den kalten Klimaten

Die nördlichen Regionen Nordamerikas und Asiens zählen zu den siedlungs-feindlichsten Gebieten der Erde. Die Antarktis ist überhaupt, bis auf wenige Wissenschaftler/innen unbesiedelt. Lange Winter, kalte Temperaturen machen die kalten Klimate unattraktiv. Allerdings ist in diesen Regionen in der letzten Zeit ein Wandel zu beobachten. Der Hunger der Weltwirtschaft nach Rohstoffen und Energie sowie die Klimaerwärmung lenken den Blick auf die kaum erschlossenen Rohstofflagerstätten dieser Regionen.

Beispiele für kalte Klimate

Sibirien	Die arktische Region	Die Antarktis

Megion in Westsibirien	Longyearbyen auf Spitzbergen	Forschungsstation in der Antarktis
Das über 10 Millionen km² große Sibirien bewohnen nur etwa 24 Millionen Menschen.	Der arktische Raum umfasst die Wasserfläche des Nordpolarmeeres, die nördlich des Polarkreises liegenden Landgebiete Grönlands, Amerikas und Eurasiens samt den vorgelagerten Inseln. Das sind der Kanadisch-Arktische Archipel, Spitzbergen und die sibirischen Inseln.	Eine ca. 14. Mio. Quadratkilometer große mächtige Eisfläche, die ca. die eineinhalbfache Größe Europas erreicht, bedeckt den Kontinent.

5.1 Schatzkammer Sibirien

💡 **Die Klimaextreme Sibiriens**
Jakutsk weist im Juli 18 °C, im Jänner –42 °C Durchschnittstemperatur auf. Nowosibirsk schwankt zwischen +25 °C und –21 °C.

Sibirien stellt eines der wertvollsten Rohstofflager der Welt dar. Viele dieser Lagerstätten sind aber wegen der extremen Kälte noch unerschlossen oder schon wieder geschlossen. Das extreme Klima ist siedlungsfeindlich. Dennoch öffnet sich dieses Gebiet in den letzten Jahren mehr und mehr Japan und China als neuen Abnehmern der Rohstoffe.

Erdöl und Erdgas aus Sibirien

Über 70 Prozent der russischen Öl- und Erdgasreserven lagern im westsibirischen Tiefland und gelangen über ein oftmals defektes Pipelinesystem in die Ukraine und von dort in die Slowakei und bis Westeuropa. Der russische Energiekonzern Gazprom investiert fast 30 Mrd. Euro in die Entwicklung eines Gasfeldes in Ostsibirien.

Eine 3 200 Kilometer lange Gaspipeline soll das Gas nach **Wladiwostok (A)** und von dort nach Japan bringen, womit der Konzern seine Abhängigkeit von Exporten nach Westeuropa verringern möchte.

Vor der Küste der Insel **Sachalin (B)** lagern die größten noch unangetasteten Öl und Gasvorkommen der Welt. Insgesamt sechs Erdöl- und Erdgasfelder werden dort von den Konzernen Shell, Mitsubishi und Mitsui erschlossen.

Bergbau unter schwierigen Klimabedingungen

In der **Provinz Sacha (C)** lagern bedeutende Kohle-, Diamanten-, Gold- und Platinvorkommen. Der Permafrost behindert jedoch die Erschließung dieser wertvollen Rohstoffe. Dieser nur im kurzen Sommer an der Oberfläche auftauende Boden verteuert sowohl den Straßen- als auch den Siedlungsbau. Die meist sehr tiefen Temperaturen machen Sibirien als Arbeitsort auch für Russen und Russinnen unattraktiv, die hier höhere Löhne erhalten, als in den meisten anderen Regionen des Landes. Für den Abtransport wird der Eisenbahnbau bis weit in den Nordosten Sibiriens vorangetrieben.

Holzabbau in der sibirischen Taiga

Ein weiterer Rohstoff ist Holz. Riesige Wälder werden parzelliert und meistbietend versteigert – mit einem Nutzungsrecht von bis zu 99 Jahren. Die Ureinwohner/innen, die auf den Wald als Quelle für Nahrung und das Holz als Baustoff und Heizmaterial angewiesen sind, haben kein Geld, um mitzubieten. Sie verlieren damit ihre angestammten Heimatgebiete.

Viele Gebiete Ost-Sibiriens sind bereits abgeholzt, und in den letzten Jahren haben sich mehrere multinationale Holzkonzerne langfristige Abholzungsrechte gesichert. So wird ein malayischer Konzern den wachsenden chinesischen, japanischen und südkoreanischen Markt für die nächsten 50 Jahre mit sibirischem Holz aus dem äußersten Südosten Sibiriens beliefern.

Zukunftsszenario Untertunnelung der Beringstraße?

Eine „russisch-europäische" Gemeinschaftsentwicklung mit der 100-fachen Kapazität einer modernen Eisenbahn soll Sibirien mit Alaska verbinden. Die Länge des Tunnels beträgt ca. zweimal 48 km = 96 km. Riesige, derzeit unerschlossene Gebiete rücken damit näher zu den Wirtschaftszentren. Die zahllosen Bodenschätze können so umweltschonend transportiert werden.

Neue Städte und Industrieansiedlungen sind die Folge. Die Trasse zweigt von der Transsibirischen Eisenbahn ab und läuft ca. 5 800 km bis nach Edmonton in Kanada. Für den Gütertransport ist die geplante Shuttle- Lösung ideal. Alle 10 Sekunden sollen 50 Tonnen transportiert werden können.

Die Diamantenmine von Udatschnaja (Provinz Sacha) ist mit 500 m Tiefe einer der größten Tagbaubetriebe der Welt

Abholzung in Sibirien

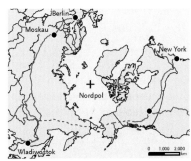

Geplante Untertunnelung der **Beringstraße (D)**

Arbeitsaufgaben

1. Tragen Sie die Buchstaben A–D der Regionen in die Ringe auf der Karte ein.

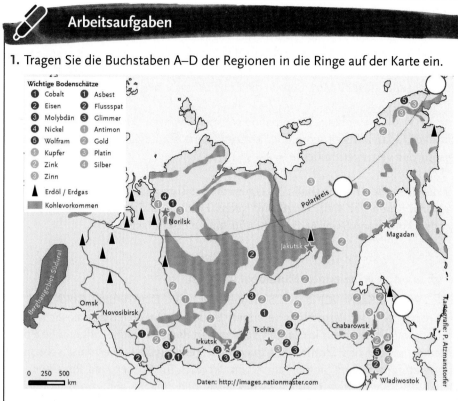

2. Skizzieren Sie die Vorteile für Russland in Bezug auf die Anbindung der sibirischen Bergbaugebiete an Ostasien und eventuell an Nordamerika.

3. Zeigen Sie die Bedeutung der Rohstoffe Sibiriens für die russische Wirtschaft auf.

5.2 Die arktischen Region

Die sich ändernde Natur des politischen und kulturellen Verständnisses, welches die Nutzung der Arktis lenkt, die Konsequenzen weltweiter Veränderungen, von Rohstoffknappheit und der einander widersprechenden zukünftigen politischen, kulturellen und ästhetischen Werte machen ein theoretisches Überdenken des Status der Arktis im geopolitischen Rahmen notwendig.

http://www.thearctic.is, 30. Dezember 2012

Arktis-Grenze-Einigung

Kanada und Dänemark haben sich nun auf eine 3 000 Kilometer lange Grenzlinie vor Grönland geeinigt. An den Verhandlungen war auch die Regierung des halbautonomen Grönlands beteiligt, vor dessen Küsten gigantische Rohstoffvorkommen vermutet werden.

Der arktische Rat

Der seit 1996 bestehende arktische Rat organisiert die Zusammenarbeit in arktischen Belangen zu den Themen Umweltschutz und nachhaltige Entwicklung wie z. B. für Tourismus, Siedlungsentwicklung, Verkehr für die arktischen Mitgliedsstaaten (Kanada, die USA, Island, die Russische Föderation, Dänemark, Schweden, Finnland und Norwegen). Den indigenen Bevölkerungsgruppen und ihren Organisationen wurde ständige Beteiligung an den Belangen des Rates gesichert.

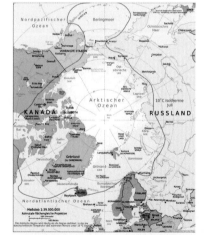

Die Arktis besteht aus dem Nordpolarmeer und den angrenzenden Festlandgebieten

Klimawandel in der arktischen Region

Abschmelzen des Eises

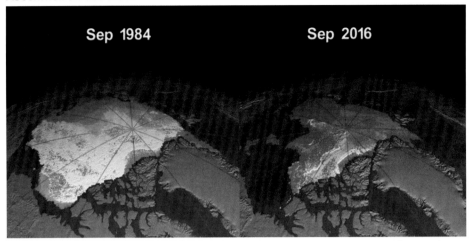

In der Arktis wird es immer wärmer, der Eispanzer auf dem Meer sinkt auf Rekordniveau

💡 **Eisbären in Bedrängnis**
Die Population der Raubtiere in der Arktis schrumpft – Ursache ist der Klimawandel. Bis 2050 wird die Zahl der Eisbären um zwei Drittel zurückgegangen sein.

Die wirtschaftliche Nutzung

An den Eismeerküsten Alaskas, Kanadas und Russlands werden Erdöl und Erdgas gefördert. Auf Spitzbergen wird Steinkohle und auf der Halbinsel Kola Nickel abgebaut.

Die Klimaerwärmung wird die Erschließung neuer Förder- und Abbaugebiete ermöglichen. Große Hoffnungen für den Abtransport der Rohstoffe werden auf neue Schifffahrtsrouten, wie die Nordwest- und Nordostpassage, gesetzt, die in manchen Sommern schon jetzt befahrbar sind. Expertinnen und Experten und sogar Ölkonzerne warnen vor Ölbohrungen in der Arktis, da das Risiko einer Ölpest in einem derart ökologisch sensiblen Gebiet einfach zu hoch sei.

Wettlauf um Rohstoffe

In den vergangenen Jahren hat sich der Wettlauf um die Rohstoffvorkommen in der Arktis beschleunigt. Die Arktis-Anrainer sind eifrig bemüht, ihre Position im Norden zu festigen. Dies hat auch zu einer Zunahme der Spionagetätigkeit geführt.

Die Bevölkerung der arktischen Region

Die indigenen Völker entlang der eurasischen Eismeerküste haben durch gute Anpassung an die extremen klimatischen Verhältnisse und Nutzung der natürlichen Ressourcen in diesem Lebensraum überlebt. Mit dem Vordringen der Bergbaukonzerne und der sogenannten Zivilisation setzte ein Wandel der Lebensgewohnheiten ein. Allradfahrzeuge verdrängten die Hundeschlitten, Fastfood löste Fisch- und Robbenfleisch ab.

Die indigenen Völker (früher auch „Ureinwohner" genannt), lebten bereits vor dem Eindringen der Europäer/innen mit einer eigenen Kultur und Lebensweise im arktischen Raum. Es sind bspw.:

- die Inuit in Alaska und Nordkanada,
- die Samen in Skandinavien,
- die Nenzen in Westsibirien,
- die Tschuktschen in Ostsibirien.

Internet für Inuits im arktischen Kanada: Traditionen sollen mit moderner Technologie weitergegeben werden.

Arbeitsaufgaben

1. Finden Sie Gründe für den Wandel der Lebensweise der Indigenen.

2. Fassen Sie die wichtigsten Informationen über die Arktis zusammen.

3. Recherchieren Sie im Internet „News" aus der Arktis.

5.3 Die Antarktis – noch weitgehend geschützt

Die Antarktis – eisig und extrem

Das Eisschild der Antarktis hat eine Mächtigkeit von bis zu 4 700 Meter und wird Inlandeis genannt. Ein Zehntel des antarktischen Eises ist schwimmendes Schelf-eis, das im Winter den Kontinent vollkommen umgibt und im Sommer weitgehend abschmilzt.

Bis zum 20. Jahrhundert verhinderten die extremen Lebensbedingungen die Erfor-schung des Eiskontinents. Als Erster erreichte 1911 der Norweger Amundsen den Südpol im Wettlauf gegen den Briten Scott. Seit den 1950er-Jahren existieren Forschungsstationen, die von einigen Tausend Wissenschaftlerinnen und Wissen-schaftlern teilweise ganzjährig bewohnt werden. Die gesamte Versorgung dieser Stationen erfolgt mit Schiffen oder Flugzeugen. Müll kann unter den eisigen Bedin-gungen nicht verrotten und sollte abtransportiert werden.

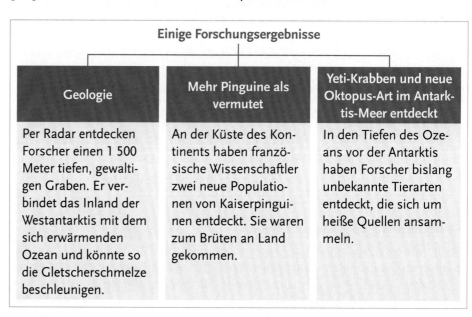

Einige Forschungsergebnisse

Geologie	Mehr Pinguine als vermutet	Yeti-Krabben und neue Oktopus-Art im Antark-tis-Meer entdeckt
Per Radar entdecken Forscher einen 1 500 Meter tiefen, gewalti-gen Graben. Er ver-bindet das Inland der Westantarktis mit dem sich erwärmenden Ozean und könnte so die Gletscherschmelze beschleunigen.	An der Küste des Kon-tinents haben franzö-sische Wissenschaftler zwei neue Populatio-nen von Kaiserpingui-nen entdeckt. Sie waren zum Brüten an Land gekommen.	In den Tiefen des Oze-ans vor der Antarktis haben Forscher bislang unbekannte Tierarten entdeckt, die sich um heiße Quellen ansam-meln.

Der Mensch: Fremdkörper im sensiblen Ökosystem

Die Forscher/innen wiesen als Erste auf die ökologische Sensibilität der Antarktis in Bezug auf menschliche Eingriffe hin. Der 1959 abgeschlossene Antarktisvertrag, der 1991 für weitere dreißig Jahre verlängert wurde, verbietet die Nutzung der unter der mächtigen Inlandeisschicht festgestellten Bodenschätze. Allerdings flammen immer wieder Diskussionen auf, ob man die Rohstoffe angesichts der steigenden Nachfrage nicht doch nutzen sollte.

Tourismus gefährdet sehr leicht das ökologische Gleichgewicht in der Antarktis

Mittlerweile ist die Antarktis Ziel sehr kostspieliger Reisen geworden. Grandiose Naturlandschaften und die antarktische Tierwelt wie Walrosse, Seehunde oder Pinguine locken jährlich mit steigender Tendenz zehntausende Touristen und Touristinnen an die Küsten der Antarktis.

 Coole Facts zur Antarktis

- Die Eisbedeckung der Antarktis besteht seit 15 Mio Jahren.
- Zirka 80 % der Süßwasservorräte der Erde sind im Inlandeis der Antarktis gebunden.
- Würde das Eis der Antarktis schmelzen, stiege der Meeresspiegel weltweit um ca. 60 m an.
- Nur 3 % der Gesamtfläche sind während des Polarsommers entlang der Küsten eisfrei.
- Die Antarktis ist eine der großen noch nicht ausgebeuteten Schatzkammern der Erde: Lagerstätten von Erdöl, Erdgas, Eisenerz, Kohle, Gold, Silber, Titan, Uran, Platin u. a. Edelmetallen wurden gefunden.
- In den angrenzenden sauerstoffreichen kalten Meeren finden sich große Fischbestände: Über 20 verschiedene Arten von Walen leben in antarktischen Gewässern, ihre Hauptnahrung ist der Krill (Garnelenart).
- Der tätige Vulkan Mount Erebus (3794 m) und Mount Vinson (5150 m) liegen auf der Antarktis.
- In der größten Forschungsstation Mc Murdo (von den USA betrieben) leben im Südpolarsommer (23.9.–21.3.) ca. 1 200 Menschen, nur ca. 120 Personen überwintern und sehen dann drei Monate kein Tageslicht.

 Arbeitsaufgaben

1. Fassen Sie die wichtigsten Informationen über die Antarktis zusammen.

2. Analysieren Sie die Bedeutung des Antarktis-Vertrages.

3. Recherchieren Sie im Internet „News" aus der Antarktis.

Ziele erreicht? – „Wechselwirkungen zwischen Naturraum und Wirtschaft"

KOMPETENZ-ERWERB ✓

Die naturräumlichen Voraussetzungen der einzelnen Klimazonen bieten den Menschen unterschiedliche Nutzungsmöglichkeiten, wobei er nicht immer sorgsam mit der Natur umgeht: ökologisch vielfältige Regenwälder werden ebenso übernutzt, wie wenig fruchtbare Gebiete am Rande der Wüste. Wasser ist in vielen Regionen der Erde knapp.Bislang noch wenig genutzte Gebiete in oder am Rand der kalten Zone werden in den nächsten Jahrzehnten auf Grund des unstillbaren Rohstoffhungers der Wirtschaft ökologisch problematisch genutzt werden. Die aus diesem Verhalten resultierenden ökologischen Schäden betreffen bereits heute Millionen Menschen.

1. Ordnen Sie die folgenden Schlagworte den Klimazonen und ihrer problematischen Nutzung zu:

Innere Tropen	Desertifikation
Wechselfeuchte Tropen	Naturzerstörung durch Rohstoffgewinnung
Wüsten und Steppen der gemäßigten Zone	Regenwaldzerstörung
Subpolare Zone	Übernutzung von Wasser

2. Bewerten Sie die Aussagen mit Schulnoten und überlegen Sie ein Schlagwort als Begründung dazu. Diskutieren Sie die Ergebnisse.

Eine Blitzumfrage

„Wenn die ärmeren Staaten reicher würden, dann hätten wir weniger Wohlstand."

„Desertifikation kann verhindert werden."

„Die Wasserknappheit führt zu den Kriegen der Zukunft."

„Tropische Regenwälder werden vor allem durch die Profitgier der Konzerne zerstört."

„Die Zerstörung der Regenwälder verändert das globale Klima."

„Menschen in Europa und den USA können die Zerstörung der Regenwälder verhindern."

Aus diesem Kapitel habe ich die nachstehend angeführten Erkenntnisse und/oder Einsichten gewonnen:

_____

_____

_____

Reiseunternehmen

KOMPETENZ-
ERWERB

Meine Ziele

Nach Bearbeitung dieses Kapitels kann ich

- mögliche Funktionen und Aufgaben eines Reiseunternehmens nennen;
- die rechtlichen Rahmenbedingungen und typischen Verträge und Versicherungen der Reisebranche beschreiben;
- die unterschiedlichen Vertriebsformen für Reisen darstellen und die Kundenvorteile erläutern.
- die Größenordnung und Struktur des heimischen Reisemarktes einschätzen und Trends aufzeigen.

1 Die Reisebranche

Grundsätzlich ist die „Ware", die Reiseunternehmen verkaufen, unser Erdball. Rund um dieses Ziel rankt sich die Organisation von Transportmitteln, die Auswahl von Unterbringungsmöglichkeiten und die Zusammenstellung eines zielgruppenorientierten Rahmenprogramms. Hierfür ist enormes Hintergrundwissen nötig.

💡 Was wir umgangssprachlich als „Reisebüro" bezeichnen, entspricht der Tätigkeit des Reisevermittlers.

Zum weitverbreiteten Begriff „Reisebüro" – eigentlich Reiseunternehmen – gehören sowohl die Reiseveranstalter als auch die Reisevermittler.

1.1 Arten von Reiseunternehmen

Ein Reisebüro ist ein Dienstleistungsbetrieb, der in der Praxis oft verschiedene Funktionen erfüllt – nahezu jedes vermittelnde Reisebüro tritt in bestimmten Situationen auch als Reiseveranstalter auf und verkauft auch Fahrausweise (Tickets). Aus versicherungstechnischen Gründen ist – besonders für die Haftung bei Reisemängeln – der rechtliche Status „Veranstalter" oder „Vermittler" von großer Bedeutung.

💡 Österreichische Reiseveranstalter benötigen zur Ausübung ihrer Tätigkeit einen Eintrag in das Veranstalterverzeichnis des Bundesministeriums für Wissenschaft, Forschung und Wirtschaft. Grundlage dafür ist das Erfüllen der Anforderungen der **Reisebürosicherungsverordnung (RSV),** die die Absicherung der Kundengelder regelt.
www.wko.at
www.bmwfw.gv.at

💡 Zugang zum RB-Gewerbe für Absolventen/Absolventinnen einer Tourismusschule: (gemäß Gewerbeordnung (§94 Z 56 GewO 1994):
■ Maturaabschluss an HLT oder ALG und eineinhalbjährige fachliche Tätigkeit
■ Abschluss an einer Hotelfachschule und zweijährige fachliche Tätigkeit

Reiseveranstalter und Reisevermittler	
Reiseveranstalter	**Reisevermittler**
Fachenglisch: Tour Operator oder Whole Saler	Fachenglisch: Retailer oder Travel Agent
Die Hauptaufgabe der Reiseveranstaltertätigkeit ist, touristische **Einzelleistungen** zu einer sinnvollen, konsumierbaren Gesamtleistung **zusammenzufügen** und als eigene Leistung **(Pauschalreise) anzubieten.** Der Veranstalter kauft in der Regel direkt beim Leistungsträger (Airline, Hotelier, Mietwagenfirma, örtlicher Agentur, Versicherung usw.) ein. Veranstalter bieten ihre Pauschalreisen direkt oder über Vermittler an.	Der Reisevermittler **vermittelt Leistungen Dritter** (von Leistungsträgern, wie z. B. Veranstaltern, Transportunternehmen, Hoteliers) gegen einen – meist fixen – Kostensatz an Kundinnen und Kunden. Die Reisevermittler erhalten dafür von den Leistungsträgern **Provisionen.** In Österreich liegen diese, je nach Umsatz pro Veranstalter, bei 8–10 %. Erreicht der Vermittler eine bestimmte Umsatzhöhe, erhält dieser meist eine sogenannte **Overriding Commission,** d. h., der Veranstalter bezahlt ihm eine erhöhte Provision. Für die Vermittlung von Zusatzleistungen wird eine Besorgungsgebühr eingehoben.
Beispiel: TUI kauft Flüge und Hotels für die Destination Santorin. Diese werden in einem TUI-Katalog als Pauschalreise angeboten.	**Beispiel:** Der Reisevermittler wählt für seine Kundschaft aus diesem TUI-Katalog eine Reise.

1.2 Incoming/Outgoing

Die gesamte Reisebranche wird in **Incoming- und Outgoing-Tourismus** unterteilt. Reisen innerhalb des eigenen Landes nennt man außerdem **Binnentourismus** (Inlandstourismus).

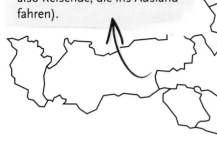

OUTGOING steht für Leistungen, die ein Reisbüro für Gäste(-Gruppen) des eigenen Landes in entfernten Zielorten erbringt (betrifft also Reisende, die ins Ausland fahren).

INCOMING ist der internationale Begriff für Leistungen, die ein Reisebüro am eigenen Standort bzw. in der Heimatregion für Gäste(-Gruppen) entfernter, oft ausländischer Herkunft erbringt.

💡 In Österreich gibt es etwa 350 Incoming-Unternehmen. Die **größten Incoming-Büros** sind
- Eurotours,
- Kuoni,
- Mondial,
- Pegasus,
- Travel Europe,
- TUI Incoming,
- Vorderegger Reisen,
- Welcome Touristic – Columbus.

Wichtige Incoming-Aufgaben
- Hotel- bzw. Unterkunftsreservierungen in der Zielregion
- Besorgung von Eintrittskarten für Museen, Konzerte, Veranstaltungen usw.
- Durchführung von Ausflügen
- Betreuung der Reisegruppen
- Empfang der Gäste am Airport, Transferbegleitung
- Vermittlung von Fremdenführerinnen und Fremdenführern

Incoming in Österreich im Aufwind

Das Incominggeschäft steigt beständig an, bei Ankünften ebenso wie bei Nächtigungen. Incomer spezialisieren sich oft auf Städte-, Event-, Wellness- oder Kongressreiseangebote. Auch im Wintertourismus steigt die Zahl der Pauschalreisegäste deutlich, vor allem alpenferne Quellmärkte wie die Britischen Inseln, Skandinavien, Russland, immer öfter aber auch Norddeutschland oder die Niederlande kommen per Flugpauschalreise und somit per Incoming-Reisebüro nach Österreich auf Urlaub.

Der Stephansplatz mit dem Haas-Haus wird von beinahe allen Wien-Gästen besucht

Beispiele für Incoming-Leistungen
In Wien: Stadtrundfahrten, diverse Konzerte, Spanische Hofreitschule, Donauturm, Fußballmatch, Musikfestival usw.
Ausflüge in die Umgebung von Wien: Wachau, Neusiedler See mit Weinverkostung, Mayerling, Seegrotte Hinterbrühl
Weitere Ziele in Österreich: Festspiele Salzburg, Nachtslalom Schladming, Stadtbesichtigung von Graz

Kartenbesorgung

Ein wichtiger Aufgabenbereich eines Incoming-Büros ist die Besorgung von Eintrittskarten für diverse Veranstaltungen (von der Oper über klassische Konzert- oder Theaterbesuche bis hin zu Musikfestivals, Filmfestspielen oder weltberühmten Sport- und Society-Events). Quellen dafür sind beispielsweise:
- Österreichische Bundestheater (Volks-, Staatsoper, Burg-, Akademietheater)
- Vereinigte Bühnen Wien (Ronacher, Theater an der Wien, Raimundtheater)
- Internet: Ticketline/oeticket
- Konzertsäle bzw. Veranstaltungsorte direkt (z. B. Stadthalle Wien, Brucknerhaus Linz)
- Vorverkaufsbüros bzw. Veranstalter (Festspiele usw.), Theaterkartenbüros

💡 Kartenbüros zählen zu den sogenannten freien Gewerben, d. h., man muss sie nur bei der Gewerbebehörde (Bezirkshauptmannschaft) anmelden.

1. Erstellen Sie ein Tagesprogramm für Incoming-Touristen in Ihrem Heimat-bundesland und finden Sie fünf Incomingleistungen in Österreich.

2. Erklären Sie den Begriff „Binnentouristen".

1.3 Struktur der Reisebürobranche in Österreich

Im europäischen Vergleich weist Österreich eine enorme Reisebürodichte auf, ein Reisebüro „versorgt" rund 3 200 Einwohner/innen, der Reisemarkt wächst aber kontinuierlich.

Wirtschaftliche Unsicherheit, Krankheiten, Kriege und Terrorismus, Naturkatastro-phen, aber auch positive Ereignisse wie Olympische Spiele, Weltmeisterschaften, Festivals, jährliche Fixpunkte wie Opernball oder Neujahrskonzert – der weltweite Tourismus wird von vielen Faktoren beeinflusst.

Reisebüros in Österreich nach Anzahl der Standorte 2016

TRAVEL Star	23 %
RUEFA	12 %
PRO-Gruppe	23 %
TUI Reisebüros	10 %
Diverse RB-Ketten	16 %
Sonstige Reisebüros	17 %

Quelle: http://www.oerv.at, 13. März 2018

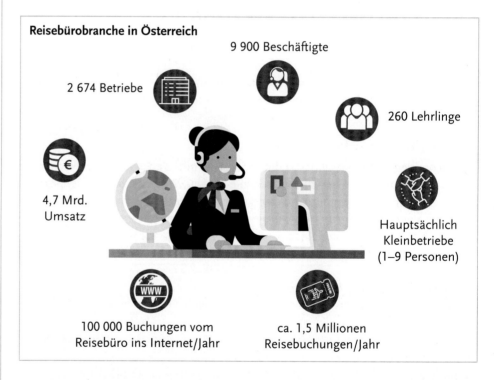

Reisebürobranche in Österreich

9 900 Beschäftigte

2 674 Betriebe

260 Lehrlinge

4,7 Mrd. Umsatz

Hauptsächlich Kleinbetriebe (1–9 Personen)

100 000 Buchungen vom Reisebüro ins Internet/Jahr

ca. 1,5 Millionen Reisebuchungen/Jahr

Die Touristikindustrie befindet sich gesamt gesehen in einer äußerst schwierigen Lage. Weitere Ursachen für die nachlassende Wachstumsentwicklung sind grundle-gende und nachhaltige **Veränderungen des Kundenverhaltens:** Die Kundinnen und Kunden buchen später, wollen individueller reisen, wechseln ihre Urlaubsart und sind deutlich preissensibler.

Starke Marktkonzentration

Die Provisionskürzungen der Fluggesellschaften und Reiseveranstalter wiederum spüren vor allem die kleineren Reisebüros, da es ihnen kaum möglich ist, entspre-chend nötige Kostensenkungen im eigenen Betrieb zu realisieren. Obwohl sich der Pauschalreisemarkt in Österreich dynamisch entwickelt, sind sinkende Provisionen und Margen aus finanzieller Sicht für die zahlreichen Kleinunternehmen auf Dauer problematisch. Generell verschärft sich der Wettbewerb dramatisch, und die Konzentration innerhalb der Reisebranche steigt (z. B. durch Zusammenschlüsse wie den Reiseberaterring).

Während 80 % der Kleinbetriebe nur rund 20 % der Erlöse erzielen, dominieren 30 Firmen mit mehr als 50 Mitarbeitern und Mitarbeiterinnen den Markt.
Mehr noch: Vier große Veranstalter verkaufen alleine 75 % aller Reisen, es herrscht enormer Wettbewerb am Reisebüromarkt. Die Chance kleinerer Veranstalter und Reisebüros liegt in der Spezialisierung auf Nischen, z. B. Geschäftsreisen, religiöse Reisen, Golf- oder Jagdreisen, Rad- und Wanderreisen, Abenteuertouren u. Ä.

> Der Reisemarkt in Österreich, also das **Ausgabenvolumen für Reisebüroleistungen,** beläuft sich auf mehr als sechs Milliarden Euro in folgenden Bereichen:
>
>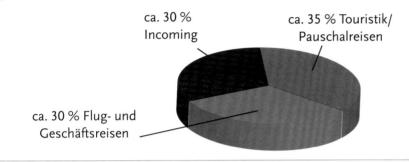
>
> ca. 30 % Incoming
>
> ca. 35 % Touristik/ Pauschalreisen
>
> ca. 30 % Flug- und Geschäftsreisen

Mit dem erzielten Umsatz leistet die Reisebürobranche einen wesentlichen Beitrag für die österreichische Hotellerie, Gastronomie und Tourismuswirtschaft, wobei der Incoming-Bereich zunehmend an Bedeutung gewinnt.

Die meisten Reiseveranstalter setzen mittlerweile auf multiple Vertriebsformen – einerseits wird der Vertrieb über die Retailer gefördert und deren Bedeutung betont, andererseits erfolgt ein wachsender Anteil der abgewickelten Buchungen im Direktvertrieb (Internet, Callcenter, Supermarkt usw.). Große Reiseveranstalter setzen neben den gängigen Agenturverträgen immer mehr auf **Franchiseabkommen mit Reisebüros** (TUI, Neckermann usw.).

Arbeitsaufgaben

1. Erläutern Sie den Begriff Marktkonzentration. Was heißt das in Bezug auf die österreichische Reisebranche?

2. Erklären Sie den Ausdruck „Nischenanbieter" und nennen Sie Marktnischen in der Touristik; kennen Sie selbst weitere Nischenbeispiele?

3. Analysieren Sie die Entwicklungen der Reisebranche in den letzten Jahren und zeigen Sie, welche besondere Bedeutung diese für Österreich haben.

1.4 Das Reiseverhalten der Österreicher/innen

- Die Österreicher/innen unternehmen 6,2 Mio. Urlaubsreisen ins Ausland und 3,2 Mio. Reisen im Inland.
- Beliebteste Auslandsziele der Österreicher/innen: Italien – Deutschland – Kroatien – hier dominiert der individuelle Pkw-Tourismus

Die größten Veranstalter 2016 in alphabetischer Reihenfolge
Alltours
Eurotours
FTI Austria
Jumbo/Ruefa
REWE Austria (ITS Billa, Jahn, DERTOUR, Meiers WR)
Thomas Cook (Neckermann)
TUI Österreich (TUI, GULET, Terra)

Quelle: http://www.oerv.at, 2016

Ein Franchiseabkommen ist ein Vertrag mit einem Reiseveranstalter. Dieser Vertrag erlaubt es, unter dem jeweiligen Veranstalter-Markennamen ein Reisebüro selbstständig zu eröffnen (wobei das Reisebüro den Vorteil des gemeinsamen Marketing- bzw. Markenauftritts hat).

Das Urlauberverhalten hat sich in den letzten Jahren massiv verändert: Es gibt häufigere, dafür kürzere Aufenthalte (z. B. Tagesausflüge, Städtereisen, Kulturaufenthalte). Ebenfalls immer beliebter wird der sanfte Tourismus mit Aufenthalten zu den Themen Wellness, Hobby oder Sport. Die Best Agers, also die 50-plus-Generation bildet heute einen wesentlichen Anteil der Kundschaft. Sicherheit und hoher Anspruch stehen hier ganz besonders im Vordergrund.

- Bei Pauschalreisen (vor allem Flug) gehen 85 % aller Urlaubsreisen nach Spanien, Griechenland, Bulgarien und auch wieder verstärkt in die Türkei, nach Tunesien und Ägypten.
- Im Winter ist die Liste der Reiseziele viel größer – während die Karibik Anteile verloren hat, haben Ostasien und die arabische Halbinsel (Dubai, Katar, Oman) stark gewonnen.
- In derselben Zeit hat sich die Zahl der Winterreisen in die Ferne verdreifacht (kein Schiurlaub).
- Der reine Bade- und Strandurlaub hat stark verloren.
- Aktivurlaub, Städte- und Kulturreisen haben stark zugenommen.

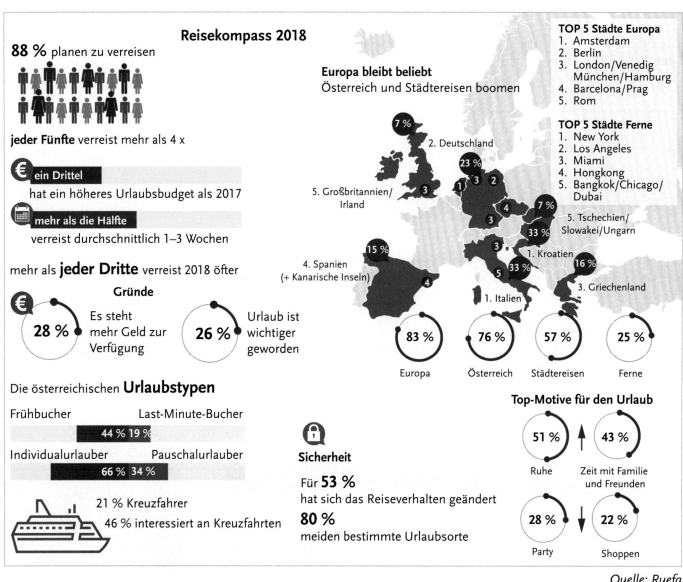

Reisekompass 2018

88 % planen zu verreisen

jeder Fünfte verreist mehr als 4 x

ein Drittel
hat ein höheres Urlaubsbudget als 2017

mehr als die Hälfte
verreist durchschnittlich 1–3 Wochen

mehr als **jeder Dritte** verreist 2018 öfter

Gründe

28 % Es steht mehr Geld zur Verfügung

26 % Urlaub ist wichtiger geworden

Die österreichischen **Urlaubstypen**

Frühbucher · Last-Minute-Bucher
44 % · 19 %

Individualurlauber · Pauschalurlauber
66 % · 34 %

21 % Kreuzfahrer
46 % interessiert an Kreuzfahrten

Europa bleibt beliebt
Österreich und Städtereisen boomen

2. Deutschland
7 %
23 %
5. Großbritannien/ Irland
15 %
4. Spanien (+ Kanarische Inseln)
7 %
33 %
3
1. Kroatien
16 %
33 %
3. Griechenland
1. Italien

TOP 5 Städte Europa
1. Amsterdam
2. Berlin
3. London/Venedig München/Hamburg
4. Barcelona/Prag
5. Rom

TOP 5 Städte Ferne
1. New York
2. Los Angeles
3. Miami
4. Hongkong
5. Bangkok/Chicago/ Dubai
5. Tschechien/ Slowakei/Ungarn

83 % Europa
76 % Österreich
57 % Städtereisen
25 % Ferne

Sicherheit
Für **53 %**
hat sich das Reiseverhalten geändert
80 %
meiden bestimmte Urlaubsorte

Top-Motive für den Urlaub

51 % Ruhe
43 % Zeit mit Familie und Freunden
28 % Party
22 % Shoppen

Quelle: Ruefa

2 Die rechtlichen Grundlagen des Reisebürogewerbes

Die Tätigkeit des Reisebüros und des Reiseveranstalters, aber ebenso die Aufgaben und Pflichten der Reisebüros-Mitarbeiter/innen sowie die Rechte und Pflichten der Kunden und Kundinnen sind in einer ganzen Reihe von Gesetzen, Verordnungen und Regelwerken festgehalten.

Die Buchung einer Reise ist nicht nur die Aussicht auf einen schönen Urlaub, sondern auch ein rechtsgültiges Geschäft zwischen (zumeist) drei Vertragspartnern: dem Kunden, dem Reiseveranstalter und dem Reisevermittler.

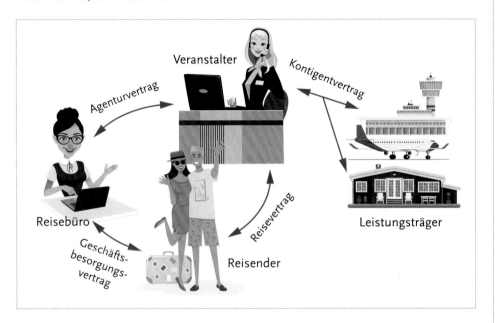

2.1 Die Gewerbeordnung (GewO)

Das Reisebüro ist ein **geregeltes, gebundenes Gewerbe,** das heißt, dass man einen Befähigungsnachweis zur Eröffnung eines Reisebüros und zur Ausübung dieses Gewerbes erbringen muss (alter Name: eine „Konzession" haben muss).

Weiterhin unterscheidet man die **uneingeschränkte** oder die **eingeschränkte** Gewerbeausübungsberechtigung. Alle großen Firmen in Österreich verfügen über die uneingeschränkte Berechtigung, das heißt, sie dürfen **alle zum Reisebüro gehörenden Tätigkeiten ausüben** – also: Veranstalten und Vermitteln von Pauschalreisen mit allen Verkehrsmitteln ins In- und Ausland, Vermitteln von Fahrausweisen (Tickets), Besorgen von Visa, Vermitteln von Unterkünften, Eintrittskarten, Fremdenführern und Fremdenführerinnen und anderen Nebenleistungen usw.

Die eingeschränkte Konzession kann z. B. das Veranstalten von Reisen mit eigenen Bussen und das Vermitteln aller weiteren Reisen bedeuten; inzwischen gibt es auch eine eigene Incoming-Gewerbeausübungsberechtigung.

Diese wurde 2016 von der österreichischen Bundesregierung, vor allem mit dem Ziel einer Entbürokratisierung und einem leichteren Zugang zum Gewerbe, intensiv überarbeitet.

Manche Veranstalter haben abweichende Reisebedingungen. Diese müssen jeweils im Katalog vermerkt und nachlesbar sein. Außerdem muss auf eventuelle Abweichungen hingewiesen werden.

2.2 Allgemeine Reisebedingungen

Die Allgemeinen Reisebedingungen bilden die gesetzliche Grundlage für die Arbeit der Reisebüros und müssen im Reisebüro aufliegen bzw. auf Wunsch der Kundin bzw. des Kunden ausgehändigt werden. Diese Bedingungen halten vor allem die **Rechte und Pflichten von Kundschaft, Reisebüro und Reiseveranstalter** fest. Die Bedingungen werden im Fall einer Buchung nach Aufklärung durch das Reisebüropersonal durch Unterschrift von der Kundin bzw. vom Kunden akzeptiert.

Die ARB unterscheiden zwischen dem Reisebüro als Vermittler und dem Reisebüro als Veranstalter und listen schließlich nicht nur die Rechte, sondern auch die Pflichten des Konsumenten/der Konsumentin auf.

Hier sind Stornobedingungen, Schadenersatz und Gewährleistung, Rücktritt von der Reise oder Abbruch einer Reise, Zahlungsmodalitäten, Reklamation und vieles andere mehr geregelt.

2.3 Agenturvertrag

Der Agenturvertrag wird zwischen **Reisebüro und Reiseveranstalter** abgeschlossen und regelt die Rechtsbeziehung zwischen ihnen. Der Veranstalter betraut den Reisevermittler mit dem regelmäßigen Vertrieb der von ihm angebotenen Pauschalreisen und sonstigen touristischen Leistungen, und der Reisevermittler sagt den Vertrieb dieser Reisen und Leistungen zu, wobei keine Vertragspartei der anderen Exklusivrechte einräumt.

2.4 Reisevertrag

Dieser regelt im Detail die Rechte und Pflichten der beteiligten Vertragspartner im Zusammenhang mit „Pauschalreisen". Die Vertragspartner beim Reisevertrag sind **Kundin/Kunde und Reiseveranstalter.** Dieser Vertrag wird im Normalfall automatisch mit dem Geschäftsbesorgungsvertrag abgeschlossen.

2.5 Geschäftsbesorgungsvertrag

Der Geschäftsbesorgungsvertrag kommt im Reisegeschäft in der Regel zwischen dem **Reisebüro** als Vermittler/Besorger **und der Kundin oder dem Kunden** zustande und legt die Rechte und Pflichten beider Vertragspartner laut den allgemeinen oder besonderen Reisebedingungen fest. Gesetzlich ist es besonders wichtig, der Kundin oder dem Kunden **nachweislich** mitzuteilen, wer Reiseveranstalter und wer Reisevermittler ist, und auf die dazugehörigen Haftungsfragen zu achten (siehe dazu mehr im nachfolgenden Kapitel „Reisebürosicherungsverordnung").

Der Geschäftsbesorgungsvertrag erlaubt dem Reisebüro, im Namen der Kundschaft Leistungen zu kaufen

2.6 Kontingentvertrag (Allotment-Vertrag)

Der Kontingentvertrag ist ein Vertrag zwischen dem **Veranstalter und dem Leistungsträger** (Hotel, Airline, Busunternehmen usw.), der die Verfügbarkeit einer festgelegten Anzahl von Zimmern, Sitzplätzen usw. sichert.

Arbeitsaufgaben

1. Vergleichen Sie die Reisebedingungen von verschiedenen Veranstaltern.

2. Erklären Sie in eigenen Worten, welche Tätigkeiten die uneingeschränkte Gewerbeausübungsberechtigung erlaubt und was man mit der eingeschränkten Berechtigung machen kann und darf.

3 Versicherungsschutz bei Reisen

Reiseversicherungen sind Versicherungen, die für Reisende entwickelt wurden, um die „schönste Zeit des Jahres" nicht zum finanziellen Debakel werden zu lassen, wenn einmal etwas passiert. Reisebüromitarbeiterinnen und -mitarbeiter haben die gesetzliche Pflicht, Kundschaften auf die Möglichkeit einer Reiseversicherung hinzuweisen.

3.1 Reisebürosicherungsverordnung

Die Reisebürosicherungsverordnung (RSV) ist seit dem 1. Jänner 1995 für alle Pauschalreisen gültig, deren Veranstalter ihren Sitz in Österreich haben. Sie wurde auch aufgrund der Insolvenzen verschiedener Veranstalter mehrmals novelliert. Diese Verordnung regelt die Erstattung bezahlter Beträge und die Rückreise der Reisenden im Fall der Insolvenz des Veranstalters einer Pauschalreise.

Dies sichert einen echten Konsumentenschutz und hilft Pauschaltouristinnen und -touristen im Insolvenzfall sowohl vor als auch während der gebuchten Reise. Verstöße gegen die RSV führen zur Entziehung der Gewerbeberechtigung.

Damit ist sichergestellt, dass den Reisenden
■ **bereits entrichtete Zahlungen** (An- und Restzahlungen) für Reiseleistungen, die gänzlich oder teilweise nicht erbracht wurden, rückerstattet werden und
■ notwendige **Aufwendungen für die Rückreise,** die durch die Insolvenz des Veranstalters entstehen, erstattet werden und dass den Reisenden
■ ein **Abwickler zur Verfügung** steht, der gegebenenfalls die erforderlichen Veranlassungen für die Rückreise trifft.

Es gibt laut EU-Gesetz verschiedene Möglichkeiten zur Absicherung der Kundengelder:

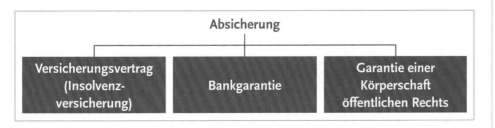

Körperschaft öffentlichen Rechts = z. B. Gemeinden (Kommunen), Verbandskörperschaften, Kammern, Feuerwehr, Rettungsdienste.

3.1.1 Verpflichtungen des Reiseveranstalters

Der Reiseveranstalter muss in seinen detaillierten Werbeunterlagen (Prospekten, Katalogen) folgende Informationen angeben:

- Eintragungsnummer im Veranstalterverzeichnis des Bundesministeriums für Wissenschaft, Forschung und Wirtschaft (BMWFW), also die offizielle Meldung als Reiseveranstalter
- Name des Versicherers oder des Garanten
- Versicherungsscheinnummer
- Höhe der Übernahme von Kundengeldern als Anzahlung oder Restzahlung
- Teilnahme an einer Versicherungsgemeinschaft der Veranstalter (zusätzlich zum oben genannten Versicherer/Garanten, um eine Unterversicherung garantiert auszuschließen)
- Abwickler mit Name, Adresse, Telefonnummer und Fax
- Sicherungsschein (quasi die Urkunde mit diesen genannten Informationen, die mit den Reiseunterlagen ausgegeben wird)

3.1.2 Verpflichtungen des Reisevermittlers

Der Vermittler muss Buchende nachweislich über seine Ansprüche im Falle der Zahlungsunfähigkeit des Reiseveranstalters informieren. Lassen Sie sich dies immer von der Kundin bzw. dem Kunden unterschreiben und heben Sie dieses Dokument auf.

Bei ausländischen (nicht österreichischen) Reiseveranstaltern muss der Vermittler informieren, ob ein Sicherheitssystem (wie in Österreich die RSV) besteht.

💡 Der Vermittler muss **beweisen,** dass er ausreichend und richtig informiert hat!

3.2 Reiseversicherungen

Es gibt spezielle Pakete für Einzelreisende und für Familien. Meist gibt es bei Reiseversicherungen auch die Möglichkeit, durch Selbstbehalt (also eigenen Kostenanteil im Schadensfall) günstigere Versicherungsprämien zu erhalten – vorausgesetzt, die Kundschaft möchte das.

Vorteile von speziellen Reiseversicherungen
- Sofortiger Abschluss möglich
- Zeitliche Abstimmung auf die gewünschte Reisezeit bzw. eine vereinbarte Dauer
- Räumliche Abstimmung (Europa, weltweit)
- Abstimmung der Gültigkeit auf einen bestimmten Personenkreis

3.2.1 Versicherungsarten

Je nach Sicherheitsbedürfnis der Kundinnen und Kunden können viele verschiedene Reiseversicherungen abgeschlossen werden.

Der **Komplettschutz** beinhaltet das komplette Paket der angebotenen Einzelversicherungen wie nachstehend genannt (also Reisegepäck-, Reiseunfall-, Auslandskranken- und Storno-, Rückhol- und Haftpflichtversicherung).

Die **Reisegepäckversicherung** versichert das Urlaubsgepäck im Falle von:
- Diebstahl
- Beschädigung
- Verlust

Die **Reiseunfallversicherung** versichert die Reiseteilnehmerinnen und -teilnehmer in folgenden Fällen:
- Heilkosten
- Spitalsgeld
- Invalidität
- Todesfall

Auslandskrankenversicherung
Auch im Urlaub kann es passieren, dass man zahnärztliche oder allgemeine ärztliche Hilfe benötigt und der Urlaubskrankenschein (e-Card) nicht weiterhilft. Vorsicht: Oft sind psychische, chronische sowie bereits vor der Reise bestehende Leiden von der Versicherung ausgeschlossen.

Stornoversicherung
Sie garantiert eine Übernahme der Stornogebühren und der Mehrkosten bei vorzeitiger Rückreise und die Rückerstattung der nicht genutzten Teile des Reisearrangements.

Versichert sind beispielsweise
- Todesfall (Versicherte/r oder nahe/r Angehörige/r)
- Neu eintretende Schwangerschaft oder Schwangerschaftskomplikationen
- Impfunverträglichkeit
- Sachschäden, die eine Anwesenheit zu Hause erforderlich machen
- Erkrankung der Reiseteilnehmerin bzw. des Reiseteilnehmers oder eines/r nahen Angehörigen vor oder während der Reise
- Nicht bestandene Matura
- Einberufung zum Bundesheer

Die **Rückholversicherung** garantiert den Heimtransport bei schwerer Erkrankung oder aus medizinisch bedingten Gründen je nach Situation mit einem Charter- oder Linienflug bzw. mit dem Ambulanzjet.

 Die größten **Anbieter von Reiseversicherungen** in Österreich sind die
- Europäische Reiseversicherung,
- Allianz Global Assistance und
- Hansemerkur.

💡 Dies trifft nur zu wenn die Reisewarnung erst nach Buchung herausgegeben wird. Wenn diese bei Buchung schon besteht, findet diese natürlich auf eigenes Risiko des Kunden/der Kundin statt.

Exkurs

Sicherheit in Gefahrensituationen – die Reisewarnung

Zeichnen sich in einem Land Unruhen, Bürgerkriegs- oder Kriegsereignisse ab, kommt es zu Entführungen oder Überfällen auf westliche Touristen, so kann das Außenministerium eines Landes eine sogenannte Reisewarnung aussprechen – wobei man zwischen einer vollen und einer partiellen Reisewarnung unterscheidet.

Gilt eine Reisewarnung, dann		
kann die Kundin/der Kunde kostenlos von der schon gebuchten Reise zurücktreten;	kann je nach Kulanz der Veranstalter die Buchung auf ein anderes, sichereres Reiseziel umgeändert werden;	übernimmt die so entstehenden Kosten im Normalfall der Veranstalter, manchmal zahlt das Hotel die schon gemachte Anzahlung zurück.

Sind Österreicher/innen im Ausland nach Anschlägen oder durch Terrorakte in Gefahr, dann laufen Hilfe und Kommunikation mit dem Zielland über das Außenministerium und die dortige Botschaft. Meist gibt es dort eine Krisenhotline.

Reiseveranstalter, Reisevermittler oder Airlines dürfen aus Datenschutzgründen **keinen** Hinweis über Aufenthalt und Verbleib von Gästen geben, außer der Reisende hat vorher ein schriftliches Dokument hinterlegt, in dem er eine Person (z. B. Vater, Bruder, Gattin) als berechtigt erklärt hat.

Durch eine Reisewarnung kommt es oft zu einer größeren Zahl an Stornos oder Umbuchungen, worunter der Tourismus des betroffenen Landes sehr leidet und manchmal völlig zum Erliegen kommt. Daher kann es auch Interventionen dieser Länder im Außenministerium geben, wobei Gefahren heruntergespielt werden können und darauf gedrängt wird, dass die Reisewarnung nur für begrenzte Bereiche ausgesprochen wird (partielle Reisewarnung).

3.2.2 Besondere Versicherungen in Bezug auf Verkehrsmittel

Generell ersetzen die nachstehend angeführten rechtlich zum Schutz der Konsumentinnen und Konsumenten vorgeschriebenen Versicherungen keinesfalls den Abschluss einer persönlichen Reiseversicherung der oder des Reisenden. Es gibt jedoch, je nach Verkehrsmittel, auch meist generelle Absicherungen.

Flugreisen

Bei Flugreisen mit einer IATA-Fluglinie ist jeder Passagier nach dem Warschauer Abkommen im Verschuldensfall der Fluglinie versichert.

🔗 Weitere Information finden Sie im Kapitel Flugverkehr.

Schiffsreisen

Bei Schiffsreisen ist der Abschluss einer Reiseversicherung unbedingt zu empfehlen, da häufig keine (ausreichende) Versicherung der Reederei vorhanden ist.

Bahnreisen

Sach- und Personenschäden, die sich auf Bahnreisen ereignen, werden nach den einschlägigen Bestimmungen des Eisenbahn-Haftpflichtgesetzes bzw. des ABGB behandelt (Pendlerinnen und Pendler werden hier ebenso wie Urlaubsreisende entschädigt).

Busreisen

Bei Autobusfahrten österreichischer Busunternehmen (wie auch beim Seilbahnwesen) haftet die Unternehmerin/der Unternehmer bzw. ihre/seine Versicherung.

Autoreisen

Autofahrerinnen und Autofahrern, die mit dem eigenen Wagen ins Ausland fahren, ist (neben der Mitnahme der grünen Versicherungskarte) zu empfehlen, eine spezielle Auto-Reiseversicherung abzuschließen, die z. B. den Fahrzeugrückholdienst, den Krankenrücktransport, den Ersatzteilnachschub und verschiedene Kredite beinhaltet.

Für manche Länder ist auch eine preisgünstige Kurzkaskoversicherung empfehlenswert. Spezielle Versicherungspakete, sogenannte Schutzbriefe, können bei Autofahrerclubs (ÖAMTC, ARBÖ) abgeschlossen werden.

 Arbeitsaufgaben

1. Erläutern Sie einem Kunden/einer Kundin, was eine Reisewarnung ist. Wer entscheidet darüber? Welche Möglichkeiten hat der Kunde/die Kundin dann?

2. Geben Sie in kurzen Worten wieder, wo der Kunde/die Kundin die Allgemeinen Reisebedingungen finden kann und ab wann diese gültig sind.

3. Fassen Sie kurz zusammen, was in den ARB geregelt ist.

4. Erklären Sie einem Kunden/einer Kundin, warum nicht immer die Allgemeinen Reisebedingungen gelten müssen und was dann zu beachten ist.

4 Aufgaben des Reisebüros

Der Reisevermittler („Reisebüro") tritt hauptsächlich als Besorger verschiedener touristischer Leistungen auf. Um diese Arbeit erfolgreich durchführen zu können, ist es nötig, sowohl die „Produkte" als auch die Kundschaft und deren Bedürfnisse genau zu kennen.

💡 Seit Jahren wird über eine Beratungsgebühr verhandelt. Da sich diese aufgrund der gesetzlichen Bestimmungen kaum realisieren lässt, haben Reisebüros sogenannte „Servicegebühren" eingeführt. Diese **Servicepauschalen** sind also Gebühren, die von Reisebüros für die Bearbeitung diverser Leistungen (z. B. Beratung) verrechnet werden.

IATA = Dachverband von Fluggesellschaften.

In der Vorbereitungsphase bis zu einer Buchung hat der Reisevermittler Kundschaften bei der Organisation und Planung der Reise zu helfen. Er ist zu einer kostenlosen **Auskunftserteilung** und **Beratung** verpflichtet und unterstützt die Kundin oder den Kunden mithilfe der Ausgabe von Werbe- und Informationsmaterial (Kataloge, Prospekte).

Ausführende Aufgaben des Reisevermittlers sind der **Verkauf** bzw. die **Vermittlung** oder **Besorgung** von diversen Pauschalreisen der Reiseveranstalter, von Hotelreservierungen, Eintrittskarten, Mietwagen, Fahrausweisen (Flug, Bahn, Bus usw.), Reiseversicherungen, Transfers, Visa usw.

Teilweise werden von den österreichischen Reisebüros auch Incoming-Leistungen angeboten bzw. Kongresse, Events oder Seminare usw. organisiert. Es gibt also immer mehr Mischformen bei den österreichischen Reiseunternehmen.

Kommissionsweiser Verkauf von Fahrausweisen
Österreichischen Reisebüros ist es nur durch eine Zusatzgenehmigung erlaubt, Beförderungsausweise wie z. B. Flugtickets (dann sind sie eine sogenannte IATA-Agentur aufgrund einer Genehmigung der IATA) oder Bahntickets (ÖBB-Agentur) selbst auszustellen. Hat ein Reisebüro diese Genehmigungen nicht, kann es nur als Besorger fungieren.

4.2 Vertrieb und Verkauf

4.2.1 Klassische Serviceleistungen des Reisebüros

Die Vorteile für Reisende eines stationären Reisebüros oder auch Face-to-Face-Reisebüros sind vielfältig. Abgesehen von der persönlichen Betreuung von Angesicht zu Angesicht durch eine kompetente Reiseberaterin oder einen Reiseberater erhalten die Kundinnen und Kunden Tipps und Insider-Informationen, die nur äußerst schwierig selbst herauszufinden sind. Außerdem ist die persönliche Betreuung bei Änderungen im Reiseverlauf sowohl vor, während als auch nach der Reise hervorzuheben.

Ein weiterer wichtiger Punkt ist die Kundenbindung. Wie kann ich eine Kundin bzw. einen Kunden als Stammkunden/Stammkundin gewinnen? Die Möglichkeiten der dauerhaften Stammkundengewinnung hängen in erster Linie von den Serviceleistungen eines Unternehmens ab. Dazu muss möglichst individuell und persönlich kommuniziert werden, um Bedürfnisse optimal berücksichtigen zu können und damit eine hohe Kundenzufriedenheit zu erreichen. Es ist wichtig, dem Kunden Aufmerksamkeit entgegenzubringen, die er im Normalfall über virtuelle Anbieter nicht erhält.

4.2.1 Vertriebsformen abseits des Counters

Internet

Mit der zunehmenden Bedeutung und Verbreitung der modernen Informations- und Kommunikationstechnologien in weiten Teilen der Bevölkerung steigen auch Interesse und Bereitschaft, Reisen im Internet zu buchen. Reiseveranstalter und Fluglinien wenden sich mit ihren Produkten immer stärker direkt über das Internet an die Endkonsumentinnen und -konsumenten. Als Veranstalter oder Reisebüro online gut vertreten zu sein, ist daher sowohl für die Information als auch für die Werbung nötig.

Zunächst haben sich bei der Buchung von Flügen und Hotelübernachtungen erste nennenswerte Verschiebungen ergeben. In der Folge wird sich vermutlich das Buchungsverhalten bei **Last-Minute-Reisen** und dann auch bei **Standard-(Pauschal-)Reisen** zu nahe gelegenen Reisezielen zugunsten des Onlinevertriebs verändern. Fernreisen und komplizierte Reisen bleiben wegen der notwendigen individuellen Beratung eine Domäne der Reisebüros.

Das Internet hat 24 Stunden am Tag, sieben Tage die Woche und 52 Wochen im Jahr geöffnet und bietet dem Gast und allen touristischen Leistungsanbietern laufend die Möglichkeit einer Buchung.

Callcenter

Der Gast beschäftigt sich mit dem Thema Urlaub – meist im Privaten, also außerhalb offizieller Büroöffnungszeiten – immer stärker über das Internet, wo er rasch Zugriff auf Informationen hat. Trotzdem hat dieses relativ neue Medium das Telefon nicht verdrängt. Ganz im Gegenteil, das **Telefon** ist **zu einem der wichtigsten Instrumente im Dialog mit der Kundin bzw. dem Kunden** geworden: Information, Verkaufsvorbereitung, Verkauf, Werbung, Beschwerdebearbeitung, aber auch die Erhebung von Meinungen sind über das Telefon schnell, persönlich und interaktiv möglich.

Weder von der menschlichen noch von der Kostenseite ist es möglich, beinahe rund um die Uhr eine persönliche Betreuung der Kundschaft zu gewährleisten. Hier ist der Einsatz eines Callcenters die einfachste und professionellste Möglichkeit, kosteneffizient eine erhöhte und zeitlich flexiblere Serviceleistung anzubieten.

In einem eigenen Callcenter werden über das klassische Telefonmarketing hinaus umfangreiche Kommunikationsagenden durch speziell geschulte Callcenter-Mitarbeiterinnen und -Mitarbeiter (sogenannte Agents) übernommen: Der Dialog mit der Kundin oder dem Kunden erfolgt dabei neben dem Telefon via Internet bzw. E-Mail.

Der Dialog mit der Kundschaft findet am Telefon statt

Ein Callcenter wickelt eine große Anzahl von Kundenkontakten effizient, räumlich unabhängig und mit sehr großer Kundenzufriedenheit ab. Durch diese erhöhte Kundenzufriedenheit und die gesenkten Kosten werden Wettbewerbsvorteile erreicht.

Virtuelle Reiseveranstalter

Sie bieten rein internetbasierte Buchungen z. B. von Bausteinreisen an. Die „Reiseproduktion" erfolgt hier online und in Echtzeit (siehe Dynamic Packaging). Dabei ist es wichtig, dass auf der Website des Onlinereisebüros die Preise inklusive aller Nebenkosten angegeben werden und mit personenbezogenen Daten vertrauensvoll und sicher umgegangen wird.

Die Website soll übersichtlich gestaltet und einfach zu bedienen sein. Auch das Angebot mehrerer unterschiedlicher Zahlungsarten (z. B. Überweisung, Kreditkarte) wird als wichtig angesehen. Als unwichtig betrachtet man laut Umfragen die Bekanntheit des Reisebüros sowie die Möglichkeit, Tickets in einer Reisebürofiliale abholen zu können. Ob eine registrierte Benutzung des Onlinereisebüros möglich oder eine klassische Reisebürofiliale überhaupt vorhanden ist, spielt eine geringe Rolle.

Unsicherheit, so könnte man es mit einem Wort ausdrücken, ist das größte Hindernis bei einer Onlinebuchung. Gemeint sind damit die als unsicher empfundene Zahlung und der Umgang mit personenbezogenen Daten an sich. Eine nötige Registrierung bei Anfragen stellt für viele Benutzerinnen und Benutzer bereits eine Schranke dar – sie fürchten, dass sie damit zu viele Daten übermitteln.

Als weitere Hemmschwellen werden die Unübersichtlichkeit des Angebots auf der Website sowie fehlende (nicht ausreichende) Hilfe genannt. Auch die Frage, wer bei Problemen vor Ort hilft (z. B. bei Naturkatastrophen), bleibt hier schwierig.

TV-Reisekanäle

Immer mehr Veranstalter bieten auch eigene Reisekanäle an, wie z. B. SonnenklarTV (FTI) oder Travel Shop (TUI). Der Vorteil für die Kundin bzw. den Kunden besteht darin, dass sie ihren bzw. er seinen Urlaub vom „Wohnzimmersessel" aus buchen kann. Der Anbieter erspart sich dabei ein stationäres Vertriebsnetz und damit auch hohe Kosten.

Mobile Reisevermittlerinnen und -vermittler

Gerade im Internetzeitalter gibt es vermehrt Anbieter, die Reisen auf der Basis von Hausbesuchen vermitteln. Sie arbeiten auf Terminbasis und sind teilweise in Franchise- Verbindungen organisiert.

Arbeitsaufgaben

1. Eine Kundin kommt mit einem Katalog und bucht eine Reise daraus. Sind Sie als Veranstalter oder als Vermittler tätig?

2. Sie buchen für Kundschaften ein Hotel (direkt), buchen den Flug bei der Airline und besorgen den Transfer über die örtliche Agentur. Treten Sie als Veranstalter oder als Vermittler auf?

3. Erklären Sie, wann eine Pauschalreise vorliegt.

4. Begründen Sie die Einhebung einer sogenannten Servicepauschale.

5. Vergleichen Sie in der Klasse den Internetauftritt von mindestens zwei Online-Reiseanbietern hinsichtlich Angebot und Userfreundlichkeit (Stärken-Schwächen-Analyse).

4.3 Reiseformen nach Art der Zusammenstellung

Je nachdem, wer eine Reise „zusammenbaut" bzw. wie eine Reise „geschnürt" wird, gibt es dafür verschiedene Bezeichnungen. Von ganz persönlich und individuell von den Reisenden selbst zusammengestellt bis zur klassischen fertig angebotenen Pauschalreise gibt es einige Zwischenstufen. Je mehr von ihrer Reiseplanung Touristinnen und Touristen in die Hand von Profis geben, umso mehr sind Reiseveranstalter und Reisebüros eingebunden.

Nachfolgend werden die wichtigsten „Bauformen" kurz vorgestellt:

Individualreise und Pauschalreise

Individualreise	Pauschalreise

Individualreisende sind Personen, die bei der Organisation ihres Urlaubes die Leistungen eines Reisebüros kaum in Anspruch nehmen, um einzelne Teilleistungen für sich bzw. eine sehr kleine Gruppe zu buchen. Sie organisieren sich eben alles „individuell", d. h., sie nehmen keine angebotenen Pauschalpakete in Anspruch, wählen verschiedene Anbieter für Transport, Unterkunft usw. und gestalten ihren Urlaub selbst.

Eine **Pauschalreise** liegt vor, wenn eine im Voraus festgelegte Verbindung von mindestens zwei der folgenden Dienstleistungen als Gesamtpaket mit einem Gesamtpreis verkauft oder zum Verkauf angeboten wird, wenn diese Leistung länger als 24 Stunden dauert oder eine Übernachtung einschließt:
- Beförderung
- Unterbringung
- Andere touristische Dienstleistungen, die nicht Nebenleistungen von Beförderung oder Unterbringungen sind und einen beträchtlichen Teil der Gesamtleistung ausmachen

Für Pauschalreisen gibt es je nach Inhalt noch spezielle Begriffe:
- **Inclusive Tour** (IT-Reise): Üblicherweise setzt sich die IT aus Linientransport (Bahn oder Flug) und Unterkunft sowie wenigstens einem weiteren Leistungselement (z. B. Transfer, Frühstück, Zielgebietsbetreuung) zusammen.
- **Bausteinreise** bedeutet die Zusammenstellung verschiedener Einzelleistungen (auch von Veranstaltern) zu einer Reise (Pauschalreise), um die gewünschte Individualität der Kundinnen und Kunden zu ermöglichen. Für eine klassische Bausteinreise wählt die Kundschaft Teilleistungen aus einem Katalog für eine letztendlich individuelle Reise. Das Endziel ist damit eine selbst zusammengestellte Pauschalreise eines Veranstalters, der dafür auch die Haftung übernimmt.
- **Dynamic Packaging** hingegen bedeutet, dass Reisen erst auf speziellen Kundenwunsch tagesaktuell zusammengestellt werden. Für Dynamic Packaging werden vielfach im Vorhinein auf Verdacht diverse Kontingente gekauft (z. B. Flüge, Unterkünfte), um bei Bedarf darauf zugreifen zu können.

Pauschalreisen sind fertig geschnürte „Angebotspakete" aus einer Hand

Dynamic Packaging
Die am meisten verbreitete Definition für Dymanic Packaging ist aus der CRS-Welt und wurde erstmals von Amadeus verwendet: „Dynamic Packaging ist die in Echtzeit erfolgende kundengerechte Auswahl, Bündelung und Buchung von Reisekomponenten aus unterschiedlichen Quellen nach den Regeln des Veranstalter-Geschäfts zu einem Gesamtpreis."

CRS = Computerreservierungssystem.

Erstellen Sie durch Dynamic Packaging (egal, ob online oder offline) mithilfe der Leistungen Dritter nach den gesetzlichen Regeln des Veranstaltergeschäfts (Reiserechts) ein eigenständiges Angebot, so handeln Sie als Reiseveranstalterin bzw. Reiseveranstalter. Im Vertrag muss zuletzt ein Gesamtpreis mit allen inbegriffenen Leistungen angeführt sein.

www.Allesreise.com
www.easytravel.com
www.expedia.at
www.lastminute.com
www.restplatzboerse.at
www.lastminute.ruefa.at
www.TUI.at/LastMinute

GDS Global Distribution Systems

Die Bedeutung der speziellen globalen Reservierungssysteme steigt, und diese gilt es als Reisebüroangestellte bzw. -angesteller zu beherrschen (z. B. Amadeus, Galileo, Sabre). Damit ist es möglich, Flüge, Hotels, Mietwagen, Pauschalreisen und diverse Zusatzleistungen zu buchen.

Kriterien für Dynamic Packaging:

- Der Impuls des Bündelns geht von der Kundin bzw. vom Kunden aus.
- Die Zusammenstellung der Reiseleistungen findet während des Verkaufsprozesses in Echtzeit statt – auf Basis von Datenbanken.
- Erst im Augenblick, in dem die Kundschaften ihre Reisewünsche angeben und die Leistungen auswählen, werden diese zu einem Angebot zusammengefügt.
- Tagesaktualität bedingt, dass durch dynamisches Hinzukommen und Wegfallen von einzelnen Leistungen permanent neue Angebote entstehen, die auch nie zu 100 % miteinander verglichen werden können – auch die Preise sind sehr kurzfristig gültig („Minutenpreis").

Im Unterschied zum Dynamic Packaging tritt das Reisebüro beim **Dynamic Bundling** weiterhin nur als Vermittler bzw. als Makler auf und holt die Angebote für die Kundschaft lediglich aus den Datenbanken der Leistungsträger, ohne eigene Kapazitäten zu kaufen. Die Kundin oder der Kunde schließt also im Falle einer Buchung ausschließlich Verträge mit verschiedenen Leistungsanbietern ab. Das Reisebüro übernimmt hier nur eine Koordinations- und Beratungsfunktion.

Last-Minute-Reisen

Das sind Restplätze von Flug- oder Schiffspauschalreisen zu Sonderpreisen, also gewissermaßen Aktionen, die viele Kundinnen und Kunden lieben. In den letzten 15 Jahren haben insbesondere die Reiseveranstalter und Airlines große Überkapazitäten geschaffen. Dazu kommt, dass das Produkt Reise eine leicht „verderbliche" Ware ist. Ein leer gebliebener Platz im Flugzeug oder auf einem Schiff ist ein für alle Mal dahin.

Frei gebliebene Restplätze werden deshalb gerade noch rechtzeitig in darauf spezialisierten stationären Vertriebsstellen (beispielsweise Last-Minute-Reisebüros), über CRS (also Computerreservierungssysteme), in Zeitungsannoncen, über Onlinedienste oder auch im Teletext, selbstverständlich aber auch in Reisebüros angeboten und verkauft. Die Devise lautet: Besser ein Erlös ohne hohen Deckungsbeitrag als gar keiner!

Nachteile für die Kundin bzw. den Kunden

- Man muss sehr flexibel sein!
- Man kann sich auf das Zielland nicht (ausführlich) vorbereiten!

Nachteile für die Reisebürobranche

- Eine verbilligte Reise bringt weniger Ertrag!
- Spätbuchende (sind in der Planung schwer „berechenbar")
- Mögliche Verärgerung der übrigen Kundschaften über Preisunterschiede

Arbeitsaufgaben

1. Ihr Kunde/Ihre Kundin hat den Ausdruck „Bausteinreise" nicht recht verstanden: Erklären Sie diesen bitte kurz.

2. Erläutern Sie den Unterschied zwischen einer Bausteinreise und dem „Dynamic Packaging".

5 Das Reisebüro der Zukunft

Das Kundenverhalten hat sich in den letzten Jahren grundlegend verändert. Die Kundinnen und Kunden von heute sind besser ausgebildet, haben mehr Reiseerfahrung, verfügen über ein höheres Einkommen und wesentlich mehr Freizeit – und sie erwarten auch mehr Qualität!

Viele Reisende informieren sich (auch) im Internet

Für Veränderungen haben aber auch **neue Technologien**, wie z. B. das Internet, gesorgt. Der Tourismus ist einer jener Bereiche, in denen das Internet als Vertriebsform in direkter Konkurrenz zu traditionellen Face-to-Face-Anbietern steht. Inmitten dieses geänderten Umfeldes wird die Rolle des Reisebüros immer schwieriger.

Waren in den vergangenen Jahrzehnten Reisebüros die Hauptvertriebskanäle für Pauschalreisen und Bahn- oder Flugtickets, so ermöglichen Internetbuchungssysteme heute den Onlinekauf von Urlaubsangeboten. Direkte „Last-Minute"- oder „Super-Last-Minute"-Buchungen werden in Zukunft noch zunehmen, andererseits aber auch Frühbucherangebote.

Zukunftsaussichten

Stationäre Reisebüros werden zwar nicht mehr die einzigen Vertriebskanäle für Reisedienstleistungen sein; die Masse der Pauschalreiseumsätze wird jedoch auch langfristig über Reisebüros gebucht werden, wenn die Beratungsqualität stimmt.

Das **persönliche, hoch qualifizierte Verkaufsgespräch** im Reisebüro ist für viele Urlaubsreisende nach wie vor **von großer Bedeutung.** Reisebüros müssen sich also vermehrt durch professionellen Beratungsservice auszeichnen, um individuelle, maßgeschneiderte Reiseangebote bieten zu können.

Wie nützen Reisebüros die Chancen der digitalen Welt?

- Immer mehr junge Counter-Mitarbeiter/innen bauen über Social Media eine Netzwerk-Beziehung zu ihrer Reisekundschaft auf.
- Schon vor dem ersten Besuch im Reisebüro besteht ein digitaler Kontakt – Blogs, Facebook oder Instagram vermitteln Insiderwissen (von eigenen Reisen der Berater/innen), Neuigkeiten aus Fortbildungen oder Berichte von Kunden/Kundinnen).
- Virtual-Reality-Brillen – zum Erkunden von Hotelzimmern, Kreuzfahrtschiffen oder Destinationen
- 360°-Rundgänge am PC werden den Kunden und Kundinnen vorgeführt
- Neue Reisebüro-Gestaltungskonzepte werden umgesetzt: Für die Internetgeneration soll eine Atmosphäre zwischen Co-Working-Space und Kaffee-Bar vermittelt werden.
- Partnerschaftlicher Gesprächsstil: nicht Belehrung durch die Allwissenden, sondern freundliche Beratung auf Augenhöhe. Die modernen Reiseberate/-innen sind sensibel und einfühlsam, sie können zuhören und geben Feedback. Sogar Rucksackreisende (Backpacker) buchen einiges im Reisebüro – Flug und die ersten Nächte in einem Hotel –, ehe sie dann auf eigene Faust weiterreisen.

Mitarbeiter/innen bloggen ihre eigenen Reisen – und Kunden/Kundinnen wollen dann genau dieses Reiseprogramm.

■ Rollenspiel: Versuchen Sie einen „Touristiktalk in der Klasse" durchzuführen: Die Gruppe der „Millenials" argumentiert für die Reisebuchung im Internet, die Gruppe der „Stammkunden" verteidigt das klassische Reisebüro.

Ziele erreicht? – „Reiseunternehmen"

Glaubte man vor wenigen Jahren noch, das Internet werde zum Verschwinden der Reisebüros führen, so kann man heute feststellen, dass die Zahl sogar leicht angestiegen ist. Geschickt nutzen heute die Reiseagenturen selbst die Vorteile und nützlichen Tools des Internets und der sozialen Medien. Je anspruchsvoller der Gast wird und je mehr Unruhen, Terror oder Naturereignisse das Reisen beeinträchtigen, desto mehr kommen die Kunden gerne zu den Reiseprofis, die zuhören und Expertentipps aus erster Hand geben können.

1. Stellen Sie sich vor, Sie sind als Experte/Expertin in eine Tourismusschule eingeladen: Erörtern Sie für Ihre Zuhörer/innen, wie kleine Reiseveranstalter oder Reisebüros auch in Zukunft überleben können.

2. Bewerten Sie die Aussagen mit Schulnoten und überlegen Sie ein Schlagwort als Begründung dazu. Diskutieren Sie die Ergebnisse.

„Warum soll ich in ein Reisebüro gehen, wenn ich alles von zu Hause aus online buchen kann."

„Eine Pauschalreise ist nichts für mich. Ich will nicht mit der Masse der Touristen mitschwimmen."

„Wir waren mit dieser Busreise voll zufrieden, alles war aufs Beste organisiert."

„Der Urlaub war ein ziemlicher Reinfall, nichts hat wirklich gepasst, vieles war nicht so, wie gebucht und erwartet. Aber was soll man denn machen?"

„Viele Kunden lassen sich bei uns beraten und buchen dann im Internet, weil sie glauben, es dort billiger zu bekommen."

„Frühbucherbonus – das bringt doch nichts. Wir buchen so spät wie möglich, dann wird sicher alles noch billiger."

3. Treffen Sie nach eigener Wahl zu einem der folgenden Spotlights Aussagen. Diskutieren Sie die Ergebnisse.

Spotlight zum Beruf

„Als Reisebüromitarbeiter/in habe ich selbst die Möglichkeit, viel zu reisen."

„Ein wichtiger Teil meiner Arbeit ist es, den Kunden und Kundinnen zuzuhören."

Aus diesem Kapitel habe ich die nachstehend angeführten Erkenntnisse und/oder Einsichten gewonnen:

Verkehrswirtschaft

Meine Ziele

Nach Bearbeitung dieses Kapitels kann ich

- Grundbegriffe der Verkehrswirtschaft wiedergeben;
- das österreichische Verkehrsnetz beschreiben;
- Entwicklungen in der Verkehrswirtschaft erörtern;
- die Bedeutung der Verkehrswirtschaft gesamtwirtschaftlich und unter besonderer Berücksichtigung für den Tourismus analysieren;
- die Verkehrswirtschaft als Arbeitgeber problematisieren.

1 Allgemeine Grundlagen der Verkehrswirtschaft

Reisen ist ohne Verkehrsbewegung nicht vorstellbar. Reiseziele können nur erfolgreich sein, wenn sie gut erreichbar sind und über eine moderne Infrastruktur verfügen. Die Verkehrswirtschaft sichert viel mehr Arbeitsplätze, als allgemein bewusst ist – und dies nicht nur in Österreich.

💡 Verkehr bedeutet Raumüberwindung durch Personen, Güter und Nachrichten.

Reisen ist ohne Verkehrsmittel kaum möglich – die Radtour im Hügelland, der Einkaufstag in der nächsten Großstadt oder die Rundreise durch Südostasien – nur drei Beispiele, um zu zeigen, wie sehr Tourismus und Freizeitwirtschaft auf Verkehrsmittel angewiesen sind. Und selbst wenn immer mehr Menschen im Urlaub gerne mal auf das Auto verzichten – auch zum Wanderurlaub im Nationalpark, zum Sprachkurs in der Toskana oder zum Wellnesshotel im ländlichen Raum muss der Gast erst hinkommen.

Beispiele für den touristischen Reiseverkehr

Busrundreise durch eindrucksvolle Kultur- und Naturlandschaften

Urlaubsfahrt per eigenem Pkw, Wohnwagen oder Wohnmobil

Flug als Städtetrip oder Badeurlaub

Kreuzfahrt auf Meeren und Flüssen, die Fähre auf eine Insel

Bahnreise in den Kurort oder in eine Großstadt

Geschäftsreisen per Pkw, Flug oder Bahn

Wintersportler/innen, aber auch Bergsteiger/innen benötigen Aufstiegshilfen wie Seilbahnen und Sessellifte

Radreisen oder Mountainbikeurlaube nicht nur in Europa

Abgesehen von der privaten Pkw-Fahrt oder einem individuellen Radurlaub wird die Dienstleistung „Personentransport" von gewerblichen Firmen erbracht – vom Ein-Mann-Taxiunternehmen bis hin zu Großbetrieben wie den ÖBB, dem Bundesbus oder den Austrian Airlines. Insgesamt gab es 2016 in Österreich 29 286 Verkehrsunternehmen.

Die Struktur der österreichischen Verkehrswirtschaft zeigt viele Klein- und Kleinstbetriebe, einige mittelgroße Firmen und einige wenige Großunternehmen, die überwiegend im Besitz der öffentlichen Hand sind – Bund, Länder oder Gemeinden. Beispiele dafür sind etwa die ÖBB, die steirischen Landesbahnen oder die Verkehrsbetriebe der großen Städte (z. B. Wiener Linien).

Verkehrsbetriebe sind sehr kapitalintensiv, öffentlicher Personenverkehr ist kaum gewinnbringend zu führen – daher der große Anteil von öffentlichen Betrieben. Zuletzt hat sich der Staat aber immer öfter von Verkehrsbetrieben zurückgezogen (z. B. Privatisierung der DDSG, Verkauf der AUA).

Österreichs Verkehrswirtschaft stellt über 200 000 Arbeitsplätze zur Verfügung, z. B. Busfahrer/in, Flugkapitän/in, Flugbegleiter/in, Lokführer/in, Zugführer/in, Seilbahnmitarbeiter/innen sowie alle Mitarbeiter/innen in den „Bodenanlagen" wie Flughäfen, Bahnhöfe, Büros und Verwaltung der Verkehrsbetriebe etc.

Personen-Buslinienverkehr: ÖBB-Postbus ist der größte Anbieter mit etwa 2 800 Bussen

Beförderte Personen 2017 in Österreich

Straße (= Linienbus)	668,5 Mio.
Schiene (ÖBB)	290,6 Mio.
Luftverkehr	29,0 Mio.
Schiff	1,3 Mio.
Straßenbahnen und U-Bahnen	800 Mio.

Quelle: Österreichs Verkehrswirtschaft in Zahlen, WKO, 2018

Grundbegriffe der Verkehrswirtschaft

- **Verkehrsaufkommen**
  Die statistische Erfassung der Beförderungsobjekte, vor allem von Personen und Gütern

- **Verkehrsleistung**
  Die bei der Ortsveränderung zurückgelegten Beförderungsentfernungen, ausgedrückt in Pkm (= Personenkilometer) und Tkm (= Tonnenkilometer)

- **Verkehrswege**
  Die Gesamtheit der Straßen, Schienenwege, Binnen- und Seewasserstraßen sowie der Luftstraßen einschließlich der jeweiligen Zugangsstellen (= Verkehrsinfrastruktur)

- **Verkehrsmittel**
  Die technischen Geräte zur Beförderung von Objekten (Personen, Güter, Nachrichten)

- **Kabotage**
  Die gewerbliche Beförderung von Gütern oder Personen innerhalb eines Landes oder Hoheitsgebietes; war früher nur Betrieben des Landes selbst vorbehalten, heute in der EU aber für Firmen aus allen Staaten freigegeben

Arbeitsaufgaben

1. Fügen Sie in die Tabelle Beispiele für bekannte Verkehrsbetriebe aus Ihrem Schulort/Ihrer Schulregion ein.

Touristisch bedeutende Verkehrsformen	Wichtige Verkehrsunternehmen Ausgewählte Beispiele		
	Österreich	International	Schulregion
Landverkehr			
1. Straßenverkehr			
Privater Pkw			
Bus-Linienverkehr	ÖBB-Postbus, Dr. Richard, Blaguss, regionale Verkehrsverbünde	Flixbus, Eurolines; Greyhound USA	
Mietwagenverkehr Stadtrundfahrten (Sightseeing Tours)	Blaguss-Reisen, Dr. Richard, Wintereder (OÖ), Christophorus-Reisen (T), Gruber Reisen (St), Vorderegger Reisen (S) Salzburg Sightseeing Tours	Berlin City Tours Westermann Bustouristik, TRD-Reisen Dortmund, u. a.	
Taxi Gästewagen			
2. Schienenverkehr	ÖBB, Westbahn, Privatbahnen	DB, SBB, SNCF, FS, British Rail	
Luftverkehr Linien-, Charter-, Bedarfsluftverkehr Sportfliegerei	Austrian Airlines (Lufthansa-Gruppe, Laudamotion, Air Alps, People Viennaline, Fly Tyrol	Lufthansa Group IAG-Group (British, Iberia, Vueling) Air France-KLM	
Wasserverkehr Auf Seen, Flüssen, Kanälen, Fähren zu Inseln, Kreuzfahrten	DDSG, Brandner, Traunseeschifffahrt Eder	Royal Caribbean, Princess, Carnival Cruises, Norwegian, MSC Cruises u. a. m.	

2. Nennen Sie Österreichs bekannteste Busunternehmen.

3. Bewerten Sie die Versorgung Ihrer Schulregion/Heimatregion mit Angeboten des öffentlichen Verkehrs: Hat sich das Angebot in den letzten Jahren verbessert oder wurde es ausgedünnt, wurden Kurse und Linien gestrichen? Mit welchen Auswirkungen auf Mensch, Umwelt und Tourismus?

2 Das österreichische Verkehrswesen

Ein moderner Staat ist ohne leistungsfähige Verkehrsinfrastruktur nicht denkbar, gerade im Alpenraum ist es teilweise aber schwierig und sehr kostenintensiv, Autobahnen, Talübergänge und Tunnels zu errichten und zu erhalten. In den Nachkriegsjahrzehnten ermöglichte der rasche Fortschritt günstiges Reisen für jedermann, heute hingegen verliert man alljährlich viel Zeit und damit volkswirtschaftlich enorme Summen im täglichen Stau, der Beitrag des Verkehrs zum Klimawandel ist unbestritten. Ist die Mobilität der Freizeitgesellschaft an ihrer Obergrenze angelangt?

Salzschifffahrt – früher ein (lebens-)gefährliches Abente

2.1 Historische Aspekte

Schon seit frühgeschichtlicher Zeit gab es in unserem Gebiet überregionale Verkehrsbewegungen – Salz wurde aus dem Alpenraum bis an die Ostsee oder ins Mittelmeergebiet transportiert, im Gegenzug kamen andere Produkte über die Berge bis ins heutige Österreich. Die Römer sorgten für erste Meilensteine, aus militärischen und zivilen Überlegungen schufen sie ein großartiges Straßennetz, viele Pässe überqueren noch heute dort die Gebirgsketten, wo schon die Römer die günstigste Möglichkeit dafür gefunden hatten.

Waren jahrhundertelang die Flüsse die wichtigsten Verkehrsträger (z. B. Donau als bedeutendste europäische West-Ost-Achse), so entstand ab dem späten Mittelalter im Reich der Babenberger und später der Habsburger auch ein immer bedeutenderes Straßennetz, vor allem das Aufblühen der Städte und die verstärkten Handelsbeziehungen führten zu einem steigenden Verkehrsaufkommen von Kutschen und Pferdefuhrwerken.

Die historische Pferdeeisenbahn Gmunden–Linz–Budweis kann noch heute als touristische Attraktion in Rainbach im Mühlkreis erlebt werden

Die industrielle Revolution sorgt für immer schnelleren Fortschritt

Mit dem Einsatz der Dampfkraft im Schiffsverkehr wurde die Donauschifffahrt quer durch die Monarchie bis ans Schwarze Meer ausgedehnt, Lebensmittel, Industriegüter und nicht zuletzt auch Soldaten wurden in der Monarchie vor allem auf der Donau bewegt. Bald entstanden auch die ersten Schifffahrtsgesellschaften auf den heimischen Seen.

Der Siegeszug der Eisenbahn verdrängte die Postkutsche und beschleunigte das touristische Reisen ebenso wie den Gütertransport über immer größere Distanzen, die Länder Mittel- und Westeuropas wurden rasch von einem dichten Eisenbahnnetz überzogen. Über die Semmeringbahn (UNESCO-Weltkulturerbe) wurde Wien mit Triest und dem Mittelmeer verbunden. Reisen aus rein touristischen Motiven (Erholung, Sommerfrische) wurde ein immer bedeutenderes Thema. An Ziel- oder Umsteigepunkten wurden Hotels errichtet, es entstanden die ersten Kur- und Urlaubsregionen (Semmering, Salzkammergut, Böhmen).

Die Semmeringbahn, eine ingenieurtechnische Meisterleistung, verbindet Wien mit den südlichen Bundesländern und dem Adriahafen Triest

Kfz und Flugzeug ermöglichen immer günstigeres Reisen für alle

Am Übergang vom 19. zum 20. Jahrhundert beschleunigte sich die verkehrstechnische Entwicklung durch die Erfindung von Fahrrad, Kfz mit Verbrennungsmotoren und bald schon von Flugzeugen immer mehr.

Die beiden Weltkriege führten zu enormen technologischen Fortschritten, für die Kriegspläne wurden große Geldmittel in die Forschung für den Flugzeugbau und für den Kfz-Verkehr gesteckt – erst nach den Kriegen profitierte auch die Zivilgesellschaft von diesen Verbesserungen.

2.2 Verkehr im 20. und 21. Jahrhundert

Mit dem wirtschaftlichen Aufschwung ab den 1950er-Jahren explodierte die Verkehrsentwicklung regelrecht:

> Unser Land wurde mit einem dichten Netz von Bundesstraßen und bald von Schnellstraßen und Autobahnen überzogen, auch inneralpine Urlaubsregionen wurden modern erreichbar; mehr und mehr wurde Österreich zum Transitland – zunächst in Nord-Süd-, seit der Ostöffnung auch in West-Ost-Richtung. 2016 besitzen die 8,7 Mio. Österreicher/innen knapp 6,79 Mio. Kfz, davon 4,9 Mio. Pkws – statistisch ist somit die „Vollmotorisierung" erreicht (1 Pkw auf 2 Staatsbürger).
>
> Von und zu den 6 internationalen Flughäfen in Österreich werden knapp 28 Mio. Fluggäste befördert. Fliegen ist zum billigen Massentransport geworden. Österreichs Eisenbahnen registrieren pro Jahr etwa 288 Mio. Reisende, der Anteil des Fernverkehrs sinkt aber kontinuierlich zugunsten von Flug und Pkw.
>
> *Quelle: www.wko.at*

Kfz-Bestand 2018 in Österreich

- Kfz insgesamt / 6 790 000
- Pkw / 4 898 578
- Lkw / 456 908
- Omnibusse / 9 956
- Wohnmobile / 26 230

https://www.wko.at, 2018.

Wenig erfreuliche Prognosen

Der Stau im Straßenverkehr begleitet heute die Österreicher schon fast täglich auf dem Weg in die Arbeit und ebenso auf der Reise in den Urlaub (Mautstellen, Tunnels ...). Dennoch prophezeien praktisch alle Prognosen für die nächsten Jahre eine weitere Zunahme des Straßengüterverkehrs, des Flugverkehrs und der Freizeitmobilität. Je mehr die ländlichen Räume wirtschaftlich ausgedünnt werden, desto mehr Menschen müssen in Zentralräume pendeln – und tragen damit immer mehr zur Verkehrsüberlastung bei. Der Beitrag des Verkehrs zu den globalen Abgas-Emissionen steigt weiter, trotz aller Auswirkungen des Klimawandels ist ein Umdenken in der Verkehrspolitik nicht erkennbar. In diesem Bereich ist auch Österreich vom Erreichen der Klimaschutzziele, die im Pariser Abkommen 2015 beschlossen worden sind, weit entfernt.

Erleichterungen im Reiseverkehr

Der Beitritt Österreichs zur Europäischen Union (1995) und die Umsetzung des „Schengener Abkommens" in derzeit 26 europäischen Staaten hat das Reisen innerhalb des Kontinents entscheidend erleichtert: An den Grenzen der EU-Mitgliedsländer gibt es keine Zollkontrollen mehr, zwischen den „Schengen-Staaten" auch keine Passkontrolle beim Grenzübergang am Landweg mehr. Das Schengener Abkommen kann bei Großveranstaltungen (z. B. Fußball-Europameisterschaft) oder Gipfeltreffen von höchster politischer Bedeutung (G-20-Gipfel, G-8-Gipfel) zum Schutz vor terroristischen Attentaten vorübergehend ausgesetzt werden.

Eine neue Situation ist durch die enorme Flüchtlingswelle des Jahres 2015 und danach entstanden: Mehrere Länder hatten damals das Schengener Abkommen ausgesetzt und wieder sehr strenge Grenzkontrollen eingeführt, um illegale Migration zu verhindern. Österreich und Deutschland tun dies noch immer, es muss aber jeweils für einige weitere Monate von der EU-Kommission bewilligt werden.

Seit 1997 herrscht völlige Freiheit im gewerblichen Verkehr in der EU, die Aufhebung des sogenannten Kabotage-Verbotes ermöglicht es allen Verkehrsbetrieben, auch Strecken in Zweit- und Drittländern ohne Bezug zum Heimatland zu bedienen (eine spanische Airline könnte z. B. Innsbruck–Graz fliegen, ebenso eine französische Busfirma von Wien nach Neusiedl fahren).

Die große Liberalisierung hat aber auch die Konkurrenzsituation dramatisch erhöht: Die meist kleinen österreichischen Unternehmen geraten unter enormen Druck der ausländischen Konkurrenz, vor allem im Gütertransport unterwandern Frächter aus der Ukraine oder Russland das Preisniveau. Österreichs Speditionen gründen aus steuerlichen Überlegungen Niederlassungen im Ausland, Lkw-Lenker/innen aus osteuropäischen Ländern arbeiten teilweise zu Dumpinglöhnen und verdrängen das österreichische Personal.

Arbeitsaufgaben

1. Recherchieren Sie, wann Ihre Schulregion eisenbahnmäßig erschlossen wurde.

2. Problematisieren Sie, welche ökologischen Probleme aus dem immer weiter wachsenden Verkehr resultieren.

3. Recherchieren Sie im Internet, welche Staaten bereits „Schengen-Staaten" sind.

4. Eruieren Sie, mit welchen Verkehrsmitteln bzw. über welche Route eine Familie aus Wien das Schigebiet Kitzbühel erreicht.

5. Suchen Sie mit Landkarten oder Routenplaner: Wie fährt eine Busgruppe aus Schärding über Innsbruck in die Toskana (Unterkunft in Siena)?

6. Suchen Sie im Atlas fünf wichtige Passstraßen, die den Alpenhauptkamm in Österreich überqueren.

7. Diskutieren Sie in der Klasse, welche ökologischen Probleme aus dem immer weiter wachsenden Verkehr resultieren.

2.3 Verkehrsverbünde

Unter Personennahverkehr versteht man die innerstädtische Beförderung mittels Autobussen (Linienbussen), Straßenbahnen, U-Bahnen und Schnellbahnen. Diese Personenbeförderung mit verschiedenen Transportmitteln bzw. Anbietern wird in Österreich über Verkehrsverbünde geregelt.

Ein Verkehrsverbund ist ein Zusammenschluss von zwei oder mehreren Verkehrsunternehmen, der die Benützung ihrer Verkehrsmittel mit einer einzigen Fahrkarte ermöglicht. Dies setzt einen einheitlichen Tarif voraus. Tickets für die diversen Verkehrsverbünde werden bei den jeweiligen Vorverkaufsstellen, teilweise auch über die ÖBB-Vorverkaufsstellen, vertrieben.

Verkehrsverbünde gibt es auch im Ausland. In Großstädten sind sie oft noch gekoppelt mit verschiedenen Eintritten zu Sehenswürdigkeiten (z. B. in London oder den USA).

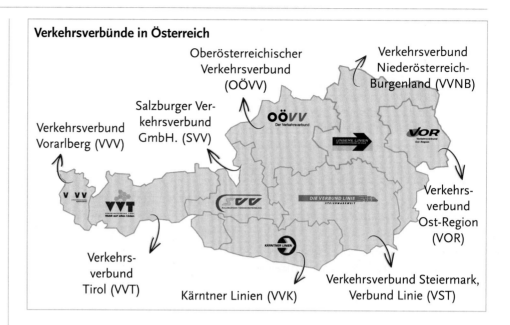

Verkehrsverbünde in Österreich

3 Wirtschaftliche Bedeutung der Verkehrswirtschaft

Wir leben heute in einer arbeitsteiligen Welt – und gleichzeitig sind wir zur Freizeitgesellschaft geworden: Die Menschen in den reichen Ländern haben pro Jahr mehr Freizeit als Arbeitszeit. Diese Freizeitgesellschaft will mobil sein und gerade Österreich lebt sehr gut davon, dass viele Menschen für ein paar Tage auf Kurzurlaub fahren oder fliegen. Der Staat ist gefordert, der Wirtschaft und der Bevölkerung eine moderne, leistungskräftige Verkehrsinfrastruktur zur Verfügung zu stellen. Die Verkehrsbetriebe ihrerseits stehen in einem internationalen Konkurrenzkampf und haben permanenten Kostendruck. Fazit: Ohne eine funktionierende Verkehrswirtschaft ist das moderne Leben undenkbar.

Der ungebremst wachsende Verkehr ist ein zentrales Zukunftsproblem. Die Verkehrspolitik versucht, durch Steuerungsmaßnahmen den öffentlichen Verkehr attraktiver zu gestalten, ohne die Mobilitätsbedürfnisse der Bürger allzu sehr zu beschneiden, und bemüht sich, die Transitlawine ohne Nachteil für die Wirtschaft zu bremsen bzw. auf die Bahn umzuleiten und so die Lebensqualität der Menschen zu erhalten sowie die Umwelt zu schützen – was letztlich aber nicht wirklich gelingt! Auch beim Erreichen der Klimaschutzziele liegt der Verkehr stark zurück.

Die Verkehrspolitik hat vielfältige Aufgaben zu erfüllen, unter anderem müssen die vielen verstreuten Siedlungen in teilweise entlegenen Tälern sowohl für den öffentlichen Verkehr als auch durch Straßen erschlossen werden, die in Gebirgsgegenden wesentlich teurer zu errichten und zu erhalten sind.

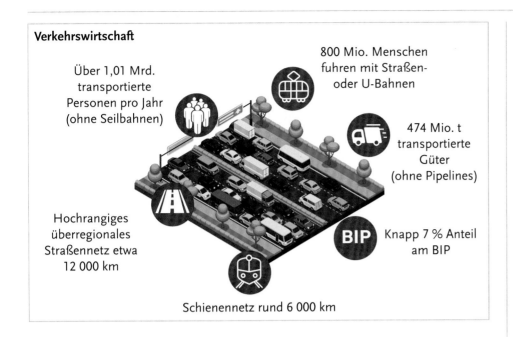

Verkehrswirtschaft

Über 1,01 Mrd. transportierte Personen pro Jahr (ohne Seilbahnen)

800 Mio. Menschen fuhren mit Straßen- oder U-Bahnen

474 Mio. t transportierte Güter (ohne Pipelines)

Hochrangiges überregionales Straßennetz etwa 12 000 km

Knapp 7 % Anteil am BIP

Schienennetz rund 6 000 km

Volkswirtschaftliche Aspekte

Die Verkehrsinfrastruktur wird überwiegend vom Staat zur Verfügung gestellt (Straßen, Schienenwege, Wasserstraße Donau), immer öfter muss aber dafür extra bezahlt werden (Road Pricing, Benützung der Schieneninfrastruktur etc.).

Aus der modernen arbeitsteiligen Wirtschaft ist eine effiziente Verkehrslogistik nicht wegzudenken, bis zu 20 und mehr Transportschritte liegen oft zwischen dem Rohstoff und dem fertigen Endprodukt. Immer wieder entdeckt man aber auch absolut absurde Arbeitsschritte: So werden Nahrungsmittel oft mehrfach durch Europa transportiert, um in Billiglohnländern weiterbehandelt zu werden und anschließend als Endprodukt wieder in unseren Regalen zu landen.

Industriebetriebe sparen Lagerkosten und fordern Just-in-time-Transporte seitens der Zulieferer. Durch die steigende Anzahl von Staus ist dies aber ein sehr anfälliges System.

Einige Eckdaten 2014
- Hohes Steueraufkommen: ESt, USt, Mineralölsteuer, motorbezogene Versicherungssteuer
- Einnahmen aus Vignettenverkauf und Mauten
- Hohe Auslandseinnahmen (Devisen) durch Benützung österreichischer Verkehrsmittel und Verkehrswege

Quelle: Österreichs Verkehrswirtschaft in Zahlen, WKO, 2016

über 213 000 Arbeitsplätze (knapp 6 % aller Erwerbstätigen)

Bruttoinvestitionen von rund 3,4 Mrd. EUR

29 300 Firmen

2 650 Lehrplätze

2014 Erlöse und Erträge von 44 Mrd. EUR

Betriebswirtschaftliche Aspekte

Verkehrsbetriebe erbringen Dienstleistungen indem sie Personen, Güter oder Nachrichten transportieren. Zum Transport selbst gehören auch vor- und nachgelagerte Leistungen sowie die nötigen Betriebs- und Verkehrsanlagen (Flughäfen, Tankstellen, Speditionen, Busbahnhöfe etc.)

■ Die Zahlen im Verkehr steigen ungebremst weiter, dazu trägt auch unser eigener Lebensstil bei. Diskutieren Sie in der Klasse, wie jeder von uns beitragen kann, unnötiges Verkehrswachstum zu vermeiden.

Für die Anschaffung von Verkehrsmitteln (Flugzeug, Schiff, Bus u. a.) und den Betrieb der Anlagen ist enormer Kapitalbedarf gegeben, daher sind diese Firmen überwiegend als Kapitalgesellschaften organisiert. Der Staat hat sich zuletzt immer öfter von Beteiligungen zurückgezogen und Verkehrsbetriebe (teil-)privatisiert.

Der EU-Beitritt und verschiedene Abkommen sowie die Ostöffnung haben einerseits zwar zahlreiche Erleichterungen für das Reisen wie auch für den Handel gebracht, die Konkurrenzsituation für Verkehrsbetriebe aber deutlich verschärft: So dürfen Airlines aus dem Ausland auch Strecken in Österreich betreiben. Vor allem im Gütertransportgewerbe herrscht enorme Konkurrenz durch Speditionen etwa aus Russland, der Ukraine oder aus Polen, die das westliche Preisniveau unterwandern. Die Fahrer/innen stehen vielfach unter enormem Druck und überschreiten oft die Lenkzeiten – unter Umständen mit fatalen Folgen für die Verkehrssicherheit.

Arbeitsaufgaben

1. Ermitteln Sie, was sich seit dem EU-Beitritt für Österreichs Verkehrswirtschaft verändert hat.

2. Überlegen Sie: Woher kommen Ihre Turnschuhe, Ihr Orangensaft oder Ihr Handy? Welche Transportschritte sind nötig, bis das Produkt in Österreich ist?

3. Nennen Sie fünf Berufe in der Verkehrswirtschaft mit Bezug zum Tourismus.

4. Recherchieren Sie: Gibt es in Ihrer Region herausragende Verkehrsunternehmen mit überregionaler Bedeutung?

Ziele erreicht? – „Verkehrswirtschaft"

Ein gut ausgebautes Verkehrsnetz ist eine der Voraussetzungen für einen funktionierenden Tourismus. Gerade in Österreich wurde das Netz in den letzten Jahren hervorragend ausgebaut. Durch schnelleres und meist billigeres Reisen gerade im Straßen- und im Flugverkehr nahm der Tourismus einen ungeahnten Aufschwung.

1. Beschreiben Sie die Entwicklung des Verkehrs vom 19. bis ins 21. Jahrhundert.

2. Geben Sie die Erleichterungen im Verkehr durch die Bestimmungen der Europäischen Union wieder.

3. Beschreiben Sie die volks- und betriebswirtschaftlichen Aspekte des Verkehrswesens.

4. Bewerten Sie die Aussagen mit Schulnoten und überlegen Sie ein Schlagwort als Begründung dazu. Diskutieren Sie die Ergebnisse.

„Tourismuskonzerne verbilligen das Reisen."

„Schluss mit dem Ausbau der Verkehrswege – die Umwelt wird es danken."

„Grenzkontrollen sorgen für Sicherheit - es ist es wert, wenn Reisende ein wenig warten müssen."

Aus diesem Kapitel habe ich in die nachstehend angeführten Erkenntnisse und/oder Einsichten gewonnen:

Flugverkehr

Meine Ziele

KOMPETENZ–
ERWERB

Nach Bearbeitung dieses Kapitels kann ich

- einen Überblick über wichtige Organisationen und Abkommen in der Zivilluftfahrt sowie deren Aufgaben und Funktionen geben;
- die Vorteile und Stärken der Netzwerk-Carrier den Lockangeboten der Low-Cost-Airlines gegenüberstellen;
- den Stellenwert der Luftfahrt in der Wirtschaft im Allgemeinen und im Reiseverkehr im Besonderen erörtern;
- mein Grundwissen in Beschwerdemanagement und Konsumentenschutz für Flugpassagiere als Reiseberater/in einsetzen;
- Flugpläne, Beförderungs- und Tarifklassen als Reiseberater/in meinen Kundinnen und Kunden erklären;
- die Entwicklungen in der weltweiten Luftfahrt einschätzen.

1 Die Luftfahrt – ein wichtiger Verkehrsträger

Die Bedeutung der Luftfahrt für die weltweite Wirtschaft steigt beständig an. Je globaler und verflochtener die Wirtschaftsbeziehungen werden, desto wichtiger sind rasche Flugverbindungen quer über alle Kontinente. War Fliegen einst nur wenigen Menschen vorbehalten, so ist das Flugzeug heute ein Massenverkehrsmittel. Direkte Flugverbindungen werden täglich mehr, immer mehr und immer weiter entfernte Reiseziele werden in die Flugpläne der Airlines und in die Reiseprogramme der Veranstalter aufgenommen.

1.1 Luftverkehrswirtschaft

Darunter versteht man die Gesamtheit aller Vorgänge, welche dem Transport von Personen, Fracht und Post auf dem Luftweg dienen, und aller damit unmittelbar und mittelbar verbundenen sonstigen Dienstleistungen.

Es handelt sich dabei um einen bedeutenden **Wirtschaftszweig** und einen unentbehrlichen Verkehrsträger für die Reisewirtschaft.

Blick in die weltweite Flugbranche – Zahlen & Fakten

- 2018 wurden 4,3 Mrd. Flugpassagiere gezählt.
- Prognose 2036: 8,2 Mrd.
- Weltweiter Umsatz mit Flugpassagieren: 534 Mrd. US$
- Weltweit gibt es rund 1 400 kommerzielle Airlines, die 4 130 Flughäfen anfliegen.
- Täglich werden etwa 101 000 Flüge abgewickelt und es stehen 27 000 Flugzeuge im kommerziellen Einsatz.
- In Europa finden jeden Tag ca. 30 000 Flüge statt.
- Global werden rund 754 Mrd. US$ im Flugverkehr erwirtschaftet und
- etwa 63 Mio. Menschen arbeiten weltweit in der Luftfahrt oder in angeschlossenen Bereichen.
- Das Flugzeug ist statistisch das mit Abstand sicherste Verkehrsmittel.

Quelle: Verkehr 23. März 2018 und https://de.statista.com, DL 19. April 2019

Ihre Bedeutung als **Verkehrszweig** liegt in der schnellen Beförderung (bis 950 km/h) und der Überwindung großer Distanzen (bis 17 000 km auch nonstop). Viele Urlaubsziele sind per Flug gut und relativ preisgünstig pro Personenkilometer (Pkm) erreichbar.

Formen des Luftverkehrs:
Kommerzielle Luftfahrt (Commercial Aviation)
- Linienflugverkehr (Scheduled Air Transport)
- Gelegenheitsverkehr (Chartered Air Transport)

Allgemeine Luftfahrt (General Aviation)
- Privatflugverkehr (z. B. mit Business Jets)
- Sportfliegerei

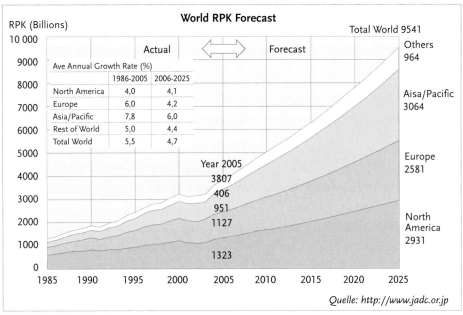

Prognose zur globalen Entwicklung der Zivilluftfahrt bis 2025 (RPK = Revenue Passenger Kilometers/kommerzielle Passagierkilometer)

Arbeitsaufgaben

1. Recherchieren Sie das Passagieraufkommen bzw. das Flugaufkommen im letzten Jahr in Wien und in München.

2. Ermitteln Sie die wichtigsten Unterscheidungsmerkmale des Linienflugverkehrs gegenüber dem Gelegenheitsflugverkehr.

1.2 Organisationen in der Zivilluftfahrt

Um einen reibungslosen und sicheren Luftverkehr weltweit zu gewährleisten, existieren sowohl auf nationaler Ebene als auch auf kontinentaler und globaler Ebene eine ganze Reihe von Institutionen.

Im Folgenden werden die wichtigsten Organisationen vorgestellt.

ICAO (International Civil Aviation Organization)

Die **Internationale Zivilluftfahrtbehörde** wurde als Teilorganisation der UNO 1944 in Chicago gegründet. Der Sitz befindet sich in Montreal. Der Organisation sind 192 Mitgliedsstaaten angeschlossen. Generelle ICAO-Zielsetzungen sind:

- Sicherheit und Zuverlässigkeit des Luftverkehrs (v. a. technische Standardisierung der Fluggeräte und Flughäfen)
- bilaterale und multilaterale Abkommen gemäß den Freiheiten 1–6 der Luft
- Standardisierung der Flugregeln
- Lizenzierung des Flugpersonals
- Zulassungsbedingungen für Verkehrsflugzeuge
- Reduktion von Fluglärm und Abgasemissionen

+ + Fallbeispiel zur Ausarbeitung für Normen zur sicheren Luftfahrt

„ILS IIIb" bedeutet „Instrument Landing System". Dieses System garantiert, dass ein Flugzeug bei nur 50 Metern Sichtweite noch landen kann – vorausgesetzt, das Flugzeug und auch der Flughafen verfügen über die notwendigen und von der ICAO als erforderlich bezeichneten Instrumente.

„ILS Glideslope Station" am Flughafen München

IATA-Resolutionen: konkretes nummeriertes Regelwerk der IATA, in welchem alle Bestimmungen des globalen Dachverbandes den kommerziellen Linienluftverkehr betreffend festgehalten sind.

IATA (International Air Transport Association)

Internationaler Luftverkehrsverband mit Sitz in Montreal und Genf. Der globale Dachverband internationaler Linienflugunternehmen wurde 1945 in Havanna (Kuba) gegründet und hat ca. 280 Mitglieder (Stand 2018), welche rund 94 % des internationalen Linienflugaufkommens der Welt abwickeln. Das Regelwerk der IATA ist in den sogenannten IATA-Resolutionen festgelegt.

Wichtige Aufgaben der IATA

Die vormals sehr bedeutsame Tarifbildung für Passagiere und Fracht hat in den letzten 15 Jahren stark an Bedeutung verloren. Seit der Deregulierung in den USA und der fortschreitenden Liberalisierung in Europa und Asien entfällt die Genehmigungspflicht durch die Regierungen und freie Preise lösen zunehmend die ehemals festen Tarife ab.

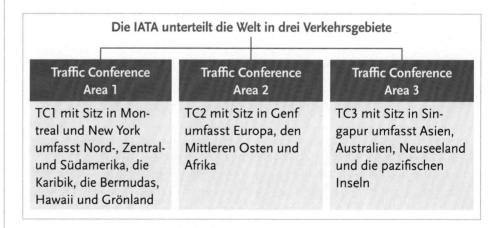

Die IATA unterteilt die Welt in drei Verkehrsgebiete		
Traffic Conference Area 1	**Traffic Conference Area 2**	**Traffic Conference Area 3**
TC1 mit Sitz in Montreal und New York umfasst Nord-, Zentral- und Südamerika, die Karibik, die Bermudas, Hawaii und Grönland	TC2 mit Sitz in Genf umfasst Europa, den Mittleren Osten und Afrika	TC3 mit Sitz in Singapur umfasst Asien, Australien, Neuseeland und die pazifischen Inseln

Die globale **Flugplankoordination** ist eine weitere Aufgabe der IATA. Zweimal jährlich findet hierfür eine Konferenz aller Mitgliedsfluglinien statt. Darüber hinaus wird in Kooperation mit der ICAO über die Luftstraßenkapazitäten abgestimmt. Seit der Erstarkung der globalen Allianzen verlieren auch diese Aufgaben etwas an Bedeutung.

Eine weitere wichtige Funktion der IATA ist die **Abrechnung der Fluglinien** untereinander: Die Tickets austellende Fluglinie bekommt die Erträge des Flugscheines zugewiesen. Wird aber ein Teil der Strecke von einer anderen Fluglinie bedient, hat diese eine Forderung gegenüber der ersten. Das IATA Clearing House in Genf saldiert die diversen Forderungen der Fluglinien untereinander, die Fluglinien selbst bezahlen einmal monatlich an das IATA Clearing House.

IATA betreibt auch ein weltweites Netzwerk für ein vereinfachtes Abrechnungsverfahren der Fluggesellschaften mit den IATA-Agenturen: das sogenannte BSP-Verfahren (Billing and Settlement Plan). Die IATA-Agentur meldet alle Verkäufe an BSP und erhält eine monatliche Abrechnung. Diese Institution steht auch Nichtmitgliedern, also Non-IATA-Airlines, zur Verfügung.

Da es den einzelnen Fluggesellschaften nicht möglich ist, flächendeckend Verkaufsbüros zu unterhalten, fungieren Reisebüros als IATA-Agenturen. Diese dürfen Flugscheine aller IATA-Fluggesellschaften ausstellen.

EUROCONTROL (Institute of Air Navigation Services)

Die europäische Flugsicherungsbehörde mit Sitz in Luxemburg wurde im Jahr 1960 als Organisation von mehreren Staaten gegründet. Die Zielsetzung von Eurocontrol wird mit dem Begriff „The Single European Sky" zusammengefasst.

The Single European Sky

In Zukunft soll Eurocontrol die nationalen, auf maximal zwölf Punkte in ganz Europa verteilten Verkehrssteuerungszentralen von einer Stelle (z. B. Maastricht, Niederlande) aus koordinieren („Unified Air Traffic Management") und den gesamten Kontinent im „Single European Sky" zusammenfassen. Dazu ist auch eine Vereinheitlichung der derzeit noch unterschiedlichen technischen Anlagen zur Flugsicherung nötig. Österreichisches Mitglied ist die ACG (Austro Control GmbH), deutsches Mitglied ist die DFS (Deutsche Flugsicherung) mit Sitz in Frankfurt am Main und schweizerisches Mitglied ist die Firma Skyguide mit Sitz in Zürich.

Nationales Luftverkehrsmanagement

In Österreich übt die Oberste Zivilluftfahrtbehörde im Bundesministerium für Verkehr, Innovation und Technologie, in enger Kooperation mit der Austro Control GmbH, die Aufsicht über die Luftfahrtunternehmen und technischen Luftfahrtbetriebe aus, um den für die Sicherheit der Luftfahrt erforderlichen technischen und flugbetrieblichen Standard sicherzustellen.

AUSTRO CONTROL

Für die Sicherheit im österreichischen Luftraum ist AUSTRO CONTROL (Austro Control Österreichische Gesellschaft für Zivilluftfahrt mbH) verantwortlich. Ungefähr 1 000 Mitarbeiter/innen, davon rund 300 voll ausgebildete Fluglotsen und Fluglotsinnen (Air Traffic Controllers), sorgen für die Koordination des Luftverkehrs im gesamten österreichischen Luftraum. Bei täglich bis zu 4 000 kontrollierten Luftfahrzeugen (inklusive allgemeine Luftfahrt und Militäraviatik) bringen die Fluglotsen und -lotsinnen der Austro Control, unterstützt von modernster Technologie, die Maschinen auf die richtige „Luftstraße" und sorgen dafür, dass ihnen kein anderes Flugzeug zu nahe kommt. Im Jahr 2016 gab es in Österreich mehr als eine Million Flugbewegungen zu kontrollieren.

IATA/UFTAA-Trainingsprogramm
Das Diplom „IATA-Fachkraft" in Verbindung mit einer 24-monatigen Berufspraxis wird als Zulassungskondition für die Beantragung einer IATA-Lizenz seitens einer Reiseagentur anerkannt. Der nationale Koordinator ist i. d. R. die jeweils größte Fluggesellschaft, also in Österreich die Austrian, in Deutschland die Lufthansa, in Frankreich die Air France usw.

Fluglotsinnen/-lotsen (Air Traffic Controllers) im Airport Tower bei ihrer täglichen Arbeit

Das Aufgabengebiet ist vielfältig und umfasst neben dem Flugverkehrsdienst die Überwachung von Luftverkehrsvorschriften, den Flugwetterdienst, die Bewilligung von Ein-, Aus- und Überflügen, die Zulassung von zivilen Luftfahrzeugen u. v. m.

Arbeitsaufgaben

1. Beschreiben Sie mithilfe der Grafik auf S. 135 in welchen Bereichen der Erde der Flugverkehr im nächsten Jahrzehnt am stärksten wachsen wird.

2. Untersuchen Sie, ob sich ein direkter Zusammenhang zwischen der allgemeinen wirtschaftlichen Entwicklung und dem Ansteigen des Luftverkehrs herstellen lässt.

3. Erstellen Sie einen Vergleich, wer in der ICAO und wer in der IATA zusammengeschlossen ist.

4. Fassen Sie die Aufgaben der ICAO und der IATA jeweils kurz zusammen.

5. Erläutern Sie, was einem Reisebüro möglich ist, wenn es IATA-Agentur ist.

6. Beschreiben Sie das Ziel des Single European Sky und begründen Sie, warum die Realisierung gar nicht so einfach ist.

7. Fassen Sie die Aufgaben eines Fluglotsen/einer Fluglotsin (Air Traffic Controller) kurz zusammen.

8. Schlußfolgern und bewerten Sie in der Klasse: Lässt sich ein direkter Zusammenhang zwischen der allgemeinen wirtschaftlichen Entwicklung und dem Ansteigen des Luftverkehrs herstellen?

1.3 Abkommen in der Zivilluftfahrt

Um den zivilen Flugverkehr möglichst einheitlich zu regeln, gibt es unterschiedliche Abkommen, die weltweit gelten.

Warschauer Abkommen (WA)

Die sogenannte „Warschauer Konferenz" im Jahre 1929 hatte die Vereinheitlichung von Regeln über die Beförderung im internationalen Luftverkehr zum Ziel. Es regelt wichtige Rechtsfragen bei der Beförderung von Personen und Gütern, insbesondere den Inhalt der Beförderungsdokumente sowie die Limitierung der Haftung seitens der Fluggesellschaft/des Luftfrachtführers.

Montrealer Übereinkommen

Im „Montrealer Übereinkommen" von 1999 wurde eine starke Überarbeitung zur Haftungserweiterung seitens der Fluggesellschaften vorgenommen. Seit 2004 gilt ein neues Schadensersatzrecht für internationale Flüge zwischen den derzeit 54 Vertragsstaaten bei Luftbeförderung durch ein Luftfahrtunternehmen der Europäischen Union, wenn es dabei zu Personen-, Gepäck- oder Güterschäden kommt.

Chicagoer Abkommen (Chicago Convention)

Das auf der Konferenz von Chicago 1944 erzielte ICAO-Abkommen setzt sich aus vier Hauptteilen und 95 Artikeln zusammen. Das Abkommen besagt, dass nach Artikel 1 jeder Staat über seinem Hoheitsgebiet die volle und ausschließliche Lufthoheit besitzt. Möchte eine Airline einen Liniendienst in ein anderes Land aufnehmen, so bedarf es zunächst eines Vertrages über die Verkehrsrechte zwischen den von Start, Landung und/oder Überflug betroffenen Staaten. Ziel der Konferenz war es, analog zur „Freiheit der Meere" eine einheitliche und weltumspannende Regelung für die internationale Zivilluftfahrt zu schaffen. Mit dem Chicagoer Abkommen wurde gleichzeitig auch die ICAO gegründet.

Die Regelungen der damals ausgehandelten internationalen Verkehrsrechte (International Air Transport Agreement) werden als „Freiheiten der Luft" (**„Freedoms of the Air"**) bezeichnet:

1. **Freiheit:** das Recht, ein Land zu überfliegen.
2. **Freiheit:** das Recht auf eine technische Zwischenlandung (Tanken, Reparaturen, Terrorakt), ohne dass Passagiere, Fracht und Postsendungen be- und entladen werden dürfen.
3. **Freiheit:** das Recht, Passagiere, Fracht und Post vom Heimatland in das Zielland zu befördern.
4. **Freiheit:** das Recht, Passagiere, Fracht und Post vom Zielland in das Heimatland zu befördern.
5. **Freiheit:** das Recht, Passagiere, Fracht und Post zwischen zwei Drittstaaten zu transportieren, wobei der Flug im Heimatland starten oder enden muss.
6. **Freiheit:** das Recht, Passagiere, Fracht und Post zwischen zwei Drittstaaten zu transportieren, wobei eine Zwischenlandung oder ein Anschlussflug im Heimatland der Fluggesellschaft erforderlich ist.
7. **Freiheit:** das Recht, Passagiere, Fracht und Post zwischen Drittstaaten zu befördern, wobei keine Berührung mit dem Heimatland erforderlich ist.
8. **Freiheit:** das Recht, Inlandsverkehr in einem Drittland zu betreiben.

💡 Lediglich die Freiheiten eins bis fünf wurden von den Teilnehmerstaaten auf der Chicagoer Konferenz festgelegt. Mit zunehmendem Luftverkehr entwickelten sich weitere Flugstreckenvarianten und so wurde später auch die „sechste Freiheit" (Sixth Freedom") ohne festgeschriebene Definition hinzugefügt. Die siebte sowie die achte Freiheit gelten bis dato ausschließlich innerhalb der Europäischen Union für EU-Airlines.

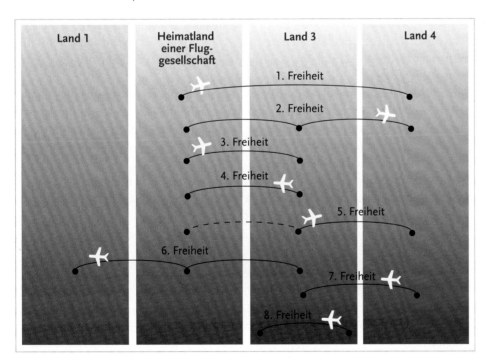

Arbeitsaufgabe

- Ordnen Sie jedem Fallbeispiel eine Freiheit der Luft zu:

  - Welcher Freiheit der Luft entspricht ein AUA-Flug von Wien über den serbischen Luftraum nach Griechenland?

  - Welcher Freiheit entspricht ein Air-France-Flug von Amsterdam nach Kopenhagen?

  - Welcher Freiheit entspricht ein Lufthansa-Flug von Wien nach Rom?

  - Was/Welche Freiheit muss erfüllt sein, damit eine AUA-Maschine Passagiere von Warschau nach Leningrad transportieren darf?

2 Flughäfen

Flughäfen sind für den Flugverkehr die wichtigsten infrastrukturellen Einrichtungen. Sie fungieren im gesamten regionalen, kontinentalen und globalen Verkehrsgeschehen als unverzichtbare Bindeglieder zwischen dem Verkehr auf der Erdoberfläche (Surface Transport) und den streng definierten Luftstraßen bzw. Flugrouten (Airways).

Die rund **4 100 Airports** zählen als eigenständige Wirtschaftsunternehmen ebenfalls viele Beschäftigte.

Frankfurt/Main (FRA) ist Europas drittgrößter Interkontinentalflughafen nach Passagierzahlen

Beispiel
Am Flughafen Frankfurt/Main (FRA), dem drittgrößten Airport in Europa nach Passagierzahlen und dem zweitgrößten nach Luftfrachtaufkommen im Jahr 2016, arbeiten rund 20 000 Menschen. Im Umfeld eines Großflughafens kann die Anzahl aller Beschäftigten durch die zahlreichen dort ansässigen Betriebe jedoch oft bis zu viermal so hoch sein, z. B. in Wien (VIE) 4 000 bzw. fast 20 000 Beschäftigte.

Gemäß dem Chicagoer Abkommen ist ein (Zivil-)Flughafen ein festgelegtes Gebiet zu Lande oder zu Wasser, eingeschlossen alle Gebäude, Anlagen und Einrichtungen, die entweder ganz oder teilweise für Start, Landung und Bergung von (zivilen) Luftfahrzeugen bestimmt sind.

Die Bezeichnung von Flughäfen kann auf verschiedene Arten erfolgen:
- nach der jeweiligen Stadt bzw. geografischen Region des Standortes, z. B. Los Angeles International Airport, East Midlands Airport etc.

- nach einer lokalen topografischen Bezeichnung, z. B. Zürich Kloten International Airport

- nach einer bedeutenden nationalen Persönlichkeit des betreffenden Staates, z. B. John F. Kennedy International Airport, Airport W. A. Mozart
- nach Codes:
  - ▸ nach dem aus drei Buchstaben bestehenden IATA-Code, z. B. ATL, ZRH, HAV, MBJ, DXB, VIE, FRA etc. Hat eine Stadt mehr als einen Airport („Multi-Airport City"), dann gibt es einen City-Code und dazu für jeden Airport wiederum einen eigenen Code, z. B. Moskau MOW mit den Airports SVO, DME und VKO.
  - ▸ nach dem aus vier Buchstaben bestehenden ICAO-Code, z. B. EDDM für München

IATA-Codes = kodierte Benennung von Airlines (z. B. OS für Austrian) und Airports (z. B. VIE für Wien).

ICAO-Codes = kodierte Benennung von Fluggesellschaften (z. B. AUA für Austrian) und Flughäfen (z. B. LOWW für Wien). Diese kommen (fast) ausschließlich im Rahmen der ICAO-Regeln (z. B. für Fluglotsinnen und -lotsen oder Pilotinnen und Piloten) zur Anwendung.

2.1 Funktionen und Betrieb eines Flughafens im Überblick

Flughafenbetrieb
Pisten, Vorfeld, Abstellpositionen; Werft; Zentrum für Allgemeine Luftfahrt (General Aviation); Sicherheit (Security Control); Check-in- und Gepäcks-Handling; Warteräume, Lounges; Tagungsmöglichkeiten und Pressezentrum; Gepäckswagen; Besucherdienst; Feuerwehr; nicht behördliche Abfertigung; Ruheräume und Duschen; Flugsteige/Gates; Fundamt

Die 10 besten Airports der Welt
(nach Kundenbewertung – 13 Mio. Gästefragebögen ausgewertet)

1	Singapur
2	Incheon, Südkorea
3	Tokio Haneda
4	Hongkong
5	Doha, Katar
6	München
7	Chubu, Japan
8	London Heathrow
9	Zürich
10	Frankfurt/Main

Quelle: https://www.travelbook.de, DL 7. April 2018

Luftfahrtbetriebe
Liniengesellschaften, Chartergesellschaften, Flugtaxis

Sonstige Betriebe
Gastronomie; Airporthotels; Banken und Wechselstuben; Handelsbetriebe; Autovermietung; Reiseagenturen und regionale Incoming-Agenturen; Last Minute Outgoing Outlets (Reisemarkt); Versicherungen; spezialisierte Dienstleister (z. B. Meet and Greet Service); Garagenbetriebe; Tankbetriebe; Duty-free-Shops und Travel Value Shops; Catering; Post; Apotheke

Öffentliche Dienstleistungen
Wetterdienst; Flugsicherung; Zollamt; Passkontrolle; Gesundheitsdienst, medizinische Notfallversorgung, Luftaufsichtsstelle; Flugunterrichtsbetriebe und Abnahme von Prüfungen; Polizei

Transportbetriebe
Öffentliche Verkehrsbetriebe (Bahn, Linienbusse); private Busunternehmen; Taxi- und Mietwagenunternehmen; Speditionen und Frächter

Bedeutung und Klassifikation von Zivilflughäfen

Die Bedeutung von Verkehrsflughäfen wird anhand konkreter Kenngrößen definiert bzw. in eine Rangordnung gebracht. In den meisten Fällen vergleicht man die Gesamtzahl der pro Jahr abgefertigten Passagiere. Dazu zählen alle abfliegenden Fluggäste, alle ankommenden Passagiere, alle Umsteiger (werden doppelt gezählt!) und alle Transitpassagiere (bei Zwischenlandungen).

Die größten Airports weltweit nach Passagieren 2017

	Apt		Passagiere 2017 in Mio.
1	ATL	Atlanta, USA	104
2	PEK	Peking	94,4
3	DXB	Dubai	83,6
4	LAX	Los Angeles	80,9
5	HND	Tokio Haneda	79,7
6	ORD	Chicago O'Hare	78,33
7	LHR	London Heathrow	75,7
8	HKG	Hong Kong, China	70,3
9	PVG	Shanghai, China	66
10	CDG	Paris – Charles de Gaulle	65,9

Quelle: https://www.travelbook.de, DL 7. April 2018

Die größten Airports in Europa nach Passagieren 2017

	Apt		Passagiere 2017 in Mio.
1	LHR	London Heathrow	80,1 Mio
2	CDG	Paris – Charles de Gaulle	72,2
3	AMS	Amsterdam - Schiphol	71
4	FRA	Frankfurt	69,5
5	IST	Istanbul	68,2
6	MAD	Madrid - Barajas	57,8
7	BCN	Barcelona – El Prat	47,3
8	LGW	London Gatwick	46
9	MOW	Moskau - Scheremetyewo	45,8
10	MUC	München	44,6

Quelle: https://www.skyscanner.de, DL 19. April 2019

Travel Value Shops und Duty-free-Einkaufsmöglichkeiten bilden einen integralen Bestandteil für das Angebot auf Flughäfen

Duty-free-Shops sind juristisch gesehen Warenhäuser zwischen zwei Zollstellen (also z. B. nach den Passkontrollen auf einem Flughafen oder auf einer Fähre). Auf die hier angebotenen Waren werden weder Zoll noch Mehrwert- oder Verbrauchssteuern erhoben.

Um auf Dauer erfolgreich im Konkurrenzkampf zu bestehen, sind die Betreiber von Zivilflughäfen ständig gefordert, durch ein professionelles Marketing auf ihre Besonderheiten und Vorzüge aufmerksam zu machen.

Wichtige Kriterien der Angebotspolitik

- Bequemlichkeit für abfliegende Passagiere, z. B. Verkehrsanbindung des Flughafens, Parkmöglichkeiten, kurze Wege zum Check-in-Bereich sowie zu den Gates, attraktive Auswahl von Handels- und Dienstleistungsunternehmen
- Komfort für ankommende Passagiere, z. B. kurze Wege zur Gepäcksausgabe (Baggage Claim Area), Verkehrsanbindung zum Stadtzentrum, Zugang zur Pkw-Vermietung und zu Handels- und Dienstleistungsbetrieben
- Annehmlichkeiten für Transfer- und Transitpassagiere, z. B. Ruheräume, Sanitäranlagen, Lounges, Duty-free-Zone, Travel Value Shops, möglichst kurze Umsteigezeit (Minimum Connecting Time – MCT)
- Attraktivität für Fluggesellschaften, z. B. eigene Abfertigungsbereiche, Catering-Service, Büroräume, Briefing Rooms zur Einsatzbesprechung, effizienter Vorfeldservice, Abstellpositionen in Terminalnähe
- Sicherheitstechnologie, z. B. Instrumentenlandesystem, Vorfeldkontrolle, hohes Sicherheitsniveau im Abfertigungsbereich

Hauptaspekte der Preispolitik (Abfertigungsgebühren, Handling Charges)

Landetarif (Landing Fee)
Der Landetarif ist eine flughafenspezifische Gebühr, die vom Höchstabfluggewicht (MTOW Maximum Takeoff Weight) abhängig ist.

Fluggasttarif

Der Fluggasttarif ist österreichweit einheitlich. Für Fluggäste im nationalen und internationalen Flugverkehr, die das Abfertigungsgebäude (Terminal) benützen, ist eine Gebühr zu bezahlen, ebenso für Fluggäste im Regionalverkehr und für umsteigende Fluggäste (Transfer Passengers). Pro abfliegenden Passagier fällt auch eine Sicherheitsgebühr an.

Travel Value Shops: Bei Reisen innerhalb der EU darf seit 1.7.1999 nicht mehr steuerfrei eingekauft werden. Seither spricht man von Travel Value Shops, in denen die Duty-Free-Anbieter Kunden und Kundinnen aus EU-Ländern Waren zu gleichen Preisen wie bei Reisen außerhalb der EU anbieten; die Steuerlast trägt dabei der Einzelhändler.

Quelle: https://de.wikipedia.org

Arbeitsaufgaben

1. Großbritanniens Hauptstadt London verfügt über sechs zivile Flughäfen: Ermitteln Sie im Internet die Namen und den jeweiligen IATA-Airport-Code.

2. Nennen Sie den Namen der Städte – fliegen Sie von

   BRU – JFK – DFW, _____

   BUD – ARN – HEL, _____

   VIE – DXB – BKK, _____

   MAD – BOG – LIM, _____

   ATH – SIN – MEL, _____

   MUC – MIA – LAX. _____

3. Recherchieren Sie die aktuellen Regelungen zum Landetarif am Flughafen Wien-Schwechat.

4. Recherchieren Sie die aktuellen Werbeaktionen des Flugafens Wien-Schwechat.

5. Erörtern Sie, worin unter Umständen die Stärke eines kleinen Regionalflughafens gegenüber den großen Airports liegen kann.

Exkurs: Flughäfen mit sehr speziellen topografischen Standortbesonderheiten

Arbeitsaufgabe

■ Ordnen Sie den Flughafen dem richtigen Bild zu.

❶ Der **Changdu Bangda Airport (BPX)** in Tibet/China gilt als der höchstgelegene Zivilflughafen der Welt: Meereshöhe 4 334 m.

❷ Die Piste des Flughafens von **St. Martin (SXM)** in der Karibik beginnt direkt am Meer.

❸ **Amsterdam Schiphol (AMS)** ist mit drei Meter unter dem Meeresspiegel der tiefstgelegene Airport in Europa.

❹ Die Piste des Flughafens von **Gibraltar (GIB)** kreuzt aus Platzgründen eine öffentliche Straße.

❺ Multi-runway-System am Flughafen **Zürich-Kloten: ZRH** ist ein Standort mit stark wechselnden Windrichtungen.

2.2 Aufgaben eines Flughafens

Die Beförderungsfunktionen obliegen voll und ganz den Fluggesellschaften. Der Airport übernimmt aber eine Reihe von wichtigen Aufgaben im System des Luftverkehrs:

Abfertigung (Airport Handling)

Neben der Unterteilung in behördliche und nicht behördliche Abfertigung gibt es noch folgende Arten von notwendigen Funktionen „landside" wie „airside":

Betriebliche Abfertigung (Operational Handling)

- Dispatch: Wetterinformationen, Flugplanabstimmung mit dem Kapitän/der Kapitänin
- Documentation: Berechnung des Treibstoffbedarfs, Erstellung des Beladungsplans („Load Sheet"), Bestellung der Bordverpflegung usw.
- Ramp Service (Vorfelddienst): Betankung, Kabinenvorbereitung, Be- und Entladung, Energieversorgung, Enteisung, Anlassen der Triebwerke, Abrollen per „Pushback Tractor" usw.

Verkehrsmäßige Abfertigung (Traffic Handling)

- Check-in der Passagiere: Personen- und E-Ticket-Kontrolle, Ausgabe des Boarding Pass, Gepäckskontrolle und -annahme, Sicherheitskontrolle, Transport zum Flugzeug usw.
- Gepäcksabfertigung: Sortieren nach Zielorten, Transport zum/vom Flugzeug, Be- bzw. Entladung
- Fracht- und Postabfertigung: Übernahme der Sendungen, Beförderungsdokumente, Zollformalitäten usw.

„Landside" bezeichnet jenen Bereich des Airport Terminal, welcher sich außerhalb der Sicherheits- und Passkontrolle befindet und für jede Person zugänglich ist.

„Airside" ist der Bereich des Airport Terminal, welcher sich jenseits der Sicherheits- und Passkontrolle befindet und ausschließlich den abfliegenden oder umsteigenden Passagieren vorbehalten ist. Dort befinden sich auch die Duty-free- bzw. Travel Value Shops.

Abstellsysteme

Abhängig von der Art, die Flugzeuge zu „parken", unterscheidet man zwischen:

Abstellsysteme

Fingersystem	Abstellung vor dem Abfertigungsgebäude	Abstellung im offenen Vorfeld	Satellitensystem
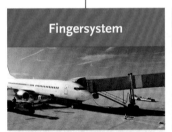			
Hier reichen Piers direkt vom Terminal Gate in das Vorfeld hinein und erlauben den Passagieren den überdachten und direkten Einstieg ins Flugzeug.	Die Passagiere können in der Regel das Flugzeug zu Fuß erreichen.	Zubringerdienst mit Niederflurbussen	Im Vorfeld befinden sich zusätzliche kleine Abfertigungsgebäude, die entweder unterirdisch vom Terminalgebäude aus erreicht werden können, oder die Passagiere werden mit Airportbussen dorthin transportiert (z. B. im Bereich des Terminal 1 am Flughafen München).

Arbeitsaufgaben

1. Fassen Sie kurz zusammen, was auf einem Flughafen zum Traffic Handling gehört.

2. Sammeln Sie die nötigen Informationen zur Mitnahme von Waren, die Ihr Kunde/Ihre Kundin bei einem Flug in den Innenraum des Flugzeuges mitnehmen darf. Was darf keinesfalls im Handgepäck sein? (https://www.viennaairport.com/passagiere/flughafen/zollkontrolle)

Flughafenstandorte in Europa und im angrenzenden Mittelmeerraum

Arbeitsaufgabe

■ Finden Sie folgende Destinationen auf der Landkarte und ergänzen Sie die entsprechenden Informationen.

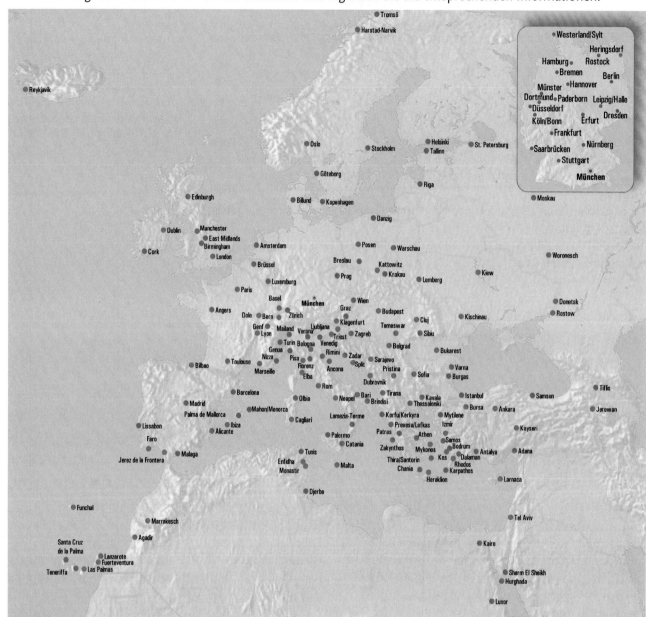

Destination	Zielland (sowie ggf. geografische Region)	IATA-Code
Varna		
Larnaca		
Reykjavik		
Sharm el Sheikh		
Edinburgh		
Heraklion		
Monastir		
Catania		

Wichtige Flughafenstandorte außerhalb Europas

✎ Arbeitsaufgabe

■ Finden Sie folgende Destinationen auf der Landkarte und ergänzen Sie die entsprechenden Informationen.

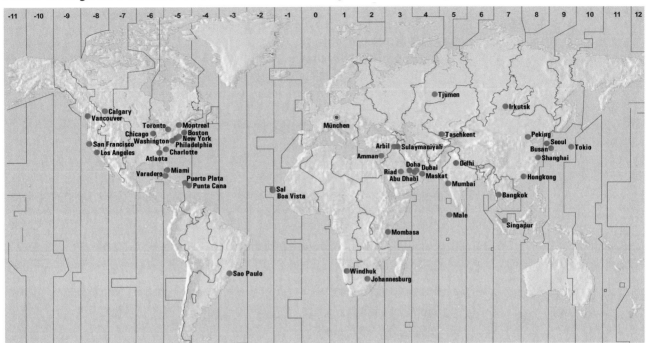

Destination	Zielland (ggf. auch Region/Bundesstaat)	IATA Area	IATA-Code
Taschkent			
Cancun			
Windhuk			
Phuket			
Calgary			
Doha			
Sal			
Busan			
Mumbai			
Punta Cana			
Mombasa			
Tjumen			
Philadelphia			
Maskat			
Varadero			
Johannesburg			

Standorte der internationalen
Flughäfen in Österreich

www.viennaairport.com
www.salzburg-airport.com
www.flughafen-graz.at
www.innsbruck-airport.com
www.flughafen-linz.at
www.klagenfurt-airport.at

Mehr Passagiere am Flughafen Wien		
Westeuropa	9,29 Mio.	+ 10,3 %
Osteuropa	2,26 Mio.	+ 8,3 %
Nordamerika	352 427	+ 8,9 %
Lateinamerika	2 790	– 76,2 %
Afrika	272 454	+ 29,8 %
Nahost	685 705	+ 8,3 %
Fernost	618 561	+33,5 %

Quelle: SN 23. Jänner 2019

2.3 Airports in Österreich

Flughäfen in Österreich – Fakten

- 200 Luftfahrtunternehmen
- 6 internationale Flughäfen und weitere 90 Flugfelder – davon 45 Hubschrauberlandeplätze (Heliports)
- Rund 194 000 Landungen/Jahr
- 2017 wurden auf allen österreichischen Flughäfen inklusive dem benachbarten Airport St. Gallen-Altenrhein (CH) 27,86 Mio. Passagiere abgefertigt, 84 % davon in Wien-Schwechat (VIE).

Flughäfen in Österreich und ihre Codes	IATA-Code	ICAO-Code
Wien-Schwechat (Vienna International Airport)	VIE	LOWW
Salzburg (Wolfgang Amadeus Mozart)	SZG	LOWS
Graz (Thalerhof)	GRZ	LOWG
Innsbruck (Kranebitten)	INN	LOWI
Linz-Hörsching	LNZ	LOWL
Klagenfurt (Alpe Adria)	KLU	LOWK

Der Flughafen Wien-Schwechat VIE

Nach der Insolvenz von Air Berlin/FlyNiki hat derzeit die LH-Gruppe (AUA, LH und Eurowings) eine marktbeherrschende Stellung auf Österreichs größtem Flughafen, gleichzeitig entwickeln sich aber einige Low-Cost-Carrier sehr dynamisch. Insgesamt haben 38 Airlines einen Firmensitz in Wien.

Neben der 2018 neu gegründeten Lauda, die der LH-Gruppe Konkurrenz machen will, sind mit der stark wachsenden ungarischen Wizz Air und den beiden spanischen Gesellschaften Vueling Airlines und Level schon weitere Billigairlines in Wien präsent. Sie bieten Städteziele in Europa und Ferienziele im Mittelmeerraum an.

Um fit für die Zukunft und bereit für ein Wachstum jenseits der 30-Millionen-Passagier-Marke zu sein, ist aus Sicht des Wiener Flughafen-Managements und der Wirtschaft in Ostösterreich der Bau einer dritten Start-/Landepiste unbedingt notwendig; nach einer Entscheidung des Verwaltungsgerichtshofes darf, im Gegensatz zu einem früheren Verbot, nun die dritte Piste geplant und gebaut werden.

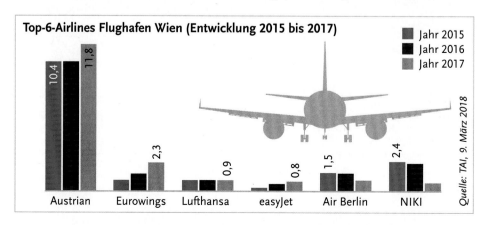

Top-6-Airlines Flughafen Wien (Entwicklung 2015 bis 2017)

- ■ Jahr 2015
- ■ Jahr 2016
- ■ Jahr 2017

Austrian 10,4 / 11,8 · Eurowings 2,3 · Lufthansa 0,9 · easyJet 0,8 · Air Berlin 1,5 · NIKI 2,4

Quelle: TAI, 9. März 2018

Passagier-Entwicklung der Bundesländerflughäfen 2018

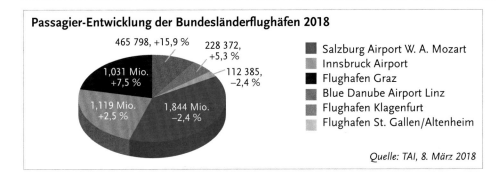

465 798, +15,9 % 228 372, +5,3 %
112 385, −2,4 %
1,031 Mio. +7,5 %
1,119 Mio. +2,5 %
1,844 Mio. −2,4 %

■ Salzburg Airport W. A. Mozart
■ Innsbruck Airport
■ Flughafen Graz
■ Blue Danube Airport Linz
■ Flughafen Klagenfurt
■ Flughafen St. Gallen/Altenheim

Quelle: TAI, 8. März 2018

Sicherheitskontrollen – eine immer größere Herausforderung für die Airports

Angesichts jederzeit möglicher terroristischer Bedrohungen und zunehmender organisierter Kriminalität wird die genaue Überprüfung der Passagiere zu einem immer wichtigeren Thema. Die Kontrollen sollen noch genauer werden, zugleich soll für die Fluggäste keine längere Wartezeit oder Verspätung entstehen.

Am VIE-Airport gibt es seit 2017 sogenannte E-Gates zur vollautomatisierten Gesichtsfelderkennung. Vor allem Gäste, die in den Schengenraum einreisen bzw. aus diesem ausreisen wollen, müssen genauestens kontrolliert werden – keine leichte Aufgabe bei ca. 70 000 Passagieren an einem Durchschnittstag (90 000 an Spitzentagen). Die Kontrolle soll sicherstellen, dass Passinhaber/in und Passbild identisch sind; dazu muss der Passagier/die Passagierin selbst den Pass einscannen, der anschließend biometrisch überprüft wird.

Abflughallen auf großen Airports sollen für die Passagiere möglichst übersichtlich gestaltet sein

Die Zukunftsvision

Der Airport der Zukunft wird eine „berührungsfreie Passagierabfertigung ganz ohne Ticket und Warteschlange" bringen, die Chancen der Digitalisierung werden verbesserte Sicherheitskonzepte und einen vernetzten Flughafen ermöglichen. Intelligente Passagier- und Gepäckhandlingsysteme sollen bei weiterwachsenden Passagierzahlen ein Reisen mit weniger Wartezeiten Realität werden lassen.

Quelle: TAI, 3. November 2017

3 Flugpläne und Beförderungsklassen

3.1 Flugpläne

Die wichtigsten Informationsquellen und Auskunftssysteme für Flugpläne sind heute die in der Branche verwendeten GDS (Global Distribution Systems), also weltweite Buchungs- und Informationsprogramme.

Daneben findet man diese Informationen auch auf den Websites der Airlines und der Flughäfen sowie der großen Airline-Allianzen (Star Alliance, Worldspan und SkyTeam), auf Onlineportalen (z. B. Opodo, Orbitz) und bei Onlinereisebüros (Expedia, Travelocity etc). Die britische Firma OAG (Official Airline Guide) bietet per Abonnement Onlinezugänge für Businessreisende.

Zusätzlich gibt es immer noch die gedruckten Flugpläne von Airlines und Flughäfen, die zusätzlich auch noch Adressen von Airline-Büros im In- und Ausland, Vielfliegerprogramme, Kabinenpläne, Flughafen- und Loungeinformationen enthalten.

💡 Die wichtigsten GDS sind Amadeus, Sabre und Travelport (ehemals Galileo und Worldspan).

3.2 Beförderungsklassen

Die Beförderungsklassen bezeichnen die Qualitätsklassen des angebotenen „Produktes". Verschiedene Beförderungsklassen (auch Sitzplatz- bzw. Serviceklassen genannt) unterscheiden sich nicht nur allein durch den Preis, sondern vor allem durch den Sitz, den Service und das Catering.

In jeder dieser Klassen gibt es nämlich zahlreiche Tarifklassen – neben dem jeweiligen Normaltarif eine ganze Reihe von ermäßigten Tarifen, zu denen es aber zahlreiche Anwendungsbestimmungen (notes, rules) gibt. Sie verbinden meist einen preislichen Vorteil mit gewissen Einschränkungen bei den Möglichkeiten (Umbuchung, Stornierung, Flugtage etc.).

Hier unterscheidet man grundsätzlich drei Klassen:

Erste Klasse (First Class)	Klasse für Geschäftsreisende (Business Class, Club Class)	Touristenklasse (Economy Class, Coach Class)
Booking Code oder Prime Code: P, F oder A	Booking Code oder Prime Code: J, C, D, I, O, R oder Z	Booking Code bzw. Prime Code: Y oder S
Beispiel: Es gibt z. T. verschiedene Buchungsklassen, sogenannte Subclasses, innerhalb der FIRST CLASS.	**Beispiel:** Es gibt auch hier verschiedene Buchungsklassen.	**Beispiel:** Zahlreiche Unterklassen: z. B. W, B, H, K, L, M, Q, T, V, X, G

Durch das elektronische Yield Management kann die Airline jederzeit per Mausklick überprüfen, wie gut sich welche Tarifklasse verkauft – und sofort umstellen. Schlecht gebuchte Tarife werden weggenommen, die Plätze werden in eine günstigere Preisklasse gegeben. (Die Sitze selbst bleiben natürlich gleich.)

Die First Class wird meist nur bei Interkontinentalflügen angeboten oder auf Strecken mit sehr vielen Geschäftsreisenden. Am Kontinent gibt es meist nur Business Class und Economy Class, Ferienflieger haben oft nur eine Sitzklasse. Dasselbe Fluggerät kann bei zwei Airlines völlig unterschiedlich bestuhlt sein. Aus Marketinggründen haben viele Airlines besondere Bezeichnungen für spezielle Klassen: Die „Residenz" ist eine Art Luxus-First-Class bei Etihad, „Euro Traveller" oder „Word Traveller" heißen die Economyklassen bei British Airways usw.

Je nach Airline und Flugzeugtyp gibt es in puncto Beförderungsklassen zahlreiche Ausnahmen. So gibt es in bestimmten Flugzeugtypen je nach Angebots- und Preispolitik oft nur zwei (z. B. Business Class und Economy Class) oder gar nur eine Serviceklasse (meist Economy Class).

Fallbeispiel: Die AUA-Businessklasse

Nur vier Sitze pro Reihe (1 – 2 – 1) bieten ausreichend Beinfreiheit und für jeden Gast direkten Zutritt zum Gang. Jeder Sitz ist rasch auf ein fast zwei Meter langes Bett umzulegen. Die Sitze bieten verstellbare Polsterhärten für jeden Sitz- und Schlaftyp, die Rückenlehne bietet eine Massagefunktion. Jeder Platz hat eine Steckdose, einen USB-Anschluss und ein umfangreiches Film- und TV-Auswahl, ergänzt durch ein hochwertiges Speisen- und Weinangebot.

Leistungsdifferenzierung der verschiedenen Beförderungsklassen
- Abfertigung am Flughafen
- Leistungen an Bord (In-flight Service)
- Sitzplatzzuteilung (Seat Allocation)
- Freigepäck (Baggage Allowance)
- Excess Baggage (Übergepäck)

■ Recherchieren Sie die aktuellen Leistungsunterschiede zwischen den verschiedenen Beförderungsklassen beim Freigepäck und den Leistungen an Bord von mindestens drei Fluglinien.

Neue Entwicklungen beim Check-in

Self-Bag-Drop-Schalter

Das sind unbesetzte Schalter, an denen der Kunde/die Kundin, der/die online eingecheckt hat und bereits seine/ihre Bordkarte besitzt, auch selbstständig und ohne Hilfe seitens des Personales sein/ihr Gepäck aufgibt.

Ticket Terminal (Automated Check-in Point, Quick Check-in)

Passagiere können z. B. über Credit Card oder Frequent Flyer Chipcard an diesen Automaten selbst einchecken. Im Zuge dessen muss man dann auch über Touchscreen seinen Sitzplatz selbst wählen.

Seamless Travel

Kontaktloses Eincheck-Prozedere im Linienluftverkehr. Der Fluggast wird per eingeschaltetem WAP-Handy mit virtuellem Boarding Pass („2-D-Barcode") auf dem Display am Reiseantrittsort sowie an den Umsteigeorten erfasst und begibt sich ungehindert zum Flugzeug. Der virtuelle Boarding Pass wird dem Passagier spätestens 48 Stunden vor Reiseantritt von der Airline übermittelt.

Der virtuelle Boarding Pass wird dem Fluggast spätestens 48 Stunden vor Reiseantritt von der Airline übermittelt

Arbeitsaufgaben

1. Recherchieren Sie die Angebotspolitik der Austrian Airlines in puncto Serviceklassen.

2. Die Low-Cost-Airlines verzichten in der Regel auf differenzierte Beförderungsklassen und Self-Check-in. Finden Sie Gründe für diese Strategie.

3. Vergleichen Sie die Onlineportale Opodo und Orbitz hinsichtlich ihrer Übersichtlichkeit und Benutzerfreundlichkeit.

4 Fluggesellschaften

Zahlen und Fakten

- 1 400 kommerzielle Luftverkehrsgesellschaften
- 27 000 Fluggeräte
- Etwa ein Drittel betreibt nationale und internationale Linienstreckennetze, ein weiteres Drittel sind reine Charterfluggesellschaften.

Neben dem Personen- und Frachtverkehr verfolgen einige Airlines zahlreiche weitere Geschäftsaktivitäten: finanzielle Beteiligungen an Hotels, Vertriebsunternehmen und anderen Airlines, teilweise eigene Catering- oder Kreditkartenunternehmen.

Bezeichnung von Flugunternehmen

Neben den auch dem Kunden/der Kundin geläufigen Namen werden die Airlines in der Luftfahrt oder in der Touristik oft mit einem Code benannt. Dabei unterscheidet man drei Arten von Codes:

- **IATA Airline Designator Code,** auch: Two-Letter-Code:(z. B.: LH = Lufthansa, OS = Austrian)
- **ICAO Airline Code** (DLH = Lufthansa, AUA = Austrian)
- **Airline Identification Number/Ticketing Code** (220 = Lufthansa, 257 = Austrian). Diese Nummer wird vor allem bei der Abrechnung des Tickets verwendet.

4.1 Einteilungsschemata der kommerziell agierenden Airlines

Hub = Drehkreuz im Luftverkehr.

Unterscheidung nach dem Aktionsradius des operativen Betriebs

- **Global Airlines:** Meist größere Fluggesellschaften mit einem ausgedehnten Streckennetz, einem klar erkennbaren „Hub-System" und eigenen Verbindungen zu mindestens einem weiteren Kontinent (z. B. British Airways, Lufthansa, Air France/KLM, Iberia, Emirates).
- **Regional Airlines:** In der Regel kleinere bis mittelgroße Unternehmen mit Flugangeboten innerhalb eines Kontinents, wobei z. T. auch hier nach dem „Hub-System" Umsteigeverbindungen möglich sind (z. B. Croatia Airlines, Shanghai Airlines, Ryanair, Southwest Airlines).
- **Local Airlines:** Kleine Fluggesellschaften, welche meist mit Kurzstreckenflugzeugen ein kleines geografisches Gebiet bedienen (z. B. Aurigny Air Services, Tropic Air, Cayman Airways).

Low-Cost-Airlines gehören meistens zu den Non-IATA Air Carriers

Nach der IATA-Mitgliedschaft

- IATA Carriers – Luftverkehrsgesellschaften (ca. 230 Airlines), welche dem globalen Verband International Air Transport Association angehören
- Non-IATA Air Carriers

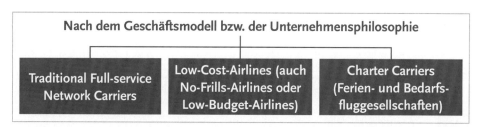

Nach dem Geschäftsmodell bzw. der Unternehmensphilosophie		
Traditional Full-service Network Carriers	Low-Cost-Airlines (auch No-Frills-Airlines oder Low-Budget-Airlines)	Charter Carriers (Ferien- und Bedarfsfluggesellschaften)

4.2 Starker Konzentrationsprozess in der Luftfahrt

Die globale Luftfahrt kämpft mit zu vielen Anbietern, einem extremen Preisdruck und einem ruinösen Wettbewerb und das, obwohl von Jahr zu Jahr mehr Menschen fliegen.

Weltweit beobachtet man einen starken Konzentrationsprozess in der Flugbranche, das heißt, die Riesen werden immer noch größer, die Kleinen stehen unter unglaublichem Druck, um überleben zu können. Die 30 größten Airlines der Welt hatten zuletzt Umsatzzuwächse, die gesamte Flugbranche hingegen verzeichnete leichte Rückgänge; die Ticketpreise steigen, wenn weniger Anbieter am Markt übrig bleiben.

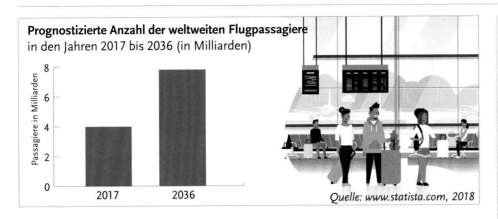

Prognostizierte Anzahl der weltweiten Flugpassagiere
in den Jahren 2017 bis 2036 (in Milliarden)

Quelle: www.statista.com, 2018

In den USA sind von einst 15 bedeutenden Airlines vier Großbetriebe übrig geblieben, die über 80 % des Geschäftes machen.

In Europa ist esnoch nicht so weit, aber es zeichnet sich ein ähnlicher Trend ab. Derzeit wickeln die vier größten Airline-Gruppen 46 % des Gesamtverkehrs ab, aber regelmäßig werden kleine Airlines, bei Insolvenz oder kurz davor, von den großen zugekauft oder übernommen.

Wird Fliegen immer öfter zur Zitterpartie? Tatsache ist, dass zunehmend Flüge verspätet sind oder ausfallen, die Zahl der Beschwerden steigt an.

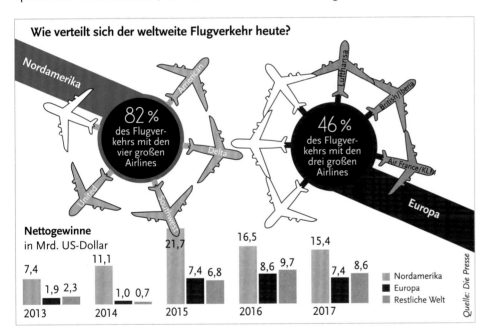

Wie verteilt sich der weltweite Flugverkehr heute?

82 % des Flugverkehrs mit den vier großen Airlines

46 % des Flugverkehrs mit den drei großen Airlines

Nettogewinne in Mrd. US-Dollar

Nordamerika
Europa
Restliche Welt

Quelle: Die Presse

Weltweiter Flugverkehr

Europa	25 %
Nordamerika	25 %
Asien-Pazifik	33 %
Rest	17 %

Die Presse 17. August 2017

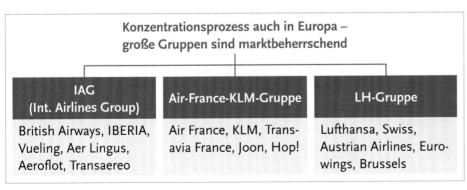

Konzentrationsprozess auch in Europa –
große Gruppen sind marktbeherrschend

IAG (Int. Airlines Group)	Air-France-KLM-Gruppe	LH-Gruppe
British Airways, IBERIA, Vueling, Aer Lingus, Aeroflot, Transaereo	Air France, KLM, Transavia France, Joon, Hop!	Lufthansa, Swiss, Austrian Airlines, Eurowings, Brussels

Die passagierstärksten Airlines müssen nicht unbedingt auch die umsatzstärksten sein. Weltweit verzeichneten zuletzt etwa Ryanair, Qatar Airways, Turkish Airlines oder Etihad Airways ein überdurchschnittlich großes Wachstum.

Europäische Luftfahrtstrategie

Die Europäische Kommission ist darum bemüht, in Europa, trotz des hohen Konkurrenzdrucks am Luftfahrtmarkt, hohe Sozial- und Sicherheitsstandards aufrechtzuerhalten. Sie bemüht sich auch darum,europäische Sozialstandards und faire Wettbewerbsbedingungen in Drittstaaten zu etablieren. Besteht zwischen dem EU-Europa und Nordamerika bereits ein Open-Skies-Abkommen, so wird derzeit mit mehreren weiteren Staaten(gruppen) über gegenseitige Luftverkehrsabkommen verhandelt: EU – Balkanstaaten, EU – Marokko und EU – Israel und EU – ASEAN-Staaten. Gelingt das Abkommen mit der letzten Staatengruppe, komme es in einem Luftraum von 37 Staaten künftig zu einer deutlichen Erleicherung des Flugverkehrs.

4.3 Luftverkehrsunternehmen in Österreich

Austrian Airlines Group

Auch der Luftverkehr in Österreich hat sich im Laufe der letzten Jahrzehnte grundlegend verändert. Firmen wie Lauda Air, Tyrolean Airways, Rheintalflug oder Austrian Arrows wurden in verschiedenen Schritten zur Austrian Airlines Group verschmolzen, die alten Namen verschwanden vom Markt. 2009 wurde schließlich die ehemals staatliche und dann teilprivatisierte AUA von der deutschen Lufthansa übernommen und in den LH-Konzern integriert. Am österreichischen Luftfahrtmarkt hat nun die LH-Gruppe eine dominante Position, die von den EU-Wettbewerbshütern genau verfolgt wird.

Die Lufthansa-Gruppe 2016

	Umsatz in Mrd. €	Passagiere in Mio.	Auslastung in %
Lufthansa	15,4	29,7	76,5
Swiss	4,4	17,9	80,2
Austrian	2,1	11,4	76,1
Eurowings	2,0	18,4	79,6
Brussels	1,2	7,7	79,6

Quelle: TAI, 24. März 2017

Austrian Airlines ist Mitglied der Star Alliance und betreibt ein weltweites Streckennetz von derzeit rund 130 Destinationen. In Mittel- und Osteuropa ist das Netz mit 37 Destinationen besonders dicht. Durch die zentrale Lage in Europa ist der Heimatflughafen Wien eine ideale Drehscheibe zwischen allen Teilen des Kontinents.

Neustart von Laudamotion

Nach der Insolvenz von FlyNiki infolge des Zusammenbruchs deren Muttergesellschaft Air Berlin hat sich der österreichische Flugmarkt grundlegend verändert, Exrennfahrer Niki Lauda hatte zunächst die Flugrechte der alten Airline erworben und mit der Gesellschaft „Laudamotion" im Frühjahr 2018 den Flugbetrieb aufgenommen.

Inzwischen gehört die Airline zur Gänze zu Ryanair. Die aktuelle Flotte (Stand 2019) besteht aus 23 Flugzeugen. Headquarter ist Wien. Im Jahr 2019 werden über 6 Mio. Passagiere befördert. Die österreichische Airline bietet Flüge zu über 80 Destinationen in 19 Ländern an.

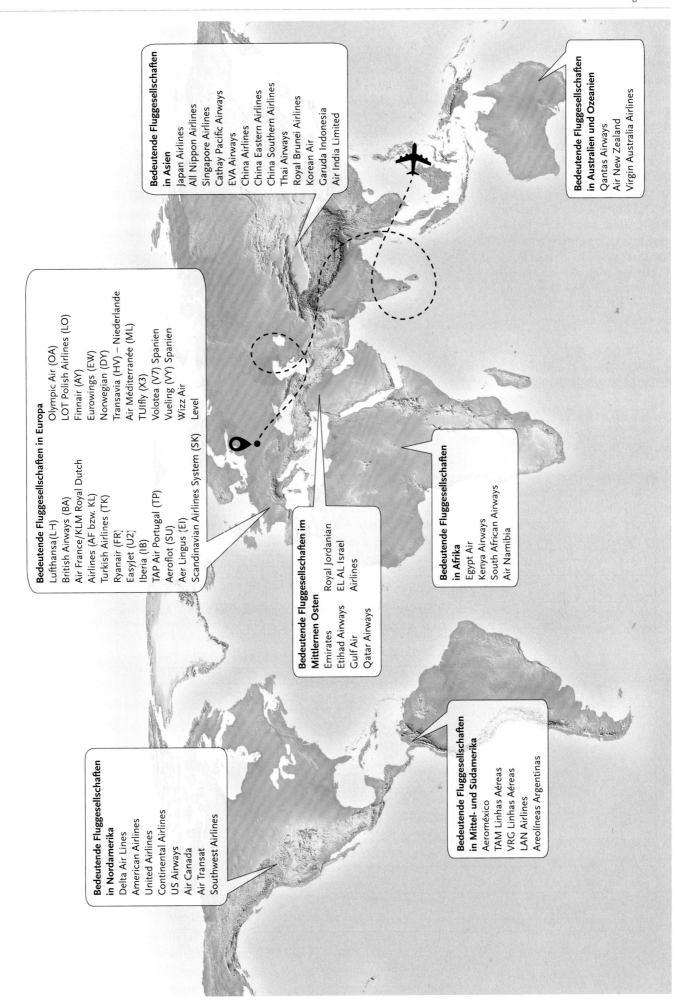

Bedeutende Fluggesellschaften in Asien

Japan Airlines	
All Nippon Airlines	
Singapore Airlines	
Cathay Pacific Airways	
EVA Airways	
China Airlines	
China Eastern Airlines	
China Southern Airlines	
Thai Airways	
Royal Brunei Airlines	
Korean Air	
Garuda Indonesia	
Air India Limited	

Bedeutende Fluggesellschaften in Australien und Ozeanien

Qantas Airways
Air New Zealand
Virgin Australia Airlines

Bedeutende Fluggesellschaften in Europa

Lufthansa(L-H)	Olympic Air (OA)
British Airways (BA)	LOT Polish Airlines (LO)
Air France/KLM Royal Dutch	Finnair (AY)
Airlines (AF bzw. KL)	Eurowings (EW)
Turkish Airlines (TK)	Norwegian (DY)
Ryanair (FR)	Transavia (HV) – Niederlande
EasyJet (U2)	Air Méditerranée (ML)
Iberia (IB)	TUIfly (X3)
TAP Air Portugal (TP)	Volotea (V7) Spanien
Aeroflot (SU)	Vueling (VY) Spanien
Aer Lingus (EI)	Wizz Air
Scandinavian Airlines System (SK)	Level

Bedeutende Fluggesellschaften im Mittlernen Osten

Emirates	Royal Jordanian
Etihad Airways	EL AL Israel
Gulf Air	Airlines
Qatar Airways	

Bedeutende Fluggesellschaften in Afrika

Egypt Air
Kenya Airways
South African Airways
Air Namibia

Bedeutende Fluggesellschaften in Nordamerika

Delta Air Lines
American Airlines
United Airlines
Continental Airlines
US Airways
Air Canada
Air Transat
Southwest Airlines

Bedeutende Fluggesellschaften in Mittel- und Südamerika

Aeroméxico
TAM Linhas Aéreas
VRG Linhas Aéreas
LAN Airlines
Areolíneas Argentinas

Brexit und der Flugverkehr?

Noch ist nicht ganz klar, wie sich der Brexit auf das europäische Fluggeschehen auswirken wird. Ein neues Luftverkehrsabkommen zwischen Großbritannien und der EU der 27 wird erforderlich sein. Airlines (wie z. B. Ryanair) könnten ihre Basis von London auf den Kontinent verlegen. EasyJet hat 2017 bereits eine Tochterfirma EasyJet Europa mit Sitz in Wien gegründet; längerfristig sollen 100 Maschinen in Schwechat stationiert werden, mit österreichischem Kennzeichen (OE ...) und von hier aus soll der Europaverkehr dieser Airline geleitet werden.

Airline-Jobs – noch immer ein Traumberuf?

Durch den enormen Konkurrenzdruck – immer mehr und immer billiger – müssen die Airlines immer noch knapper kalkulieren. Das bedeutet: Die Dienstpläne werden immer dichter, Piloten sind ständig übermüdet. Die Arbeitsbedingungen werden härter, bei den Billigairlines sehr rau, bei Netzwerk-Carriern etwas besser. Die Entlohnung immer schlechter.
Ein Flugbegleiter-Neueinsteiger verdient durchschnittlich 1.200,00 EUR netto (Vollzeit).

Gesetzliche Arbeitszeitlimits werden immer öfter überschritten (Extended Flight Times).
Immer öfter ist das Flugpersonal erschöpft und ausgebrannt. Die Passagiere werden lauter, ungenierter, aber anspruchsvoller. Trotz allem suchen die Airlines intensiv Flugpersonal. Und trotz allem ist der Andrang zu den meisten Airlines groß, fliegen scheint noch immer der Traumberuf vieler Menschen zu sein.

Quelle: SN, 16. Dezember 2017

Arbeitsaufgaben

1. Ermitteln Sie, welche fünf Airlines derzeit für Österreich maßgeblich sind.

2. Recherchieren Sie im Internet, welche Überseeziele die Austrian Airlines derzeit anfliegen.

3. Ermitteln Sie, welcher Flughafen der wichtigste „Hub" der Lufthansa ist.

4. Ermitteln Sie, welcher europäische Flughafen ein wichtiger Hub nach Lateinamerika ist und welcher speziell für Flüge nach Brasilien.

5. Recherchieren Sie, aus welchen lateinamerikanischen Ländern die Airlines VRG, TAM und LAN kommen.

6. Erheben Sie, in welchen amerikanischen Städten sich die Heimatflughäfen von Delta Airlines, United Airlines und US Airways befinden.

7. Stellen Sie fest, ob eine Airline Mitglied der IATA sein muss.

8. Recherchieren Sie, was der Konzentrationsprozess in der Luftfahrt dem US-Markt gebracht hat.

5 Weltweite Airline-Allianzen und Billigfluggesellschaften

Bis in die 1980er-Jahre war die weltweite Luftfahrt ein stark reguliertes System: Es gab kaum freien Wettbewerb, die meisten Airlines, vor allem in Europa, waren in Staatsbesitz und hatten häufig eine Monopolstellung.

Durch die sogenannte **Deregulierung** oder **Liberalisierung** des Flugverkehrs, ausgehend ab etwa 1980 von den USA und Großbritannien, wurden viele der vorher strengen IATA-Regeln gelockert oder ganz abgeschafft. Am Luftverkehrsmarkt entstand eine Konkurrenzsituation, Airlines wurden privatisiert oder waren nur mehr teilweise in Staatsbesitz, neue Airlines entstanden, es entwickelte sich das Geschäftsmodell der Billigairlines (Low-Cost-Carrier).

Durch diese „Open Sky Policy" bekamen die Airlines größeren Freiraum bei der Preisgestaltung, der Streckenwahl und beim Flottenmanagement. Da auch die strengen Preisgrenzen weggefallen waren, kam es nun zu teilweise sehr günstigen Flugtarifen. Je größer der Wettbewerb auf einer Strecke wurde, desto günstiger fallen die Preise aus.

Das hat zu einer gravierenden Bereinigung oder Umstrukturierung am Luftverkehrsmarkt geführt. Ehemals berühmte Airlines gerieten in finanzielle Turbulenzen, wurden insolvent und verschwanden (z. B. Panam). In Europa wurde z. B. die Austrian Airlines an die Lufthansa-Gruppe verkauft, wie vorher bereits die (ehemalige) Swissair. Zu den letzten „Bruchlandungen" gehörten die Alitalia, die Monarch, Air Berlin und FlyNiki.

5.1 Airline-Allianzen

Eine der möglichen Reaktionen auf den verschärften Wettbewerb war der Beitritt zu einer Allianz, um alle denkbaren (Kosten-)Vorteile einer Kooperation über die Kontinente hinweg nützen zu können. Zwischen 1997 und 2000 entstanden drei Bündnisse, die heute noch zu den großen Kooperationen zählen und die gut 80 Prozent des weltweiten Luftverkehrs abwickeln.

Fallbeispiel der Globalisierung beim Reisen

Die Oneworld Alliance als eine Kooperation der größten weltweit operierenden Fluggesellschaften wurde 1999 gegründet und ist ein hervorragendes Beispiel dafür, wie Unternehmen zusammenarbeiten und den Kundennutzen steigern können. Wer sich in die Zeit vor der Kooperation zurückdenkt und eine Reise zum Weltkulturerbe Terrakotta-Armee ausgehend von München buchen wollte, der musste mehrere getrennte Buchungen vornehmen, und das Reisebüro oder der Fluggast selbst musste auch für das Ausstellen von mehreren, getrennten Flugscheinen sorgen. Wer von München nach Hong Kong über London reist, der kann das Gesamtangebot von British Airways und der Fluggesellschaft aus Hongkong (Cathay Pacific) nutzen. Durch das sogenannte Codesharing werden Flugscheine gegenseitig anerkannt und die meisten Cathay-Pacfic-Flüge können auch bei British Airways gebucht werden. Ähnlich der Anschlussflug von Hongkong nach Xian! Hier ist kein separater, neuer Flugschein notwendig: Die Reise kann einfach durchgebucht werden. Die Globalisierung führt also dazu, dass man selbst eine Reisekette zu einem kleinen exotischen Zielort und Flughafen mit nur einem Anruf und auf einem einzigen Ticket buchen kann. Bei Verspätungen, Anschlussverlusten und Umbuchungen gibt es ebenfalls nur einen einzigen Kontakt mit der Fluggesellschaft, und alle Flüge können geändert oder umgebucht werden, sofern dies die Tarifregeln zulassen. Damit wird weltweites nahtloses Reisen Realität.

Quelle: www.globalisierung-fakten.de, 3. Juni 2019

Wie kooperieren die Airlines in einer Allianz? –
Sie versuchen, Synergien zu nützen durch:

- Gemeinsamen Flugzeugeinkauf und -wartung
- Gemeinsame Vermarktung und Werbung

- Gemeinsame Büros und Check-in-Schalter – dadurch Ersparnis bei Personal und Immobilien
- Codesharing – ein Flug wird von zwei (u. U. sogar drei) Airlines gemeinsam angeboten, eine führt ihn durch (Flugnummer z. B. OSLH 1698 mit dem Zusatz „operated by …"
- Attraktive Round-the-world-Tarife
- Kurze Umsteigzeiten durch optimal abgestimmte Flugpläne auf Hubs
- Mehr Service bei geringeren Kosten
- Gemeinsame Pilotenausbildung
- Gegenseitige Kundenbetreuung (z. B. AUA-Passagier/in geht in Chicago zu Star-Alliance-Schalter und wird gleichwertig betreut)
- „Durchchecken" bei Flügen innerhalb der Allianz – der Kunde/die Kundin macht für sich und sein/ihr Gepäck nur einen Check-in, beim Umsteigen braucht er/sie sich um nichts zu kümmern (das können die Low-Cost-Airlines mit ihrem Point-to-Point-Verkehr nicht bieten)
- Gemeinsame Vielfliegerprogramme (z. B. „miles and more" der LH-Gruppe) und gemeinsame Airport-Lounges bringen Vorteile für die Kunden und Kundinnen

Star Alliance

1997 als erste globale Luftfahrtallianz gegründet, bieten die 28 Mitgliedsgesellschaften ihren Kunden/Kundinnen eine ganze Reihe von Vorteilen, wie z. B. nahtlose Verbindungen in einem umfangreichen globalen Netzwerk, Zuverlässigkeit, permanente Innovation und hervorragenden Kundenservice.

Oneworld

1999 gegründet, umfasst sie heute 13 Airlines, die rund 1 000 Ziele in 158 Ländern anfliegen.

SkyTeam

Entstanden im Jahr 2000, ist sie heute mit 20 Mitgliedern nach er Star Alliance die zweitgrößte Allianz.

 Arbeitsaufgaben

1. Nennen Sie Ihrem Kunden/Ihrer Kundin die Airline-Allianz, in der die AUA Mitglied ist. Welche Airline ist der Allianz-Partner für Anschlussflüge in den USA?

2. Erstellen Sie eine Mindmap, in der Sie die Vorteile einer Mitgliedschaft in einer Airline-Allianz aufzeigen

3. Versuchen Sie, eine wirtschaftliche und politische Erklärung dafür zu finden, dass die Liberalisierung des Flugverkehrs zwischen Nordamerika und Europa ihren Anfang nahm.

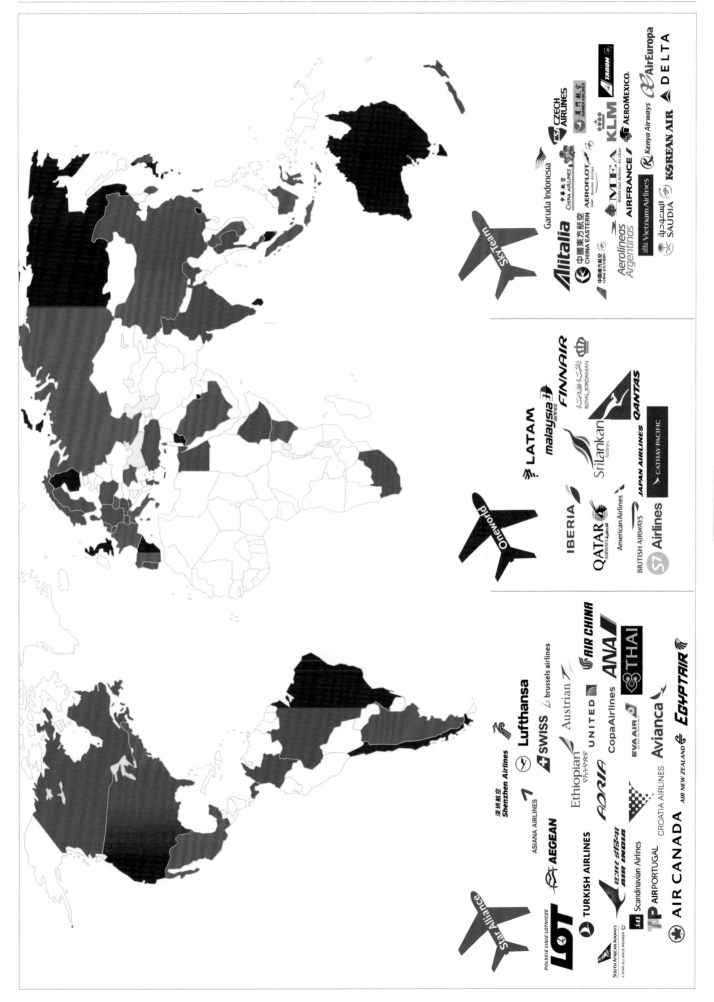

Mittelstreckenflugzeug des Billigfliegers (oder: der Low-Cost-Airline) EasyJet

💡 Die wichtigsten Low-Cost-Airlines in Europa (Passagiere und Umsatz) sind
- Ryanair
- EasyJet
- Norwegian Air
- Vueling
- Eurowings
- Wizz Air

Trotz beeindruckender Passagierzahlen bedienen die Low-Cost-Airlines aktuell nur etwa sechs Prozent aller Strecken in Europa!

5.2 Billigfluggesellschaften

Die günstigen Airlines, in der Branche auch „No-Frills-Airlines" oder „Low-Fare-Airlines" genannt, bieten als Grundleistung nur den Transport von A nach B als Punkt-zu-Punkt-Verbindung an. Sie konzentrieren sich auf Kurz- und Mittelstrecken innerhalb eines Kontinentes mit bis zu maximal vier Stunden Flugzeit. Aus Kostengründen fliegen sie oft kleinere (billigere und schnellere) Regionalflughäfen an und bieten keine Möglichkeiten für Anschlussflüge zu einem günstigeren Preis.

Das Geschäftsmodell beruht auf einer extremen Reduzierung aller Serviceleistungen, der kürzestmöglichen Abfertigungzeit am Boden, „Turnaround", möglichst vielen Flüge und somit einer maximalen Betriebsdauer pro Tag. Diese Low-Cost-Tickets gelten nur für den einen gebuchten Flug.

Der Ticketvertrieb erfolgt fast ausschließlich über das Internet oder Callcenter; Sitzplatzreservierungen gibt es nicht oder nur gegen Aufpreis.

Der Fluggast sollte aber auch einiges an Hintergründen wissen:
- Die Schnäppchentarife sind das Lockmittel; meist gibt es höchstens zehn Prozent aller Sitze eines Flugzeuges zu diesem Superpreis.
- Der Preis steigt zum Flugtermin hin ständig an und er kann schon während der Internetsuche ansteigen.
- Billige Ticketpreise – aber minimaler Bordservice; praktisch alle Zusatzleistungen (Verpflegung, Getränke) sind extra zu zahlen.
- Manchmal tolerantere Grenzen beim Freigepäck, aber Koffer ist kostenpflichtig.
- Kein Durchchecken (= Weiterleiten) des Gepäcks beim Umsteigen – neues Einchecken nötig.
- Hohe Belastung und relativ schlechte Entlohnung des Personals.
- Piloten sind oft selbstständig und nicht bei der Airline angestellt und werden nach tatsächlich durchgeführten Flügen bezahlt.

Wo und wie unterscheiden sich Network Carrier und Low-Cost-Carrier?

Netzwerk vs LCC	
Netzwerk	**LCC**
■ Bieten ein größeres und weltweites Streckennetz; aber: weltweites Netz kommt teuer ■ Durch Partnerairlines viele Vorteile für den Kunden/die Kundin beim Weiterfliegen ■ Problemloses Umsteigen; Gepäck wird weitergeleitet ■ Preisliche Vorteile bei Anschlussflug mit Partnerairline ■ Verpflichtung, „gestrandete" Passagiere zu betreuen ■ Flugzeugeinsatz schwieriger zu koordinieren ■ Höhere Sozialstandards ■ Besserer Service	■ Bieten Punkt-zu-Punkt-Verkehr, dieser kommt relativ billig ■ Überwiegend Kurzstrecken in Europa ■ Teilweise „Sekundärflughäfen", die weit außerhalb der Citys liegen – hohe Kosten für Shuttle ■ Engere Bestuhlung, geringerer Sitzabstand ■ Verdienen sehr viel an den Zusatzgebühren – für Gepäck, Reservierung, Imbisse und Getränke; bei Ryanair mehr als 25 % des Umsatzes!

Arbeitsaufgaben

1. Fassen Sie zusammen, warum die Low-Cost-Carrier so extrem billige Tickets anbieten können.

2. Erklären Sie Ihrem Kunden/Ihrer Kundin, der/die mehrere berufliche Stationen in den USA vor sich hat, warum Sie ihm/ihr zur Buchung eines Fluges bei einem Netzwerk-Carrier raten.

6 Fluggastrechte

Je mehr Menschen fliegen, und je mehr Flüge die Airlines anbieten, desto höher ist die Gefahr, dass Fehler passieren und Kunden und Kundinnen irgendwo enttäuscht, ja frustriert hängen bleiben. Die rechtlichen Möglichkeiten des Konsumentenschutzes haben sich in den letzten Jahren aber ganz wesentlich verbessert.

EU-Fluggastrechteverordnung – rechtliche Lage

Der Konsument/Die Konsumentin hat's nicht leicht – ein Vergleich der Ticketpreise bleibt schwierig und kaum überschaubar …, aber warum ist der Vergleich so schwierig?

- Fällt ein Flug aus, dann muss die Airline einen Ersatzflug bereitstellen oder den Ticketpreis erstatten.
- Der Europäische Gerichtshof (EuGH) verpflichtet die Airlines, den vollen Gesamtpreis oder Endpreis bei der Buchung auszuweisen – das heißt also: inklusive aller Steuern und Gebühren – wie z. B. Flughafengebühren, Kerosinzuschlag, Ticketgebühr, Sicherheitsgebühr …
- Änderungs- und Stornogebühren sind zwischen den Airlines äußerst unterschiedlich.
- Fakultative Kosten werden oft erst nach vier bis fünf Buchungsklicks angegeben – z.B. ein Gepäckzuschlag, eine Reise- oder Stornokostenversicherung, eine Kreditkartengebühr.

- Für den Gast ist es dann aber oft zu mühsam, wieder auf einer anderen Buchungsseite völlig neu zu starten, also bucht er trotz Verärgerung.
- Bei Storno verfällt (bei den billigsten Tickets) der Ticketpreis und zusätzlich wird oft ein Teil der Gebühren einbehalten und nicht rückerstattet.
- Es gibt noch keine Kundengeldabsicherung für Airlines, so wie es sie für Reiseveranstalter und Reisebüros gibt. Verbraucherschützer fordern sie seit Langem.
- Und im Vergleich zu anderen Branchen (z. B. dem Versandhandel) gibt es bei der Buchung von Flugtickets noch kein Rücktrittsrecht für den Konsumenten/die Konsumentin.

Quelle: SN, 16. Jänner 2015 und www.passagier.at, DL, 10. April 2018

💡 **Die (österreichische) Agentur für Passagier- und Fahrgastrechte (apf)** ist die gesetzliche Schlichtungs- und Durchsetzungsstelle für den Bahn-, Bus-, Schiffs- und Flugverkehr. Im Rahmen ihrer Schlichtungstätigkeit ist sie für die Klärung von Fahrgast- bzw. Passagierbeschwerden mittels außergerichtlicher Streitbeilegung verantwortlich und verhilft Betroffenen im Streitfall mit dem Unternehmen zu ihrem Recht und ihrer Entschädigung. In ihrer Funktion als Durchsetzungsstelle prüft die apf im Bahn-, Bus-, Schiffs- und Flugbereich die Einhaltung der in den EU-Verordnungen verankerten Rechte.

Quelle: https://www.apf.gv.at/de/organisation.html, DL, 17. April 2019

Wer mitdarf – und wer nicht

Grundsätzlich gilt: Überbuchungen gehören heutzutage zum alltäglichen Geschäft der Airlines. Gesetzlich geregelt sind sie nicht. Um wie viele Plätze eine Fluglinie überbuchen darf, ist nirgends verzeichnet. „Es handelt sich um eine reine Steuerung von Kapazitäten. Das muss jede Fluglinie machen. Wir müssen einplanen, dass Fluggäste aus diversesten Gründen nicht am Gate erscheinen", sagt Peter Thier, Sprecher der Austrian Airlines (AUA). Im Schnitt seien das 5 % pro Flug. „Ja, auch wir überbuchen, aber man sollte den Bogen nicht überspannen", ergänzt Thier.

„Überbuchungsopfern" steht laut Agentur für Passagier- und Fahrgastrechte (apf) einiges zu. Zusätzlich zur Erstattung des Ticketpreises oder der Alternativbeförderung haben Passagiere bei Überbuchung Anspruch auf eine Ausgleichszahlung. Diese beträgt, je nach Entfernung zum Zielort, 250 bis 600 Euro. Darüber hinaus sind Fluglinien verpflichtet, Passagiere aktiv über ihre Rechte zu informieren und es sind sowohl Verpflegung als auch Unterbringung im Hotel vorgeschrieben.

Im günstigsten Fall hieße das: Der von der Überbuchung seines Fluges betroffene Passagier ist nicht in Eile und entscheidet sich für das Geld. Befindet er sich nicht an seinem Wohnort, darf er zusätzlich eine Gratisnacht in einem Hotel verbringen.

Fazit: Auch wenn es Erfreulicheres gibt als Durchsagen wegen Überbuchung – in Zeiten des Internets hat der Passagier eine Möglichkeit, sich seinen Platz im Flieger vorab zu sichern: den Online-Check-in. Dieser kann, je nach Fluglinie, zwischen 72 und 24 Stunden vor Abflug durchgeführt werden.

Quelle: Salzburger Nachrichten, 24. Juni 2017

Arbeitsaufgabe

■ Lesen Sie den obigen Text und beantworten Sie folgende Fragen:
  - ■ Warum überbuchen praktisch alle Airlines?
  - ■ Gibt es dafür genaue Richtlinien?
  - ■ Laut AUA-Experten Thier sind im Durchschnitt ....% der Plätze überbucht, auf einzelnen Strecken kann das aber über 20 % betragen.
  - ■ Was steht einem/einer geschädigten Passagier/in zu?
  - ■ Wovon hängt die Höhe der Entschädigungszahlung ab?
  - ■ Warum beschweren sich so viele Passagiere?
  - ■ Wer bezahlt eine notwendige Übernachtung auswärts?
  - ■ Warum sollte, laut Insidern, eigentlich doch (fast) jeder Kunde/jede Kundin einen Platz im Flugzeug bekommen können?
  - ■ Wie kann sich der Gast gegen Überbuchung absichern?

7 Wirtschaftliche Probleme

> *Während in Europa die Grenzen auf dem Landweg weitgehend abgeschafft wurden, ist man in der Luftfahrt teilweise noch weit von der Idee eines gemeinsamen Luftraummanagements entfernt. Dies beeinträchtigt vor allem die Wirtschaftlichkeit des zivilen Flugverkehrs.*

Aus der chronischen Überlastung des Luftraums und vieler Flughäfen resultieren immer mehr Verspätungen, was die sowohl für die Airlines als auch insbesondere für die Wirtschaftsreisenden und somit für die gesamte Ökonomie nachteilig auswirken. Als wirksame Gegenmaßnahme betrachtet man heute eine exaktere Verteilung der Flüge ("Air Traffic Flow Management") und eine noch effizientere Luftverkehrskontrolle, wie z. B. in Europa der noch nicht verwirklichte "Single European Sky".

Die enormen Überkapazitäten in der Luftfahrt, nicht zuletzt durch das Aufkommen der Low-Cost-Carrier, ziehen eine starke Konkurrenz und oftmals auch einen ruinösen Wettbewerb unter den Airlines nach sich. Dies zeigte sich insbesondere nach Inkrafttreten des "Airline Deregulation Act" ab dem Jahr 1978 in den USA. Auch in Europa führten die Liberalisierung und die "Open Sky Policy" seit 1987 zu großen Umwälzungen in der Luftverkehrswirtschaft.

Gegenmaßnahmen aufseiten der Fluggesellschaften

Kooperationen in unterschiedlichen Erscheinungsformen:
Luftfahrtgesellschaften arbeiten durch den gemeinsamen Vertrieb ihrer Leistungen, die Wartung des Fluggeräts, Technik und Ticketing, gemeinsame Flüge zur Verbesserung des Ladefaktors ("Codesharing") z. B. auf der Nordatlantikroute, zusammen.

Strategische Partnerschaften, Integrationen und Fusionen haben in den letzten zehn Jahren vor allem in Nord- und Südamerika sowie in Europa die Airline-Branche stark konsolidiert. Dabei kommt es nicht selten zu deutlichen Konzentrationsprozessen auf einige "Big Players" oder "Mega-Carriers", wie etwa die Integration der Austrian Airlines Group in den Lufthansa-Konzern im September 2009. Zur Vermeidung von Monopolen erfolgen diese Zusammenschlüsse stets unter dem wachsamen Auge der jeweils zuständigen Wettbewerbskommission, wie etwa in der EU.

Effizienz der infrastrukturellen Flugsicherung: Vergleich USA – Europa

	USA (Luftraum 9,8 Mio. km²)	Europa (Luftraum 10,4 Mio. km²)
ATC-Organisation (zivil + mil.)	1	47
En-route Center	21	58
Betriebssystem	1	22
Programmiersprache	1	30
Flüge/Lotse	900	480
US-$ ATC-Kosten/Flug	380	667

Quelle: http://erlebnis-wissen.lufthansa.com

ATC = Air Traffic Control
Während die flächenmäßig sehr großen USA lediglich eine Luftverkehrs-Kontrolleinheit ist, zerfällt Europa in 47, meist nationale Kontrollorganisationen (siehe Karte).

En-route Center, auch ACC (= Area Control Center) genannt, sind regionale Flugsicherungszentralen, die den aktuellen Verkehr entlang einer bestimmten Flugroute (= en route Verkehr) überwachen und per Funk begleiten.

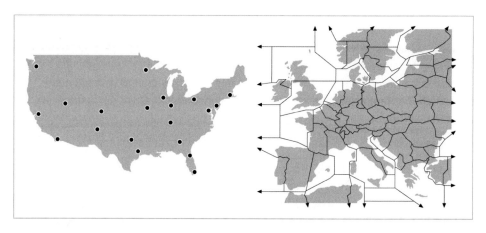

GDS = Global Distribution Systems; ein globales Computerreservierungssystem

Kostensenkungsmaßnahmen: beispielsweise bei den Lohnkosten (Gehaltskürzungen, Personalreduktion); in der Flottenpolitik: Harmonisierung der Flugzeugtypen, verbesserte Anpassung an den Bedarf (kleineres Fluggerät für Regionalflüge); Kürzung bzw. Streichung der Provisionen für den stationären Vertrieb (Reisebüros) und Forcierung des Onlinevertriebs; Verzicht auf gedruckte Flugdokumente (E-Ticketing); Abwälzung der GDS-Gebühren auf die GDS-Betreiber bzw. auf die Reiseagenturen und Endverbraucher/innen

Besondere Marketing-Maßnahmen: mehr Werbung, neue Preispolitik (Low-Budget-Angebote in Perioden bzw. auf Strecken schlechter Auslastung analog zu den Low-Cost-Airlines); neue Tarifsysteme (z. B. Abkoppelung der Basisleistung Passage von den „Ancillary Services" und Extras nur gegen Zusatzentgelt)

 Arbeitsaufgaben

1. Machen Sie in Kleingruppen einige Flugbuchungsversuche im Internet und studieren Sie die Preisangebote auf sofortige Transparenz. Treten bei späteren klicks unerwartete Zusatzkosten auf?

2. Erläutern Sie, wie die Airlines auf den permanenten Preisdruck reagieren.

3. Erörtern und diskutieren Sie die Frage, warum in den USA weniger Flugverspätungen entstehen und warum die Abfertigungs- und Überfluggebühren in Europa viel teurer sind.

4. Begründen Sie den kleinstrukturierten „Fleckerlteppich" der Luftraumüberwachung in Europa historisch, politisch und geografisch.

8 Ökologische Probleme

Reisen im Flugzeug gilt als die energieintensivste Art der Fortbewegung. Bei einer Bus- oder Bahnreise werden vergleichsweise im Durchschnitt pro Personenkilometer (Pkm) nur etwa 30 % der Energie benötigt. So verursacht ein Urlaubsflug nach Mallorca pro Passagier/in annähernd so große Klimaschäden wie ein Jahr Autofahren.

Der Ausstoß von Abgasen und Wasserdampf führt zu negativen Veränderungen in der oberen Atmosphäre, d. h., der Luftverkehr trägt durch Emission von derzeit zwischen 1,5 und 3 % des globalen Kohlendioxidausstoßes bereits deutlich zum Treibhauseffekt bei. Verstärkt wird dieser Effekt durch die vermehrte Bildung von Kondensstreifen („contrail formation"), welche mit den Zirruswolken vergleichbar sind. Überdies trägt der Ausstoß von Abgasen und Partikeln im Bereich der Tropopause (10 000–14 000 Meter) zum Abbau der schützenden Ozonschicht in der Stratosphäre bei.

Darüber hinaus verursacht der Luftverkehr insbesondere in Flughafennähe eine erhebliche Lärmbelästigung („noise pollution") und belastet somit nicht nur die Airport-Anrainer/innen sondern auch die umliegende Landschaft und benachbarte Ortschaften. Untersuchungen in Deutschland haben gezeigt, dass etwa sieben Prozent der Bevölkerung unter Fluglärm leiden. Am Flughafen selbst werden immer wieder starke Konzentrationen von bodennahem Ozon sowie Bodenbelastungen durch versickerndes Kerosin, Enteisungsmittel, Reifenabrieb und Feuerlöschmittel festgestellt.

Kondensstreifen (contrail formation) in Reiseflughöhen über 9 000 Metern

Gegenmaßnahmen – „Ökologisierung des Luftverkehrs"

Flugreisen können weder durch Dekret noch durch moralische Appelle vermieden werden. Lösungen können demnach nur vonseiten aller Beteiligten in der Flugindustrie zustande kommen. Als vielversprechend gelten bislang folgende Ansätze:

- Verbesserung des Luftraummanagements und bessere Auslastung der Flugzeuge
- Verbindliche Einhebung von Umweltabgaben unter verschiedenen Aspekten
- Konsequentes Einhalten der Start- und Landeverbote bei Nacht auf allen Airports ohne Interkontinentalverkehr
- Einsatz umweltfreundlicherer Fluggeräte etwa durch Begünstigung „ökologischer" Airlines bei den Lande- und Flugsicherungsgebühren
- Raschere Entwicklung umweltfreundlicher alternativer Kraftstoffe wie z. B. GTL (Gas-to-Liquids), einem Gemisch aus Flüssiggas
- Auf Kurzstrecken (bis 1 000 km) Verlagerung vom Luftverkehr auf Hochgeschwindigkeitsbahnen, wie z. B. in Europa oder in Japan
- Bewusster Verzicht auf nicht unbedingt erforderliche Flugreisen durch Geschäfts- und Privatreisende

2017 wurden durch den weltweiten Flugverkehr 844 Mio. to CO_2 produziert – das sind 2 % der Gesamtemissionen. Von den gesamten Emissionen des Verkehrs entfallen 12 % auf den Luftverkehr, hingegen 74% auf den Straßenverkehr. Der ökologische Fußabdruck eines Fluges ist kein sehr guter; Umweltschützer kritisieren immer wieder, dass für nur wenige Tage – oder gar für einen Tag – auf eine Ferieninsel oder in eine Stadt zum Shopping geflogen wird. Die Airline-Branche ist vielfach bemüht, die Treibstoffemissionen, aber auch den Lärmpegel der Flugzeuge zu senken – und hat dabei enorme Fortschritte gemacht: Flugzeugtriebwerke verbrauchen heute um 40 % weniger Treibstoff als vor 40 Jahren, allein seit 2005 konnten nochmals 24 % eingespart werden. Die neuesten Triebwerke bei Boeing und Airbus sind um ca. 15 % sparsamer als die Vorgängermodelle; diese neuen Triebwerke sind auch um 50 % leiser als noch vor 10 Jahren.

Quelle: verkehr, 23. März 2018

CORSIA

2016 wurde auf der ICAO-Vollversammlung CORSIA ein globales System zur CO_2-Reduktion im Flugverkehr beschlossen. CORSIA (= Carbon Offsetting Scheme for International Aviation) will in Abstimmung mit dem Pariser Klimaschutzabkom-

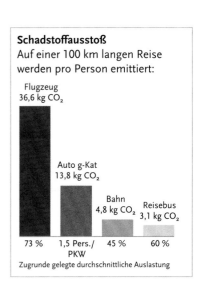

Schadstoffausstoß
Auf einer 100 km langen Reise werden pro Person emittiert:

Flugzeug
36,6 kg CO_2

Auto g-Kat
13,8 kg CO_2

Bahn
4,8 kg CO_2

Reisebus
3,1 kg CO_2

| 73 % | 1,5 Pers./ PKW | 45 % | 60 % |

Zugrunde gelegte durchschnittliche Auslastung

men die CO_2 Emissionen auf dem Wert von 2020 einfrieren – ein ehrgeiziges Ziel, denn wachsender Flugverkehr heißt zunächst automatisch auch wachsender CO_2 Ausstoß. In der Umsetzung soll es zunächst eine lange freiwillige Phase (2021–26) und dann eine verpflichtende zweite Phase (2027–35) geben. 72 Staaten haben sich bereit erklärt, von Anfang an mitzumachen – das sind zwar nur ein Drittel aller Staaten, in denen es Flugverkehr gibt, aber immerhin sind sie für 88 % der Emissionen verantwortlich.

Arbeitsaufgaben

1. Fassen Sie zusammen, wie die Airlines den Kerosinverbrauch zu reduzieren versuchen.

2. Recherchieren Sie, welche Art von Flügen von Umweltschützern besonders kritisiert werden.

3. Begründen Sie, warum laut Experten die Abgasemissionen des Flugverkehrs viel gefährlicher sind als die mengenmäßig viel größeren des Kfz-Verkehrs.

4. Recherchieren Sie im Internet, welche Maßnahmen zum Beispiel der sehr stadtnah gelegene Salzburg Airport hinsichtlich Anrainer- und Lärmschutz unternimmt.

5. Diskutieren Sie die Äußerung eines ehemaligen Umweltministers, die Österreicher/innen sollten doch der Umwelt zuliebe überhaupt auf Urlaubsflüge verzichten. Was könnte das für das Tourismusland Österreich bedeuten?

6. Beurteilen Sie, welche Vorteile die Fahrt mit einem Hochgeschwindigkeitszug (z. B. ICE, TGV, Railjet u.a.) für Passagiere und Umwelt hat.

Ziele erreicht? – „Flugverkehr"

KOMPETENZ-ERWERB

Bis vor wenigen Jahrzehnten war das Fliegen eine sehr kostspielige Angelegenheit. Geschäftsreisende nutzten dieses Transportmittel, aber im Urlaubsverkehr spielte es eine untergeordnete Rolle. Heute ist Fliegen fast zum Alltagsgut geworden, kostengünstig, aber mit erheblichen Abstrichen im Service, das zunehmend extra zugekauft werden muss.

1. Geben Sie die Zielsetzung der IATA und der ICAO wieder.

2. Nennen Sie wichtige Abkommen in der Zivilluftfahrt. Fassen Sie kurz deren Aussagen zusammen.

3. Beschreiben Sie das Geschäftsmodell eines Low-Cost Carriers.

4. Vergleichen Sie das Angebot von Austrian Airlines und von Ryanair im Hinblick auf die Preisgestaltung, das Service, Zusatzkosten und die Gestaltung von Umsteigemöglichkeiten. Verwenden Sie dazu die Websites https://www.austrian.com/ bzw. https://www.ryanair.com/.

5. Bewerten Sie die Aussagen mit Schulnoten und überlegen Sie ein Schlagwort als Begründung dazu. Diskutieren Sie die Ergebnisse.

„Kundinnen/Kunden sollten jedenfalls Flüge im Reisebüro buchen."

„Das Service im Flugzeug wird immer schlechter."

„Flüge sollten im Sinne der Umwelt wieder teurer werden."

Aus diesem Kapitel habe ich die nachstehend angeführten Erkenntnisse und/oder Einsichten gewonnen:

_____

_____

Ferntourismus – Tourismusstrategien

Meine Ziele

Nach Bearbeitung dieses Kapitels kann ich

- die TOP-Destinations des Ferntourismus verorten;
- die Auswirkungen des Ferntourismus in darlegen;
- touristische Strategien vergleichen
- die wirtschaftliche Bedeutung des Ferntourismus für die Entwicklungsländern erklären;
- die Nachhaltigkeit bestimmter Maßnahmen im Ferntourismus beurteilen;
- Overtourism als Folge einer falschen Tourismusstrategie diskutieren.

1 Entwicklung des Ferntourismus

Ferntourismus wird von den Menschen als Abenteuer und als Chance betrachtet, den entfernteren, manchmal exotischen Teil der Welt zu sehen. Es ist aber auch eine Möglichkeit, kostengünstig Urlaub zu machen und dabei oft Dienstleistungen zu erkaufen, die in Europa nicht erhältlich oder sogar verboten sind. Die bereisten Länder sehen im Ferntourismus die Gelegenheit, ihre Wirtschaft anzukurbeln. Oftmals ermöglicht der Ferntourismus auch den Anschluss an den technischen Fortschritt der industrialisierten Welt. Demokratische Prinzipien sind durch die Öffnung gegenüber dem Tourismus oft eine zeitlich verzögerte Entwicklung.

1.1 Fernreisen – von Handel und Wissenschaft zu Erholung und Event

Forschungs- und Handelsreisen des 18. und 19. Jahrhunderts waren nur Abenteurern und Eliten vorbehalten. Sie waren getrieben von der Sehnsucht, fremde Kulturen kennenzulernen oder auch, um – im Sinne der Wissenschaft – die Welt zu vermessen oder die Pflanzen- und Tierarten zu dokumentieren und Güter aus fernen Ländern mit enormem Gewinn in Europa handeln zu können. Die politischen Folgen waren oftmals Kriege um Kolonien.

Die intensive Reisetätigkeit in die mittlerweile unabhängigen Entwicklungs- und Schwellenländer Afrikas, Asiens und Lateinamerikas setzte erst in den Jahren nach dem Zweiten Weltkrieg ein. Die Wachstumsraten übertrafen dann aber jahrelang alle Erwartungen. Erst große Naturkatastrophen und Kriege sowie der Terror stoppten diese Entwicklung für kurze Zeit. Die Zahl der Touristen überstieg 2012 erstmals die Milliardengrenze. Heute sind es das Erholungs- und Abenteuerbedürfnis, die Suche nach einem gut organisierten Event oder speziellen Kick und leider auch das Imponiergehabe oder die Suche nach Verbotenem, die Menschen in ferne Regionen führen.

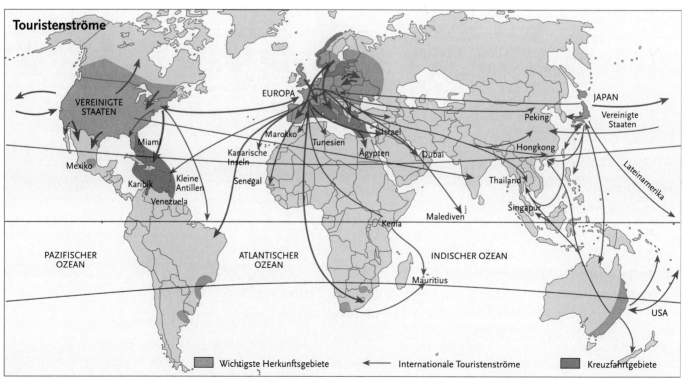

Ankünfte von Touristen in Entwicklungs- und Schwellenländern 2016

1. China *	59,270	9. Indonesien	9,963 (2015)
2. Mexiko	34,961	10. Brasilien	6,578
3. Thailand	29,923	11. Philippinen	5,967
4. Malaysia	26,757	12. Argentinien	5,736
5. Indien	14,569	13. Tunesien	5,724
6. Marokko	10,332	14. Chile	5,641
7. Südafrika	10,044	15. Dom. Rep.	5,600
8. Vietnam	10,013	Zum Vergl. Österreich	28,121

* ohne Hongkong und Macao　　　　*http://www.e-unwto.org, 15. September 2017*

Einnahmen aus dem Tourismus 2016 in Millionen Dollar (Entwicklungs- und Schwellenländer)

1. Thailand	49,871	9. Dom.Rep.	6,732
2. China	44,432	10. Marokko	6,542
3. Indien	22,427	11. Brasilien	6,024
4. Mexiko	19,571	12. Philippinen	5,139
5. Malaysia	18,074	13. Argentinien	4,867
6. Indonesien	11,349	14. Kolumbien	4,773
7. Vietnam	8,250	15. Panama	4,258
8. Südafrika	7,910	Zum Vergl. Österreich	19,300

Quelle: UNWTO 2017

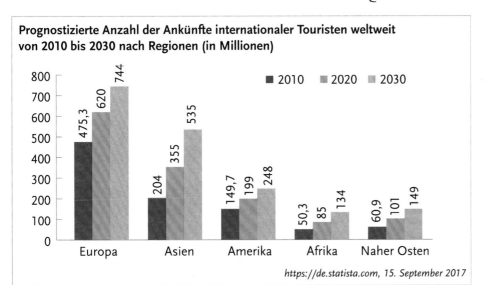

Prognostizierte Anzahl der Ankünfte internationaler Touristen weltweit von 2010 bis 2030 nach Regionen (in Millionen)

Europa: 475,3 / 620 / 744
Asien: 204 / 355 / 535
Amerika: 149,7 / 199 / 248
Afrika: 50,3 / 85 / 134
Naher Osten: 60,9 / 101 / 149

https://de.statista.com, 15. September 2017

Facts im Welttourismus

- Zahl der Auslandstouristen:
  2010: 674 Millionen,
  2016: 1.235 Millionen
- Einnahmen im grenzüberschreitenden Tourismus:
  2010: 495 Billionen Dollar,
  2016: 1,220 Billionen Dollar
- 10 % des Welt-Bruttoinlandsprodukts
- 9,6 % aller Arbeitsplätze

http://www.e-unwto.org,
15. September 2017

Arbeitsaufgaben

1. Arbeiten Sie die wirtschaftliche Bedeutung des Tourismus heraus.

2. Recherchieren Sie das touristische Angebot der obenstehenden Staaten.

3. Bewerten Sie die touristischen Einnahmen Österreichs im Vergleich mit den anderen angeführten Staaten.

1.2 Voraussetzungen für Tourismus in Entwicklungsländern

Um bei Fernreisenden in größerem Ausmaß Interesse zu wecken, muss ein Entwicklungs-/Schwellenland folgende Faktoren aufweisen:

- Natürliche Faktoren: verträgliches, nicht zu extremes Klima, gut begehbare Strände, am besten Sandstrände, angenehme Meerestemperaturen, kein extremer Wellengang oder Tidenhub.
- Soziokulturelle Faktoren: ehemalige Hochkulturen, Kulturdenkmäler, Angebot an Gegenwartskultur.
- Wirtschaftliche Faktoren: niedriges Preisniveau.
- Infrastrukturelle Faktoren: günstigere Flugverbindungen, global angepasste Standards vor allem in der Hotellerie.
- Politische Faktoren: Sicherheit muss gewährleistet sein. Diktaturen sind, wie viele Beispiele zeigen, eher kein Ausschlusskriterium.

Viele Entwicklungsländer erfüllen nur einzelne dieser Faktoren und es ist deshalb schwer, den Tourismus zu fördern und die Wirtschaft wachsen zu lassen.

Arbeitsaufgaben

1. Ordnen Sie zu, welche Argumente für und welche gegen Ferntourismus sprechen.

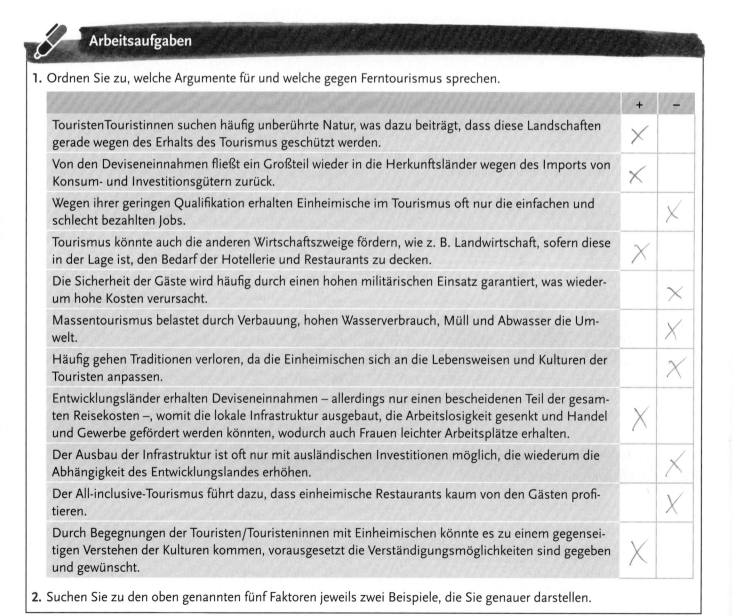

	+	–
TouristenTouristinnen suchen häufig unberührte Natur, was dazu beiträgt, dass diese Landschaften gerade wegen des Erhalts des Tourismus geschützt werden.	X	
Von den Deviseneinnahmen fließt ein Großteil wieder in die Herkunftsländer wegen des Imports von Konsum- und Investitionsgütern zurück.	X	
Wegen ihrer geringen Qualifikation erhalten Einheimische im Tourismus oft nur die einfachen und schlecht bezahlten Jobs.		X
Tourismus könnte auch die anderen Wirtschaftszweige fördern, wie z. B. Landwirtschaft, sofern diese in der Lage ist, den Bedarf der Hotellerie und Restaurants zu decken.	X	
Die Sicherheit der Gäste wird häufig durch einen hohen militärischen Einsatz garantiert, was wiederum hohe Kosten verursacht.		X
Massentourismus belastet durch Verbauung, hohen Wasserverbrauch, Müll und Abwasser die Umwelt.		X
Häufig gehen Traditionen verloren, da die Einheimischen sich an die Lebensweisen und Kulturen der Touristen anpassen.		X
Entwicklungsländer erhalten Deviseneinnahmen – allerdings nur einen bescheidenen Teil der gesamten Reisekosten –, womit die lokale Infrastruktur ausgebaut, die Arbeitslosigkeit gesenkt und Handel und Gewerbe gefördert werden könnten, wodurch auch Frauen leichter Arbeitsplätze erhalten.	X	
Der Ausbau der Infrastruktur ist oft nur mit ausländischen Investitionen möglich, die wiederum die Abhängigkeit des Entwicklungslandes erhöhen.		X
Der All-inclusive-Tourismus führt dazu, dass einheimische Restaurants kaum von den Gästen profitieren.		X
Durch Begegnungen der Touristen/Touristinnen mit Einheimischen könnte es zu einem gegenseitigen Verstehen der Kulturen kommen, vorausgesetzt die Verständigungsmöglichkeiten sind gegeben und gewünscht.	X	

2. Suchen Sie zu den oben genannten fünf Faktoren jeweils zwei Beispiele, die Sie genauer darstellen.

2 Auswirkungen des Ferntourismus

Entwicklungsländer haben zahlreiche Möglichkeiten, ihre Wirtschaft zu entwickeln, ihrer Bevölkerung höhere soziale Standards zu schaffen und zugleich eine stabile politische Landschaft zu schaffen. Die Einnahmen aus dem Tourismus sind nur eine Möglichkeit von vielen, diese Vorhaben umzusetzen.

2.1 Hilft der Ferntourismus der Wirtschaft in den Entwicklungsländern?

Eine Frage, die viele Reisende ebenso beschäftigt wie Politiker/innen, Touristiker/innen und Entwicklungsfachleute: Kommen die Geldflüsse des Ferntourismus in den bereisten Ländern tatsächlich an und was bewirken diese dort. Eine deutsche Studie gibt hierüber klare Aussagen.

Der Bundesverband der deutschen Tourismuswirtschaft hatte 2015 eine Untersuchung in Auftrag gegeben, die Folgendes zeigte: Die Deutschen geben in Entwicklungs- und Schwellenländern von den Anden bis zur Südsee insgesamt 13,5 Milliarden Euro aus, was in den Ländern zu einem Effekt auf das Bruttosozialprodukt von 19,2 Milliarden Euro führt. Jeder deutsche Tourist/jede Touristin leistet, volkswirtschaftlich gesehen, einen Beitrag von 620 Euro für die Wirtschaftskraft des Landes, in das er/sie reist

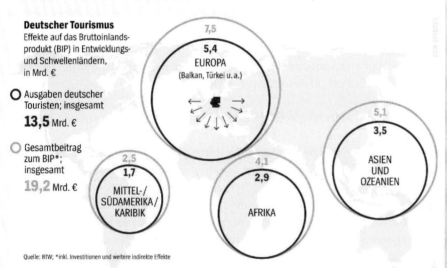

Deutscher Tourismus
Effekte auf das Bruttoinlandsprodukt (BIP) in Entwicklungs- und Schwellenländern, in Mrd. €

○ Ausgaben deutscher Touristen; insgesamt
13,5 Mrd. €

○ Gesamtbeitrag zum BIP*; insgesamt
19,2 Mrd. €

7,5 **5,4** EUROPA (Balkan, Türkei u.a.)

2,5 **1,7** MITTEL-/SÜDAMERIKA/KARIBIK

4,1 **2,9** AFRIKA

5,1 **3,5** ASIEN UND OZEANIEN

Quelle: BTW; *inkl. Investitionen und weitere indirekte Effekte

Global betrachtet bewirkt das Geld deutscher Reisender laut Studie in den Entwicklungsländern 1,8 Millionen Arbeitsplätze. Rein statistisch gesehen sichern 15 deutsche Touristen/Touristinnen somit einen Arbeitsplatz in ihren Reiseländern. Besonders hoch sind die Beschäftigungseffekte in Mexiko, Thailand und Vietnam. Weiters zeigte sich, dass die Verdoppelung der Übernachtungszahlen internationaler Gäste den Alphabetisierungsgrad um jeweils 1,1 Prozentpunkte erhöht. Bei der Frage von Ungleichheit zwischen Arm und Reich in den Ländern wurde klar, dass diese sich in der ersten Tourismusphase verringere, mit zunehmendem Wachstum der Besucherzahlen die Ungleichheit aber wieder zunehme.

www.spiegel.de

💡 Deutsche gaben 2017 pro Urlaubsreise 1045 Euro aus. Insgesamt betrugen die Ausgaben 65 Mrd. Euro.
Von 69 Millionen Reisen waren 8,4 % Fernreisen.

https://www.deutscher-tourismusverband.de

Österreicher/innen im Vergleich dazu: 825 Euro/Reise (2015)

Deutsche sind „Reiseweltmeister"

Arbeitsaufgaben

1. Erörtern Sie die Grafik.

2. Setzen Sie sich kritisch mit der Feststellung auseinander, dass mit erhöhtem Reiseaufkommen die Ungleichheit zwischen Arm und Reich in den Entwicklungsländern wieder zu steigen beginnt.

3. Finden Sie konkrete Beispiele, wie durch Reiseausgaben in Entwicklungs- und Schwellenländern Arbeitsplätze geschaffen werden können.

2.2 Overtourism

Viele Regionen der Welt sehen im Tourismus primär den Geldsegen, der den Menschen vor Ort einen gewissen Wohlstand bringt. Schnell sind Grenzen bei der Anzahl von Besuchern/Besucherinnen, bei der Verkehrsbelastung, bei Müllanfall, der Versorgung oder durch die Schaffung sozialer Ungleichheit erreicht. Zerstörung der Traumziele oder ein Abwenden der Touristen und Touristinnen sind die Folge.

Was ist „Overtourism"?

Massentourismus ist seit Jahrzehnten ein Phänomen, das von vielen ersehnt und von ebenso vielen abgelehnt wird. Die Beeinträchtigungen für die Bevölkerung sind nicht wegzuleugnen: Menschenschlangen, Enge, Lärm, „Touristifizierung", Müll, unangemessenes Verhalten, das oft bedeutende Sehenswürdigkeiten zerstört, Preissteigerungen, unter denen besonders die Einheimischen leiden. Es kommt weltweit an den Hot Spots des Tourismus zu Protesten gegen die Touristenmassen. Dafür wird der Begriff „Overtourism" verwendet.

Der Massentourismus ist ein Effekt der freien Gesellschaftsordnung in Europa, Nordamerika und immer öfter auch in Asien, Australien und Lateinamerika. Dazu gehört die Reisefreiheit, der gemäß jeder dorthin verreisen kann, wo es vermeintlich am schönsten ist.

Die Entwicklungsländer in Afrika, Lateinamerika und Asien sind zumeist nur Betroffene des Massentourismus, den sie aber wegen der damit verbundenen Einnahmen zusätzlich fördern. Gerade die Menschen, die am meisten für die Reisenden leisten, werden zumeist ausgenutzt und übervorteilt von den Menschen, die als Organisatoren/Organisatorinnen oder politisch Verantwortliche hinter den Kulissen agieren.

Beispiel: Touristenmassen in Machu Picchu
Der „Inkatrail" nach Machu Picchu, einer der berühmtesten Wanderwege Südamerikas, wird pro Jahr von 85 000 Menschen begangen. Er ist ein Klassiker der Tourismusindustrie und für viele ein Traumziel. Für die vielen Träger ist er eine Möglichkeit, ihr Einkommen aufzubessern. Der Weg führt durch mehrere Klimazonen, und von den Tropen zum alpinen Klima der Felsregionen. Mit spektakulären Ausblicken in Täler und zu Gletschern, vorbei an Ruinen und Terrassen, vor denen keine Reisebusse stehen, weil nicht einmal eine Straße dorthin führt. Nur Wanderer können sie betreten.

Aber keiner darf den Weg mehr ohne Guide gehen. Zelte werden nur auf markierten Plätzen errichtet. Tickets gibt es nur über Reiseagenturen. Träger dürfen nicht mehr als 20 Kilo tragen und sogar der Abfall muss zurückgetragen werden. An Checkpoints wird gewogen. Seit 2004 ist die Zahl der Besucher auf dem Inkatrail limitiert. Nur 500 Menschen – inklusive Guides, Köchen, Trägern – sind erlaubt. In der Hochsaison muss man ein halbes Jahr vorher buchen. Das Argument für die Limitierung war, dass dies zum Erhalt des Pfads nötig sei und die Umwelt geschützt werden müsse. Der Staat, die Nationalparkkommission, die Guides und die Träger profitieren nun alle vom kostenpflichtigen Inkatrail.

Lager am Inkatrail

Arbeitsbedingungen Träger

Träger sind für ihr Essen selbst zuständig. Meist gibt es Reis, oft pur. Sie haben häufig keine Schlafsäcke, übernachten zusammen im Ess- oder Küchenzelt oder in einem Unterstand, falls auf dem Campingplatz vorhanden. Kleidung bekommen sie von den besseren Touranbietern gestellt:
eine Regenjacke in Unternehmensfarben, Rucksäcke, Wanderschuhe.

Quelle: http://www.sueddeutsche.de

Der Kilimanjaro –
Uhuru Peak, kurz „Kili" ist ein Berg der Rekorde:
- Mit 5 895 m höchster Berg Afrikas,
- höchster freistehender Berg der Erde,
- einer der höchsten aktiven Vulkane,
- meistbestiegener 5 000er,
- wahrscheinlich meistbeschriebener Berg im Internet.

Bergabenteuer x 500 am Kilimanjaro

Bis zu 500 Touristen besteigen täglich den Kilimanjaro auf 8 verschiedenen Routen. Ein Aufstieg auf den Kilimandjaro ist verhältnismäßig kostspielig. Zwischen 1.000 und 2.000 Euro kostet die sechstägige Tour pro Person. Am Parkeingang werden davon umgerechnet etwa 500 Euro Parkgebühr entrichtet. Von diesen Geldern werden Personalkosten für Ranger, Kosten für die Instandhaltung der Wege und Camps und – wie in Prospekten nachzulesen ist – auch für Umweltschutzprogramme bezahlt. Für einen Touristen/eine Touristin stehen in der Regel zwei bis fünf Träger zur Verfügung, außerdem ein Bergführer und ein Koch.

Träger erhalten einen Tageslohn von umgerechnet rund zehn Euro, Bergführer etwa 13 Euro ohne Trinkgelder. Wenn man davon ausgeht, dass die Touren durchschnittlich drei bis sechs Tage dauern, bedeutet das für die Träger einen Lohn zwischen 30 und 60 Euro pro Tour. Das ist in Tansania auf den ersten Blick kein schlechtes Einkommen.

Trip Advisor zitiert:
„Toller Ort –
zerstört durch Tourismus"

Der Kilimanjaro fällt in die Zone „extreme Höhe", danach kommt nur noch die „Todeszone". Jeder Tourist/jede Touristin, der/die sich diesen Höhen ohne ausreichende Zeiten der Akklimatisierung aussetzt, riskiert, höhenkrank zu werden. Die meisten Touren am Kilimanjaro sind, vermutlich um möglichst viele Touristen nach oben zu bringen, sehr kurz. Eine entsprechende Anpassung an die extreme Höhe kann kaum gewährleistet werden. Es treten daher sehr oft auch Höhenkrankheiten auf, die aber, um den Ansturm nicht zu gefährden, eher verschwiegen werden.

Kritik aus dem Mount-Kilimanjaro-Forum

„Der Kili ist ein toller Berg. Mich hat aber die regelrechte Industrie, mit der die Touris da hochgeschafft werden, förmlich umgehauen. Ich bereue nicht, dass wir die Tour gemacht haben und letztlich haben wir uns ja auch in die Schlange zum Gipfel eingereiht und sind ein Teil der Masse gewesen. Aber unterm Strich gibt es viele mindestens genauso schöne Berge, die wesentlich ruhiger und zu einem Bruchteil des Geldes bestiegen werden können."

Quelle: http://22196.forumromanum.com

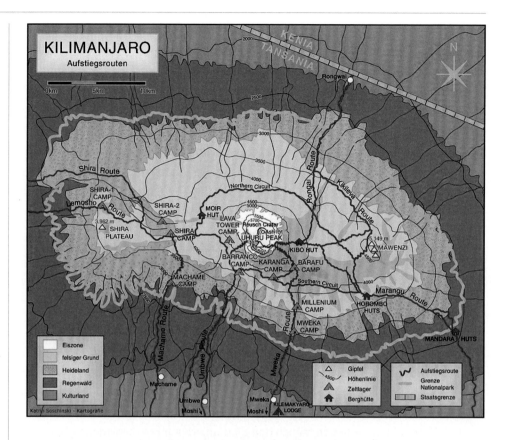

Arbeitsaufgaben

1. Diskutieren Sie in der Klasse den Begriff „Overtourism". Finden Sie Kriterien, ab wann ein Tourismusziel als überlaufen gilt. Bewerten Sie diese Kriterien im Hinblick auf Ziele in Entwicklungsländern bzw. in Europa.

2. Problematisieren Sie den Begriff „Overtourism" aus Sicht der Unternehmer/innen und der betroffenen Wohnbevölkerung an Ihnen bekannten Beispielen.

2.3 Nachhaltig fern verreisen – geht das überhaupt?

Unter **nachhaltigem Tourismus** versteht die WTO einen „Tourismus, der den derzeitigen und zukünftigen ökonomischen, sozialen und ökologischen Auswirkungen umfassend Rechnung trägt und dabei die Bedürfnisse der Gäste, der Industrie, der Umwelt wie der einheimischen Bevölkerung berücksichtigt."

Definition der Welttourismusorganisation (UNWTO)

Überall ist heutzutage von Nachhaltigkeit die Rede. Von dem Leben, das nur so viel verbraucht wie auch nachwächst, das keine Abfälle hinterlässt und keine Langzeitschäden verursacht. Nachhaltigkeit lässt unsere Welt so zurück, wie wir sie unseren Kindern hinterlassen möchten. Umweltorganisationen bemühen sich seit Jahrzehnten, Konzepte zu entwickeln, wie dies möglich sein könnte. Auch die Politik hat die Notwendigkeit erkannt und verabschiedet Gesetze, die Menschen verpflichten, nachhaltiger zu leben. (z. B.: Dieselfahrverbote in Städten). Auch der Tourismus möchte sein größtes Kapital, die saubere Natur und Umwelt, möglichst noch lange erhalten, und so starteten allerorten Bemühungen, um den Tourismus nachhaltig zu gestalten. Von „sanftem Reisen", von „Fair Reisen" ist die Rede, von Kompensationen, wenn mehr als erlaubt CO_2 verbraucht wird.

Nachhaltiger Tourismus kennt jedoch keine Flugzeuge, die sich in Richtung Süden bewegen und auch keine Kreuzfahrtschiffe, die Hunderte von Urlaubern auf kleine Inseln im Indischen Ozean bringen. Trotzdem ist es auch als Urlauber/in möglich, nachhaltig und umweltbewusst zu handeln. Schon alleine die Nutzung eines Verkehrsmittels mit Verbrennungsmotor wie Flugzeug, Auto oder Kreuzfahrtschiff stellt einen erheblichen Faktor in der CO^2-Bilanz dar und belastet so unsere Atmosphäre und schädigt damit das Klima.

Heißt das nun für uns Menschen, die Welt nicht mehr kennenlernen zu dürfen, und für Touristiker/innen, keine Geschäfte mehr abschließen zu dürfen, die Menschen einen Urlaub fern der Heimat in einem Entwicklungs- oder Schwellenland ermöglichen?

Beispiel: Welche Empfehlungen gibt es für die Seychellen?

Auf den Seychellen schützen schon jetzt Steinmauern Strände und Inseln vor Erosionen durch die Flut, die teilweise erschreckend hoch über die Inseln herein bricht. Umweltverträgliches Reisen ist also oberstes Gebot. Folgende Empfehlungen sollten eingehalten werden:

Seychelles Sustainable Tourism Label

- Direktflüge mit Airlines, die im Atmosfair Index möglichst gut abschneiden. Direktflüge verursachen weniger CO_2-Ausstoß.
- Nachhaltig agierende Unterkünfte wählen. Es gibt ein Öko-Label: „Seychelles Sustainable Tourism Label", das eher Gästehäuser als größere Hotels erhalten.
- Wo dies möglich ist, einheimische Produkte kaufen. Auf lange Transportwege und damit Kaufkraftabfluss verzichten.
- Müllvermeidung: Die wenigen Deponien sind an der Belastungsgrenze, Wind verteilt Plastikmüll über die Inseln.
- Mit den Ressourcen Wasser und Strom besonders sparsam umgehen. Wasser wird schon des Öfteren rationalisiert.
- Produkte ansässiger Künstler/innen und Produzenten/Produzentinnen kaufen, um diesen Menschen ein gesichertes Einkommen zu ermöglichen und so Abwanderung hintanzuhalten.

2.3.1 Führende touristische Nachhaltigkeitslabel

Labels sollten eine Orientierungshilfe bei der Wahl von qualitativ hochstehenden, umwelt- und sozialverantwortlichen Angeboten bieten, die im Tourismus immer mehr gefragt sind. Dadurch ist es möglich, ohne langwierige eigene Recherchen gezielt Urlaubsangebote zu wählen, welche die Menschenrechte respektieren, die Umwelt schonen und den Einheimischen in den besuchten Regionen einen effektiven Nutzen bringen.

 Biosphere Resonsible Label

 Travellife

 Green Globe

 Green Key

 European Ecolabel

 Österreichisches Umweltzeichen

 Ecotourism Kenya's Eco-Rating

 Fair Trade Tourism

 Eco Certification Program

 Green Leaf Foundation

 Certification for Sustainable Tourism

 Rainforest Alliance Certificate

Atmosfair Index
siehe unter
https://www.atmosfair.de/de/
fliegen_und_klima/atmosfair_air-
line_index/

Atmosfair verreisen

Atmosfair ist eine Klimaschutzorganisation mit dem Schwerpunkt Reise, die eine Aufgabe im folgenden Transformationsprozess übernimmt: Für den Flugverkehr gibt es derzeit noch keine technische Lösung wie problemfreie Biotreibstoffe, oder das Null-Emissions-Flugzeug; und solange auf der gewünschten Strecke keine klimafreundlichere Alternative vorhanden ist, können Flugpassagiere mit atmosfair die CO_2-Emission ihrer Flugreise kompensieren. Mit einem bestimmten Betrag, der je nach Flugstrecke errechnet wird, werden Projekte zum Ausbau erneuerbarer Energie in Entwicklungsländern unterstützt.

Atmosfair unterstützt Projekte im Bereich Solarenergie, Wasserkraft, Biogas oder Windkraft. Mit dem Projekt „Neue Energie für Nepal" hat atmosfair finanzielle Unterstützung und logistische Bereitstellung für erneuerbare Energiesysteme nach dem Erdbeben in Nepal geleistet, um Grundbedürfnisse (Strom, Licht, Warmwasser, Kochen) der Bewohner/innen zu decken. Dafür wurde der Organisation der Nachhaltigkeitspreis für Tourismus von Travel One 2015 verliehen.

Arbeitsaufgaben

1. Ordnen Sie die Labels einzelnen Kontinenten und Bereichen zu.

2. Begründen Sie, wann CO_2-Kompensation sinnvoll ist.

3. Fassen Sie zusammen, welche Nachhaltigkeitsmaßnahmen jede/r Reisende in Entwicklungsländern unbedingt einhalten sollte.

2.3.2 Fallbeispiele für die Auswirkungen des Tourismus

Top Tourismusziel Seychellen

Die Seychellen – das sind insgesamt 115 Inseln und 455 Quadratkilometer Landfläche im westlichen Indischen Ozean. 41 davon stehen auf einem Granitplateau. Die übrigen Inseln sind niedrige Koralleninseln oder Atolle. Auf allen Prospekten zu sehen sind vor allem die verwitterten Granite. Die typischen Felsformationen sind 750 Mio. Jahre alt. Seit dem Ende der Kreidezeit waren die Granitberge mit ihren Lebewesen isoliert, so hat hier ein Stück der Urzeit überlebt.

Die als „Paradies" beworbenen Seychellen, auf denen es keine tropischen Wirbelstürme, keine Tropenkrankheiten, keine Gifttiere, keine Kriminalität, eine intakte Natur, kaum sonstige Gefahren gibt, die nur von 80 000 Einwohnern/Einwohnerinnen (von denen 90 Prozent auf der Hauptinsel Mahé leben) bewohnt sind, haben sich auf hochpreisigen Tourismus und Öko-Schwerpunkt konzentriert. Müllberge, Verkehrsstaus, Fast-Food-Ketten und Hotelburgen fehlen ebenso wie die Touristenmassen. Nur 130 000 besuchen pro Jahr die Inseln und tragen zu 70 % zu den Deviseneinnahmen der Seychellen bei.

90 % der Bevölkerung sind Kreolen, Unruhen sind bis dato keine bekannt. Als gemeinsame Sprache der durchmischten Bevölkerung hat sich eine eigene Variante der Kreolsprachen, als Seychellenkreol oder Seselwa bezeichnet, entwickelt.

Die idealen Lebensbedingungen für Korallenriffe, die zu den produktivsten Lebensgemeinschaften der Erde zählen, bieten tropische und subtropische Meeresgebiete mit einer minimalen Wassertemperatur von 20 bis 22° C, mit ausreichend klarem Wasser und damit Licht (darum wachsen „klassische" Korallenriffe nur bis zu einer Tiefe von etwa 40 Meter üppig). Doch nicht nur zu niedrige Wassertemperaturen sind für riffbildende Korallen schädlich, sondern auch zu hohe. Das führt zum Phänomen des coral bleaching, der Korallenbleiche.

Spezielle Granitformen

Urlauberdomizil auf einsamer Insel

Doch das Paradies ist längst in Gefahr. Für das Land und seine für den Tauchtourismus so bekannte Unterwasserwelt hatten die zum Teil extremen Wetterereignisse der letzten 20 Jahre verheerende Folgen. Praktisch alle seichten Korallenriffe rund um die Granitinseln sind im El-Nino-Jahr 1997/1998 abgestorben (coral bleaching). Auch der weltweit zu beobachtende Klimawandel führt(e) zu veränderten Lebensbedingungen für die riffbildenden Korallen, die sich mittlerweile eher auf den Granitfelsen als auf den Atollen und ehemaligen Korallenstöcken erholen. So präsentiert sich die Unterwasserlandschaft an einst berühmten Schnorchelplätzen wie Cocos Island und Felicite in der Nähe von La Digue oder das Inselchen St. Pierre zwischen Praslin und Curieuse mittlerweile trostlos.

Stellen, an denen man noch üppiges Korallenwachstum beobachten kann, sind etwa Dragons Teeth und Brissaire Rock nördlich von Mahé, oder Ile aux Vaches südlich von Therese Island an der Westseite der Hauptinsel. Zum Glück gibt es rund um die Seychellen zahlreiche solche Stellen.

Die Zentralgruppe der Inneren (bzw. granitischen) Seychellen liegt nur wenige Breitengrade südlich des Äquators und damit nördlich und außerhalb des Wirbelsturm-Gürtels der südlichen Hemisphäre. Der Wechsel zwischen dem Südostmonsun in unserem Nordsommer (Mai bis Ende Oktober) und dem Nordwestmonsun in unserem Winter (November bis März) hat merklich nachgelassen.

Arbeitsaufgaben

1. Verorten Sie die im Text genannten Inseln der Seychellen.

2. Setzen Sie sich kritisch mit dem Thema des „Nobeltourismus" auseinander.

3. Fassen Sie zusammen, wie es den Seychellen gelungen ist, als „Paradies" in den Reisekatalogen aufzuscheinen und die Inseln vom Massentourismus fernzuhalten.

Costa Rica – die Regenwalddestination

Costa Rica, mit einer Gesamtfläche von 54 000 km² und 4,3 Mio. Einwohnern/Einwohnerinnen, liegt an der engsten Stelle Mittelamerikas zwischen Nicaragua im Norden und Panama im Süden und bietet ideale Voraussetzungen für den Tourismus, der dabei ist, den Export von Bananen und Kaffee als wichtigsten Wirtschaftszweig abzulösen. Entscheidend dabei sind die politische Ruhe, die Forcierung des Ökotourismus, die Schaffung mehrerer Nationalparke, die zahlreich angebotenen geführten Regenwaldwanderungen und nicht zuletzt auch das Projekt „Regenwald der Österreicher".

Regenwald der Österreicher

Der Esquinas-Regenwald befindet sich im sogenannten „Biologischen Korridor Osa" im Südwesten Costa Ricas. Der Korridor um den Golfo Dulce, einem von nur drei tropischen Fjorden weltweit, verbindet den Nationalpark Corcovado auf der Halbinsel Osa mit dem Forstreservat Golfo Dulce, dem Nationalpark Piedras

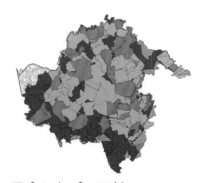

■ freigekaufter Wald
■ von RdÖ freigekauft
■ noch zu kaufen

177

Blancas und dem Wildtierreservat Golfito. Das gesamte Gebiet umfasst eine Fläche von etwa 800 km².

Der 159 km² große Esquinas-Regenwald ist einer der letzten noch erhaltenen Tieflandregenwälder an der Pazifikküste Mittelamerikas und gehört zu den artenreichsten Wäldern der Erde. Die Regierung hatte den bis 1991 im Privatbesitz befindlichen Regenwald, der durch Schlägerungen gefährdet war, zum Nationalpark Piedras Blancas erklärt. Einen Teil davon erwarb der Verein „Regenwald der Österreicher", der mithilfe von Spendengeldern mehr als 4 000 Hektar von diesem Wald freigekauft und der Nationalparkverwaltung von Costa Rica geschenkt hat.

Derzeit unterstützt der Verein die Tropenstation La Gamba bei Landkäufen und Wiederaufforstung im Biologischen Korridor. Dies erfolgt wiederum im Rahmen eines Ökoprojekts, wo z. B. ein Baum aus Spenden für 700 kg verbrauchtes CO_2 gepflanzt wird – eine Aktion, um den ökologischen Fußabdruck zu verbessern.

Eine Villa der Esquinas-Lodge

Esquinas Lodge

Da die lokale Bevölkerung durch die Entstehung des Piedras Blancas Nationalparks einen Teil ihrer Existenzgrundlage verloren hat, schlugen Bewohner/innen im Dorf La Gamba vor, Ökotourismus als sinnvolle Alternative zur Ausbeutung des Waldes zu betreiben. Die von Österreich finanzierte Lodge wurde 1994 eröffnet und gilt heute als beispielhaftes Ökotourismusprojekt, das Touristen/Touristinnen aus aller Welt die Gelegenheit bietet, den Regenwald zu erkunden. Sie ist mittlerweile der größte Arbeitgeber der Region. Zum Angebot an Aktivitäten gehören Wanderungen, Reit- und Radausflüge sowie Kajak- und Bootstouren.

Arbeitsaufgaben

1. Gestalten Sie einen Werbeprospekt für die Esquinas-Lodge und legen Sie dabei Ihren Fokus auf eine bestimmte Zielgruppe.
2. Begründen Sie die Notwendigkeit derart aufwendiger Projekte wie den Regenwald der Österreicher.
3. Erklären Sie kurz, was Costa Rica zu einem so gefragten Reiseland macht.

Nepal – Trekking am Fuße der Achttausender

2014 waren 800 000 Touristen/Touristinnen nach Nepal gekommen, hauptsächlich, um sich einmal im Leben auf eine Trekkingtour zu begeben und dabei mit Glück einen der 8 000er zu sehen. Das weitere Wachstum schien vorausprogrammiert. Doch am 25. April 2015 zerstörte ein schweres Beben, das 9 000 Menschleben forderte und zahlreiche Häuser und Tempel zum Einsturz brachte sowie Wege unpassierbar machte, die Hoffnungen der Menschen. In den Folgejahren rechnet man mit bis zu 50 Prozent weniger Tourismus. Und das in einem Land, in dem mehr als 1 Million Menschen direkt vom Tourismus leben: Hoteliers, Restaurantbetreiber, Taxifahrer, Guides, Wäscher, Händler. Alle waren mit dem Wiederaufbau ihrer zerstörten Häuser und Dörfer beschäftigt.

Dem Aufruf einiger Reiseveranstalter folgend, reisten sogar Menschen aus Europa nach Nepal, um dort vor Ort beim Wiederaufbau zu helfen. In Sundarijal, nahe Kathmandu errichtete der österreichische Reiseveranstalter Weltweitwandern mit zahlreichen Spenden eine Schule für 400 Kinder. Viele weitere Organisationen folgten diesem Beispiel.

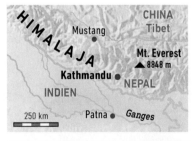

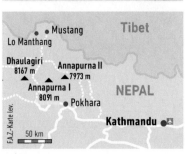

Mittlerweile sind nahezu alle Straßen wieder befahrbar und alle Trekkingpfade begehbar, die Lodges wieder bewohnbar. Der Tourismus kehrt langsam zurück nach Nepal.

Hochgebirgstour mit Yaks und Sherpas

Die Erschließung der Berge für den Tourismus vereint jedoch gute wie schlechte Aspekte. Ein großer Teil der nepalesischen Wirtschaft finanziert sich aus dem Tourismus: Ob über öffentliche Einnahmen – etwa Genehmigungen („Permits") oder indirekte Steuereinnahmen –, Hotels, Transportunternehmen, Fluglinien oder Agenturen.

Auf der negativen Seite stehen dagegen die Zunahme von Umweltverschmutzung, die Verdrängung von traditionellen Lebensweisen und das Entstehen von Abhängigkeiten. Bereits kleine Kinder betteln entlang populärer Trekkingrouten. Die Inanspruchnahme von Billigstanbietern kann ebenso negative Folgen haben, da in Nepal jeder die Guide-Prüfung ablegen kann. Auch die Rettungsflüge mit Hubschraubern sind inzwischen zu einem einträglichen Geschäft geworden.

 Trekking ist eine verbreitete Bezeichnung für mehrtägige Wanderungen unter Verzicht auf feste Unterkünfte und mit Zelt, teilweise abseits von Infrastruktur wie Straßen oder Wegen. Trekking ist zu Fuß als Weitwandern, aber auch als Wanderreiten, mit dem Fahrrad, dem Kanu, Tourenski, Langlaufski oder Schneeschuhen möglich.

Quelle: Wikipedia

Arbeitsaufgaben

1. Stellen Sie einige bekannte Trekkingrouten zusammen

2. Diskutieren Sie die Vor und Nachteile des Tourismus in wirtschaftlich armen Regionen.

3. Aktualisieren Sie die Zahl der Touristen/Touristinnen und vergleichen Sie mit der Zahl von 2014.

Südafrika – zwischen Ökotourismus und Safari

Mehr als 10 Mio. Touristen/Touristinnen besuchen jährlich das 1,022 Mio. km² große Land an der Südspitze Afrikas und ermöglichen so der südafrikanischen Wirtschaft Einnahmen von knapp 10 Mrd. Dollar. Seit 2016 gilt Südafrika als Ganzjahresdestination, wobei besonders die hohe Zahl (47 %) von wiederkehrenden Gästen auffällt. Südafrikas Natur ist extrem vielfältig. Das reicht von der Savanne über die Weinberge an der Küste bis zu Wüsten. Das Land hat aber auch eine einzigartige Geschichte, die seit der Abschaffung der Apartheid 1994 gut aufgearbeitet und präsentiert wird.

 The „Big Five"
Wenn in Südafrika von den Big Five gesprochen wird, sind damit die Tiere im Krüger Nationalpark gemeint: Steppenelefant, Spitzmaulnashorn, Afrikanischer Büffel, Löwe und Leopard.

Aber noch immer sind der krasse Gegensatz zwischen Arm und Reich und die – daraus resultierende – hohe Kriminalitätsrate eine große Herausforderung für die Regierungen dieses vor allem aufgrund seiner Rohstoffe florierenden Schwellenlandes, das zu den BRICS-Staaten gehört.

Südafrikas Top-Destinationen		
Kruger Nationalpark	**Garden Route**	**Kapstadt mit dem Tafelberg**
Mit 20 000 km² gehört er zu den großen der Welt. Bei einer Safari auf mehr als 1 500 km Straßenlänge können die „Big Five" gesehen werden.	Region an der Südküste Südafrikas entlang der Nationalstraße N2. Sie erstreckt sich von Mossel Bay in der Provinz Westkap bis fast nach Port Elizabeth im Ostkap. Hauptattraktionen sind der Garden-Route-Nationalpark und die Lagunenlandschaft von Knysna. Als einer der besten Surfplätze ist Jeffreys Bay (westlich von Port Elizabeth gelegen) bekannt.	Senkrechte Felswände mit einem flachen Plateau in 1 086 Meter Seehöhe machen den Sandstein zu einem von Kapstadts Höhepunkten. Kapstadt ist die erste Stadt aus der Kolonialzeit. Die Victoria and Alfred Waterfront, das Two Oceans Aquarium und das Kap der Guten Hoffnung oder die Gefängnisinsel Robben Island sind die Top Sights.

Die einzigartige Lage am Fuß des Tafelbergs und am Rand zweier Ozeane macht Kapstadt so unverwechselbar

Sicherheit von Reisenden

Gerade bei Südafrika spielt das Thema Sicherheit der Reisenden eine große Rolle. Das österreichische Außenministerium warnt vor allem vor Überfällen in Städten, hier vor allem Johannesburg, nach Geschäftsschluss und auch am Flughafen sowie auf Straßen durch Vororte und in Vorortezügen.

Fair Reisen in Südafrika

Beim fairen Reisen ist Südafrika schon jetzt Weltmeister. Als weltweit erste und bislang einzige Organisation vergibt „Fair Trade in Tourism South Africa" (FTTSA) ein Gütesiegel für fairen Handel an Tourismusbetriebe, die Standards wie faire Gehälter und Arbeitsbedingungen einhalten und sich für Menschenrechte sowie die lokale Kultur und Natur einsetzen. Das Spektrum der bislang 65 ausgezeichneten Unternehmen in ganz Südafrika ist breit: von der Luxuslodge Singita im Kruger Nationalpark bis zu einfachen Farmhäusern, von besonders umweltfreundlichen Wal- und Tierbeobachtungstouren bis zu geführten Radtouren ab Soweto oder Rundgängen und Kochkursen in Bokaap, dem traditionellen Malaienviertel Kapstadts. Fairer Tourismus ist also vielseitig, wie FTTSA beweist.

Quelle: http://www.greenpeace.org, Abfrage 25. April 2018

Arbeitsaufgaben

1. Verorten Sie im Atlas die Top-Tourismusziele Südafrikas.

2. Erörtern Sie die Probleme für ein aufstrebendes Tourismusland, das den sozialen Widerspruch im Land noch nicht gelöst hat.

3 Tourismusstrategien

> *Die kleinste Gemeinde, die Regionen, die Bundesländer bis zu den Staaten entwerfen ihre Strategien, den Touristen/die Touristin anzusprechen und für einen Urlaub zu gewinnen. Touristen/Touristinnen sind sehr sensibel in der Auswahl ihrer Ziele, was politische und auch Naturkatastrophen betrifft, „vergessen" aber auch schnell wieder, wenn der Preis stimmt.*

Unterschiedliche Staaten setzen auf verschiedenste Strategien im internationalen Wettbewerb um Touristen und Touristinnen. Einige Beispiele werden hier vorgestellt.

Neuseelands Tourismusstrategie: die „Stimme des Besuchers"

Tourism New Zealand möchte ein Netzwerk von 20 „short walks" und bis zu zehn Tageswanderungen vorstellen. Diese Wanderwege, die hauptsächlich neu vermarktet und nicht neu angelegt werden, sollen dazu beitragen, die wachsende Zahl der Besucher/innen in Neuseeland gleichmäßiger über das Land zu verteilen. Der Fokus liegt dabei nicht mehr auf den bisher intensiv beworbenen Great Walks, sondern auf kürzeren Wegen.

„Es gibt in Neuseeland bereits ein riesiges Netz an Wanderwegen, deren Einrichtung und Instandhaltung schon viel Geld gekostet hat. In einigen Teilen des Landes wird das aber bisher nur von wenigen Menschen genutzt. Die Befragungen sollen Erkenntnisse darüber bringen, welche Art von Wanderungen die Menschen bevorzugen und welche Hindernisse ihnen dabei in Neuseeland begegnen. Interviews mit Besuchern/Besucherinnen aus China, den USA, Deutschland und Australien, sollen Einsichten darüber bringen, ob die Erweiterungsvorhaben am 10. Great Walk, der 2018 in Paparoa an der Westcoast eröffnet wurde, überhaupt auf das Interesse der größten Besuchergruppen treffen. Angekündigt wurden auch die Entwicklung neuer Radwege, Kletter- und Kayaktouren sowie Jagdangebote, alles in Abstimmung mit Touristen/innen.

Myanmar bemüht sich um touristische Nachhaltigkeit

Erst vor einigen Jahren hat sich die politische Lage in Myanmar stabilisiert. Somit konnte sich langsam auch der Tourismus in diesem mit besonderen kulturellen Denkmälern ausgestatteten Land stabilisieren.

Die Tourismusstrategie kann folgendermaßen zusammengefasst werden:
- Durch eine verstärkte Präsenz auf internationalen und regionalen Tourismusmessen und Ausstellungen, aber auch durch Veranstaltungen in Myanmar selbst soll das touristische Profil Myanmars geschärft werden.
- In Workshops und Seminaren sowie bei Konferenzen sollen die Qualitätsstandards und technischen Kompetenzen der Akteure im Tourismus Myanmars verbessert werden.
- Die Standards bezüglich Unterkunft und Transport sollen angehoben werden.
- Die Attraktivität der bereits bestehenden touristischen Destinationen im Land soll erhöht werden und diese durch neue, bisher nur selten frequentierte ergänzt werden.
- Um Investitionen zu erleichtern, sollen relevante rechtliche Rahmenbedingungen geschaffen werden.

Einbein-Ruderer am Tonle Sap

- Durch die Entwicklung von lokal verankerten touristischen Strukturen und die Schaffung neuer Arbeitsplätze im Tourismus soll der Lebensstandard in ländlichen Gemeinden gehoben werden.
- Durch die Entwicklung eines nachhaltigen Tourismus soll ein Beitrag zum wirtschaftlichen Wachstum Myanmars geleistet werden.
- Schaden und Zerstörung der kulturellen und natürlichen Ressourcen des Landes soll vermieden werden.

Nach : https://weltreisender.net, Abfrage 21. März 2018

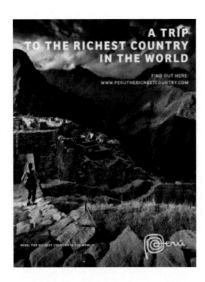

Peru – das reichste Land der Welt

2017 stellte die Tourismuskommission von Peru die neue internationale Marketingkampagne vor: „Peru, das reichste Land der Welt". Die Kampagne steht in sieben verschiedenen Sprachen zur Verfügung und ist in 20 Ländern zu sehen, welche 90 % der Touristenankünfte in Peru repräsentieren. „Peru, das reichste Land der Welt" befasst sich mit einem neuen Konzept des Begriffes „Reichtum" und überdenkt, was „reich sein" wirklich bedeutet.

Die Kampagne entfernt sich von Destinationswerbung und zielt vielmehr darauf ab, den Markt mit einer kreativen und zeitgemäßen Strategie zu erobern, welche auf einem aktuellen Trend beruht – der neuen Wahrnehmung, dass Reichtum auf Erfahrungen basiert, die das Reisen und Entdecken fremder Länder einbezieht, anstatt materiellen Besitz zu erwerben.

Die Marketingkampagne zeigt die „Wege des Reichtums in Peru", um das Land in all seinen Formen zu genießen: Geschichte, Abenteuer, Natur und Kultur. Peru ist mit einer Fülle an natürlichen, kulturellen und historischen Reizen gesegnet, die Reisenden authentische Erlebnisse ermöglichen. Marketingziel ist die Positionierung Perus als facettenreiches und vielfältiges Land, indem Reichtum nicht durch Geld, sondern durch reichhaltige Erfahrungen, eindrucksvolle Entdeckungen und wertvolle Erinnerungen gemessen wird. Die Kampagne ist Teil einer langfristigen internationalen Tourismusstrategie, welche im Jahr 2008 mit „Peru, lebe die Legende" begann.

Nach: http://latina-press.com, Abfrage 21. März 2018

Saudi-Arabien: Ferienparadies ohne Scharia am Roten Meer

Der Tourismus in Saudi-Arabien beschränkt sich derzeit fast ausschließlich auf Pilgerreisen und Reisen für Einheimische ans Rote Meer – beides Ziele unter Kontrolle der islamischen Religionsführer und Sittenwächter. Kombivisa, die einen Urlaub mit der Pilgerreise hätten verbinden lassen, wurden nicht erstellt. Doch der saudische Kronprinz hat in seiner Vision 2030 angekündigt, viele neue Einkommensquellen für Saudi-Arabien zu erschließen. Dazu gehören auch neue Ziele für den internationalen Tourismus. Auf der ITB (Internationale Tourismus-Börse Berlin) preisen Kataloge bereits die Schönheiten des Landes, wie die Strände von Al Oqair am Persischen Golf, die Nabatäerstadt Madein Saleh sowie die Strände von Ras al Abyad in der Provinz Medina und die Inselgruppe der Farasanen.

Dort sollen gegenüber der ägyptischen Küste bis 2022 Scharia-freie Ferienressorts entstehen, in denen Alkohol ausgeschenkt werden darf und es gemeinsame Badestrände für Männer und Frauen geben soll. Bürger/innen haben bereits die Initiative ergriffen und ihren Bürgermeistern Kataloge mit Vorschlägen zu Belebung des Tourismus übergeben. Darin sind der Wunsch nach kompetenten Stadtführerungen, Schautafeln an Sehenswürdigkeiten, nach Wiederaufbau historischer Gebäude, Fußgängerzonen oder „Benimmkursen" für Einheimische, da diese den Touristen/

Ganz ohne Visum werden Urlauber/innen das geplante Megaprojekt „The Red Sea" besuchen dürfen: Bis 2022 sollen an einem rund 200 Kilometer langen Küstenabschnitt am Roten Meer, zwischen Al-Wadsch und Umludsch, Luxushotels, Infrastruktur, Häfen und Flughäfen entstehen. Die Öffnung für den Tourismus ist Teil des Projekts „Vision 2030", mit dem Kronprinz Mohammed bin Salman das Land fit für die Zukunft machen und die Wirtschaft breiter aufstellen will. Die Regierung strebt 1,5 Millionen Touristen pro Jahr bis 2020 an, zurzeit sind es 200 000 pro Jahr – Pilger nicht eingeschlossen.

Quelle: Spiegel Online, 1. November 2017

Touristinnen eher überheblich bis ablehnend gegenüber stehen, enthalten. Geplant sind einzigartige, architektonisch modernst gestaltete Hotelanlagen in Verbindung mit der Tradition Saudi-Arabiens, wie Reiterspiele, Kamelzüge, Beduinenzelte mit Lagerfeuern oder Schwerttänze.

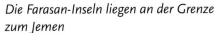

Die Farasan-Inseln liegen an der Grenze zum Jemen

Die Inseln sollen wie in Dubai oder auf den Malediven gestaltet werden

2019 soll mit den Bauarbeiten zum „Tourismusmekka" auf den Inseln im Roten Meer begonnen werden. Die Finanzierung wird zunächst durch einen öffentlichen Investitionsfonds sichergestellt, später können sich auch internationale Geldgeber beteiligen. Bis in fünfzehn Jahren erwarten die Verantwortlichen rund eine Million einheimische und ausländische Gäste pro Jahr, die 35 000 Arbeitsstellen schaffen und Einnahmen von 4 Milliarden Dollar generieren sollen.

Vereinigte Arabische Emirate (VAE)

Um für die Zeit nach dem Reichtum durch Erdöl gerüstet zu sein, setzen die VAE auf den Tourismus. Sonne und Meer, zahlreiche Golfplätze, Vergnügungsparks und Luxushotels sollen vor allem zahlungskräftige Touristen anlocken.

Vor der Küste Dubais entstehen künstliche Inseln, die als Luxusresorts mit Yachthäfen v. a. für reiche Touristinnen und Touristen gedacht sind.

Das Hotel Burj al Arab in Dubai ist eines der größten Wahrzeichen der Stadt und auf der ganzen Welt bekannt als Siebensternehotel, obwohl es eigentlich nicht mehr als fünf Sterne gibt. Das Hotel befindet sich auf einer kleinen künstlichen Insel. Mit 321 Metern ist es eines der höchsten Hotels der Welt.

Arbeitsaufgaben

1. Beschreiben Sie einige touristische Highlights Perus.

2. Beurteilen Sie, an wen sich die Tourismusstrategien der Länder richten könnten.

3. Informieren Sie sich über die „Great Walks" und präsentieren Sie der Klasse eine Karte mit den Touren.

4. Vergleichen Sie den Text über Tourismusstrategie in Südafrika mit den anderen Beispielen.

5. Suchen Sie aus den vier vorgestellten Strategien die Ansätze heraus, die Ihnen leicht umsetzbar erscheinen, und diejenigen, die kaum realisierbar erscheinen. Begründen Sie Ihre Einschätzung.

6. Fassen Sie die Eckpunkte der Tourismusstrategie von Myanmar mit wenigen Worten zusammen.

7. Beurteilen Sie die Realisierbarkeit des Tourismusprojekts in Saudi-Arabien mit so deutlichen religiösen Freiheiten in einem konservativen Staat.

8. Fassen Sie zusammen, woran der Tourismus derzeit in Saudi-Arabien scheitert.

9. Erörtern Sie, welche Risiken sich einer weiteren touristischen Entwicklung entgegenstellen könnten.

10. Erörtern Sie die Vor- und Nachteile von Billig-Fernreisen.

11. Analysieren Sie die Gründe, Pauschalreisen vergleichsweise günstig anzubieten.

12. Erstellen Sie mindestens einen Vorschlag, wie die Einbindung Einheimischer im Tourismus gesichert werden kann, alte Kulturen in ihrem Bestand gesichert werden können, und wie Prostitution, Kriminalität und Drogen vermieden werden können.

13. Ordnen Sie die Nummern auf der Karte den Ländern bzw. Regionen in der Tabelle zu.

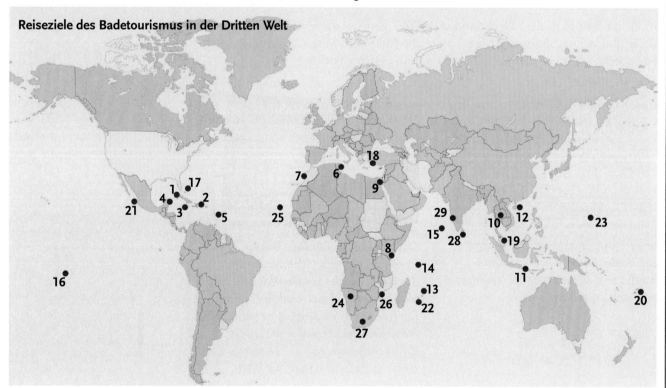

Reiseziele des Badetourismus in der Dritten Welt

Land bzw. Region	Nr. auf der Karte	Land bzw. Region	Nr. auf der Karte
Karibik/Mittelamerika		Namibia	
Mexiko (Acapulco)		Kapverden	
Mexiko (Cancun)		Mosambik	
Kuba		Südafrika	
Jamaika		Indischer Ozean	
Bahamas		Seychellen	
französische Antillen (Martinique, Guadeloupe)		Réunion	
Dominikanische Republik		Mauritius	
Pazifik		Malediven	
Tahiti		Asien	
Fidschiinseln		Bali	
Guam		Thailand (Pattaya)	
Afrika		China (Hainan)	
Marokko		Malaysia	
Tunesien		Türkei (türkische Riviera)	
Ägypten (Rotes Meer)		Goa (Indien)	
Kenia		Sri Lanka	

4 Top Destinationen des internationalen Tourismus

Lateinamerika

Arbeitsaufgabe

- Tragen Sie die Ziffer der Fotos der Top-Reiseziele in die Signaturen ein.

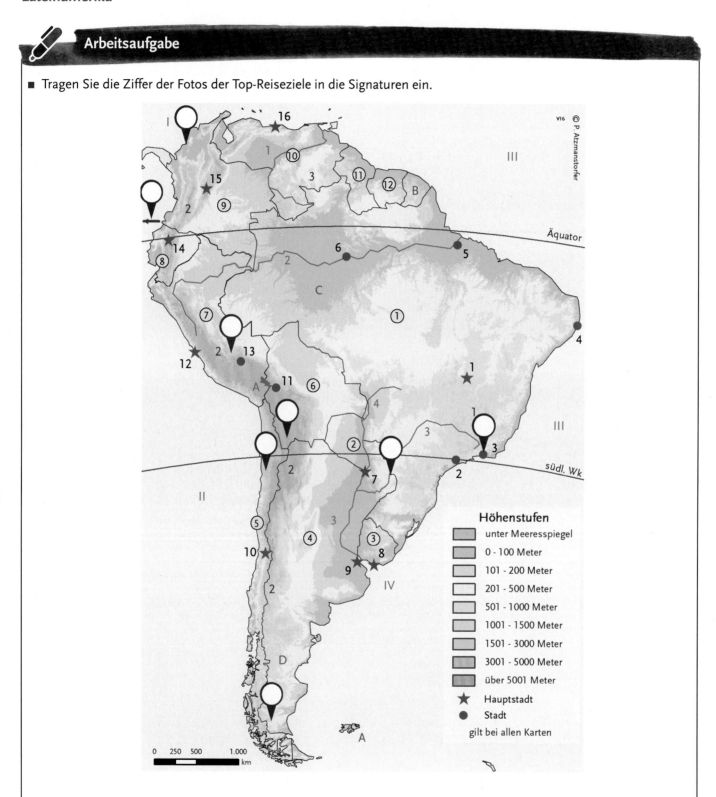

1. Kolumbien – Altstadt von Cartagena

2. Peru – Machu Picchu

3. Ecuador – Galapagos Inseln

4. Chile – Atacama Wüste

5. Bolivien – Salar de Uyuni

6. Brasilien – Wasserfälle von Iguacu

7. Brasilien Rio mit Zuckerhut

8. Argentinien – Perito Moreno Gletscher

Mittelamerika und Karibik

- Tragen Sie die Ziffer der Fotos der Top-Reiseziele in die Signaturen ein.

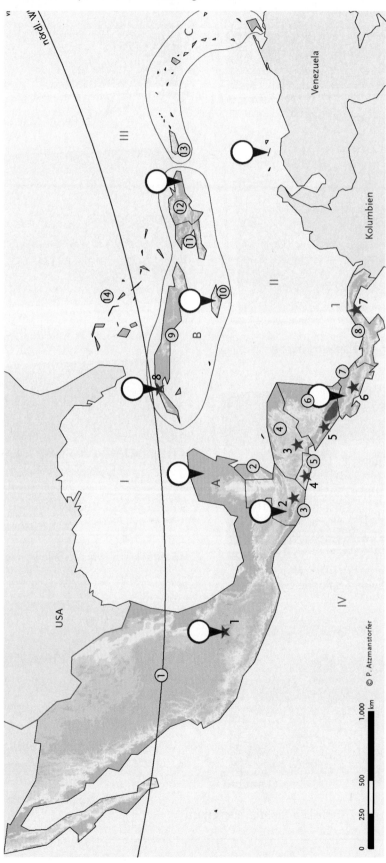

1. Kuba – Altstadt von Havanna

2. Dominikanische Republik – Parque Nacional del Este

3. Blue Hole im Westen Jamaikas

4. Curacao – Altstadt

5. Mexiko Cuculcan Pyramide auf Yucatan

6. Mexiko – Kathedrale

7. Guatemala – Markt von Chichicastenango

8. Costa Rica – Vulkan Arenal

Afrika

■ Tragen Sie die Ziffer der Fotos der Top-Reiseziele in die Signaturen ein.

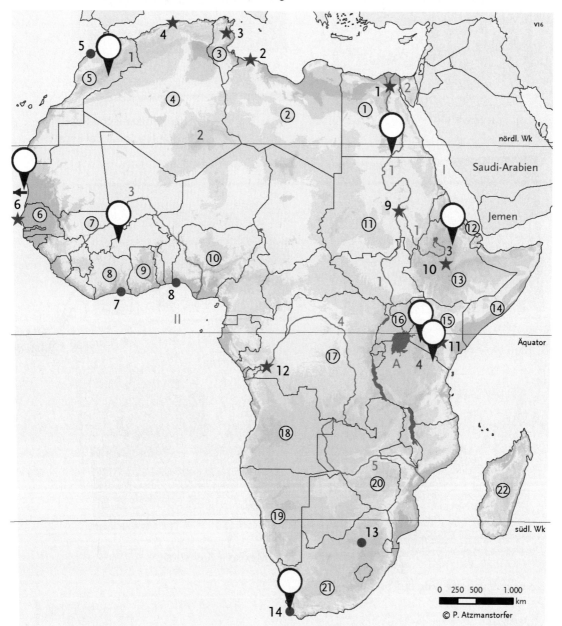

1. Ägypten – Tempel von Abu Simbel

2. Marokko Kasbah Aït-Ben-Haddou

3. Caboverde – Vulkan Pico

4. Äthiopien Felsenkirche von Lalibela

5. Kenia Safari Masai Mara NP

6. Tansania Kilimanjaro

7. Mali – Djenne

8. Kapstadt – Tafelberg

Südwestasien

Arbeitsaufgabe

■ Tragen Sie die Ziffer der Fotos der Top-Reiseziele in die Signaturen ein.

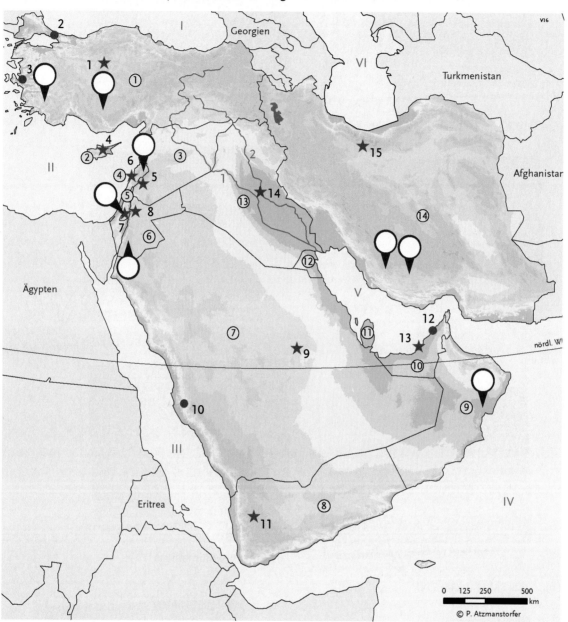

1. Türkei – Pamukkale Sinterterrassen

2. Türkei – Kappadokien

3. Iran – Persepolis Ruinenstadt

4. Iran – Shiraz

5. Libanon – Tempel von Baalbek

6. Israel – Jerusalem Klagemauer mit Felsendom

7. Jordanien – Felsenstadt von Petra

8. Oman – Nakhl

Zentralasien

- Tragen Sie die Ziffer der Fotos der Top-Reiseziele in die Signaturen ein.

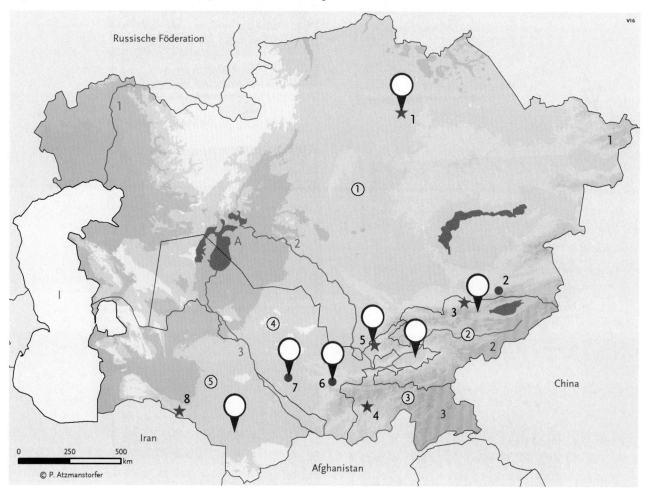

1. Usbekistan -Samarkand Registan

2. Usbekistan – Taschkent orthodoxe Kathedrale

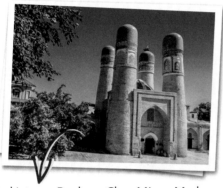

3. Usbekistan – Buchara Chor Minor Madrasa

4. Usbekistan – Oase Chiva

5. Kasachstan – Astana Friedenspyramide

6. Kirgistan – Ala Arche Gorek (Nationalpark)

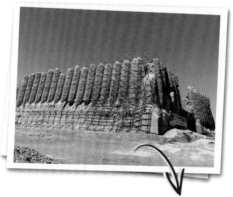

7. Turkmenistan – Tempel von Merw

8. Tadschikistan – Ferganatal

Südasien

■ Tragen Sie die Ziffer der Fotos der Top-Reiseziele in die Signaturen ein.

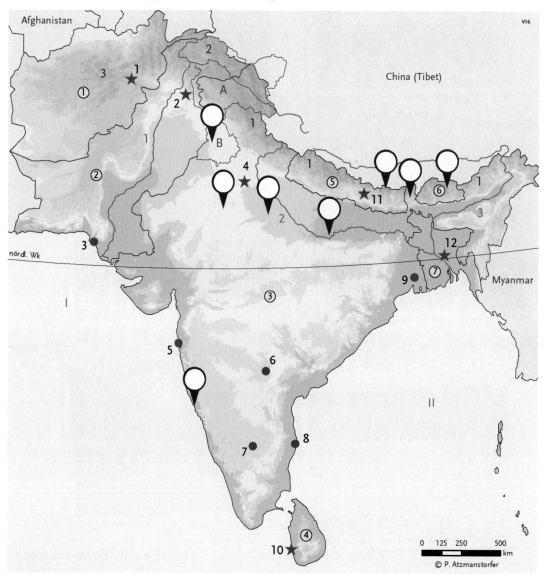

1. Taj Mahal

2. Goldener Tempel vom Amritsar

3. Strand von Goa

4. Jaipur – Palast der Winde

5. Varanasi

6. Basecamp Mount Everest

7. Darjeeling mit Bahn

8. Bhutan – Sonnentempel mit Himalaya

Südostasien

Arbeitsaufgabe

■ Tragen Sie die Ziffer der Fotos der Top-Reiseziele in die Signaturen ein.

1. Thailand – Bangkok Großer Palast

2. Thailand – Strand auf der Insel Koh Chang

3. Thailand - Brücke am Kwai

4. Myanmar – Shwedagon Pagode

5. Kambodscha – Tempelstadt von Angkor Wat

6. Vietnam – Vinh Ha Long Bucht

7. Malaysia – Batu Caves

8. Indonesien – Tanah Lot Tempel auf Bali

Ostasien

Arbeitsaufgabe

■ Tragen Sie die Ziffer der Fotos der Top-Reiseziele in die Signaturen ein.

1. Chinesische Mauer

2. Flussfahrt auf dem Yangtse

3. Himmelstempel in Peking

4. Terracotta Armee bei Xian

5. Yunnan – Reisterrassen

6. Potala Palast in Lhasa

7. Verbotene Stadt in Peking

8. Mt. Huangshan (Yellow Mountains)

Australien

Arbeitsaufgabe

- Tragen Sie die Ziffer der Fotos der Top-Reiseziele in die Signaturen ein.

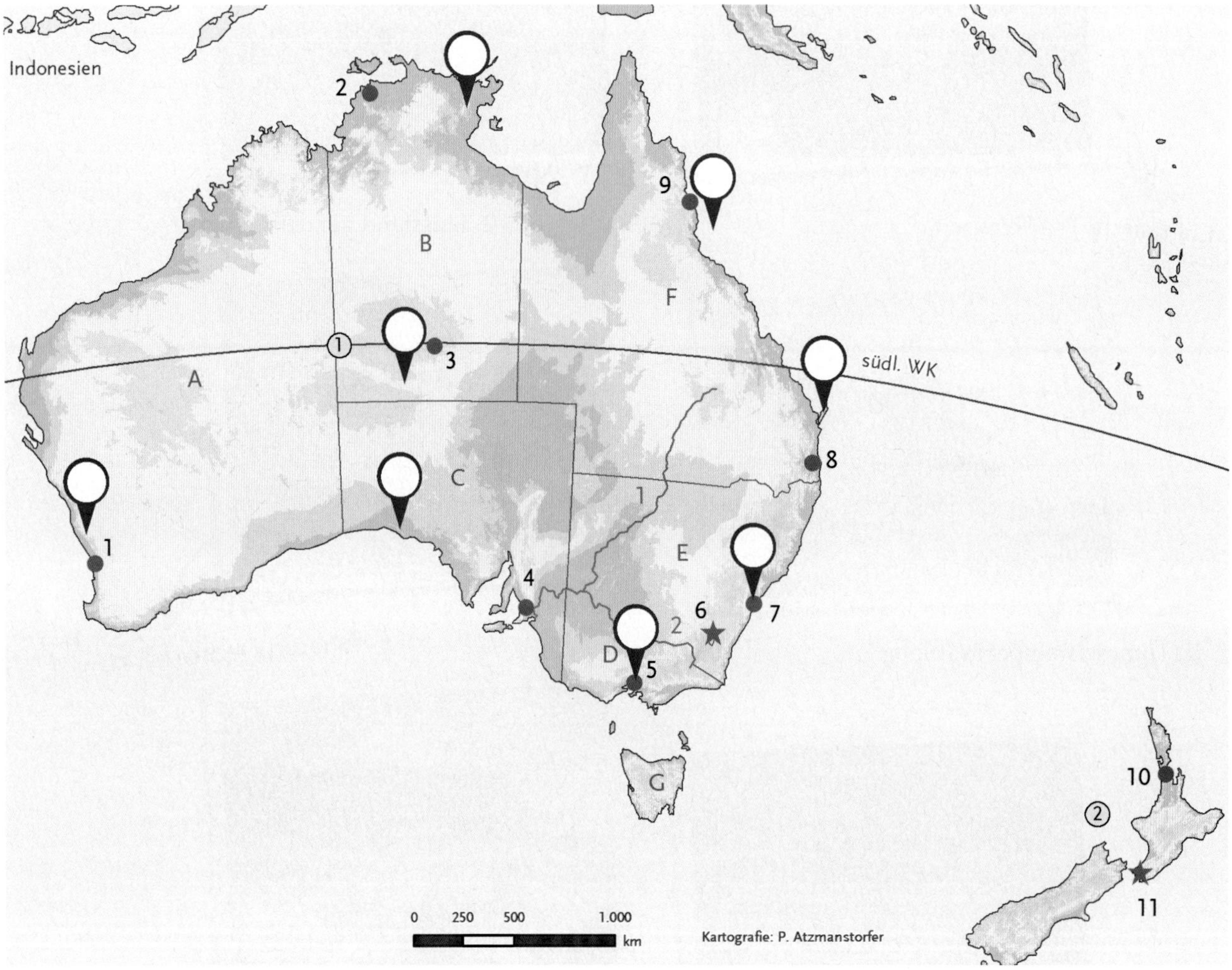

Indonesien
A
B
C
D
E
F
G
1
2
3
4
5
6
7
8
9
10
11
①
②
südl. WK
0 250 500 1.000 km
Kartografie: P. Atzmanstorfer

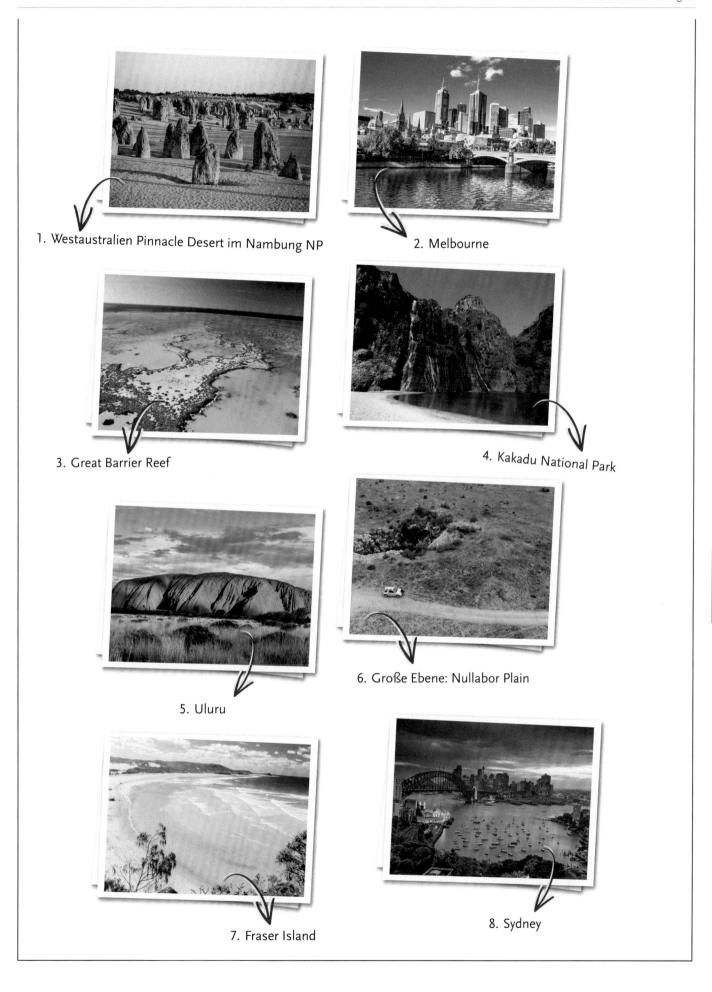

1. Westaustralien Pinnacle Desert im Nambung NP

2. Melbourne

3. Great Barrier Reef

4. Kakadu National Park

5. Uluru

6. Große Ebene: Nullabor Plain

7. Fraser Island

8. Sydney

Neuseeland und Ozeanien

Arbeitsaufgabe

- Tragen Sie die Ziffer der Fotos der Top-Reiseziele in die Signaturen ein.

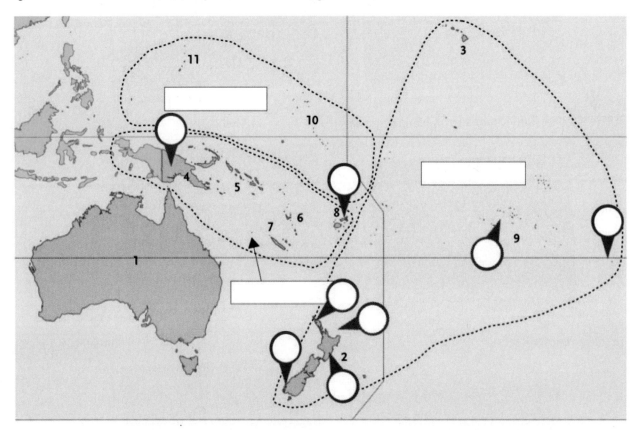

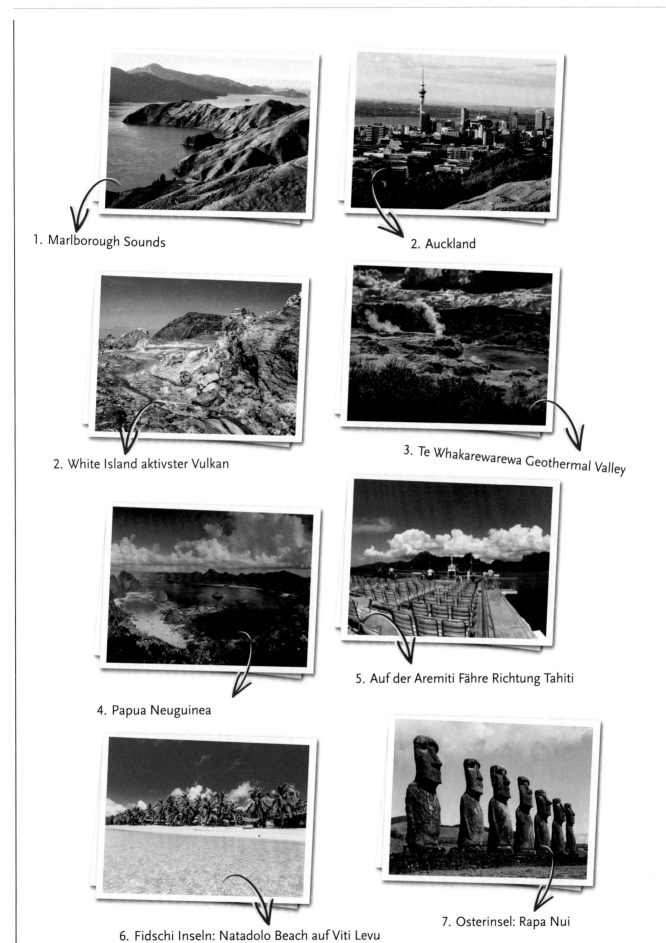

1. Marlborough Sounds

2. Auckland

2. White Island aktivster Vulkan

3. Te Whakarewarewa Geothermal Valley

4. Papua Neuguinea

5. Auf der Aremiti Fähre Richtung Tahiti

6. Fidschi Inseln: Natadolo Beach auf Viti Levu

7. Osterinsel: Rapa Nui

Ziele erreicht? – „Ferntourismus – Tourismusstrategien"

Die Welt ist zum Dorf geworden, das jederzeit in allen Winkeln erreichbar geworden ist. Tourismus ist für viele Staaten die große Hoffnung für einen Wirtschaftsaufschwung. Innovative, ökologisch orientierte Projekte werden umgesetzt. Es gibt aber auch den Umwelt und das Sozialgefüge belastenden Massentourismus.

1. Bewerten Sie die Aussagen mit Schulnoten und überlegen Sie ein Schlagwort als Begründung dazu. Diskutieren Sie die Ergebnisse.

„Wohin man reisen kann, sollte man auch einmal im Leben hinfahren."

„Österreich wird im Vergleich mit manchen Entwicklungsländern touristisch ins Hintertreffen kommen."

„Die einsame Insel im Indischen Ozean ist ein großer Urlaubstraum."

„Mit Atmosfair kann sich jeder von seinen, ‚CO_2-Urlaubssünden' freikaufen ."

„Die Fülle von Ökolabels werden doch kaum je ernsthaft überprüft."

„Die Fernreise muss nur eins: billig sein."

„Solange die Entwicklungsländer die Sicherheit nicht garantieren können, sollte es keine Reisen dorthin geben."

„Beschäftigte im Tourismus müssen endlich fair entlohnt werden."

„Zum Golfen oder Surfen muss ich nicht nach Südafrika'."

5. Treffen Sie zum folgenden Spotlight Aussagen. Diskutieren Sie die Ergebnisse.

Spotlights zum Beruf

„Als Touristiker/in habe ich auch eine ethische Verantwortung dem Reiseland gegenüber."

„Im Reisebüro ist es meine Aufgabe einen möglichst guten Umsatz zu erzielen."

Aus diesem Kapitel habe ich in die nachstehend angeführten Erkenntnisse und/oder Einsichten gewonnen:

Schiffsverkehr

Meine Ziele

Nach Bearbeitung dieses Kapitels kann ich

- die aktuellen Angebote in der Schifffahrt sowohl in puncto Kreuzfahrten als auch im Linienverkehr und im Wassersport veranschaulichen und beurteilen;
- die Bedeutung der österreichischen Fluss- und Seenschifffahrt erläutern;
- Möglichkeiten der Wassersportausübung als touristische Attraktivitätsfaktoren veranschaulichen;
- meine Kunden/Kundinnen umfassend über die Vorzüge einer Kreuzfahrt beraten;
- die Angebote an Bordentertainment und Freizeitmöglichkeiten erläutern;
- die Kritik örtlicher Umweltschutzgruppen gegen die Riesenschiffe verstehen und argumentieren.

1 Passagierschifffahrt

Das Angebot an Schiffsreisen boomt. Immer mehr Urlauber/innen erkennen die Vorzüge einer Kreuzfahrt, bei der man viele verschiedene Länder bereisen kann, ohne sich um organisatorische Fragen zu Transport und Unterbringung kümmern zu müssen. Und Kreuzfahrten werden immer erschwinglicher.
Andererseits hört man immer öfter: Seeschiffe sind eine enorme Belastung für die Umwelt und Kreuzfahrten eine Zumutung für die Bewohner/innen der besuchten Städte.

Grundsätzlich unterscheidet man zwischen See- und Binnenschifffahrt.

Die größten Reedereien

1 Royal Caribbean
2 Princess
3 Carnival Cruises
4 Norwegian
5 MSC Cruises
6 Holland America
7 Celebrity
8 Costa Crociere
9 Aida

https://de.statista.com,
14. September 2018

Unterteilung im touristischen Schiffsverkehr

Kreuzfahrten
Schiffsreise, bei der mehrere Häfen angelaufen werden

- Hochseekreuzfahrten
- Flusskreuzfahrten

Linienschifffahrt
Transport nach Fahrplan, Tarif und fixierten Transportbedingungen

- Linienpassagierdienste
- Fähren: Transport von Schienen- und Straßenfahrzeugen sowie Passagieren
- Frachterreisen

Sonderformen der Passagierschifffahrt

- Charter
- Yacht-Charter
- Hausboote
- Ausflugsfahrten

1.1 Kreuzfahrten

Die Kreuzfahrt ist eine Schiffsreise, bei der mehrere Häfen angelaufen werden. Üblicherweise sind (fast) alle Leistungen schon in einem Pauschalpreis inkludiert, ausgenommen die Landgänge. Diese gelten als „fakultative Zusatzangebote" – man kann sie vor Ort buchen und mit einem Reiseleiter durchführen, wer will, kann jede besuchte Stadt auch auf eigene Faust erkunden.

Das Image der Kreuzfahrt entscheidend verändert hat: von der einst exklusiven Luxusreise zu einem schwimmenden All-Inklusive oder Cluburlaub, einst eher der Zielgruppe 60+ vorbehalten, ist die Kreuzfahrt nun auch für Familien und junge Menschen attraktiv geworden.

💡 Ein Vorteil für die Konsumenten und Konsumentinnen: Durch den starken Konkurrenzkampf sind die Preise günstiger geworden, dies dürfte auch für die nächsten Jahre so bleiben.

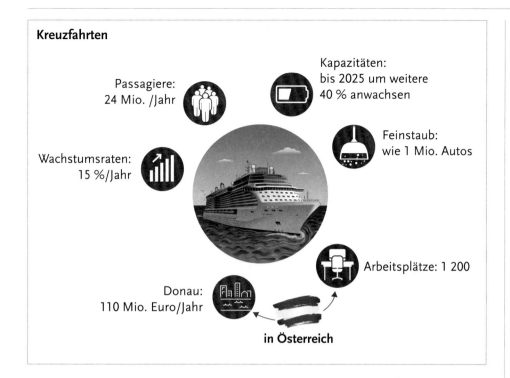

Kreuzfahrten

Passagiere: 24 Mio. /Jahr

Kapazitäten: bis 2025 um weitere 40 % anwachsen

Feinstaub: wie 1 Mio. Autos

Wachstumsraten: 15 %/Jahr

Arbeitsplätze: 1 200

Donau: 110 Mio. Euro/Jahr

in Österreich

1.1.1 Hochseekreuzfahrt

Um das Produkt Kreuzfahrt zu profilieren und zu positionieren, werden verschiedene Varianten angeboten:

- **Klassische Kreuzfahrt:** Die Kreuzfahrt beginnt und endet am selben Hafen und unterwegs steigen weder Passagiere zu noch aus.
- **Turnuskreuzfahrt (Turnus = regelmäßige Wiederkehr):** Festgelegte Reihenfolge in der Kreuzfahrt-Touristik mit regelmäßigen Abfahrtszeiten auf gleicher Route.
- **Themenkreuzfahrt:** Sämtliche Aktivitäten am Schiff stehen unter einem bestimmten Motto wie z. B. Musik, Sport, Wellness & Beauty, Expeditions-/Studienkreuzfahrten, Club-Reisen (auf Sail Cruisers), Casino Cruises, Incentives.
- **Expeditionskreuzfahrt:** Forschungskreuzfahrt, die in wenig bereiste Zielgebiete führt, meist kleinere Reisegruppen unter kundiger wissenschaftlicher Leitung mit speziell zu diesem Zweck gebauten oder umgerüsteten Schiffen, z. B. Eisbrecher.
- **Fly-and-Cruise Arrangements:** Kombiniertes Kreuzfahrtenangebot mit An- und Abreise per Flugzeug. Im Inklusivpreis sind die jeweils günstigsten Flugtarife enthalten, in fast allen Fällen auch der Transfer zwischen Flughafen und Schiff.
- **Cruise-and-Stay Arrangements:** Hier wird meist eine einwöchige Kreuzfahrt mit einer oder mehreren Wochen Landaufenthalt kombiniert.

 Fallbeispiele

The Harmony of the Seas
Das momentan größte Kreuzfahrtschiff der Welt wurde im französischen St. Nazaire gebaut, gehört der Royal Caribbean Cruises (USA). Ihe Heimathafen ist Port Everglades, Florida.

Mit Platz für 6 400 Passagiere (betreut von rund 2 000 Personen Crew) ist sie eine schwimmende Kleinstadt. 16 der insgesamt 18 Decks sind Passagierdecks, das Schiff, das im März 2016 zu seiner Jungfernfahrt in See gestochen war, ist 362 m lang, 70 m hoch und hat rund 1 Milliarde EUR gekostet.

Zum Bordentertainment gehören unter anderem eine Wellness- und Fitness-Landschaft, ein Theater, eine Entertainment-Zone, eine Kletterwand, Surf-Simula-

Queen Mary

Damit sich die Gäste zwischen den 2 727 „Staterooms" nicht verlieren, bekommen sie ein GPS-Armband. Die Kabinen bieten natürlich jeden Komfort. Die Krönung ist zweifellos die über 100m² große VIP Royal Loft Suite mit privaten Butler Service, sie kostet pro Woche 10.000 EUR

toren, eine Minigolfanlage oder eine Eislaufbahn. „Ultimate Abyss" nennt sich die längste Wasserrutsche auf See (Start 50 m über Meeresboden).

Die mehrstöckige Mittelhalle im Inneren des Schiffes ist mit rund 12 000 Pflanzen ausgestattet und heißt wie der „Central Park" von New York, dem sie nachempfunden ist.

Hurtigruten – mit dem Postschiff die norwegische Fjordküste entlang

Zu den absoluten Glanzlichtern im Schifffahrtsangebot zählt eine Reise mit den Hurtigruten. Darunter versteht man die traditionelle norwegische Postschifflinie, die seit 1893 die Orte der über 2 700 Kilometer langen norwegischen Küste von Süd bis Nord verbindet.

Dies sind kombinierte Fracht-, Passagier- und Kreuzfahrtschiffe, die die Strecke von Bergen bis Kirkenes in sechseinhalb Tagen bewältigen. Der Gast erlebt eindrucksvolle Landschaften, überquert den nördlichen Polarkreis und kommt teilweise tief in die eiszeitlichen Fjorde hinein. Der ursprüngliche Postverkehr wurde 1984 eingestellt, die Hurtigruten ist heute vornehmlich eine international bekannte Touristenattraktion.

Round-the-world-Cruises

Fast jede Reederei bietet auch Weltreisen an, rund 20 Schiffe sind jedes Jahr „über die 7 Meere" unterwegs, diese Reisen können zwischen 3 – 6 Monate dauern. Scheinbar gibt es genug Menschen, die die nötige Zeit und die finanziellen Mittel haben, um die ganze Reise mitzumachen, viele Kunden buchen aber kürzere Reiseabschnitte und sind eine oder mehrere Wochen mit an Bord. Die Preise einer Round-the-world-Cruise beginnen bei 10.000 EUR und können, je nach Schiff, Dauer und gewählter Kabinenkategorie, bis über 50.000 EUR pro Person betragen.

Träumen rund um die Welt

Arbeitsaufgaben

1. Ordnen Sie die folgenden Meeresregionen bzw. bestimmte Bereiche davon, die bevorzugt von Kreuzfahrtschiffen befahren werden, zu:

❶ Caribbean/Florida Cruise Area (Karibik und Golf von Mexiko)

❷ Eastern Mediterranean Cruise Area (Östliches Mittelmeer)

❸ Western Mediterranean Cruise Area (Westliches Mittelmeer)

❹ Baltic Sea Cruise Area and Northern Capitals (Ostsee)

❺ Atlantic Islands/West African Cruise Area (Atlantikinseln und Westafrika)

❻ Africa-India Cruise Area (Passage to India/Indischer Ozean)

❼ Alaska/Canada Cruise Area (Voyage to the Glaciers/Kanadische Pazifikküste und Alaska)

❽ Far East Cruise Area (Ferner Osten)

❾ US/Canada East Coast Cruise Area (Northeast Passage/Ostküste USA und Kanada)

❿ Norwegian Fjords Cruise Area (Fjordküste Norwegens)

⓫ US West Coast/Mexican Riviera Cruise Area (Westküste USA und Mexiko)

⓬ Red Sea Cruise Area (Rotes Meer)

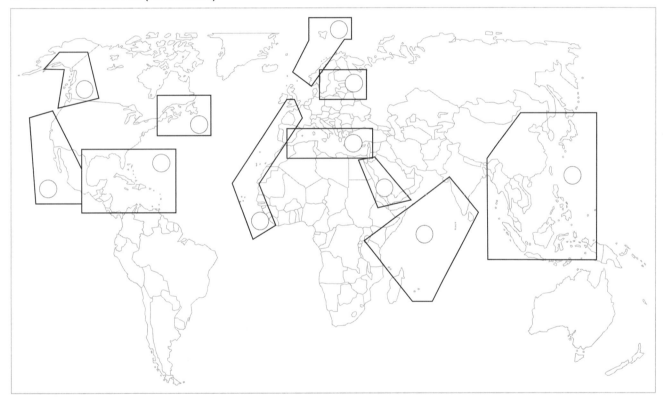

2. Die größten Kreuzfahrthäfen der Welt nach ihrer durchschnittlichen Passagierabfertigung sind:

Port of Miami 4,9 Mio ▪ Port Canaveral 3,95 Mio ▪ Port Everglades 3,68 Mio ▪ Cozumel 3,64 Mio ▪ Shanghai 2,85 Mio; ▪ Barcelona 2,68 Mio ▪ Civitavecchia 2,34 Mio ▪ Nassau 2,03 Mio ▪ Kanarische Inseln 1,98 Mio ▪ Balearen 1,96 Mio

Lokalisieren Sie diese in der Karte.

Die wichtigsten Flüsse für Flusskreuzfahrten:

Donau – Rhein – Elbe – Moldau – Wolga und Dnjepr – Rhone – Nil – Amazonas – Mississippi und Missouri – Ganges – Yangtsekiang

Wichtigste Anbieter (Auswahl):

- A-Rosa
- GTA-SKY-WAYS
- Nicko Cruises
- AMA Waterways
- Viking Cruises
- Phoenix Reisen
- Amadeus Flusskreuzfahrten

Pauschalreisen gelten als sehr komplexe Reiseprodukte, sie werden immer noch zum Großteil im Reisebüro gebucht.

1.1.2 Flusskreuzfahrt

Der Kreuzfahrtboom auf den Meeren hat inzwischen auch voll auf die Flüsse übergegriffen. Heute werden deutlich mehr Flüsse weltweit befahren als noch vor einem Jahrzehnt. Auch Flusskreuzfahrtschiffe bieten immer mehr Luxus, zu den Vorteilen zählen der unmittelbare Kontakt zur durchfahrenen Landschaft, der Aspekt der Sicherheit, die Nähe zu zahlreichen Sehenswürdigkeiten und es besteht keine Gefahr von Stürmen und unruhiger See. Flusskreuzfahrtschiffe haben Platz für rund 200 – 250 Personen, dadurch sind sie überschaubarer und für viele Gäste sympathischer, als anonyme Riesenschiffe mit Tausenden Passagieren.

Besonders konzipierte Flussschiffe mit Kabineneinrichtungen verkehren auf fast allen Strömen dieser Erde, die touristisch interessant sind.

1.1.3 Produktstärken von Kreuzfahrten

Die Kreuzfahrt ist eine Pauschalreise, zu den Basisleistungen gehören die Unterkunft, die Verpflegung, meist die Anreise, ein umfangreiches Animations-, Sport- und Unterhaltungsangebot und eine sehr intensive Gästebetreuung.

Verkaufstipps

Als Produktstärken können beim Beratungsgespräch hervorgehoben werden:

- Schiff = schwimmendes Luxus- oder Clubhotel mit dem Hauch des Exklusiven
- Man sieht und erlebt viel, muss aber nur einmal einchecken und bleibt die ganze Reise „in seinem Zimmer"
- Gastronomie auf hohem, ja höchstem Niveau
- Reisen in Schönwettergebieten zu vielen attraktiven Zielen und imposanten Naturschauspielen
- Hoher Erlebnis- und Unterhaltungswert
- Umfassende Gästebetreuung

Immer mehr wollen auch weltweite Hotelketten den Nachfrageboom nützen und steigen neu ins Kreuzfahrtgeschäft ein. Die Ritz-Carlton-Gruppe hat diesen Schritt schon gemacht, weitere werden folgen. Mit der Kategorie „Mein Schiff" ist auch die TUI, der größte Reisekonzern der Welt, ins Cruise-Business eingestiegen.

 Arbeitsaufgaben

1. Wählen Sie eine Kreuzfahrtregion aus und recherchieren Sie für die wichtigsten Anlaufhäfen die bedeutendsten Sehenswürdigkeiten für Landausflüge und stellen Sie diese Ihrer Banknachbarin/Ihrem Banknachbarn vor.

2. Recherchieren Sie eine Antarktis-Expeditionskreuzfahrt (z. B. von Hapag Lloyd): Welche Attraktionen erwarten den Gast, worauf wird aber sehr bewusst Rücksicht genommen? (Hinweis: Kreuzfahrtprospekte an der Schule oder unter www.diekreuzfahrt.at, www.kuoni.at, www.dreamlines.de usw.)

3. Fassen Sie für Ihren Kunden/Ihre Kundin alle Vorzüge einer Kreuzfahrt kurz zusammen.

4. Diskutieren Sie die Vor- und Nachteile eines Urlaubs auf einem Kreuzfahrtschiff mit über 3 000 Passagieren (auf engstem Raum) und stellen Sie die Argumente in einer Mindmap dar.

1.1.4 Kreuzfahrtschiffe und Umwelt

Die explosionsartige Entwicklung des Kreuzfahrtmarktes führt in immer mehr Städten zu ernsten Problemen: neben der Umwelt sind es vor allem die Einheimischen, die „bereiste Bevölkerung", die darunter leiden.

Probleme mit den Menschenmassen

Das große Problem sind aber die ungeheuren Menschenmassen, die sich in wenigen Stunden über meist viel zu kleine und zu enge Altstadtkerne ergießen: wenn nur die Hälfte aller Passagiere einen Landgang unternimmt, dann „ergießen" sich einige Tausend Touristen gleichzeitig durch die Innenstädte von z. B. Venedig, Dubrovnik, Palma de Mallorca oder Lissabon – zusätzlich zu den Millionen jährlicher Touristen, die mit anderen Verkehrsmitteln dort anreisen. Vor allem auch, weil sich viele dieser Touristen/Touristinnen immer aufdringlicher und respektloser benehmen.

Das örtliche Leben verschwindet fast völlig, die Einheimischen verlassen die Altstädte, vor allem auch weil das Preisniveau und die Wohnungs- und Mietpreise ins Unermessliche steigen; enorme Mengen an Müll ergänzen das düstere Bild.

Die Tourismusverantwortlichen wollen auf die Einnahmen aus diesem Segment nicht verzichten, aber auch die Einheimischen nicht zu Gegnern des Tourismus werden lassen, denn das wäre für die Grundstimmung in einem Reiseziel denkbar schlecht: man denkt über zahlenmäßige Beschränkungen, ein Verlagern der Besucherspitzen von der Hochsaison in die Nebensaisonen nach oder an eine bessere Verteilung der Anlandungen über die Woche.

Beispiele: Barcelona und Venedig

In Barcelona fordern Transparente erzürnter Bewohner „Keine Touristen in unserem Viertel".

In Venedig versucht die Bürgerinitiative „No Grande Navi" Schiffe über 55 000 t aus der Lagune zu verbannen. Die Abgase und Abwässer der Schiffe bedrohen das ökologische Gleichgewicht der Lagune ernsthaft, der Wellenschlag der Riesenkreuzer stellt eine immer größere Bedrohung der Fundamente der auf Holzpiloten erbauten Palazzi und Häuser der historischen Stadt dar.

Probleme mit den Schadstoffen

So modern Kreuzfahrtschiffe auch erscheinen mögen, ihr Antrieb ist bis heute in den allermeisten Fällen uralt: Sämtliche Reedereien nutzen das billige, aber hochgiftige Schweröl als Kraftstoff, ein Abfallprodukt, das bei der Herstellung von Benzin und Diesel aus Erdöl zurückbleibt. Krebserregende Schwefelverbindungen und immense Feinstaubemissionen sind die Folge, denn Rußpartikelfilter sind auf den Ozeanriesen aus Platz- und Kostengründen bislang kaum im Einsatz.

Innovative Antriebskonzepte

Nicht nur aus Imagegründen und durch den großen Druck seitens der Umweltschützer, sondern auch aus wirtschaftlichen Überlegungen wird viel über umweltfreundlichere und energiesparende Antriebssysteme für Kreuzfahrtschiffe geforscht. Eine denkbare alternative Antriebsenergie ist LNG (Liquefied Natural Gas), das ist durch starke Komprimierung oder Abkühlung auf –161 bis –164 °C verflüssigtes, aufbereitetes Erdgas – der derzeit sauberste fossile Energieträger. Im Dezember 2018 soll mit der AIDAnova das erste LNG-betriebene Kreuzfahrtschiff der Welt in Betrieb gehen.

Zusätzlich wird über eine strömungsgünstigere Bauweise und auch Beschichtung/Lackierung des Rumpfes geforscht, der Einsatz von Solarpaneelen auf der Schiffsoberfläche erprobt und auch die zusätzliche Nutzung der Windenergie angedacht.

 Arbeitsaufgabe

- Lesen Sie den Text und beantworten Sie folgende Fragen:
  a) Welches ist der häufigste Treibstoff großer Schiffe?
  b) Welche Schadstoffe werden von Schiffen vor allem emittiert?
  c) Eine einzige Kreuzfahrt hat einen gleich großen Schadstoffausstoß wie .... Pkw auf der gleichen Strecke.
  d) Schiffe haben einen um das ... fache höheren Grenzwert bei Schwefel wie Pkws der Schadstoffklasse .... (Standard ist heute bereits EURO 6!)
  e) Welche Alternativen zeigt der Artikel auf?
  f) Welchen Kostenanteil an den Baukosten hätte eine (verpflichtend vorgeschriebene) Abgasfilteranlage bei einem neuen Luxusliner?
  g) Wie groß ist der Schadstoffausstoß der weltweiten Schifffahrt im Vergleich mit Staaten?
  h) Was kritisiert die Autorin des Artikels hinsichtlich juristischer Vorschriften?

Die vergessenen Klimasünder

Die Schifffahrt ist der weltweit sechstgrößte Produzent von Treibhausgasen. 90 Prozent der internationalen Handelsgüter werden mit Schiffen transportiert, für zwei Drittel der weltweiten Schiffsbewegungen liegt der Ziel- oder Abfahrtshafen in der EU. Dazu kommt die Kreuzfahrt-Schifffahrt, die mit 24 Millionen Passagieren pro Jahr einen Boom erlebt. Wer glaubt, das sei umweltschonend oder wegen der Seeluft gar gesund, der irrt. Denn die vielen Rußpartikel, die den Schornsteinen entweichen, sinken auch auf das Deck. Geht es nach Umweltkriterien, sieht es für die Schifffahrtsindustrie schlecht aus. Besonders schlimm ist die von ihr verursachte Luftverschmutzung. Die weltweite Flotte von 90 000 Schiffen verbraucht pro Jahr 370 Millionen Tonnen Treibstoff, das entspricht zirka dem Verbrauch von 750 Millionen Autos. Besonders hoch ist der Ausstoß an Schwefeldioxid (20 Millionen Tonnen), das sind 13 Prozent der weltweiten Schwefelemissionen. Gleiches gilt für die Stickoxide (NOx). Diese liegen bei 370 Millionen Tonnen und einem Anteil von 15 Prozent. Bei den Kohlenwasserstoffen sind es 1 120 Millionen Tonnen und damit um 50 Prozent mehr als der CO_2-Gesamtausstoß in Deutschland. Dazu kommen jede Menge Kohlepartikel bzw. Feinstaubemissionen. Übeltäter sind aber keineswegs nur die Frachtschiffe. Ein Ozeanriese stößt auf einer einzigen Kreuzfahrt so viele Schadstoffe aus wie fünf Millionen Pkw auf der gleichen Strecke. Warum das so ist? Zunächst fehlen wirksame rechtliche Vorgaben. Zuständig für die Regulierung der internationalen Schifffahrt ist die IMO, eine Sonderorganisation der UN – und dort mahlen die Mühlen langsam. Schiffe werden meist mit Schweröl betrieben, das besonders viel Schwefel, Stickoxide und Rußpartikel beinhaltet. Der Höchstwert für den Schwefelgehalt für Schweröl in der Schifffahrt liegt nach wie vor bei 3,5 Prozent, dem 3 500-Fachen des Schwellenwerts für Euro-5-Pkw. Die Grenzwerte für NOx sind wenig ambitioniert, für CO_2 existiert gar keiner. Dabei wäre Abhilfe möglich: Man betankt einfach mit einem anderen Treibstoff, etwa mit Diesel oder Flüssiggas. Das ist zwar teurer, aber angesichts der immer größeren Bruttoregistertonnen-Kapazität der Schiffe sind die Kosten höherer Treibstoffpreise pro Tonne nur gering. Alternativen wären auch effektive Filter oder Waschanlagen. Die Investitionen für ein Abgasreinigungssystem belaufen sich bei einem Luxusliner auf lediglich 0,2 Prozent der Gesamtkosten. Bei einer Luftverschmutzung durch die Schifffahrt, die bei CO_2, dem Hauptverursacher der Klimaerwärmung, das 1,5-Fache einer Industrienation wie Deutschland erzeugt, und dem Zeitdruck, der im Kampf gegen die Erderwärmung besteht, verwundert die Vernachlässigung des Themas umso mehr. Weder im Pariser Klimaabkommen noch bei der jüngsten Klimakonferenz in Bonn wurde die Schifffahrt überhaupt nur erwähnt. Es ist höchste Zeit, durch entsprechende Vorschriften dieses Raubrittertum an der Umwelt einzustellen.

Quelle: MARIANNE KAGER Salzburger Nachrichten, 29. November 2017

1.2 Linienschifffahrt

Darunter versteht man fahrplanmäßige Schiffsverbindungen auf Meeresstraßen, Flüssen, Kanälen und Seen.

1.2.1 Fährverkehr

In der Linienschifffahrt auf Meeren ist vor allem der Fährverkehr von Bedeutung. **Fährverkehr** spielt insbesondere dort eine Rolle, wo Länder bzw. Landesteile nur über das Wasser sinnvoll erreichbar sind, wie z. B. nach Großbritannien, auf den griechischen Inseln usw. Der Wunsch, in fremde Länder auch mit dem eigenen Pkw oder mit dem Bus fahren zu können, hat auf anderen Strecken zu einer erhöhten Frequenz in der Fährschifffahrt geführt, z. B. nach Nordafrika, Italien, Griechenland usw.

 Die Linienschifffahrt auf Binnengewässern wird im Detailkapitel zu Österreich genauer behandelt.

Bedeutende Fährschiff-Reedereien in Europa

- P&O
- Sealink
- North-Sea-Ferries
- Sally Line
- Olau Line
- Superfast Ferries
- Anek Lines
- Stena Line
- Tirrenia
- Trasmediterránea
- TT-Line
- Unity Line
- Minoan Lines
- Polferries

Schiffstypen im Fährverkehr

Konventionelle Fährschiffe	Eisenbahnfähren	Unkonventionelle Fährschiffe bzw. Schnellfähren

Passagierfähren und Kombicarrier (Transport von Lkw, Fracht und Passagieren). Dabei sind folgende Ausstattungen möglich:

- Fährschiffe ohne Kabinen: Ausstattung beschränkt sich auf Aufenthaltsräume mit Sitzgelegenheiten (Restaurants, Cafeteria, Duty-free-Shops usw.). Hierzu gehören auch die auf Kurzstrecken eingesetzten Hydrofoils, Katamarane, Hovercrafts und Jetfoil-Fähren.
- Fährschiffe mit Kabinen: Neben Aufenthaltsräumen und Restaurants haben diese Schiffe unterschiedliche Schlafmöglichkeiten (vom Liegesitz bis zur Luxuskabine).

Diese sind im Einsatz auf Strecken, auf denen durchgehende Personen- und Güterzüge befördert werden. Zusätzlich werden auch Kraftfahrzeuge aller Art mitbefördert (Beispiel: Vogelfluglinie über den Fehmarnbelt Puttgarden – Rôdby Havn von Deutschland nach Dänemark).

- Katamarane: zwei Rümpfe mit darüberliegenden Aufbauten
- Monohull-Schnellfähren: nur einen, aber sehr strömungsfähigen Rumpf
- Hovercraft: Luftkissenboote, sind nur noch selten im Einsatz
- HSS (Highspeed Sea Service): riesige Katamarane
- Hydrofoil (Tragflügelboot): Bei entsprechender Beschleunigung heben seitwärts angebrachte
- Kufen das Schiff aus dem Wasser.
- Jetfoil: Antrieb erfolgt durch Wasserstrahl

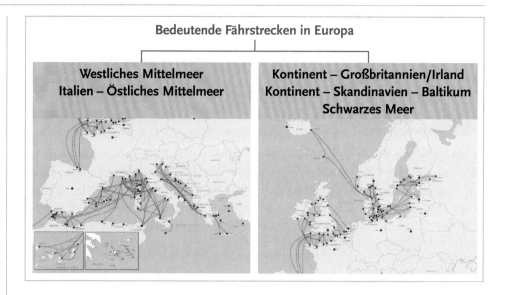

1.2.2 Frachterreisen (Freighter Voyages)

Frachter haben Einheitsklassen, die jedoch dem Standard der ersten Klasse bei Passagierschiffen entsprechen. Die Schiffe fassen meistens nur bis zu zwölf Personen.

Arbeitsaufgaben

1. Recherchieren Sie, ob seit dem Bau des Ärmelkanaltunnels überhaupt noch Fährschiffe zwischen Frankreich/Belgien und Großbritannien verkehren.

2. Eine Familie aus Wiener Neustadt möchte mit dem eigenen Wohnmobil zwei Urlaubswochen in Sardinien verbringen: Recherchieren Sie, ab welchen Häfen eine Überfahrt mit der Fähre möglich ist und beschreiben Sie auch die Anreiseroute der Österreicher bis in einen dieser Häfen.

1.3 Sonderformen der Passagierschifffahrt

Yachting

Motoryachting, Segelyachting, mit und ohne Skipper und Besatzung; Spezialangebote: Piraten-Törns, Dicovery-Fahrten, FKK-Törns usw. Als wichtige Yachtreviere gelten die Ägäis, die Türkische Riviera, die dalmatinische und istrische Küste, die Karibik, Italien, Florida und die Südsee.

Hausboote, Houseboats, Penichettes

Im touristischen Sinn kommen Hausboote als langsame Rundreisefahrzeuge für Individualisten in den Lagunen, z. B. in Oberitalien und in Florida, auf den Kanälen und z. T. auf den Flüssen von Frankreich, Großbritannien, Irland, Deutschland, den Niederlanden und Belgien zum Einsatz. Teilweise dienen sie dort auch als Sommer- oder Ferienwohnung bzw. als Ersatz für feste Wohnungen.

Hausbootreise am Canal du Midi

Arbeitsaufgabe

■ Recherchieren Sie (Atlas, Internet), in welchen Ländern und auf welchen Gewässern eine Hausbootfahrt ein attraktives Urlaubserlebnis ist.

2 Fluss- und Seenschifffahrt in Österreich

Als Binnenstaat hat die Alpenrepublik dennoch eine Reihe interessanter Angebote im touristischen Schiffsverkehr. Dazu zählen einerseits unsere Seen und als Fluss insbesondere die Donau.

2.1 Donauschifffahrt

Die Donau ist nach der Wolga der zweitgrößte Strom Europas. Ihre Länge von den beiden Quellflüssen Brigach und Breg im Schwarzwald bis zu ihrer Mündung im Schwarzen Meer beträgt rund 2 900 km. Ab Kelheim ist die Donau schiffbar und fließt durch zehn Staaten: Deutschland, Österreich, die Slowakei, Ungarn, Kroatien, Serbien, Rumänien, Bulgarien, Moldawien und die Ukraine. Von Konstanza aus besteht die Möglichkeit, durch den Bosporus ins Mittelmeer zu gelangen oder die Wolga flussaufwärts oder auf dem Dnjepr z. B. bis Kiew zu fahren.

„MS Kaiserin Elisabeth" des Unternehmens Donau Touristik GmbH
Website: www.donautouristik.at

In Österreich prägt das Donautal mit ca. 350 km Länge und 9 Schleusen nicht nur faszinierende Naturlandschaften, sondern auch unsere Kultur und Geschichte.

Neben dem Liniendienst werden verschiedene Ausflugsfahrten (mit Themen wie Jazzfahrten, Tanzfahrten oder Sonntags-Buffet-Fahrten) angeboten. Weiters können die Schiffe auch gechartert werden. Für Gäste, welche die Route nur einfach befahren wollen, werden kombinierte Fahrkarten für Schiff/Bahn und Schiff/Bus angeboten. Bedeutung hat die Schifffahrt auch im Zusammenhang mit dem äußerst populären Radtourismus im Donautal erlangt.

 Wertschöpfung für Österreich

Eine Studie ergab 2016 interessante Erkenntnisse: Kreuzfahrtpassagiere auf der österreichischen Donau (Abschnitt Regensburg – Wien) geben pro Jahr rund 110 Mio aus und sichern damit fast 1 200 Arbeitsplätze. Von den zahlreichen Landausflügen profitieren auch weiter entfernt gelegene Ziele: von Linz ausgehend etwa Salzburg, Hallstatt, Krumau oder Budweis.

Die Wertschöpfung verteilt sich auf
- 46 % gebuchte Landausflüge
- 19 % Zukäufe für Verpflegung und Betrieb
- 17 % Zusatzausgaben der Gäste an Land

und entfällt regional auf

- 21,7 Mio Niederösterreich
- 11,9 Mio Oberösterreich
- 49,2 Mio Wien
- 27,9 Mio Bayern

Flusskreuzfahrten auf der Donau

In nur 10 Jahren ist dieser Markt enorm expandiert, heute befördern rund 170 Kreuzfahrtschiffe ca. 380 000 Passagiere pro Jahr. Der Abschnitt zwischen Regensburg (D) und Budapest (H) gilt als der am stärksten frequentierte. In Österreich ist die Weltkulturerberegion Wachau zwischen Melk und Krems das Highlight. Auf der Donau fassen die Kreuzfahrtschiffe im Schnitt um die 140 Personen. Über mehrere Jahre hatte die Donau vom Einbruch der Kreuzfahrten auf dem Nil (Unruhen, Terroranschläge) profitiert, die weltweiten Gästeströme haben sich in sicherere Regionen Europas verlagert.

Die meisten Gäste kommen aus Überseemärkten (USA, Kanada, Ostasien), die Nahmärkte (D, CH, Ö) machen nur rund 22 % des Aufkommens. Flusskreuzfahrtpassagiere haben ein hohes Bildungsniveau und ein überdurchschnittlich hohes Einkommen, sie sind äußerst kulturinteressiert und gelten als neugierig und aktiv.

In die Besuchsprogramme werden natürlich die zahlreichen Burgen, Schlösser und Klöster an der Donau eingebaut, die Kulturangebote der Städte und großes Interesse herrscht an der Kulinarik: Besuche beim Weinbauern mit Weindegustation liegen hoch im Kurs.

So sehr die Donauregion profitiert, so sehr stößt der Boom auch an Grenzen: der kleine 400-Einwohner-Ort Dürnstein erlebt an manchen Tagen bis zu 1 000 Tagesgäste.

Reedereien

Brandner Schifffahrt GmbH
Von den beiden Schwestern Brandner (den ersten Damen, die in Österreich über das Kapitänspatent verfügten) gegründet.

Mit den beiden Schiffen MS Austria und MS Austria Princess werden Linien- und Charterfahrten auf der Donau in der Wachau angeboten. Die Firma Brandner überzeugt durch Angebote, die Schifffahrt, Natur, Kulinarik und das Kunst- und Kulturangebot der Wachau auf höchstem Niveau verbinden.

DDSG Blue Danube Schifffahrt GmbH

Seit Anfang 1996, nach dem Niedergang der traditionsreichen DDSG (Donaudampfschifffahrtsgesellschaft = älteste Schifffahrtslinie der Welt) hat die neue Gesellschaft mit fünf Schiffen den Betrieb aufgenommen, von denen zwei in der Wachau, zwei im Raum Wien und die MS Admiral Tegetthoff vor allem für Themen- und Sonderfahrten im Einsatz sind.

Zielgruppen sind Rad fahrende Gäste, Chartergruppen und Gästegruppen, die für Themenfahrten ansprechbar sind wie z. B. Tanzfahrten, Candle-Light-Dinner, Karibische Nacht, Vernissagen, Pressekonferenzen, Firmenfeiern, Werbe- und Verkaufsfahrten, Modeschauen, Präsentationen oder Tagungen. In Kooperationen mit Partnern aus Ungarn und der Slowakei werden auch Tragflügelbootfahrten nach Bratislava und Budapest angeboten.

DDSG Blue Danube

Wurm & Köck

Die Familien Wurm und Köck sind seit dem Ende des vergangenen Jahrhunderts in der Personenschifffahrt tätig. 1974 erfolgte der Zusammenschluss von Erich Wurm und Günter Köck zur Donauschifffahrtsgesellschaft Wurm & Köck GmbH & Co in Passau. Zur Zeit bereedert das Unternehmen elf Schiffe mit knapp 5 300 Plätzen, die das niederbayerische Donautal und die Donau bis Linz befahren und dabei mehr als 500 000 Fahrgäste jährlich befördern.

Sonstige Angebote

Einige lokale Anbieter unternehmen kleinere Ausflugsfahrten bzw. unterhalten Fährdienste auf der Donau wie z. B. die „Donauschifffahrt Wachau" von Krems bis Melk, die „Donauschifffahrt Ardagger" von Linz bis Melk, zum Teil auch mit Zillen und Flößen.

 Fallbeispiel – Twin City Liner

Der Twin City Liner ist eine Städteschnellverbindung zwischen Wien und Bratislava mit einem Schnell-Katamaran mit Jetantrieb. Dank eines fast 2 000 PS starken Motors kann dieser Schiffstyp 69 km/h erreichen, wodurch die beiden Hauptstädte in nur 75 Minuten verbunden werden können. Eigentümer der zwei eingesetzten Schiffe ist die Central Danube GmbH, die den Betrieb gemeinsam mit der DDSG durchführt.

Die Anlegestellen sind in Wien am Donaukanal am Schwedenplatz, in Bratislava am Donauufer unterhalb der Burg. Tickets kosten (2018) ab 28,00 EUR für eine einfache Fahrt/Erwachsener, in der Captain's Lounge beträgt der Preis bis 45,00 EUR.

DDSG Flottenstand (Mitte 2018):

- MS Admiral Tegetthoff
- MS Prinz Eugen
- MS Vindobona, das „Hundertwasser-Schiff"
- MS Wachau
- MS Vienna
- MS Schlögen
- MS Wien

Internationale Reedereien mit Schiffen in Österreich sind Viking Cruises und Nicko Tours.

Twin City Liner

Arbeitsaufgaben

1. Recherchieren Sie bitte für Ihren Kunden/Ihre Kundin: Wann geht an einem Julitag der erste Twin City Liner von Wien nach Bratislava, wann fährt der letzte? Wann müssen Sie in Bratislava mit diesem Schiff starten, um in Wien den Railjet um 17:55 ab Wien Hauptbahnhof zu erreichen?

2. Sie sollen für einen Kunden/eine Kundin einen attraktiven Firmenausflug ins Salzkammergut planen: Recherchieren Sie, welche Themenfahrten oder Sonderprogramme die Traunsee Schifffahrt anbietet.

3. Erörtern Sie, ob und inwieweit die Städte an der österreichischen Donau vom Flusskreuzfahrtboom der letzten Jahre profitieren: Welche Betriebe der Tourismuswirtschaft sind die Gewinner, welche können kaum Nutzen aus diesem Gästestrom ziehen?

2.2 Übrige Seen- und Flussschifffahrt

Die Seen- und Flussschifffahrt privater und kommunaler Unternehmen ist nahezu ausschließlich auf die Sommermonate beschränkt und wird einerseits als Liniendienst und andererseits als Charterdienst durchgeführt. Häufig werden die Fahrten als sogenannte „Nostalgiefahrten", z. T. in Kooperation wie die Angebotsgruppe „Erlebnis Bahn & Schiff", angeboten.

Der Raddampfer Gisela am Traunsee
Die Gisela ist einer der ältesten Dampfer der Welt, Baujahr 1871 und verfügt über eine oszillierende Verbunddampfmaschine. Eine touristische Besonderheit: Maschine sowie Maschinisten können vom Deck aus beobachtet werden

Solarschiff am Altausseer See
Österreichs erstes Solarschiff fährt am Altausseer See und braucht weniger als 1.500 EUR für den Fahrbetrieb pro Jahr.

Klimtschiff am Attersee
Das Gustav Klimt Schiff am Attersee bietet Rundfahrten zu den Sommervillen und Landschaften, die der berühmte Jugendstilmalers Gustav Klimt gemalt hat.

Folgende Gewässer werden in Österreich befahren	
Vorarlberg	Bodensee (1) – Rhein (2) – Silvretta-Stausee (3)
Tirol	Achensee (4) – Plansee (5) – Heiterwanger See (6)
Salzburg	Zellersee (7) – Wolfgangsee/Abersee (8)
Oberösterreich	Attersee (9) – Mondsee (10) – Traunsee (11) – Hallstätter See (12) – Wolfgangsee/Abersee (8) – Donau (13) – Inn (14)
Niederösterreich	Donau 2x (13) – Lunzer See (15) – Ottensteiner Stausee (16)
Wien	Donau (13)
Burgenland	Neusiedler See (17)
Steiermark	Erlaufsee (18) – Grundlsee und Toplitzsee (19) – Altausseer See (20)
Kärnten	Drau (21) – Milstätter See (22) – Ossiacher See (23) – Weißensee (24) – Wörthersee (25) – Lendkanal (26)

Arbeitsaufgaben

1. Lokalisieren Sie die Gewässer in der Karte, welche befahren werden. Schreiben Sie die Nummer aus der Tabelle oben richtig in die Karte.

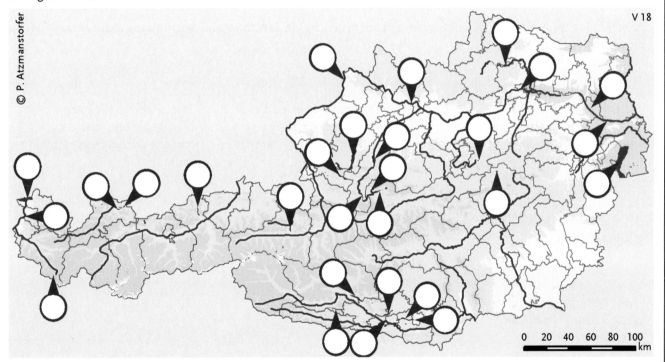

© P. Atzmanstorfer

V 18

0 20 40 60 80 100
km

2. Sie möchten zum Muttertag/Vatertag einen Familienausflug am Altausseer See mit dem Solarschiff machen: Eruieren Sie die Preise hin – retour für Erwachsene und Kinder zwischen den Stationen Madlmair und Seewiese; wann geht das letzte Schiff zurück?

3. Eine Hochzeitsgesellschaft möchte als Nachmittagsprogramm eine Schifffahrt von Villach bis Klagenfurt: Recherchieren Sie bitte, ob das möglich ist.

4. Diskutieren Sie in der Klasse, ob Schiffsverkehr und Wassersport in Österreich eine nennenswerte Gefahr oder Beeinträchtigung der Umweltqualität darstellen.

Ziele erreicht? – „Schiffsverkehr"

Kreuzfahrten boomen, immer neue und immer größere Schiffe befahren die Weltmeere. Daneben werden jenseits dieses Massentourismus spezialisierte Reiseangebote entwickelt: in entlegene Weltgegenden, auf Flüssen etc. Natürlich existiert immer noch ein Linienverkehr. Sei es in Form von Autofähren oder im Ausflugsverkehr auf Seen oder Flüssen.

1. Zählen Sie Varianten von Kreuzfahren auf.

_____

_____

_____

2. Geben Sie Trends in der touristischen Schifffahrt wieder.

_____

_____

_____

3. Recherchieren Sie am Beispiel der MS Bremen das Angebot eines Premium-Schiffes. Verwenden Sie dazu den folgenden Link: https://www.hl-cruises.de/schiffe/expeditionen/ms-bremen

Erklären Sie Ihren Mitschülern/Mitschülerinnen anhand der MS Bremen die Produktstärken einer Kreuzfahrt.

4. Bewerten Sie die Aussagen mit Schulnoten und überlegen Sie ein Schlagwort als Begründung dazu. Diskutieren Sie die Ergebnisse.

„Kreuzfahrten werden an Attraktivität verlieren, wenn sie zum Massentourismus geworden sein werden.

„Neue Konzepte beleben die Linienschifffahrt auf Seen und Flüssen."

„Kreuzfahrtschiffe haben in ökologisch sensiblen Regionen wie der Antarktis nichts verloren."

5. Treffen Sie zum folgenden Spotlight Aussagen. Diskutieren Sie die Ergebnisse.

Spotlight zum Beruf

„Als Mitarbeiter/in auf einem Schiff kann man die Welt kennen lernen".

Aus diesem Kapitel habe ich in die nachstehend angeführten Erkenntnisse und/oder Einsichten gewonnen:

_____

_____

_____

_____

_____

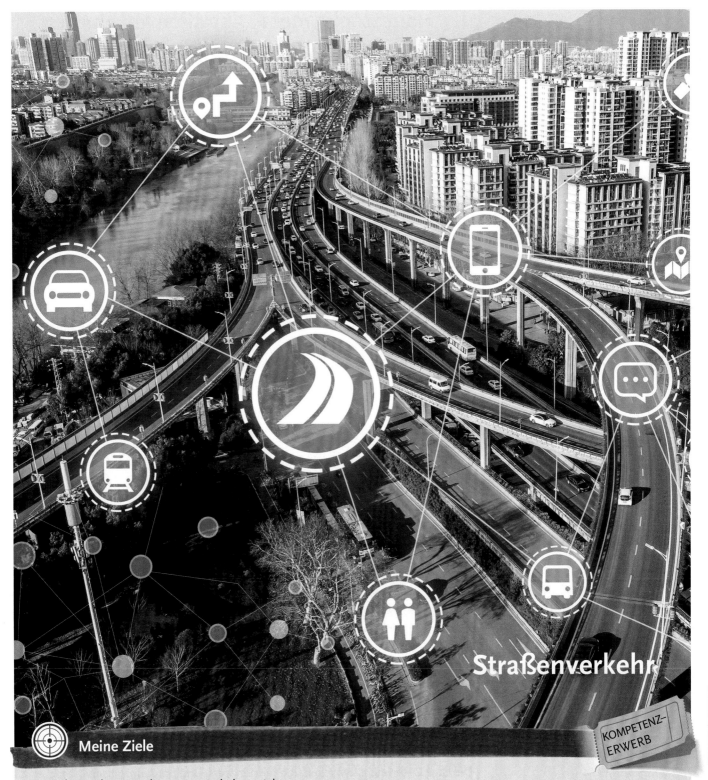

Straßenverkehr

KOMPETENZ-ERWERB

Meine Ziele

Nach Bearbeitung dieses Kapitels kann ich

- die wichtigsten Routen des österreichischen Straßennetzes benennen;
- die Bedeutung und die Besonderheiten des Bustourismus beurteilen;
- die verschiedenen Gewerbe im Bustourismus benennen;
- die beliebtesten Formen von Busreisen beschreiben;
- die Vorteile und Serviceleistung einer Busreise herausarbeiten;
- Angebote im touristischen Personenstraßenverkehr erörtern;
- Kundinnen/Kunden in Bezug auf Busreisen beraten;
- Entwicklungen im touristischen Personenstraßenverkehr problematisieren.

1 Hauptsache mobil – Straßenverkehr in Österreich

> *Österreichs Straßennetz umfasst aktuell 1 719 km Autobahnen, 489 km Schnell-straßen und rund 107 000 km Landes- und Gemeindestraßen (das ist mehr als 2,5-mal um den Äquator).*

Österreichs Verkehrswege sind in einem Großteil unseres Landes durch die tekto-nische Gliederung der Gebirge vorgezeichnet. In wenigen Tälern konzentrieren sich regionale und internationale Verkehrswege. Die wichtigste West-Ost-Verbindung verläuft im Alpenvorland. Die inneralpine Längsachse vom Inntal über das Salz-ach-, Enns- und Murtal konnte diese zentrale Verkehrsfunktion nie übernehmen.

Betriebe des Straßenverkehrs:
Eine enorme Zahl von Arbeitsplätzen hat mehr oder weniger direkt mit dem Stra-ßenverkehr zu tun: Hierher rechnet man alle Betriebe der **Personenbeförderung** (Busunternehmen im Linien- und Bedarfsverkehr, Taxi, Kfz-Vermietung) und der **Güterbeförderung** (Frächter, Spediteure) sowie alle Unternehmen, die einen Kfz-Verkehr erst ermöglichen (Kfz-Erzeugung, Zulieferindustrie, Kfz-Handel und Re-paratur, Straßenmeistereien u. a. m.). Er schafft mehr als 2 500 Arbeitsplätze im Transportgewerbe und erwirtschaftet über 2 Mrd. Euro.

 Wussten Sie, dass ...
jeder Österreicher (über 16 J.) im Jahr durchschnittlich 7 700 km mit einem Auto fährt – im ländlichen Raum ist dieser Wert deutlich höher, in der Großstadt spür-bar geringer. An der Spitze liegt Kärnten (10 140 km/Person/Jahr), die geringste Leistung wird in Wien erzielt (4 400 km/Person/Jahr).

knapp 20 % aller Autofahrten sind kürzer als 2,5 km – 40 % kürzer als 5 km und nur 5 % aller zurückgelegten Wege sind länger als 50 km.
79 % der Haushalte in Österreich haben zumindest ein Auto, das sind ca. 4,9 Mil-lionen Pkws, mit denen etwa 60 % der Alltagswege bewältigt werden.

Nach VCÖ, in SN: 19. Februar 2018

Kfz-Bestand 2017 in Österreich

KFZ insgesamt	7 559 192
PKW	4 898 578
LKW	456 908
Omnibusse	9 956
Wohnmobile	26 230
Motorräder	518 400

www.statistk.at, 2018

1.1 Österreich – ein Transitland

Die Lage Österreichs zwischen den reichen west- und nordeuropäischen Staaten ei-nerseits, Italien, den neuen, wirtschaftlich aufstrebenden EU-Mitgliedsländern und den Balkanstaaten andererseits hat enorme Transitströme zur Folge.

Unter Transitverkehr ist jener Verkehr zu verstehen, dessen Ausgang und Ziel au-ßerhalb Österreichs liegt. Hierzu sind auch all jene Fahrten zu rechnen, die in Ös-terreich lediglich kurz unterbrochen werden, wie auch alle Güterströme, die zwar in Österreich umgeladen werden, deren Herkunfts- und Bestimmungsort aber außer-halb Österreichs liegen.

Erst durch den Gütertransport kann die Wirtschaft in Gang gehalten werden und je-der Einzelne seinen Bedarf an bestimmten Gütern befriedigen. Als negativ wird der Transitverkehr empfunden, wenn die Lkw-Lawine 24 Stunden lang dahindonnert und man an die Lärm- und Schadstoffbelastung der Einheimischen denkt.

Transitverkehr gibt es im weites-ten Sinne in jeder Region, die von einem Güterdurchzugsverkehr betroffen ist. Der Lkw mit Waren aus Linz ist auf seinem Weg nach Innsbruck für Salzburg auch nur Transitverkehr.

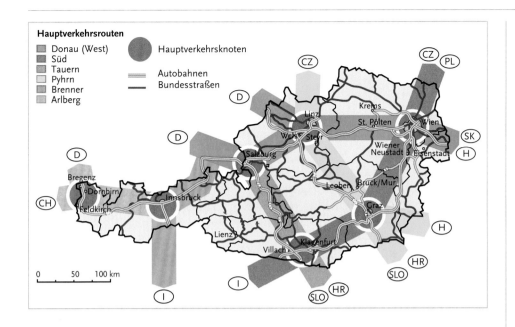

Hauptverkehrsrouten
- Donau (West)
- Süd
- Tauern
- Pyhrn
- Brenner
- Arlberg

Hauptverkehrsknoten

═══ Autobahnen
─── Bundesstraßen

0   50   100 km

Gründe für den enormen Anstieg des Transitverkehrs

Starke internationale Verflechtung und Intensivierung des Warenaustausches infolge Schaffung größerer Märkte und Vermehrung des angebotenen Gütervolumens. Handelserleichterungen durch den EU-Beitritt – freier Warenverkehr zwischen allen Mitgliedsländern; Förderung des internationalen Handels durch EU-Subventionen; Öffnung der Ostgrenzen und Liberalisierung der Märkte in den MOEL.

Zunehmend großräumiger werdende Arbeitsteilung im Produktionsprozess mit der Einführung der **Just-in-time-Anlieferung** der benötigten Produktionsgüter.

Outsourcing der Produktion aus den lohnintensiven Ländern Westeuropas in die Günstiglohnländer Osteuropas.

Der Transitverkehr durch Österreich hat sich in den letzten 15 Jahren verdoppelt, über die Alpen in Österreich fahren 5x mehr Lkw, als durch die Schweiz. Während in unserem Nachbarland der Lkw-Transit kontinuierlich zurückgeht, zählt man alleine am Brenner doppelt so viele Lkws, wie auf allen Schweizer Pässen.

Rollende Landstraße
Der Transport von LKW-Zügen auf der Schiene wird als Rollende Landstraße bezeichnet. 2017 hat die ROLA auf der Brennerstrecke rund 150 000 LKW befördert – ein Jahrzehnt vorher waren es schon 230 000 gewesen!

Beispiel: Brenner
2017 zählte man am Brenner, dem mit Abstand meist befahrenen Alpenübergang, 2,25 Mio Lkw (+8 %). Das hat mehrfach zu Blockabfertigung geführt: nach Feiertagen dürfen dann nur mehr 250 – 300 Lkw pro Stunde durch Tirol und über den Brenner fahren, um den totalen Verkehrsinfarkt zu vermeiden. Das hat zu heftigen Reaktionen in Bayern geführt (Verstoß gegen den freien EU-Warenverkehr), mehrere Transitgipfel zwischen Österreich, Bayern und Italien haben keinen Fortschritt gebracht. Man schätzt, dass 800 000 Lkws sogenannter Umwegtransit sind – sie fahren nicht den kürzesten Weg durch die Schweiz, aber den für sie schnellsten und kostengünstigsten!

Eine Erleichterung erhofft man sich vom im Bau befindlichen Brenner-Basistunnel, der laut Plan 2026 fertig werden soll. Laufen derzeit ca. 30 % des Güterschwerverkehrs über die Schiene, sollen es bis 2030 50 % sein.

 Arbeitsaufgaben

1. Erklären Sie, was den Straßenbau und die Straßenerhaltung in Österreich besonders schwierig und teuer macht.

2. Fassen Sie zusammen, warum Österreich einen so enormen Transitverkehr verzeichnet.

3. Routenbeispiele: Beschreiben Sie, über welche Autobahnen oder Schnellstraßen ein Lkw von Budapest nach München durch Österreich fährt.
   - Ein Sattelschlepper vom Ruhrgebiet über Passau Richtung Zagreb – Istanbul
   - Ein tschechischer Reisebus nach Venedig
   - Ein deutscher Kurzurlauber von München nach Meran
   - Ein Lkw mit Waren aus dem Hafen Triest nach Warschau

4. Fassen Sie die Gründe zusammen, warum der Transitverkehr praktisch ungebremst weiterwächst.

5. Rollenspiel: Ein Spediteur und ein Vertreter einer örtlichen Bürgerinitiative sind zu Gast in einer Schulklasse und diskutieren über das Leben an der Transitroute durch Tirol. Ein Moderator leitet das Gespräch der beiden Kontrahenten mit der Schulklasse.

6. Recherchieren Sie im Internet, wie der geplante Brenner-Basistunnel genau verlaufen soll.

1.2 Finanzierung des Straßenbaus in Österreich

Grundsätzlich wird Österreichs Straßennetz aus dem staatlichen Budget finanziert. Da die Kosten dafür aber immer höher werden und Bau sowie Erhaltung von hochrangigen Straßen in einem Gebirgs- und Transitland wie Österreich besonders kostspielig sind, ist der Staat auf zusätzliche Einnahmen angewiesen.

Finanzierung des Straßenbaus

Budgetfinanzierung	Sonderfinanzierung
■ Dem Bund stehen vor allem ■ die Einnahmen aus der Mineralöl-steuer, der Kfz-Steuer, ■ der Nova (Normverbrauchsabgabe), ■ aus den Vignetteneinnahmen und ■ der Straßenbenützungsabgabe für Lkw und Busse zur Verfügung. Über den Finanzausgleich muss der Bund rund 60 % der Mittel an die Länder und Gemeinden verteilen.	Für den Bau besonders aufwen-diger Strecken (Gebirge, Tunnels, Brücken, Lärmschutzmaßnahmen, Wildtierübergänge) wurden Sonder-gesellschaften gegründet, die durch Kreditaufnahme die Straßen bauen und später durch Mauteinnahmen finanzieren und erhalten.

Seit 1997 ist die Benutzung der österreichischen Autobahnen und Schnellstraßen mautpflichtig. Bei der Straßenmaut wird zwischen einer zeitabhängigen Pkw-Maut („Vignette"), der fahrleistungsabhängigen Pkw-Maut auf Sondermautstrecken sowie der fahrleistungsabhängigen elektronischen Maut für Pkw und Busse (abgewickelt durch die „Go-Box") unterschieden.

Vignette

Bei der Vignette gibt es eine Jahres-, Zweimonats- und Zehntages-Vignette, seit 2018 kann man zwischen der traditionellen Klebevignettte oder der digitalen Vignette wählen. Man kann diese im Webshop (https://shop.asfinag.at/) oder über die „App Unterwegs" erwerben, sie bietet große Vorteile für Besitzer von Wechselkennzeichen (sie gilt dann für beide angemeldete Fahrzeuge) oder auch bei Bruch der Windschutzscheibe.

Lkw-Maut (Roadpricing)

Betroffen vom Roadpricing – der fahrleistungsbezogenen Maut – sind alle Fahrzeuge ab einem höchstzulässigen Gesamtgewicht von 3,5 Tonnen auf Autobahnen und Schnellstraßen.

Mittels einer an der Windschutzscheibe des Lkws angebrachten sogenannten „GO-Box" kann von Lesegeräten, die auf speziellen Autobahnbrücken angebracht sind, die Zahl der gefahrenen Kilometer abgelesen werden. Seit 2010 werden für einen gefahrenen Autobahnkilometer zwischen 14,4 und 37 Cent verlangt. Abhängig ist diese Maut von der Größe und der Schadstoffklasse der Lkws.

Weitere Mautstraßen in Österreich

(selbstständige Mautgesellschaften, die nicht der ASFINAG unterstehen):
- Felbertauernstraße
- Großglockner Hochalpenstraße
- Gerlos Alpenstraße
- Gerlitzen
- Malta Hochalpenstraße
- Nockalmstraße
- Silvretta Hochalpenstraße
- Timmelsjoch
- Villacher Alpenstraße u. a. m.

💡 1982 wurden mehrere Gesellschaften als ASFINAG (Autobahnen- und Schnellstraßen-Finanzierungsgesellschaft) zusammengefasst, durch einen Vertrag mit dem Bund ist die ASFINAG für das gesamte hochrangige Straßennetz (das sind Autobahnen, Schnellstraßen und Bundesstraßen mit B 300-Nummer) zuständig.

Preise der Vignette 2018 (für Pkw und Kfz bis 3,5t hzG)

10 Tages Vignette	Zwei-monats-vignette	Jahres-vignette
€ 9,00	€ 26,20	€ 87,30

💡 **Sondermautstrecken in Österreich** (neben dem Besitz einer Vignette ist eine zusätzliche Streckenmaut zu bezahlen):
- A 9 – Gleinalmtunnel, Bosrucktunnel
- A 10 – Tauerntunnel und Katschbergtunnel („Tauernautobahn Scheitelstrecke")
- A 11 – Karawankentunnel
- A 13 – Brennerautobahn
- S 14 – Arlbergtunnel

Arbeitsaufgaben

1. Recherchieren Sie im Internet, welche Mautlösungen es in ausgewählten österreichischen Nachbarländern gibt (vergleichen Sie drei Staaten).

2. Diskutieren Sie in der Klasse, warum die geplante deutsche Maut nicht durchsetzbar war.

Die geplante Pkw-Maut in Deutschland verstößt gegen EU-Recht. Das hat der Europäische Gerichtshof (EuGH) nach Klage der deutschen EU-Nachbarländer Österreich und Niederlande am 18. Juni 2019 entschieden. Die Abgabe sei diskriminierend, weil ihre wirtschaftliche Last praktisch ausschließlich auf den Haltern und Fahrern von in anderen EU-Staaten zugelassenen Fahrzeugen liege. Sie verstoße zudem gegen die Grundsätze des freien Warenverkehrs und des freien Dienstleistungsverkehrs im EU-Binnenmarkt.

https://www.autozeitung.de; 25. Juni 2019

2 Privater Straßenverkehr im Tourismusland Österreich

Um als Wirtschaftsstandort erfolgreich zu sein, muss eine Region über eine optimale Infrastruktur verfügen. Aber auch Tourismusdestinationen sind nur dann attraktiv, wenn sie verkehrsmäßig bestmöglich erschlossen sind. Tourismus ist ohne Verkehrsbewegungen nicht denkbar, doch immer öfter erleiden ganze Regionen einen totalen (Straßen-)Verkehrskollaps, Staus von bis zu 100 km sind auf deutschen Autobahnen keine Seltenheit mehr.

2.1 Österreich im europäischen Urlaubsverkehr

Für Touristiker/innen sind vor allem ein Überblick über die großen Routen des Reise- und Transitverkehrs sowie die Kenntnis der wichtigsten Grenzübertrittstellen und der Alpenpässe von Bedeutung. Nach wie vor kommen etwa 60 Prozent aller Urlauber per Pkw in unser Land, speziell bei Kurzreisen ist der Anteil der Pkw-Touristen noch höher. Millionen von Europäern durchqueren unser Land auf dem Weg in ihre Urlaubsziele in Südeuropa.

Auch im Reiseverkehr war Österreich schon seit jeher ein Nord-Süd-Tansitland, seit der Ostöffnung Anfang der 1990er-Jahre registriert man auch einen starken Ost-West-Urlauberdurchzugsverkehr, einerseits durch Touristen aus Westeuropa, die in diese Länder auf Urlaub fahren, andererseits durch Menschen aus Südosteuropa, die in den hochentwickelten westeuropäischen Staaten arbeiten.

Wichtige Anreiserouten nach Österreich
Der weitaus größte Teil der Österreich-Besucher kommt aus Deutschland und den Beneluxstaaten. Diese Verkehrsströme nähern sich Österreich

Der Weg durch Österreich

- über Bregenz/Lindau, über München – nach Innsbruck bzw. Salzburg, Passau.
- Gäste aus Frankreich und der Schweiz kommen zumeist über Zürich–Bregenz oder Feldkirch.
- Italiener mit dem Ziel, vor allem Österreichs Kulturzentren, aber auch die Schigebiete im Süden zu besuchen, kommen vor allem über den Brenner (A 13) bzw. Tarvis/Arnoldstein und Villach (A 2).
- Immer größer wird die Zahl von Gästen aus den südöstlichen Nachbarstaaten, also haben im Reiseverkehr die Grenzen bei Spielfeld (Stmk.), Heiligenkreuz und Klingenbach (Bgld.), vor allem aber die Autobahnverbindung Budapest–Wien (A 4, Grenze bei Nickelsdorf) an Bedeutung gewonnen.
- Touristen und vor allem Lkws aus Russland, Polen, Tschechien und der Slowakei frequentieren meist die Autobahngrenze bei Kittsee (A 6, von Pressburg/Bratislava) sowie bei Drasenhofen, Laa an der Thaya und Wullowitz (Prag–Budweis–Linz).

💡 Über dieselben Hauptrouten verlaufen die Reisewege, die die Österreicher ins Ausland nehmen – nach wie vor zählen Italien und Kroatien zu den beliebtesten Urlaubsländern unserer Landsleute. Enorm viele Fahrten werden – aus verschiedensten Anlässen – natürlich auch nach Deutschland durchgeführt.

Europastraßen

In den Jahren der Nachkriegszeit gab es noch wenig europaweiten Kfz-Verkehr, dennoch wurde schon ab 1949 die Beschilderung von Europastraßen für kontinentale Durchzugsrouten eingeführt. Ist auch ihre Bedeutung im Zeitalter des Flugverkehrs und der Navigationssysteme zurückgegangen, so ist es doch bei Reisen in Länder mit ungewohnter Schrift (kyrillische Schrift in Osteuropa) hilfreich, sich an eine Europastraßenbezeichnung halten zu können.

Seit 1976 gilt folgendes System	
West-Ost-Verbindungen	**Nord-Süd-Verbindungen**
haben eine gerade Endziffer: Hauptstrecken sind zweistellig und enden auf die Zahl 0 (also z. B. E 10, E 20, E 60), Nebenstrecken dreistellig mit gerader Endzahl (z. B. E 442)	haben eine ungerade Endziffer, wieder sind Hauptstrecken zweistellig, sie enden auf 5 (also: E 25, E 35, E 45), Nebenstrecken sind dreistellig mit ungerader Endzahl (z. B. E 261)

Beispiele von Europastraßen, die Österreich queren:

✏️ ■ Laut Experten reisen 80–90 % aller Skiurlauber per Pkw an. Erörtern Sie, welche Alternativen es zu dieser Pkw-Flut im Wintertourismus geben könnte.

Die E 60 durchzieht Europa von Brest (F) bis Constanta (RO) und verläuft in Österreich entlang der Route Feldkirch–Imst–Innsbruck–Wörgl–Salzburg–Linz–Wien–Nickelsdorf und später weiter über Budapest und Bukarest

Die E 55 verläuft von Finnland über Berlin bis nach Patras (GR) und durchquert unser Land entlang der Achse Wullowitz– Linz–Salzburg–Villach–Tarvis

Arbeitsaufgaben

1. Ermitteln Sie, welche Autobahnen und Schnellstraßen durch Ihr Bundesland führen.

2. Analysieren Sie, welche Berufe/welche Firmen in Ihrem Heimatort mit dem Straßenverkehr in enger Verbindung sind.

Arbeitsaufgaben

1. Autobahnen haben sowohl eine Ziffernbezeichnung (z. B. A 1) als auch einen Titel (Westautobahn). Tragen Sie folgende Titel zur richtigen Ziffer in die Tabelle ein: Rheintal-, Tauern-, Karawanken-, Innkreis-, West-, Ost-, Pyhrn-, Südost-, Süd-, Welser Autobahn, Inntal-, Mühlkreis-, Brenner-, Nordost-, Wiener Außenringautobahn, Wiener Südost-tangente, Nord-, Donauuferautobahn.

2. Tragen Sie mithilfe der Landkarte bei den angeführten Schnellstraßen die richtige Nummer zum Titel in die Tabelle ein.

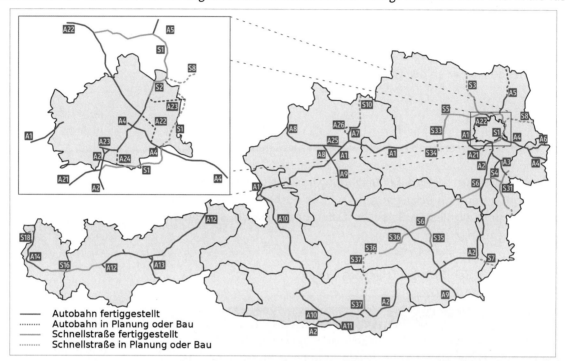

Autobahn fertiggestellt
Autobahn in Planung oder Bau
Schnellstraße fertiggestellt
Schnellstraße in Planung oder Bau

Nr	Titel	Verlauf
A 1		Wien–St. Pölten–Linz–Salzburg (D)
A 2		Wien–Graz–Klagenfurt–Villach–Thörl/Maglern (I)
A 3		Wien–Eisenstadt
A 4		Wien–Nickelsdorf (H)
A 5		(Im Bau) Wien–Drasenhofen (CZ)
A 6		Knoten Bruckneudorf–Kittsee (SK)
A 7		Linz–Unterweitersdorf
A 8		Suben–Ried–Wels–Voralpenkreuz (Sattledt)
A 9		Voralpenkreuz–Trieben–St. Michael–Graz–Spielfeld (SLO)
A 10		Salzburg–Tauerntunnel–Spittal–Villach (I)
A 11		Villach–Karawankentunnel (SLO)
A 12		Kufstein–Innsbruck–Zams
A 13		Innsbruck – Brenner (I)
A 14		Hörbranz (D)–Bregenz–Dornbirn–Feldkirch–Bludenz
A 21		Knoten Steinhäusl–Knoten Vö-sendorf
A 22		Wien-Kaisermühlen–Korneuburg–Stockerau
A 23		Wien-Altmannsdorf–Wien-Hirschstetten
A 25		Knoten Haid–Knoten Wels West

Nummer	Titel	Nummer	Titel
	Brucker Schnellstraße		Murtal Schnellstraße
	Weinviertel Schnellstraße		Kremser Schnellstraße
	Mattersburger Schnellstraße		Mühlviertler Schnellstraße
	Burgenland Schnellstraße		Arlberg Schnellstraße
	Semmering Schnellstraße		Bodensee Schnellstraße

3. Touristiker/innen sollten auch in Zeiten offener Grenzen die wichtigsten Grenzübertrittstellen kennen. Zeichnen Sie zunächst in den Kreis die Auto-Hoheitszeichen unserer Nachbarländer ein und suchen Sie anschließend mithilfe einer Atlaskarte die Grenzübertrittstellen. Tragen Sie diese in die Tabelle ein.

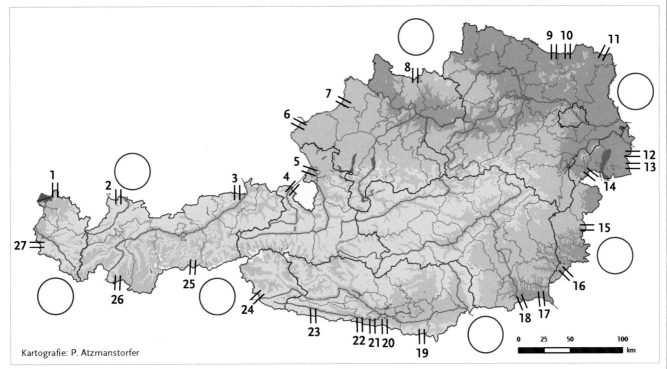

Kartografie: P. Atzmanstorfer

1		15	
2		16	
3		17	
4		18	
5		19	
6		20	
7		21	
8		22	
9		23	
10		24	
11		25	
12		26	
13		27	
14			

4. Im Gebirgsland Österreich spielen Passstraßen sowohl im Reise- als auch im Ausflugsverkehr eine wichtige Rolle. Finden Sie mithilfe einer Atlaskarte die angegebenen Pässe und tragen Sie diese Nummern in die Tabelle ein.

Hinweis: Nummer 15 ist keine Straße, sondern eine Bahnverbindung!

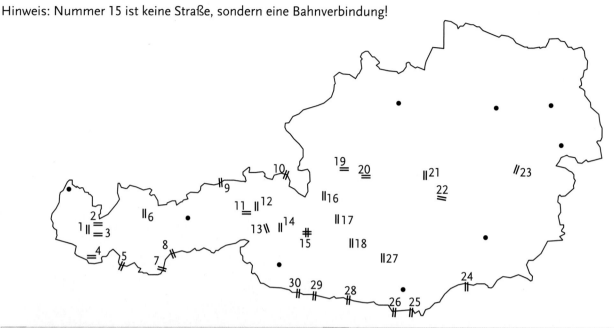

	Flexenpass			Bieler Höhe (im Zug der Silvretta Hochalpenstraße)
	Timmelsjoch			Steinpass
	Felbertauernpass			Pass Lueg
	Pass Gschütt			Schoberpass
	Seebergsattel			Wurzenpass
	Hochtannbergpass			Reschenpass
	Brennerpass			Gerlospass
	Hochtor (im Zug der Großglockner Hochalpenstraße)			Radstädter Tauern
	Pötschenpass			Semmering
	Loiblpass			Nassfeld
	Arlbergpass			Fernpass
	Achenpass			Pass Thurn
	Tauerntunnel der ÖBB			Katschbergpass
	Pyhrnpass			Radlpass
	Turracher Höhe			Plöckenpass

5. Die Sommermonate sind Staumonate auf Österreichs Transitrouten. Tirol hat jetzt Maßnahmen gesetzt und Ausweichrouten gesperrt. Diskutieren Sie mit Ihren Mitschülerinnen und Mitschülern diese Maßnahmen. Sind diese sinnvoll? Welche Meinung haben Sie?

Fahrverbote: Land zieht positive Bilanz

Am Wochenende hat es in Tirol erstmals in Reutte, Innsbruck und Kufstein Fahrverbote und Beschränkungen gegeben. Laut Polizei führten die Dosierungen bei Kufstein zu deutlichen Entlastungen. In Innsbruck und Reutte gab es Hunderte Zurückweisungen. Durch die Fahrverbote gab es in Tiroler Ortsgebieten und auf dem niederrangigen Straßennetz keine Staus am Wochenende, bilanzierten das Land und die Polizei am Montag. „Die nächsten Wochen werden zeigen, ob die gesetzten Maßnahmen ausreichen oder ob wir da oder dort noch nachjustieren müssen", sagte Verkehrslandesrätin Ingrid Felipe (Grüne). Die verkehrsbeschränkenden Maßnahmen bleiben an den nächsten Wochenenden aber auf jeden Fall aufrecht, betonte Landeshauptmann Günther Platter (ÖVP).

www.orf.at, 8. Juli 2019

2.2 Touristisch interessante Routen in Österreich

Straßen sollen ihre Benützer/innen schnell, bequem und sicher von A nach B geleiten. Aber bei manchen Routen ist der Weg selbst das Ziel, so wie in anderen Ländern gibt es auch in Österreich zahlreiche Routen durch landschaftlich äußerst reizvolle Gebiete – hier geht es also nicht primär um Raumüberwindung, sondern um den Genuss des Auto- oder Motorradfahrens.

Unter den angeführten Beispielen gibt es einerseits Hochgebirgsstraßen, die durch die Faszination der Hochgebirgsnatur zu einem Erlebnis werden, andererseits sogenannte Themenrouten.

Bekannte Gebirgsrouten:
- Großglockner Hochalpenstraße Sbg./Ktn.
- Silvretta Hochalpenstraße Vbg./T
- Arlbergpassstraße/Flexenpass/ Bregenzer Wald
- Timmelsjoch Tirol/Italien
- Gerlospass T/Sbg.
- Radstädter Tauern Sbg.
- Turracher Höhe Stmk./Ktn.
- Malta Hochalpenstraße Ktn.
- Nockalmstraße Ktn.
- Villacher Alpenstraße Ktn.

Silvretta Hochalpenstraße Vbg./T

Südsteirische Weinstraße

Bei sogenannten „Themenstraßen" steht nicht primär das Fahren im Vordergrund. Vielmehr sind die Straße und ihr Thema ein Versuch, eine ganze Reihe von kleineren oder größeren Attraktionen aufzufädeln und ihnen marketingmäßig zu größerer Bekanntheit zu verhelfen, als dies für die einzelne Sehenswürdigkeit alleine je möglich wäre. So hilft eine Weinstraße den vielen Winzern, Buschenschanken, Beherbergungsbetrieben, Bauernläden, aber auch Heimatmuseen, Schlössern und mancher Kuriosität zu einer besseren Vermarktung. Neben dem Wein (NÖ, Burgenland und Steiermark) sind auch Most (NÖ), Apfel (Stmk.) oder Käse (Vbg.) Inhalt einer Themenstraße.

Solche Routen helfen aber auch, altes Kulturgut zu erhalten, modern aufzubereiten und einem breiten Publikum zugänglich zu machen. Dies trifft etwa auf die Holzstraße (Murtal), die Eisenstraße (Stmk., OÖ, NÖ), die Textilstraße (Waldviertel) oder die Weberstraße (Mühlviertel) zu.

Andere Beispiele sind von Baustilen oder Kulturepochen geprägt – wie etwa die Mühlviertler Gotikstraße oder die österreichische Barockstraße.

Beispiel: Die Österreichische Romantikstraße
In Anlehnung an eine der klassischen Themenrouten Europas – die romantische Straße in Deutschland – versucht man seit über 20 Jahren mit dem Begriff „Romantik" Gäste zu einer Fahrt zwischen Salzburg und Wien abseits der Autobahn zu motivieren. Was romantisch ist, definiert wohl jede/r Reisende individuell, ist in der touristischen Werbung aber gut zu vermarkten, da es auch dem Wunsch vieler Menschen nach Nostalgie und intakten Lebensräumen – zumindest im Urlaub – entspricht.

Wer der Romantikstraße folgt, erlebt im ländlichen Raum Österreichs reizvolle Täler, Flusslandschaften und Seen, Kirchen und Klöster, imposante Burgen oder Schlösser und viele weitere Raritäten abseits des Massentourismus.

Die Austria Classic Tour
ist eine Idee der „Kleinen historischen Städte", einem Urlaubsspezialisten der Österreich Werbung. Insgesamt 3 500 km Traumstraßen, die in 12 Tagesetappen zum Bereisen der österreichischen Bundesländer einladen – per Pkw, Cabrio, Oldtimer, Motorrad oder auch per Reisebus.

Arbeitsaufgaben

1. Ermitteln Sie, welche der angeführten Routen in Ihrem Bundesland liegen oder hindurch führen.

2. Nennen Sie weitere Themenrouten in Ihrem Bundesland.

3. Recherchieren Sie im Internet, welche Burgen und Schlösser Mitglied der „Schlösserstraße" sind; in welchen Schlössern kann man auch nächtigen?

4. Stellen Sie als Gruppenpräsentation verschiedene der angeführten Themenstraßen vor – für wie viele Urlaubstage sind Ihrer Ansicht nach Programm und Attraktionen gegeben? Wären diese Routen auch für Radtouristen geeignet?

5. Erstellen Sie ein Konzept für einen Wochenend-Vereinsausflug per Bus aus Ihrer Heimatregion an die Steirische Apfelstraße: Anreiseroute, Programm, Nächtigung.

6. Rollenspiel: Informieren Sie sich eingehend über die Österreichische Romantikstraße und versuchen Sie ein Beratungsgespräch für eine dreitägige Individualreise entlang dieser Route durchzuführen.(www.romantikstrasse.at)

Fallbeispiel: Großglockner Hochalpenstraße – ein populäres Ausflugsziel
Mit rund 1 Mio. jährlichen Besuchern und Besucherinnen zählt diese Route zu einer der beliebtesten Touristenattraktionen im österreichischen Alpenraum. Die 48 km lange Strecke zwischen Bruck an der Glocknerstraße im Land Salzburg und Heiligenblut in Kärnten feierte 2010 ihren 75. Geburtstag und ist ein hochalpines Gesamterlebnis.

Die Errichtung der Straße, die zwischen 1930 und 1935 von rund 3 200 Bauarbeitern vorwiegend in mühsamer Handarbeit bewerkstelligt wurde, gilt nach wie vor als europäische Pionierleistung der Straßenbaukunst und war in den wirtschaftlich schwierigen Zwischenkriegsjahren auch für das Selbstbewusstsein und die Identitätsfindung des kleinen Österreichs von großer Bedeutung.

Äußerst schwierige Bauarbeiten

Als „Vater der Glocknerstraße" gilt Ing. Franz Wallack, der in seinem Pioniergeist vom damaligen Salzburger Landeshauptmann Franz Rehrl gefördert und unterstützt wurde. Natürlich wurde die Trasse mit ihren 36 Kehren immer wieder den neuen Verkehrserfordernissen angepasst, der Fund einer Herkulesstatuette aus römischer Zeit beweist aber, dass schon in vorchristlicher Zeit die Menschen hier den Alpenhauptkamm überquert haben, um Waren zwischen Nord und Süd zu handeln.

Zwei Abzweigungen führen von der Glocknerstraße zu beliebten Aussichtspunkten: der Edelweißspitze (2 571 m) und zur Franz-Josefs-Höhe (2 369 m), von wo man den berühmten Blick auf Österreichs höchsten Gipfel genießen kann und wo man auch zum längsten Gletscher der Ostalpen, der Pasterze, absteigen kann.
Die Großglockner Hochalpenstraße ist im Winter für den gesamten Verkehr gesperrt, legendär ist die Schneeräumung im Frühling – einst wurden in bis zu 70 Arbeitstagen rund 600 000 m³ Schnee händisch weggeräumt – heute bewerkstelligen dies fünf speziell konstruierte Schneefräsen und sogar Pistengeräte kommen hier zum Einsatz. Auch der „Wallack-Rotationspflug" ist noch immer im Einsatz, um Schneewände von 8–10 m Höhe wegzuräumen.

Fuschertörl 2 428 m

Seit der Gründung des Nationalparks Hohe Tauern im Jahr 1981 wurde das Besucherangebot durch die Betreibergesellschaft der Glocknerstraße massiv ausgebaut, heute erwarten den Gast Besucherzentren, Ausstellungen, Lehrwege und Informationsstellen, die eine modern aufbereitete, umfangreiche Dokumentation der Hochgebirgsnatur bieten. Dazu zählen u. a.

- das Haus „Alpine Naturschau",
- die Wilhelm-Swarovski-Beobachtungswarte,
- das Besucherzentrum auf der Franz-Josefs-Höhe,
- ein Glocknerkino und
- eine Nationalpark-Infostelle.

Im Jubiläumsjahr 2010 konnte der bisher 60-millionste Besucher begrüßt werden, die Faszination der Glocknerstraße wirkt auf Touristen/Touristinnen aus der ganzen Welt, in den letzten Jahren wird die Strecke besonders gern von Gästen aus Osteuropa befahren. Derzeit läuft ein Bewerbungsverfahren zur Aufnahme der Großglockner Hochalpenstraße in die UNESCO-Welterbeliste.

■ Rollenspiel: Versuchen Sie eine kritische Diskussionsrunde in der Klasse. Eine Seite kritisiert die Tatsache, dass Hunderttausende Autos in eine sensible Hochgebirgsregion gelockt werden, die andere Seite verteidigt die Hochalpenstraße als wichtigen Teil des touristischen Angebotes.
Nötige Informationen unter www.grossglockner.at.

3 Der gewerbliche Straßenverkehr im Tourismus

Zur Ausübung dieser Gewerbe ist eine Verkehrskonzession erforderlich, für Unternehmen aus den EU-Ländern gelten die entsprechenden Regelungen ihres Heimatlandes und Niederlassungsfreiheit überall in der EU.

Arten des gewerblichen Straßenverkehrs	
Kraftfahrlinienverkehr	**Gelegenheitsverkehr**
■ regelmäßige Beförderung mit Autobussen	■ Mietwagen (Bus) ■ Ausflugswagen „Sightseeing tours" ■ Taxi ■ Gästewagen

Unter **Konzession** versteht man eine **Gewerbeausübungsberechtigung.** Voraussetzung ist eine bestandene Eignungsprüfung, der Nachweis der finanziellen Leistungsfähigkeit (Bankgarantie) und die Zuverlässigkeit des Bewerbers. Die Linienverkehrskonzession gilt zugleich auch für das Ausflugs- und Mietwagengewerbe mit Omnibussen.

3.1 Kraftfahrlinienverkehr

Das ist die regelmäßige Beförderung von Personen mit Autobussen auf einer definierten Strecke und nach einem fixen Fahrplan, wobei die Fahrgäste an Haltestellen aufgenommen bzw. abgesetzt werden. Dieser Verkehr ist für jedermann zugänglich.

Zuständige Gewerbebehörde ist generell die Landesregierung, außer bei Buslinien, die über mehrere Bundesländer führen – hier ist „der Bund", also das Infrastrukturministerium zuständig.

Branchenstruktur: ein Riese und viele Kleinunternehmen

Größter Anbieter ist der „ÖBB-Postbus": 2002 hatten die ÖBB (vorher 800 Busse) den Postbus (mit 2 000 Bussen) übernommen, aus wettbewerbsrechtlichen Gründen musste aber etwa ein Drittel der Linien an regionale private Unternehmen abgegeben werden. Heute zählt man rund 4 000 Mitarbeiter und hat ca. 2 200 Busse eingesetzt.

Verkehrsverbünde bzw. die öffentliche Hand garantieren fixe Einnahmen (z. B. Schülerfreifahrten). Abgesehen von Schul- und Betriebsferien (Termine bekannt) unterliegt dieses Geschäft keinen allzu großen Schwankungen. Mit dem Auslaufen der bisherigen (meist 20-jährigen) Linienkonzessionen und der erforderlichen EU-weiten Neuausschreibung ist der Konkurrenzdruck auf kleine Busunternehmen gestiegen.

Nur ein kleinerer Teil des Erlöses kommt aus Ticketverkäufen, hauptsächlich wird der öffentliche Verkehr aus Geldern des Bundes (Schüler- und Lehrlingsfreifahrt) und Mittel von Länder und Gemeinden für den Betrieb unrentabler Strecken, vor allem im ländlichen Raum finanziert.

Generell betreiben viele Firmen sowohl Linien- als auch touristischen Bedarfsverkehr, von den knapp 10 000 Bussen in Österreich sind rund 80 % im Linienverkehr eingesetzt.

Für das Unternehmen ist der Linienverkehr relativ sicher und berechenbar: Die Tarife sind fix und die Kosten relativ genau kalkulierbar. Man geht allgemein von 250 bis 300 Einsatztagen und einer Kilometerleistung von 80 000 bis 100 000 km pro Jahr aus, die Busse sind durchschnittlich 20 Jahre, teilweise noch viel länger, einsetzbar.

Unterschiedliche Anforderungen

Will das Unternehmen eine perfekte Dienstleistung erbringen, dann ist ein Bus nicht gleichzeitig im Linien- und im touristischen Verkehr einsetzbar, zu unterschiedlich sind die gesetzlichen Vorschriften und die Kundenwünsche.

Seit 2006 müssen bisherige Linienverkehrskonzessionen nach ihrem Auslaufen EU-weit neu ausgeschrieben werden – es können also französische, holländische oder italienische Unternehmen Linienbusdienste in österreichischen Regionen durchführen.

Arbeitsaufgaben

1. Erörtern Sie die Frage, ob Ihr Schulbus in den nächsten Jahren vielleicht ein deutscher oder belgischer Bus sein könnte.
2. Recherchieren Sie jenen Verkehrsverbund, der Ihren Schulstandort bedient.

Internationale Buslinien – Fernbusse mischen den Markt neu auf

Es gibt heute ein europaweites Linienbusnetz, welches sich dort bewährt, wo attraktive Bahnverbindungen fehlen, das aber umgekehrt auch unter der Konkurrenz der Low-Cost-Airlines leidet. Vor allem Arbeitskräfte aus osteuropäischen Ländern, Gastarbeiter/innen, Pensionisten/Pensionistinnen oder jugendliche Fernreisende nützen dieses Angebot. Deshalb gibt es Verbindungen quer durch alle Teile Europas.

Seit 2013 die Konzessionsvergabe im grenzüberschreitenden Busverkehr innerhalb der EU liberalisiert worden ist, hat sich der Markt einschneidend verändert: Zahlreiche Billig-Fernbuslinien sind als Start Ups auf den Markt getreten und das Geschäft boomt – aber manche dieser Versuche endeten auch schneller, als sie am Markt Fuß fassen konnten.

■ Überlegen Sie welche unterschiedlichen Anforderungen an einen Bus im Linienverkehr bzw. einen Bus im touristischen Verkehr gestellt werden.

Fallbeispiel: Eurolines
Das ist ein Kooperationsprojekt in neun europäischen Ländern mit mehr als 500 Reisedestinationen im Angebot. Österreichischer Vertragspartner ist Blaguss-Reisen. Alleine in Deutschland gibt es rund 15 Anbieter internationaler Buslinien am Markt.

Im Mai 2019 kaufte Flixbus die Firma Eurolines und wird künftig die bisherigen Eurolineslinien in 25 Ländern bedienen: Das Netz wird dadurch harmonisiert, bisher parallele Angebote werden verknüpft.

Fallbeispiel: FlixBus

2013 gegründet, transportierte das Unternehmen 2015 bereits über 20 Millionen Passagiere auf rund 600 Strecken in mehreren europäischen Ländern (D, CH, Ö, F, B, I). 2015 kam es zu einer Verschmelzung der beiden größten Anbieter am deutschen Markt Mein Fernbus und FlixBus.

Interessantes Geschäftsmodell

FlixBus betreibt eigentlich kein Busunternehmen, sondern eine Plattform. Die FlixBusmitarbeiter sind hauptsächlich Netzplaner, IT-Fachleute oder Marketingexperten. FlixBus unterhält Partnerschaften zu rund 200 mittelständischen Busunternehmern, die die Fahrten durchführen. In Österreich ist Blaguss-Reisen der FlixBuspartner, die Firma Hellö, mit der die ÖBB ins Fernbusgeschäft einsteigen hatten wollen, ist nach kaum einem Jahr an Flixbus übergegangen. Umgekehrt war Österreichs größtes Busunternehmen Dr. Richard Partner von „Mein Fernbus" – seit 2015 fahren die beiden österreichischen Konkurrenten also unter einem gemeinsamen Dach „Mein FlixBus". 2016 gab es in Österreich bereits 2,7 Mio Flix-Fahrgäste. (Quelle: SN 23. Mai 2017)

FlixBus arbeitet bereits an einer Ausweitung des Streckennetzes nach Osteuropa – Verbindungen nach CZ, SK, H und SLO gibt es bereits, Verbindungen nach SRB, RO, BG und BiH sollen demnächst kommen. Die Tickets werden hauptsächlich im Internet gebucht, zumeist vom Smartphone aus, dazu gibt es circa 15 000 Verkaufsagenturen und 10 Shops in deutschen Städten. Nur mehr selten verkauft der Fahrer/die Fahrerin das Ticket. Es gilt „first book – first serve".

Kundenstruktur

Die FlixBuskunden sind überwiegend unter 30 oder über 60 Jahre, sie haben viel Zeit oder wenig Geld. Ist der Preis einer FlixBusreise mehr als die Hälfte billiger als die vergleichbare Bahnfahrt, dann nehmen viele die Busreise in Kauf. Kann der Bus zwar mit Hochgeschwindigkeitszügen (ICE) nicht mithalten, so ist er doch oft gleich schnell oder schneller als die Bahn. Der Bus fährt Verbindungen direkt an, die per Bahn nur mit (mehrmaligem) Umsteigen zu schaffen wären. Nachtbusse gelten als preisgünstige Alternative zum Flug. Immerhin ein Drittel der Kunden ist auch zwischen 30–50 Jahre alt – eine Zielgruppe, die normal den Pkw favorisiert. FlixBus selbst sieht gar nicht die Bahn, sondern den Pkw als größten Konkurrenten an.

FlixBus wirbt mit:
- Gratis WLAN in allen Bussen
- Beinfreiheit
- Moderne Busse
- 1 Gepäckstück im Preis inkludiert
- Flexible Stornierung

In Deutschland wirbt FlixBus inzwischen auch schon mit Busanmietung – das heißt, Vereine, Schulen oder Firmen können ein Auto dieser Firma samt Lenker für ihre individuelle Ausflugsfahrt oder Reise mieten.

www. flixbus.at

Preisbeispiele FlixBus:
Wien – Berlin ab 22,00 EUR
Wien – Budapest ab 4,99 EUR
Wien – Prag ab 15,00 EUR
Salzburg – Wien ab19,00 EUR
Salzburg – Triest – ab 52,90 EUR

https://shop.flixbus.at DL 28.3.2018

LEO heißt ein tschechisches Fernbusunternehmen, das Wien – Prag, Wien Olmütz sowie die – Strecken Salzburg/Linz – Krumau, Budweis, Olmütz anbietet.

International sind vor allem die Greyhound Coaches in den USA ein Begriff, mangels zusammenhängender Bahnnetze sind auch in Kanada oder Australien landesweite Buslinien als Verkehrsmittel im Niedrigpreissegment sehr gefragt. Greyhound bietet verschiedenste Varianten von Zeitkarten und Rundreiseticket an, die auch in europäischen Reisebüros und natürlich im Internet gebucht werden können.

Arbeitsaufgaben

1. Fassen Sie die Geschäftsidee und den Erfolg von Flixbus zusammen.

2. Nennen Sie die wichtigsten Zielgruppen des Unternehmens.

3. Problematisieren Sie die Vor- und Nachteile einer Reise mit einem Fernreise-Linienbus.

3.2 Gelegenheitsverkehr

Auch „Bedarfsverkehr" genannt, verkehrt nur bei einem Kundenauftrag – dann werden Gäste entgeltlich mit Bus oder Pkw mit bereitgestelltem Lenker transportiert.

Gelegenheitsverkehr

Mietwagen (Bus)	Ausflugswagen „Sightseeing tours"	Taxi	Gästewagen

■ Konzessionsprüfung ■ Gruppe mietet Bus + Lenker/in ■ Preis: Fahrtkosten + Lenker/in, dann geteilt durch Zahl der Gäste (Siehe Anmietverkehr)	■ Konzessionsprüfung ■ Einzelverkauf der Plätze ■ Preis steht vorher fest ■ Fixer Start- und Endpunkt ■ Maximal 1 Tag, kein Verkauf von Nächtigung oder Essen	■ Konzessionsprüfung ■ Taxikonzession auf ein Auto bezogen, Inhaber kann mehrere Konzessionen halten ■ Freier Markt	■ Nebenrecht zur gastgewerblichen Konzession, keine eigene Prüfung Bringt Hotelgäste zum Flughafen, Bahnhof usw. ■ Kosten über Hotelpreis einkalkuliert, nur selten entgeltlich – Serviceleistung für Hotelgast ■ Für Hotelier sehr aufwendig
Landesregierung		Bezirkshauptmannschaft oder Magistrat	

"Hop-on/Hop-off": Das Ticket berechtigt zur Fahrt innerhalb eines Tages mit selbst gewählten Unterbrechungen (Besichtigung, Essen, Café)

🔗 Mit Busreisen beschäftigt sich das Kapitel 4 genauer.

💡 Krankentransporte sind zu einem lukrativen Zusatzgeschäft geworden, dazu ist ein Vertrag mit den Krankenkassen erforderlich.

3.2.1 Mietwagen – Busreisen

Österreich hat im europäischen Vergleich eine sehr hohe Dichte an Busreiseunternehmen – vor allem Klein- und Mittelständische Unternehmen.

3.2.2 Ausflugswagengewerbe – Sightseeing Tours

Dies ist ein wichtiger Bestandteil des touristischen Angebotes im Zielgebiet, vor allem die zahlreichen Varianten von Stadtrundfahrten. Abfahrt von einem fixen, meist zentralen Standplatz, der von Magistrat bzw. von der Bezirksverwaltungsbehörde bewilligt wurde, kein Zusteigen unterwegs, fixierte Rückkehr (Zeit, Ort). Rundfahrten zwischen einer und mehreren Stunden, Themenfahrten („Sound of Music Tour"), fremdsprachliche Erklärungen.

Gemäß Gewerbeordnung müssen die Fahrten von lizensierten Fremdenführern/-führerinnen begleitet werden. Preis steht vor Fahrtantritt fest, die Frequenz der Abfahrten richtet sich nach der Nachfrage.

3.2.3 Taxi

Taxis gibt es praktisch in jedem touristisch interessanten Ort, die Konzession gilt ausgehend von der Standortgemeinde, am Land können mehrere Orte einbezogen sein. Taxis transportieren Gäste in der Standortgemeinde oder von dort zu anderen Zielen. Sie dürfen aber nicht in einer anderen Stadt Gäste aufnehmen (außer über Bestellung durch den Gast). Die Gemeinde weist Taxistandplätze aus, die von jedem Taxiunternehmen frei benützt werden können.

Tarife in Wien und Niederösterreich werden von der Landesregierung festgelegt, sonst gibt es freie Preisabsprachen der Taxiunternehmer/innen im Ort. Vom Zentrum Wiens zum Flughafen Schwechat gibt es Fixpreise der Taxiunternehmen, die Tag und Nacht gleich sind. Bei Fernzielen gilt der Preis nach Vereinbarung. In Großstädten verpflichtender Taxometer zur Fahrpreisanzeige, in kleineren Städten Preisinformation auf Anfrage.

Nachttarife gelten von 22 Uhr bis 6 Uhr und sind üblicherweise um 25 % höher. Pro Gepäckstück darf 1 Euro verrechnet werden – dies geschieht in der Praxis oft nicht. Das Fahrzeug muss jährlich zur Überprüfung („Pickerl"), im Wagen muss ein Hinweisschild auf den Gewerbeinhaber/die Gewerbeinhaberin vorhanden sein.

UBER versus Taxibranche

Auch im Bereich der Taxidienste mischt ein internetbasierter Fahrtendienst die Branche auf – und verärgert die etablierten Unternehmen. 2009 in San Francisco gegründet, gibt es den Fahrvermittler Uber heute auch in vielen europäischen Ländern, in Österreich bisher in Wien, Linz und Graz. Was Uber selbst als „innovatives Angebot" und einen „vergrößerten Mobilitätsmix" in einer Stadt sieht, wird von der Konkurrenz als „Kampf mit ungleichen Mitteln" kritisiert.

Das Geschäftsmodell erinnert an FlixBus: Uber besitzt selbst keine Taxis und beschäftigt auch keine Fahrer/innen, Uber vermittelt Fahrtendienste. Das verhilft der Kundin/dem Kunden zu einem verbesserten Fahrtangebot und Fahrer/innen können leichter Leerzeiten vermeiden.

Uber verzeichnet überall kräftiges Wachstum, konkrete Zahlen sind kaum zu bekommen. Ein spürbarer Rückschlag war aber der Cyber-Diebstahl von rund 57 Millionen Datensätzen 2016. Das hat Kunden verunsichert – verwenden doch viele User dieselbe Kombination aus E-Mail-Adresse und Passwort für mehrere Accounts (z. B. auch für E-Bay, Amazon etc.). Der Imageschaden wurde dadurch verstärkt, dass Uber dieses Problem lange Zeit verschwiegen und nicht eingestanden hatte!

UBER versus Taxibranche	
Hier sieht Uber seine Stärken ...	**... und das kritisiert die Taxibranche**
■ Ist ein elektronischer Marktplatz ■ Bringt dank Internet Angebot und Nachfrage blitzschnell zusammen. ■ Kooperiert mit konzessionierten Mietwagenunternehmern und professionellen Fahrern, die ordnungsgemäß versichert sind ■ Preis oft 1/3 oder mehr unter dem gängigen Taxitarif ■ Man bestellt über die App und bezahlt mit Kreditkarte, es fließt kein Bargeld ■ Gegenseitige Bewertungen für Kunden und Fahrer ■ User und Fahrer profitieren von früheren Erfahrungen ■ Angebot und Nachfrage regeln Preis – bei starker Nachfrage: fährt Kunde zu höherem Preis – oder gar nicht?	■ Unterwandern die gewerblichen Taxis ■ Uber verstößt gegen Betriebsvorschriften und Tarifbestimmungen ■ Durch die Kooperation mit Mietwagenfirmen erbringt Uber eine „taxiähnliche" Dienstleistung – und unterwandert die dabei geltenden fixen Tarife ■ Kunde hat keine Preissicherheit – in Stoßzeiten kann Fahrt extrem teuer werden ■ Preisgestaltung erfolgt über die App und nicht über geeichte Taxameter

💬 ■ Diskutieren Sie: Welche Erfahrungen mit Uber haben Sie? Wie sehen Sie das Angebot?

Neben den Taxis steht für den Gast auch die Möglichkeit einer Autovermietung zur Verfügung

Autovermietung – Rent a Car

Die Vermietung von Kraftfahrzeugen gehört heute in jeder Urlaubsdestination zum touristischen Basisangebot – für berufliche Reisende ebenso wie für die individuellen Besichtigungen einer Insel oder des Hinterlandes etc. Meist weltweit agierende Firmen, teilweise mit örtlichen Franchisepartnern, immer öfter aber auch lokale Anbieter oder Kfz-Händler, die Autos vermieten. Standorte primär bei Flughäfen, Bahnhöfen, Stadtbüros der Vermieter oder bei großen Ferienhotels.

Je nach Wagentype wird neben dem gültigen Führerschein oft ein bestimmtes Mindestalter (z. B. 21, 25 Jahre) vorgeschrieben. Preis von Wagengröße, Mietdauer und der Wegstrecke abhängig, Haftpflichtversicherung (erhöhter Satz) bereits inkludiert.

Mietautos werden oft zugleich mit Flug, Fahrt und Hotel gebucht (Fly&Drive, Rail&Road) und sind heute über alle gängigen Reservierungssysteme (GDS – Carmaster), über das Internet und natürlich auch direkt beim Vermieter buchbar.

Vergleich Linienverkehr – Gelegenheitsverkehr

	Linienverkehr	Gelegenheitsverkehr
Verkehrt nach	Fahrplan, dieser muss von der Behörde genehmigt und dann veröffentlicht werden ("Aushangpflicht")	Bus oder PKW verkehren bei Auftrag eines Bestellers (Beispiele siehe unten – Zielgruppen)
Betriebspflicht	Ja – der veröffentlichte Fahrplan muss unbedingt erfüllt und eingehalten werden	Nein
Beförderungspflicht	Ja – "jedermann" muss mitgenommen werden. Vorgegebene Maximalzahl von Sitz- und Stehplätzen, Buslenker haftet bei Überfüllung oder Unfällen	Nein – Gästen kann gegebenenfalls die Mitfahrt verweigert werden (z. B. bei erkennbarer Alkoholisierung oder Gewalttätigkeit)
Tarife	Verbindliche Tarife, müssen von der Landesregierung bewilligt werden	Freie Preisgestaltung, je nach Saison, Auslastung und Bus-qualität gibt es markante Unterschiede
Gesetzliche Grundlagen	Kraftfahrlinienverkehrsgesetz, zahlreiche zusätzliche Verordnungen, StVO, u. a.	Gelegenheitsverkehrsgesetz samt Betriebsordnung, zahlreiche Regelungen für den grenzüberschreitenden Verkehr
Zielgruppen	Öffentlicher Nahverkehr – Pendler, Schüler, Senioren u. a. m.	Urlaubsreisegast – bei Reiseveranstaltung Gruppen (Vereine, Schulen, Firmen, Pfarren etc.) mit dem Wunsch, gemeinsam zu verreisen
Touristische Bedeutung	Stadtverkehr – meist attraktive Mehrtagestickets für Städtereisende Ländlicher Raum – Wanderer, Bergsteiger, Radfahrer, Kurgäste, Schifahrer etc.	Rund-, Städte- und Studienreisen in landschaftlich und kulturell reizvolle Zielgebiete, Badereisen, Event- und Kulturreisen, Transfers (Flughafen, Hafen, Hoteltransfer, Stadtrundfahrten (Sightseeingtours), Ausflugsfahrten in Tourismusgebieten für Gäste ohne eigenes Verkehrsmittel – z. B. "Sound of Music Tour", Salzkammergut-Seenrundfahrt, u. a.

Arbeitsaufgaben

1. Sie sehen in Ihrem Schulort einen Kleinbus (z. B. VW-Bus) mit der Aufschrift eines bekannten Hotels – welchem Gewerbe entspricht dieser Wagen?

2. Gruppenarbeit: Versuchen Sie, die Vor- und Nachteile der angeführten Reiseverkehrsmittel nach den angegebenen Kriterien zu bewerten (Vorteil/Nachteil, besser/weniger geeignet, definieren Sie selbst eine Bewertung mit Plus und Minus, ☺ – ☺ – ☹ oder verbale Bezeichnungen):

	PKW	Reisebus	Bahn	Flug
Flexibel/ Individuell				
Gesellig				
Information				
Gepäckmitnahme (Beschränkungen)				
Preis				
Ermäßigungen				
Nachtreise				
Sonstiges				

4 Busreisen

Nach wie vor spielt der Bus im touristischen Reisegeschehen eine bedeutende Rolle, rund 7–8 % aller Urlaubsreisen werden in Österreich und Deutschland per Bus unternommen. Doch die Branche hat sich verändert, der Boom der Billigairlines hat den Busunternehmen stark zugesetzt. Der Bus ist nach wie vor das ideale Verkehrsmittel für mittlere Distanzen (bis rund 600 km) und bei Gruppen, die bewusst miteinander reisen wollen. Durch den großen Konkurrenzkampf in der Branche liegt auch in der Busbranche die einzige Überlebenschance im Auffinden von Marktnischen und in der Spezialisierung.

💡 2016 zählte man in Österreich rund 1 200 Busunternehmer mit 9 500 Bussen; jährlich werden etwa 600 000 Busreisen in Österreich durchgeführt, der Bus hat ca. 7 % Marktanteil an allen Urlaubsreisen.

Man kann vier wesentliche Geschäftsfelder unterscheiden:

1. Der Anmietverkehr

Ein „geschlossener Personenkreis" benötigt einen Bus samt Lenker. Route, Pausen und Ziel definiert der Auftraggeber. Zielgruppen sind Vereine, Schulen, Firmen, Jugendorganisationen u. a. m. Mit dem Mietwagengewerbe darf nur der Personentransport durchgeführt und weder Übernachtung noch Verpflegung verkauft werden. Dies ist in Österreich ein enorm wichtiges Geschäftsfeld, in der Bus-Hauptsaison im Frühling und Herbst sind die Unternehmen mehr als ausgelastet.

2. Reiseveranstaltung

Verfügt ein Unternehmen auch über die Reisebürokonzession, kann es mehrtägige Reisen im In- und Ausland veranstalten und vermitteln, sowohl über eigene Reisebüros als auch über Partner („Mitbucher"). Dieser Bereich hat sich stark gewandelt, Klassiker früherer Jahre können heute kaum mehr verkauft werden. Der Gast möchte schnell ins Zielgebiet, daher werden vor allem entfernte Ziele in Europa (z. B. Skandinavien-Rundreise) heute als Flug-Bus-Kombinationen angeboten. Die Stärke der Bustouristik ist die klassische „Rundreise", wenn eine oder mehrere Regionen in ihrer kulturellen und klassischen Vielfalt erlebt werden sollen, wenn viele Attraktionen das Gesamterlebnis bestimmen. Daneben gibt es den sogenannten „Bäderbus" – Pauschalreisen zu Sommerreisezielen, vorwiegend in Italien und Kroatien, wenn keine attraktiven Flugverbindungen gegeben sind und der Gast gerne auf den eigenen Pkw verzichtet.

3. Incoming

Österreichs Busunternehmer/innen sind immer öfter im Auftrag internationaler Tour Operators mit ausländischen Gästen in Österreich (und dem benachbarten Ausland) unterwegs. Auch hier wird lediglich der Personentransport durchgeführt, die Gesamtverantwortung liegt beim Reiseveranstalter.

4. Incentive und Business

Nur einige wenige Busfirmen im großstädtischen Raum haben sich auf große Firmen als Auftraggeber spezialisiert, durch vielseitig ausgestattete Busse und durch ein perfektes Serviceangebot können außergewöhnliche Reisen zu Meetings oder Firmenevents geboten werden. Einzelne Busfirmen haben sich als Tourneebegleiter berühmter Orchester oder Künstlergruppen profilieren können (z. B. Wiener Philharmoniker).

Arbeitsaufgaben

1. Ihre Schulklasse besucht per Bus ein Theater in der Landeshauptstadt. Identifizieren Sie das Gewerbe, dem diese Fahrt entspricht.

2. Nennen Sie jene Gewerbeberechtigung, die ein Busunternehmen zusätzlich noch braucht, um eigene mehrtägige Busreisen veranstalten zu dürfen.

3. In einem slowakischen Reisebus sitzt eine Reisegruppe aus Asien. Auf der Windschutzscheibe klebt ein Schild „Hainan Tours". Nennen Sie das Geschäftsfeld, in dem dieser Bus tätig ist.

4. Erörtern Sie mögliche Veränderungen des Reisepreises bei einer Exkursion, wenn kurzfristig vier Schüler/innen nicht teilnehmen können.

Beliebteste Busreisedestinationen der Österreicher
1. Österreich
2. Italien
3. Kroatien
4. Deutschland
5. Tschechien
6. Slowakei

Quelle TAI 20.10.2017

Was wird gebucht?

Über 57 %	Rund- und Studienreisen
26 %	Städtereisen
12 %	Ferienzielverkehr (Sommer-Badeurlaub)
5 %	Überraschungsreisen (Fahrt ins Blaue)

Beliebteste Bus-Städtereisedestinationen:
1. Wien
2. Berlin
3. Prag
4. Rom
5. Budapest

4.1 Arten der Busreise

Mit Bussen können unterschiedlichste touristische Bedürfnisse befriedigt werden, wobei diese Reiseform heute aufgrund des enorm verbilligten Flugverkehrs einer starken Konkurrenz ausgesetzt ist. Busunternehmen reagieren darauf mit interessanten Spezialisierungen.

Rund- und Studienreisen gelten als die „typischen" Busreisen. Der organisatorische Aufwand ist im Vergleich zur reinen Badepauschalreise hoch, da meist täglich ein neues Quartier benötigt wird, ebenso der Erklärungs- und Informationsbedarf dem Kunden gegenüber. Es gelten spezielle Kriterien bei der Katalog- und Prospektgestaltung: viel mehr Textanteil als bei Badereisen und eine andere Fotoauswahl. Um sich von Mitbewerbern abheben zu können, ist eine klare Präferenzbildung mit unverwechselbarem Angebot nötig.

Fakultative Zusatzangebote, auch „Optionals" genannt – sind Leistungen, die noch nicht im Package enthalten sind und vom Gast gegen Bezahlung dazugebucht werden können. Für eine geschickte Reiseleitung ist dies eine Chance auf ein interessantes Zusatzeinkommen (Provision für jede Buchung).

Arten der Busreise

Rundreisen	Studienreisen	Städtereisen

■ Dauer variiert von 2 Tagen bis mehrere Wochen ■ Gäste: Kundenkreis sehr heterogen, für Planer/innen und Reiseleiter/innen also nicht leicht, den Gästewünschen gerecht zu werden, aber hoher Stammkundenanteil (ältere Gäste), hohe Stornorate ■ Ziele: europäische Kulturlandschaften mit vielfältigen Attraktionen, wie z. B. Toskana, Elsass, Loireschlösser; auch Themenstraßen oder Hochgebirgsrouten	■ Dauer 5 Tage bis 4 Wochen ■ Gruppe: homogene Gruppeninteressen, wenn auch oft sehr individualistisches Publikum mit überdurchschnittlichem Bildungsniveau und teilweise großem Fachwissen ■ Ziele: meist themenbezogen: „Klassisches Italien", „Gotisches Nordfrankreich", „Entlang der Seidenstraße" u. a. m.	■ Dauer: meist Kurzreisen von 2 bis 5 Tagen ■ Gäste: heterogene Teilnehmerstruktur – unterschiedliche Interessen am Zielort; Publikum meist jünger als bei Rund- oder Studienreisen ■ Ziele: Der Bus ist nur mehr bei Städten in geringer Distanz zum Heimatort (Radius bis 700 km) oder ohne interessante Flugverbindungen attraktiv – von Österreich aus z. B.: Budapest, Prag, Venedig, Mailand, Florenz, Straßburg, Krakau u. Ä.

Arbeitsaufgabe

1. Ordnen Sie die „Südtiroler Pässetour" einer der drei vorgestellten Reisekategorien zu.

2. Recherchieren Sie in den Programmen österreichischer Busunternehmen jene europäischen Regionen, die sich ideal für eine Rundreise eignen.

3. Erörtern Sie die Bedeutung einer qualitätsvollen Beratung für eine Studienreise durch Reisebüromitarbeiter/innen.

4. Beraten Sie eine Kundin/einen Kunden aus Ihrem Schulstandort für eine Städtekurzreise nach Hamburg, Triest, Paris, Budapest in Bezug auf das Verkehrsmittel.

4.2 Spezialisierung bei Busreisen

In einem stark umkämpften Markt besteht nur jenes Unternehmen, das sich merkbar von den Mitbewerbern abheben kann. Nachfolgend einige Beispiele für Spezialisierung im Busreisegeschäft:

Profilierung durch Komfort und Qualität – „VIP – Reisen" oder „Premium-Reisen"

Immer mehr Firmen setzen auf bestens ausgestattete Luxusreisebusse mit vergrößertem Sitzabstand (90 cm wie in der Flug-Businessclass), ausschließlich Ledersesseln und zahlreichen weiteren Extras (siehe „technische Vorzüge"). Neben solchen hochqualitativen Bussen zählen eine gehobene Hotel- und Restaurantkategorie zu den Produktstärken. Ergänzt wird die bessere Produktqualität durch ein außergewöhnliches Reiseprogramm, die Auswahl der Reiseleitung, bestens geschulte Fahrer/innen sowie durch umfassende Reiseinformationen.

Kultur- und Themenreisen

Sind Fahrten zu vorwiegend europäischen Festivals (Oper, Operette, Klassik, Theater) oder erfolgreichen Musicalproduktionen (z. B. Starlight Express in Bochum, König der Löwen in Hamburg) Ein- und Mehrtagestouren, gutes Preis-Leistungs-Verhältnis, stresslose An- und Rückreise, fachkundige Einführung durch die Reiseleitung, teilweise Hör- und Filmbeispiele über die Bordanlage.

Gruppenreisen mit Prominenten

Ähnlich wie bei Kreuzfahrten werden in auslastungsschwachen Zwischensaisonen Reisen zu attraktive Ziele mit einem/einer Prominenten als Zugpferd veranstaltet – dies findet vor allem beim älteren Publikum durchaus Zustimmung. Die „Stars" kommen überwiegend aus der Film- und Schlagerbranche, aber auch aus der Sportwelt des jeweiligen Herkunftslandes.

Abenteuerreisen

Reisen mit Erlebnis, aber ohne Risiko in Regionen, die der Gast alleine nicht bereisen würde. ROTEL-Tours (ROllendes HoTEL) aus Passau bietet Reisen in Schlafkojenbussen auf allen Kontinenten der Erde – Wüstentouren, Kontinentaldurchquerungen, Vulkangebiete oder alte Handelsrouten (z. B. Seidenstraße). Mangels Hotel- und Gastronomieinfrastruktur in den besuchten Regionen schläft und speist man auf Campingbasis, frische Nahrungsmittel werden im Zielgebiet zugekauft. Wenig Komfort, enge Schlafkojen, Mithilfe der Gäste beim Vorbereiten des Schlafwagens sowie des Essens – genau diesen Abenteuercharakter schätzen die Gäste. Es gibt Busse mit Schlafkojenanhänger (bis rund 40 Personen) oder allradgetriebene Reise-Schlaf-Busse (ca. 20 Personen). Österreichischer Anbieter: Kneissl-Tours.

Werbefahrten

Diese auch als „Kaffeefahrten" oder „Verkaufsfahrten" bezeichneten Reisen sind ein spezielles Thema: Einerseits unterwandern diese Angebote den gewerblichen Busmarkt, ja sie führen zu einem ruinösen Preiskampf, denn meist kann der (österreichische) Busveranstalter dieselbe Reise nicht annähernd zum selben Preis anbieten. Auch hier ist der Markt von der „Geiz ist geil"-Philosophie geprägt, der Kunde genießt die Rolle des Schnäppchenjägers.

Als rechtlich haftende Veranstalter treten dabei Import-Export-Handels-unternehmen auf, die über den Verkauf von Produkten am Zielort ihren Gewinn erzielen und heute nicht nur abgelegene Dörfer, sondern europäische Topreiseziele mit erstklassigen Hotels und attraktiven Besichtigungsprogrammen bieten. Der Busunternehmer verliert zwar sein Veranstaltergeschäft, aber er profitiert als Personenbeförderer (Anmietverkehr) und trägt kein Risiko beim Reiseverkauf.

In manchen Fällen gibt es heute gar keine Verkaufsveranstaltungen mehr – für die Unternehmen scheint sich der Schleuderpreis dennoch zu lohnen: Sie akquirieren auf diese Art viele neue Kundenadressen. Bei anderen Reisen mit höherer Rendite kommen diese Kosten dann offensichtlich zurück.

Sportreisen

Sportvereine, Gruppen und ein abenteuerorientiertes Aktivpublikum sind die Zielgruppen von Sportreisen. Es geht vor allem um Rad und Mountainbike, aber auch um Rafting, Kanu, Surfen, Outdoorprogramme oder Golf. Viele Busfirmen profitierten vom Radboom: Sie hatten bereits viel Erfahrung in der Reiseveranstaltung und beste Destinationskenntnisse, mit Radanhängern und abgestimmten Reiseprogrammen konnte rasch ein neuer Kundenkreis erobert werden.

Eventreisen

Zu gesellschaftlichen, kulturellen oder sportlichen Großveranstaltungen werden Eventreisen angeboten. Vorteil für die Kundin/den Kunden: preisgünstiges Kombiangebot, gerade bei Großevents ist es oft schwierig, als Individualgast noch Tickets und Zimmer zu bekommen.

Arbeitsaufgaben

1. Erörtern Sie den Mehrwert von Premium-Anbietern für die Gäste.

2. Recherchieren Sie, ob es in Ihrem Bundesland besondere Beispiele für Spezialisierung in der Busbranche gibt.

3. Bereiten Sie für ein Beratungsgespräch mehrere Pro- und Kontra-Argumente für eine ROTEL-Reise vor. Beachten Sie dabei wichtige Hinweise für die Kundin/den Kunden.

4.3 Bustouristik – eine permanente Herausforderung

Im Gegensatz zum Linienverkehrsgeschäft, das gesicherte Einnahmen und einen berechenbaren Jahresverlauf bietet, ist das Veranstalten touristischer Reisen ein äußerst schwieriger Markt. Die Kundenerwartungen an den Bus sind hoch, ein gut ausgestatteter Reisebus kann praktisch nicht gleichzeitig im Linienverkehr eingesetzt werden. Man geht von einer Nutzungsdauer von durchschnittlich 8 Jahren aus, dann wird der Bus verkauft. Alte Busse können aufgrund der strengen Emissionsgrenzwerte in Europa kaum mehr verkauft werden, sie gehen bei geringem Erlös nach Asien oder Afrika.

Die Kunden erwarten ein attraktives und preisgünstiges Reiseangebot – doch muss der Unternehmer/die Unternehmerin vieles einkalkulieren, was die Kunden kaum sehen.

Gemäß EU-Lenkzeitvorschriften muss spätestens nach viereinhalb Stunden eine längere Pause von 45 Minuten gemacht werden, in der Nacht müssen neun Stunden Ruhezeit erreicht werden. Bei längeren Fahrdistanzen muss ein zweiter Fahrer an Bord sein, was die Kalkulation spürbar verteuert. Wenn der zweite Fahrer im Bus sitzt oder sogar wenn er in einer Schlafkabine im Bus schläft – gilt dies noch nicht als Ruhezeit.

Hochsaison in der Busbranche: April–Mai und September–Oktober, hier übersteigt meist die Nachfrage das Angebot. Im Hochsommer, vor allem aber im Winter gibt es einen spürbareren Abfall. Für den Unternehmer kostet inzwischen der Einsatz des Lenkers pro Tag mehr als der Betrieb des Wagens.

Üblicherweise ist ein Fahrer fix auf einem Bus, er ist für technische Sicherheit und Sauberkeit verantwortlich, der Getränkeverkauf liegt ebenfalls in seinen Händen.

4.3.1 Stärken der Busreise

- Hohe Servicequalität, intensive Gästebetreuung und viel Information durch Fahrer/in und Reiseleiter/in; fremdsprachliche Hilfe
- Punkt-zu-Punkt-Transport – der Bus bringt die Gäste bis unmittelbar zur Sehenswürdigkeit und zum Hotel
- Oft kostenlose Abholung bei der Abreise
- Organisierte Mobilität, kurze Transferwege, wenig Risiko
- Geselligkeit und Kommunikation – vor allem von älteren oder alleinstehenden Gästen geschätzt
- Hohe statistische Unfallsicherheit
- Umweltfreundlichkeit – moderne Busse erfüllen die strengsten Emissionsgrenzwerte („EURO 5" und „EURO 6"), ein Bus ersetzt statistisch rund 33 Pkw-Fahrten
- Hoher Stammkundenanteil und starke Unternehmen-Kunden-Beziehung, vor allem auf dem Land

Technische Vorzüge
Busse der Spitzenklasse bieten technische Finessen wie Limousinen der gehobenen Klasse, z. B. WLAN-Internet, DVBT-Fernsehen, LCD-Fernsehschirme, CD- und DVD-Player, Funkmikrofone, Navigationsgerät, zahlreiche 220-V-Stromanschlüsse, USB-Anschlüsse, getönte Panoramaverglasung, individuell regelbare Klimaanlage, ergonomische Sitze, teilweise größerer Sitzabstand, Clubecke, Tische, Bierzapfanlage, Kaffee, auf Wunsch Catering, Safe, WC, großer Gepäcksraum, keine Gewichtsbeschränkungen beim Gepäck ...

Luxuriöse Innenausstattung

Der Bus als umweltfreundliches Verkehrsmittel

72 % aller Busse in Österreich erfüllen die sogenannte EURO-6 Abgasnorm, das ist der bestmögliche aktuelle Standard. Im Vergleich zur Norm EURO-5 bringt EURO-6 eine Reduktion der Stickoxide von −80 % und der Rußpartikel um −66 %. (Quelle: TAI 20. Oktober 2017)

4.3.2 Probleme der Bustouristik

Für Reisebusse wird es immer schwieriger und kostspieliger, ins Zentrum europäischer Städte einzufahren. Immer öfter reglementieren Touristenzentren das Zufahren und das Parken für Touristenbusse oder erheben eine teure Citymaut, was sich natürlich ungünstig auf die Kalkulation niederschlägt, aber der Kundschaft nur schwer zu kommunizieren ist.

Oftmals wird versucht, den touristischen Busverkehr an den Stadträndern auf das öffentliche Netz umzuleiten (Shuttlebusse). All diese Maßnahmen erfolgen einerseits, um den Verkehr überlasteter Stadtzentren noch einigermaßen in Fluss zu halten, andererseits auch aus Umweltüberlegungen: So sind die Zufahrtszonen und die Tarife nach den Schadstoffemissionsklassen EURO 3 bis EURO 6 gestaffelt, mit älteren Bussen ist die Einfahrt ins Stadtzentrum kaum mehr möglich.

Die Abwicklung dieser Citymauten erfolgt mit der sogenannten VIA-Box, mit der automatisch vorreserviert und abgebucht werden kann. Kleinere Unternehmen müssen sich schriftlich anmelden und zahlen bar an einer Inkassostelle (Zeitaufwand).

Vom Kunden meist unbemerkt kann der Reisebus in Altstädten meist auch nicht mehr beim Hotel parken. Busfahrer müssen weit abgelegene Parkplätze benützen und per Taxi oder öffentlichem Verkehr zum Hotel gelangen.

4.3.3 Personal

Der Busfahrer/Die Busfahrerin – die Visitenkarte des Unternehmens Der Fahrer/ Die Fahrerin ist viel mehr als nur der Lenker/die Lenkerin, er/sie ist die erste Ansprechperson für den Gast und repräsentiert das Unternehmen während der Reise.

Er/Sie muss per Gesetz nicht nur regelmäßig zur medizinischen Kontrolle, sondern auch alle fünf Jahre verschiedenste Schulungen nachweisen. Führende Unternehmen ermöglichen ihren Fahrern und Fahrerinnen sowohl Fahrtechnikkurse (Schleudern, Wintertraining) als auch Sprachkurse oder Trainings in Kommunikation oder Kundenbetreuung – denn immer öfter muss der Fahrer/die Fahrerin auch Konflikte innerhalb der Gruppe lösen. Berufskraftfahrer/innen unterliegen der 0,0-Promillegrenze.

Personalproblem

Wie in anderen Tourismusbranchen wird es auch im Busbereich immer schwieriger, gutes Personal zu finden – der Job des Fahrers ist nicht gerade familienfreundlich; Chauffeure aus osteuropäischen Ländern fahren zu billigeren Löhnen – erbringen sie auch die gleich gute Dienstleistung? Der Bus-Führerschein macht noch nicht den professioneller Dienstleister, den der Gast erwartet.

Der Reiseleiter/ Die Reiseleiterin

Er/Sie trägt wesentlich zur Produktqualität bei, soll dem Gast einen spürbaren Mehrwert vermitteln und ihm durch Hintergrundwissen und Sprachkenntnisse zu einem Urlaubserlebnis verhelfen, das dieser alleine nicht erreicht hätte. Der Einsatz eines/r Reiseleiters/-leiterin ist aber auch eine Kostenfrage, denn immer öfter muss

💡 **Vergleich CO_2-Ausstoß in Gramm/Personenkilometer**

Pkw	Bus	Bahn
177 g/PKM	42 g	17 g

Quelle: SN 2. August 2016

Der Busfahrer als Aushängeschild des Unternehmens

in europäischen Reisezielen zusätzlich lizenzierte Fremdenführung für den Besuch gebucht werden.

Es gibt verschiedene Arten der Reiseleiter-Ausbildung, nach wie vor ist aber in Österreich kein spezieller Prüfungsnachweis erforderlich. Gefordert sind ein umfangreiches Allgemeinwissen, Fremdsprachen und vor allem Menschenkenntnis, Einfühlungsvermögen, Belastbarkeit, Flexibilität sowie viel eigene Reiseerfahrung. Reiseleiter/innen sind meist nicht fix beim Reiseveranstalter angestellt, viele betreiben dies nebenbei oder als Hobby. „Free Lancer" sind selbstständige Reiseleiter/innen, die im Lauf des Jahres meist für mehrere Tour Operators tätig sind.

Arbeitsaufgaben

1. Fassen Sie in einem Beratungsgespräch mit älteren Kundinnen/Kunden die Vorteile einer Busreise zusammen.

2. Erörtern Sie die Problematik von City-Mauten für die Kalkulation einer Busreise.

3. Nicht bei jeder Busreise ist automatisch eine Reiseleiterin/ein Reiseleiter dabei. Erörtern Sie Gründe dafür und argumentieren Sie den Mehrwert einer Reiseleiterin/eines Reiseleiters für den Gast.

Ziele erreicht? – „Straßenverkehr"

Sieben bis acht Prozent aller Urlaubsreisen der Österreicher/innen werden mit dem Bus durchgeführt. Wie andere Angebote im touristischen Personenstraßenverkehr unterliegt auch der Bustourismus einem starken Wandel, dem sich die Unternehmen anpassen müssen, um am Markt bestehen zu können.

1. Zählen Sie wichtige Busreiseformen auf.

2. Nennen Sie Gewerbearten im Busbereich.

3. Beschreiben Sie Spezialisierungsbeispiele in der Busbranche.

4. Recherchieren Sie das Angebot von Busreisen http://www.kneissltouristik.at/de/reisen/ in Bezug auf die Auswahl der Destination.

5. Bewerten Sie die Aussagen mit Schulnoten und überlegen Sie ein Schlagwort als Begründung dazu. Diskutieren Sie die Ergebnisse.

„Busreisen sind nicht für junge Menschen."

„Linienfernbusse sind eine ökologisch unnötige Konkurrenz für die Bahn."

„Bus-Reisende sind Qualitäts-Reisende."

6. Treffen Sie zum folgenden Spotlight Aussagen. Diskutieren Sie die Ergebnisse.

Spotlight zum Beruf

„Reiseleiter/in in einem Busunternehmen ist ein attraktiver Beruf."

Aus diesem Kapitel habe ich in die nachstehend angeführten Erkenntnisse und/oder Einsichten gewonnen:

Bahnverkehr

KOMPETENZ-ERWERB

Meine Ziele

Nach Bearbeitung dieses Kapitels kann ich

- die historische Entwicklung des Bahnverkehrs in Österreich (und Europa) im Überblick wiedergeben;
- verschiedene Zugarten von touristischer Bedeutung nennen;
- verschiedene Bahnbetreiber in Österreich und ihre Serviceleistungen aufschreiben;
- Bahnverbindungen mithilfe der jeweiligen Bahn-Website erarbeiten;
- Auslandsverbindungen mit der ÖBB-Website finden und diese Angebote und Ermäßigungen in Kombination mit ausländischen Bahnunternehmen bewerten;
- Kundinnen und Kunden bezüglich ihrer Konsumentenrechte beim Bahnfahren beraten.

1 Geschichte des Bahnverkehrs

„Schienen" der Antike

Schon in der Antike wurden erste schienenähnliche Anlagen in Form von (gebauten) steinernen Spurrinnen geschaffen, die vermutlich besonders beim Transport von schweren Lasten (für Großbauten) von Vorteil waren. Diese Art Schienen bestanden im Mittelalter aus Holz, das wegen der starken Beanspruchung nicht das ideale Material war.

Um letztendlich eine Eisenbahn bauen zu können, waren z. B. die Erfindung des Rades und die Entwicklung der **Dampfmaschine** (u. a. durch James Watt zu Beginn des 18. Jahrhunderts) nötig. Dieser Grundstein wurde zur Zeit der industriellen Revolution in England gelegt, wo ein stark wachsender Transportbedarf in den Kohleminen auftrat. Anfangs nutzte man die Bahn nur als Transportmittel für diverse Materialien.

Die **erste Personenbeförderung** fand mit der von George Stephenson entwickelten „Dampflokomotive Nr. 1" über eine Strecke von gerade neun Meilen im Jahre 1825 statt. Zu dieser Zeit war jedoch der Eisenbahnbetrieb ein gefährliches Unterfangen: Es explodierte z. B. 1828 die „Nr. 1", wobei der Maschinist ums Leben kam.

1830 wurde eine Zugstrecke zwischen Liverpool und Manchester eröffnet. Die Lokomotive erreichte eine damals rekordverdächtige Höchstgeschwindigkeit von 48 km/h.

Auf dem europäischen Kontinent wurde die erste und längste Pferdeeisenbahn zwischen 1827 und 1836 errichtet und fuhr bis 1872 auf der 128 km langen Strecke zwischen Budweis und Linz. Die erste Dampfeisenbahn verkehrte 1837 zwischen Wien-Floridsdorf und Deutsch-Wagram als Teil der späteren österreichisch-ungarischen Fernstrecke Wien – Brünn.

Die **Dampfeisenbahn startete in England**

Im Juli 1854 feierte Österreich die Eröffnung der **weltweit ersten Gebirgsbahn am Semmering,** die noch heute zu den interessantesten Sehenswürdigkeiten unseres Landes zählt und als UNESCO-Weltkulturerbe geschützt ist.

Ende des 19. Jahrhunderts weitete sich das staatlich betriebene Eisenbahnstreckennetz in unserem Land auf ca. 7 000 km Länge aus, wobei es zusätzlich noch einige wenige private Eisenbahngesellschaften gab.

Die **erste österreichische elektrische Eisenbahn** nahm den Betrieb im Oktober 1883 auf dem Teilstück zwischen Mödling und Klausen auf, das 1885 bis in die Hinterbrühl verlängert wurde, nachdem die dafür nötige vierrädrige Elektrolokomotive 1879 in Berlin von **Werner von Siemens** erfunden worden war.

1881, also zur Zeit der österreichisch-ungarischen Doppelmonarchie unter Kaiser Franz Joseph I., betrug die Gesamtlänge der **k. k. Staatsbahnen** (k. k. = kaiserlich-königlich) bereits fast 22 000 km, wobei sie in Linksverkehr betrieben wurden (was teilweise heute noch der Fall ist).

Das erste Land der Welt mit vollständiger Elektrifizierung der Eisenbahn war jedoch die Schweiz, die heute noch als das „Bahnland Nummer eins" gilt.

Im 20. Jahrhundert ging es weltweit vor allem um den Ausbau des Streckennetzes und die Steigerung der Höchstgeschwindigkeit. So sind heute diverse **Hochgeschwindigkeitszüge** bereits mit weit über 300 km/h unterwegs, wobei jedes Land sein „eigenes Zugpferd" präsentieren will:

Hochgeschwindigkeitszüge (z. B. Shinkansen in Japan)

- ICE (**I**nter**c**ity**e**xpress) in Deutschland
- TGV (**T**rain à **G**rande **V**itesse), Eurostar, Thalys in Frankreich
- HST (**H**igh **S**peed **T**rain) in Großbritannien
- Pendolino, Cisalpino in Italien
- AVE (**A**lta **V**elocidad **E**spañola), Alaris, Talgo in Spanien
- Shinkansen in Japan

Die **erste elektrische Straßenbahn** der Welt wurde in Berlin realisiert (1881), in den 1920er- und 30er-Jahren entstand in der deutschen Hauptstadt bereits eine S-Bahn. Die erste U-Bahn der Welt wurde 1863 in London eröffnet.

 Arbeitsaufgaben

1. Nennen Sie die wichtigsten Entwicklungsschritte des Bahnverkehrs in Stichworten.

2. Vergleichen Sie das Bahnland Österreich und das sogenannte Bahnland Nummer eins, die Schweiz. Werten Sie mindestens drei Gegebenheiten aus, die die Schweiz beim Bahnverkehr (derzeit) noch besser umsetzt als Österreich. Finden Sie aber auch mindestens drei Stärken der Bahn in Österreich.

---

2 Bahnverkehr in Österreich

Derzeit gibt es in Österreich neben einigen kleineren Privatbahnen auf den Hauptrouten vor allem die Österreichischen Bundesbahnen (ÖBB) als Anbieter, die auf einigen Hauptstrecken die Westbahn als Mitbewerber haben.

2.1 Bahnbetreiber in Österreich

Die Festungsbahn in Salzburg ist in Privatbesitz

REX200 sind regionale Schnellzüge (bis zu 200 km/h).

Das staatliche österreichische Schienennetz kann prinzipiell von jedem Unternehmen genutzt werden. Es werden Kontingente und Nutzungsgebühren ausgehandelt.

Ausgewählte Bahnen	
Montafonerbahn	Bludenz – Schruns
Stubaitalbahn	Innsbruck – Fulpmes
Achenseebahn	Jenbach – Achensee
Zillertalbahn	Jenbach – Mayrhofen
Salzburger Lokalbahn	Salzburg – Lamprechtshausen – Bürmoos-Trimmelkam Festungsbahn Salzburg (Standseilbahn zur Festung Hohensalzburg)
Stern & Hafferl	Linzer Lokalbahn (Durchführung des Fahrbetriebes; Anlagen gehören nur zu 35 % dem Unternehmen) Vöcklamarkt – Attersee Gmunden – Vorchdorf (= neue Regiotram) Lambach – Vorchdorf-Eggenberg
Steiermark Bahn	Besitzer Land Steiermark. 2018 grundlegend neu strukturiert, seither bieten 3 Gesellschaften Güter- und Personentransport in der Steiermark, in Österreich und weiten Teilen Europas ■ Steiermärkische Landesbahnen als Wirtschaftsbetrieb des Landes Stmk. ■ Steiermarkbahn und Bus ■ Steiermarkbahn Transport und Logistik
Graz-Köflach Bahn	Graz-Köflacher Bahn und Busbetriebe GmbH, zu 100 % im Besitz der Republik Österreich Graz – Köflach Lieboch – Wies-Eibiswald
Ebenfurter Eisenbahn (Raaberbahn, Neusiedler Seebahn)	Wien-Meidling – Sopron (Ungarn) – Deutschkreutz Wiener Neustadt – Sopron (Ungarn) Wiener Südbahnhof – Pamhagen – Fertószentmiklós (Ungarn) Sopron (Ungarn) – Szombathely (Ungarn) Szombathely (Ungarn) – Szentgotthard (Ungarn) Budapest (Ungarn) – Györ (Ungarn) – Sopron (Ungarn) Neusiedl/See – Pamhagen – Fertószentmiklós (Ungarn)
Wiener Lokalbahnen	Wien (Oper) – Baden
NÖVOG (NÖ Verkehrsorgansiations GmbH)	Niederösterreichische Verkehrsorganisations GmbH Tochtergesellschaft des Landes Niederösterreich; sie betreibt u. a. die touristisch bedeutende Schneebergbahn Puchberg – Hochschneeberg

2.2 Zug- und Wagenarten

2.2.1 Zugarten

Hochgeschwindigkeitszüge/Railjet/Intercity-Express
Diese modernen Hochgeschwindigkeitszüge verbinden Österreich und die Nachbarländer(bis zu 230 km/h).

InterCity (IC)/EuroCity (EC)
InterCity wird für schnelle Zugverbindungen mit regelmäßiger Taktung im Inland verwendet. EuroCity gilt für derartige internationale Verbindungen, wobei hier noch eine höhere Qualität hinzukommt.

Regionalexpresszüge (REX)
Diese Begriffe werden für beschleunigte Züge verwendet. Neben dem „Talent" gibt es seit 2018 mit dem neuen „ÖBB-Cityjet" eine weitere attraktive Zugsgarnitur auf Nah- und Regionalstrecken.

Cityjet
Der Cityjet ist der neue Nahverkehrszug in Österreich, der seit 2015 eingesetzt wird. Er wird einerseits für Regionalzüge und andererseits für den S-Bahn-Betrieb verwendet.

Doppelstock-Wendezug
Der sogenannte „Wiesel" wird speziell für den Nahverkehr um Ballungszentren – Ostregion, Vorarlberg, Kärnten – vor allem für Pendler/innen eingesetzt.

City Airport Train (CAT)
Der CAT ist ein schneller Flughafenzug, der Wien-Mitte mit dem Flughafen in nur 16 Minuten verbindet. Es gibt zusätzlich die Möglichkeit zum Check-in in Wien-Mitte und damit zu einer entspannten Weiterfahrt nur mit dem Handgepäck.

Schnellbahn (S-Bahn)
Die Schnellbahn verbindet Wien rasch und bequem mit den Umlandregionen. Sie gehört zu den ÖBB und ist Mitglied im Verkehrsverbund Ost.

Nachtfahrten „auf Schiene" lassen sich verschieden luxuriös buchen

2.2.2 Wagenarten mit bestimmter Funktion

Schlaf- und Liegewagen

Der Unterschied bezüglich Liegewagen und Schlafwagen besteht in der Qualität und natürlich auch im Preis. Günstigere Liegewagen bieten normalerweise sechs oder vier Reisenden Platz. Komfortable Schlafwagen kann man für drei, zwei oder eine Person buchen, und diese Abteile haben auch eine eigene Waschgelegenheit.

Speise- bzw. Buffetwagen

Diese gastronomischen Zusatzleistungen werden von eigenen Caterern betrieben. Je nach Zugqualität variiert dieses Angebot von Snacks bis zu feinen Restaurantspeisen.

Sonderwagen/Sonderzüge

Für besondere Anlässe (z. B. Konzerte, Sportveranstaltungen) oder auch geschlossene Reisegruppen werden spezielle Angebote zur Verfügung gestellt.

Autoreisezüge

Es gibt Autoreisezüge im Inland zwischen Wien, Graz, Villach nach Feldkirch sowie ins Ausland (zwischen Wien und Hamburg, Düsseldorf, Verona und Livorno).

Das Auto muss innerhalb einer gewissen Verladezeit persönlich auf den Transportwagen hinaufgefahren werden, wo es vom Verladepersonal entsprechend gesichert wird. Reisende und Tiere dürfen nicht im Fahrzeug bleiben – sie halten sich während der Fahrt in einem extra gebuchten Personenabteil auf. Bei der Buchung müssen Wagentype, Abmessungen und das polizeiliche Kennzeichen bekannt gegeben werden.

Nach dem gleichen Prinzip funktioniert die Autoschleuse Tauernbahn zwischen Böckstein (im Gasteinertal, Salzburg) und Mallnitz (Kärnten), die eine staufreie Alternative zum Tauerntunnel bietet.

Nachtzüge

Diese Züge sind mit Sitz-, Schlaf- und Liegewagen bestückt.

> **Beispiele für besondere Nachtzüge**
> - **EuroNight-Züge (EN):** Besonders qualifizierte Nachtzüge in Europa, wo ein im jeweiligen Zuschlag inkludiertes Servicepaket (unter anderem ein Frühstück) angeboten wird.
> - **City Night Line (CNL):** Die heute zur DB (Deutschen Bahn) gehörende City Night Line AG bietet Nachtreisen mit besonderem Komfort an (z. B. mit Daunendecken im Schlafwagen).

2.3 Fahrstrecken

Jeder Bahnbetreiber gibt entsprechende Pläne heraus, diese können im Internet (z. B. www.oebb.at, www.westbahn.at) abgerufen werden. Weitere Informationen kann man auch über das Callcenter der ÖBB einholen.

💡 **Kurswagen**
Kurswagen sind Wagen, die für die Fahrt vom Ausgangs- zum Bestimmungsbahnhof unterschiedliche Regelzüge nutzen. Die Reisenden sparen sich dabei das sonst notwendige Umsteigen auf weniger frequentierte Routen (besonders bei überregionalen Zügen und nachts von Vorteil).

💬 ■ Diskutieren Sie in der Klasse, welche Vorteile ein Autoreisezug mit sich bringt.

Arbeitsaufgabe

- Beschriften Sie die österreichischen Hauptverkehrsstrecken mit den wichtigsten Bahnlinien in der Grafik.

1. Westbahn
2. Südbahn
3. Ostbahn
4. Nordbahn
5. Franz-Josefs-Bahn
6. Tauernbahn
7. Pyhrnbahn
8. Arlbergbahn
9. Brennerbahn

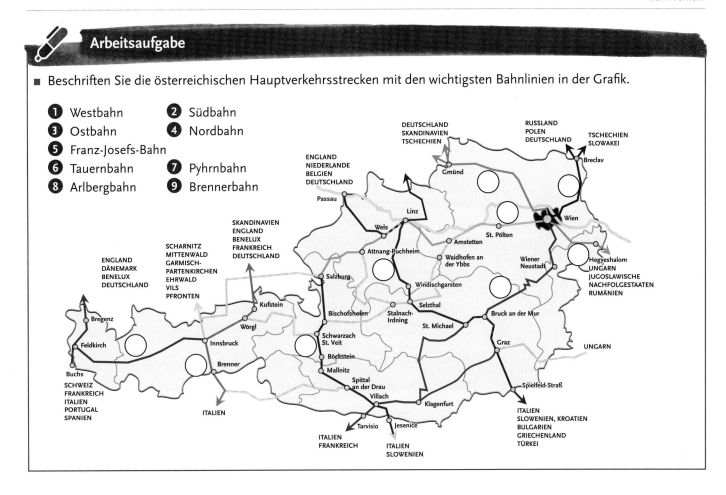

Berühmte Züge und Bahnstrecken in Österreich

Semmeringbahn

Unsere heimische Attraktion zwischen Gloggnitz und Mürzzuschlag zählt als UNESCO-Weltkulturerbe nicht nur wegen ihres hohen Alters (mehr als 150 Jahre alt; sie gilt als die erste Gebirgsbahn der Welt) zu den Bahnhighlights in Europa, sondern auch wegen ihrer landschaftlichen Schönheit. Deshalb gibt es auch entlang der Bahn einen sogenannten Bahnwanderweg, der heutzutage das touristische Angebot erweitert.

Majestic Imperator

Der „Majestic Imperator" ist ein geschichtsträchtiger Luxusdampfzug in Österreich und Europa mit komfortablen Abteilen und traumhafter Ausstattung. Er bietet ein wahrhaft „kaiserlich-königliches" Reiseerlebnis – ein wahrer Luxuszug. Der Zug fährt ausschließlich nach Programm – dazu gibt es einen eigenen Katalog – bzw. auf Charterbasis.

Semmeringbahn

Majestic Imperator

Ausbau der Bahnstrecken

Die ÖBB-Infrastruktur arbeitet permanent am Ausbau verschiedenster Streckenabschnitte, um einerseits die Zeiten im Personenreiseverkehr zu verkürzen und zu attraktivieren, und andererseits, um mehr Güter von der Straße auf die Schiene verlagern zu können.

Die aktuell größten Bauprojekte sind die drei großen Tunnel:

- Der **Brennerbasistunnel** zwischen dem Inntal und Südtirol; der 64km lange Tunnel soll um 2026 fertiggestellt sein und eine wesentliche Entlastung des Transitverkehrs am Brenner bringen.
- **Semmeringbasistunnel:** Dieser liegt auf einer innerösterreichisch bedeutenden Strecke (Südbahn Wien – Graz) und ist zugleich Teil des Konzeptes TEN (Trans-Europäische Netze), er soll zu spürbaren Leistungsverbesserungen auf der baltisch-adriatischen Achse (auch „Pontebbana" genannt) führen. Länge: 27,3 km, geplante Fertigstellung 2026.
- Der **Koralmtunnel** soll eine deutliche Beschleunigung des Verkehrs zwischen Graz und Klagenfurt und damit aber auch auf der TEN-Route von der Ostsee an die Adria bringen. Länge: 32,9 km, geplante Fertigstellung 2026.

Österreich in den Paneuropäischen Verkehrskorridoren (TEN)

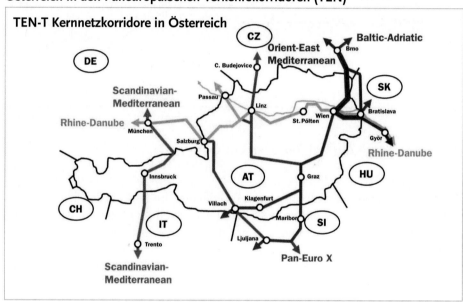

2.4 Tickets und Tarife im Inland

Bahnfahrkarten gibt es nach wie vor bei den Ticketschaltern auf den größeren Bahnhöfen, man kann Tickets aber auch online über die Website der ÖBB bestellen und selbst ausdrucken bzw. beim ÖBB-Automaten oder per Handy-App beziehen. Ebenso können Bahntickets der Westbahn in über 3 000 Trafiken, online oder direkt im Zug gekauft werden.

Reisebüros benötigen für den Verkauf von Bahntickets einen entsprechenden Agenturvertrag mit dem Eisenbahnunternehmen.

Fahrpreisermittlung

Die Höhe des Fahrpreises richtet sich nach
- der Tarifentfernung (in Kilometern),

ÖBB-Fahrkartenautomat

💡 Im Österreichischen Eisenbahn-Personen- und -Reisegepäcktarif (ÖPT) findet man u. a. Informationen zu den Fahrpreisen.

- der Wagenklasse (Beförderungsqualität),
- der Zuggattung (z. B. Hochgeschwindigkeitszug),
- dem Alter des Fahrgastes (z. B. Kind, Senior) sowie
- dem evtl. vorhandenen Ermäßigungsausweis (z. B. Vorteilsticket, Vorteilscard).

Gültigkeit

Die Geltungsdauer der Fahrausweise der ÖBB beginnt mit dem im Fahrausweis genannten Ausgabetag bzw. dem ersten im Fahrausweis ausgewiesenen Geltungstag, wenn der Ausweis im Vorverkauf gelöst wurde, bzw. dem Tag des Fahrtantrittes, wenn weder der Ausgabetag noch der erste Geltungstag im Fahrausweis angegeben sind.

Die Geltungsdauer ist, so es keine Ausnahmen aufgrund von Fahrpreisermäßigungen gibt, entfernungsabhängig. Fahrausweise gelten im Inland zwei Tage und bei Fahrten über die Grenze 15 Tage pro Richtung.

Kindertarife

Bis zum vollendeten 6. Lebensjahr werden Kinder kostenlos befördert. Den halben Preis zahlen Kinder vom vollendeten sechsten Lebensjahr bis zum vollendeten 15. Lebensjahr.

Lebende Tiere

Befördert werden dürfen:
- Kleine, ungefährliche lebende Tiere in Behältnissen – kostenlos
- Hunde ohne Behältnisse mit bisssicherem Maulkorb und Leine – 10 % des 2.-Klasse-Preises, mindestens 2,00 Euro pro Strecke (bei Mitnahme eines Hundes im Nachtzug muss das ganze Abteil gebucht werden)
- Führhunde und Partnerhunde (z. B. Blindenhunde) ohne Maulkorb und Leine – kostenlos

⚠ Tiere dürfen nicht mit in den Speisewagen genommen werden!

Vorteilstickets/Vorteilscards (VC)

Vorteilstickets gibt es für jeden Fahrgast. Sie sind jeweils ein Jahr gültig und bieten ein Ermäßigungsausmaß von 45 % (am Schalter) und 50 % (bei Kauf im Internet oder am Ticketautomaten für Fahrten im Inland; außerhalb Österreichs 25 %).

Zielgruppen für die meist für ein Jahr gültigen Ermäßigungen im österreichischen Streckennetz sind zum Beispiel:
- Jugend unter 26 Jahren
- Classic (für jede/jeden erwerbbar)
- Family (mindestens ein Inhaber und eine weitere Person unter 15 müssen gemeinsam vom gleichen Startbahnhof bis zum gleichen Endbahnhof reisen; höchstens vier Personen bis 15 Jahre sind kostenlos, danach 45 bzw. 50 % Ermäßigung)
- Senior (Frauen und Männer ab der geltenden Altersgrenze)
- Businesscard (kostenlos für Firmen, Vereine usw., bringt bis zu 25 % Ersparnis in Österreich und zu einigen angrenzenden Destinationen sowie bis zu 5 % Gutschrift ab einem bestimmten Jahresumsatz)
- SchulCard (für Schulen erwerb- und benützbar)

Für eine Jugend- bzw. Seniorencard benötigt man ein Foto sowie einen amtlichen Lichtbildausweis. Meist gelten alle Vorteilscards auch bei allen österreichischen Privatbahnen.

Es gibt immer wieder zusätzlich sehr attraktive saisonale Angebote bzw. Sonderaktionen wie z. B. das **Sommerticket**, das **Eventticket**, das **Wedelweißticket** (kombinierte Fahrkarte mit Liftpass und Transfer zu den Pisten!) oder das **Wellnessticket** (inkl. Transfer und eines ermäßigten Thermeneintritts).

Mit der Businesscard erhalten Geschäftsreisende eine Ermäßigung

Verbund-Streckenkarten

Diese Karten ermöglichen vor allem Pendlerinnen und Pendlern auf ständig gleicher Strecke, ein Ticket für mehrere Verkehrsmittel zu erwerben, wobei sie meist zeitlich abgestuft sind (Wochen-, Monats-, Jahresstreckenkarte) bzw. für Schülerinnen und Schüler, Lehrlinge sowie Studentinnen und Studenten ermäßigt sind.

Gruppenermäßigungen

Im Inland gelten bereits zwei gemeinsam reisende Personen als Gruppe und erhalten eine Ermäßigung. Eine Gruppe ab zehn Personen erhält im Inland eine kostenlose Sitzplatzreservierung.

Gruppen reisen günstiger

Einfach-Raus-Ticket

Für Gruppen von zwei bis fünf Personen (altersunabhängig) gibt es das „Einfach-Raus-Ticket", das ist eine österreichweit gültige Netzkarte für Züge des ÖBB-Nah- und -Regionalverkehrs inkl. Raaberbahn (S-Bahn, Regionalzüge R, RegionalExpress-Züge REX). Sie gilt am Samstag, Sonn- und Feiertag ganztägig bis 3:00 Uhr des Folgetages und Montag bis Freitag von 9:00 Uhr bis 3:00 Uhr des Folgetages. Für die Mitnahme von Fahrrädern gibt es das „Einfach-Raus-Fahrradticket".

Klassenwechsel

Bei Benützung der 1. Klasse auf Teilstrecken rechnet man die Gesamtstrecke für die 2. Klasse durch. Anschließend wird die preisliche Differenz zwischen der 1. und 2. Klasse für die betreffenden Teilstrecken hinzugerechnet.

Arbeitsaufgaben

1. Erklären Sie, wovon der Tarif einer Bahnkarte in Österreich abhängt und wie lange eine Bahnkarte gültig ist.

2. Führen Sie eine professionelle Preisberechnung für die Zugstrecke Linz – Wien – Graz mit den ÖBB durch, wobei für die Strecke Linz – Wien 1. Klasse und für die restliche Fahrt Businessclass gebucht wird.

3. Diskutieren Sie in der Klasse über die Bedeutung der Bahn für den österreichischen Tourismus. Beziehen Sie dabei Überlegungen zu allen Bundesländern, zu verschiedenen Events (sportlich, kulturell usw.) und zu heimischen und internationalen Gästen mit ein.

4. Obwohl jedermann die Bahn als umweltfreundlichstes Verkehrsmittel lobt, ist ihr Anteil am Reisegeschehen doch gering: Erörtern Sie die möglichen Ursachen und Gründe dieser Tatsache.

3 Bahn international

Das europäische Bahnnetz ist äußerst gut ausgebaut, und so werden alle größeren europäischen Städte mit zeitlich ansprechenden Verbindungen angefahren (Städte-Specials).

Wegen des Vormarschs der Low-Cost-Carrier am Flugsektor mussten auch Bahnbetreiber reagieren, um konkurrenzfähig zu bleiben. So schließen sich immer mehr europäische Bahnbetreiber zusammen und bieten ebenfalls günstige Tarife an (Beispiel „SparSchiene").

Die **wichtigsten internationalen Zugverbindungen** in Europa sind wie überall im Verkehr von den Ballungszentren und Wirtschaftsstandorten geprägt.

■ Notieren Sie mithilfe des Internets die europäischen Grenzübergänge der Bahn zwischen

- ■ Wien – Budapest,
- ■ Wien – Bratislava,
- ■ Wien – Nürnberg,
- ■ Wien – Zagreb,
- ■ Salzburg – München,
- ■ München – Innsbruck,
- ■ Innsbruck – Villach,
- ■ Bregenz – Zürich sowie
- ■ Berlin – Paris.

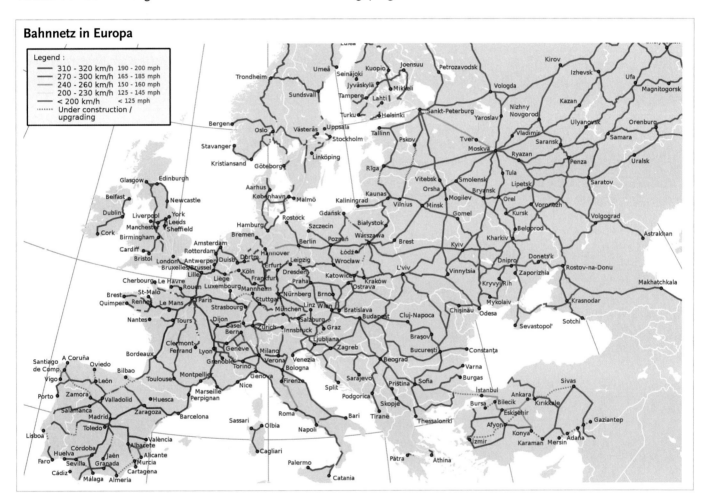

Bahnnetz in Europa

Legend :
— 310 - 320 km/h 190 - 200 mph
— 270 - 300 km/h 165 - 185 mph
— 240 - 260 km/h 150 - 160 mph
— 200 - 230 km/h 125 - 145 mph
— < 200 km/h < 125 mph
······ Under construction / upgrading

3.1 Tickets und Tarife für den internationalen Bahnverkehr

Grundsätzlich werden die Tarife nach den nationalen Bestimmungen der jeweils im Land tätigen Bahnbeförderer berechnet. Tickets können in Österreich direkt bei den ÖBB bzw. bei Bahnagenturen, also entsprechend befähigten und gekennzeichneten Reisebüros, ausgestellt werden.

Sondertickets gibt es fast ausschließlich im Vorverkauf, also nicht im Zug direkt. Zuschläge, z. B. bei Hochgeschwindigkeitszügen, werden beim Ticketverkauf eingehoben.

www.bahn.de
www.trenitalia.com
www.sbb.ch

Vor allem junge Leute nutzen gerne das Interrail-Ticket. Zum Kauf dieses Tickets benötigt man die Reisepassnummer.

Mit der „SparSchiene" zur Fischerbastei nach Budapest – eine günstige Alternative selbst zu Low-Cost-Carriers

Besondere internationale Ticketformen bzw. Vorteilscards

Interrail

Mit dem Interrail-Ticket kann man kostengünstig durch Europa reisen (personenbezogen, also nicht übertragbar!).

Dabei gibt es verschiedene Angebote hinsichtlich

- Gültigkeit (von fünf Tagen bis zu einem Monat),
- Altersgruppen,
- Zugklassen bzw.
- Ländergültigkeit (z. B. Ein-Land-Pass, Global-Pass).

Lediglich eventuelle Aufpreise für Hochgeschwindigkeitszüge, Schlaf- oder Liegewagen usw. bleiben noch zu bezahlen.

SparSchiene-Tickets

Für Städtereisende gibt es sowohl SparSchiene-Österreich-Tickets (ab 9,– Euro) als auch SparSchiene-Europa-Tickets (ab 19,– Euro, bei Nachtreisen oder in der 1. Klasse ab 29,– Euro). Es werden Tickets zu vielen europäischen Zielen angeboten. Dabei beinhalten die Tickets die Fahrt sowie die Sitzplatz- bzw. Liege- oder Schlafwagenreservierung. Im Liegewagen erhalten Reisende ein Frühstück, im Schlafwagen ein Abendgetränk und ein Frühstück.

Da diese Preise extrem günstig sind, gibt es pro Zug nur eine beschränkte Anzahl dieser Tickets. Man muss daher rechtzeitig buchen! SparSchiene-Tickets erhält man frühestens sechs Monate bis längstens drei Tage vor Reiseantritt, und sie sind nicht übertragbar.

EuRegio

EuRegio-Angebote stellen besondere Tarife und Verbindungen in Grenzregionen zu unseren Nachbarländern zur Verfügung. Es sind hier auch Wochen- und Monatskarten für stark gefragte Verbindungen möglich. EuRegio-Angebote gibt es nach Ungarn, Tschechien und in die Slowakei.

Railplus

Railplus bietet eine internationale Ermäßigung in Verbindung mit einer nationalen Vorteilscard. Mit Railplus gibt es eine Ermäßigung von 25 % bei grenzüberschreitenden internationalen Bahnreisen. Vorteilscardbesitzerinnen und -besitzern steht Railplus automatisch ohne Mehrkosten zur Verfügung.

3.2 Berühmte Züge bzw. Bahnstrecken

Reisen auf historisch bedeutenden Verbindungen üben auf viele eine Faszination aus und sind auf allen Kontinenten zu finden. Nachfolgend nur eine kleine Auswahl:

Transsibirische Eisenbahn

Die Transsibirische Eisenbahn ist die längste durchgehende Eisenbahnverbindung der Welt und ist außerdem die wichtigste Bahnverbindung durch Russland. Sie ist seit 1916 in Betrieb und führt über eine Länge von 9 288 km von Moskau nach Wladiwostok. Dabei werden Städte wie Moskau, Nischni Nowgorod, Jekaterinburg,

www.transsibirische-eisenbahn.de

Omsk, Nowosibirsk, Krasnojarsk, Irkutsk und Wladiwostok miteinander verbunden, wobei die Reise sehr zeitaufwendig (Zugverkehr nur am Tag!) und unkomfortabel ist. Es gibt jedoch auch viele wichtige Nebenstrecken Richtung Zentralasien, die z. B. bis Peking reichen.

Bekannt ist dieser Zug heute u. a. durch den in den 1970er-Jahren verfilmten Roman von Agatha Christie „Mord im Orient-Express". Auch der James-Bond-Film „Liebesgrüße aus Moskau" mit Sean Connery spielt teilweise auf der Orient-Express-Strecke.

Transsibirische Bahnlinie

Transsibirische Eisenbahn

Venice-Simplon-Orient-Express

Bei dem weltbekannten Orient-Express handelte es sich bis zum Zweiten Weltkrieg um einen Luxuszug, der Paris und Istanbul miteinander verband. Von dieser Strecke ist nur noch die Verbindung Straßburg – Wien erhalten geblieben.

Blue Train

Der Blue Train ist seit 1923 als Luxuszug in Südafrika unterwegs. Er fährt zwischen Pretoria und Kapstadt sowie zwischen Kapstadt und Port Elizabeth. Der Blue Train gehört zu den luxuriösesten und schönsten Zügen der Welt. Die Wagen sind mit Gold verziert, mit Teppichböden ausgelegt und mit schalldichten Fenstern ausgestattet. In der teuersten Kategorie steht der bzw. dem Reisenden eine Suite (Schlafraum, Aufenthaltsraum, Bad) zur Verfügung.

www.belmond.com
www.bluetrain.co.za

Venice-Simplon-Orient-Express

Blue Train

Glacier-Express

Der Glacier-Express ist ein touristischer Panoramazug durch die Bergwelt der Schweiz. Er verbindet St. Moritz und Chur mit Zermatt. Im Sommer wird zusätzlich die Strecke Zermatt – Davos geführt. Als Highlight während der Strecke gilt einerseits die Albulalinie mit Solis- und Landwasserviadukt sowie Kehrtunnel und andererseits die Rheinschlucht (auch „Grand Canyon der Schweiz" genannt).

Jungfraubahnen

Diese touristische Attraktion bietet zahlreiche Highlights auf ihrem Weg durch die Bergmassive von Eiger und Mönch zum Jungfraujoch, also zur längsten Gletscherzunge der Alpen, dem Aletschgletscher. Technisch gesehen ist diese Strecke eine Meisterleistung, die auf über 3 400 m im höchstgelegenen Bahnhof Europas endet.

www.glacierexpress.ch
www.jungfrau.ch

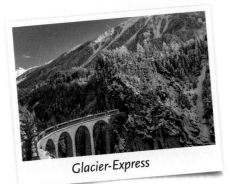

Glacier-Express

Jungfraubahnen

Weitere touristisch bedeutende Züge	
Europa	■ **Spanien:** El Transcantabrico – in Nordspanien, zwischen León und El Ferrol auf Schmalspur Al Andalus Expreso – Sevilla – Córdoba – Granada – Málaga – Jerez ■ **Großbritannien:** Royal Scotsman – gilt als der komfortabelste Zug der Welt, verschiedene Themen Rundreisen in Schottland
Asien	■ **Sri Lanka:** Viceroy Special – Nostalgiezug der feinen Englischen Art aus dem Jahre 1928 ■ **Indien:** Palace on Wheels ■ **Eastern & Oriental Express:** von Singapur bis Thailand
Afrika	■ **Südafrika:** Blue Train – Pretoria – Johannesburg Pride of Africa – betrieben von Rovos Rail ■ **Namibia:** Desert Express
Amerika	■ **Kanada:** The Canadian – Ost-West-Verbindung Toronto – Vancouver ■ **USA:** Sunset Limited – New Orleans – Los Angeles Acela Express – ein Hochgeschwindigkeitszug (seit 1999) von Boston nach Washington D.C. ■ **Mexico:** Chihuahua – Pacifico ■ **Peru:** Tren de Sierra (Andenbahn) Lima – Huancayo; die Station La Cima auf 4 781 m Seehöhe gilt als der höchstgelegene Bahnhof der Welt
Australien	■ Indian Pacific ■ Sunlander ■ The Ghan

Bedeutende Bahnstrecken in Australien

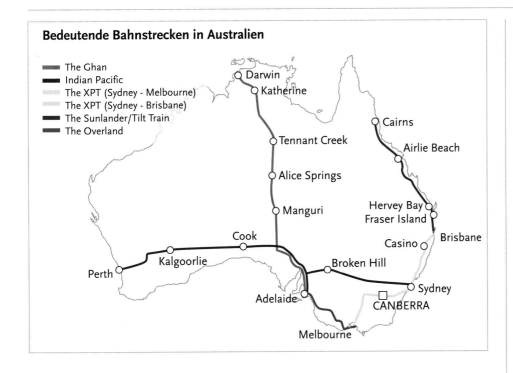

- The Ghan
- Indian Pacific
- The XPT (Sydney - Melbourne)
- The XPT (Sydney - Brisbane)
- The Sunlander/Tilt Train
- The Overland

Darwin
Katherine
Tennant Creek
Alice Springs
Manguri
Cook
Kalgoorlie
Perth
Adelaide
Melbourne
Broken Hill
Cairns
Airlie Beach
Hervey Bay
Fraser Island
Casino
Brisbane
Sydney
CANBERRA

3.3 Hochgeschwindigkeitszüge

Die Attraktivität von Bahnverbindungen wird selbstverständlich durch besonders schnelle Züge gesteigert, da ja im ständigen Wettbewerb um die Reisenden mit Alternativen wie Flug bzw. Auto gerungen wird. Weitere Vorteile sin, dass Straßen und Luftraum entlastet werden können und auch die Umweltbelastung gesenkt werden kann.

> Walter Ludin,
> Schweizer Journalist:
> „Es gibt kaum glückliche-
> re Menschen als Bahn-
> reisende, die an langen
> Staus vorbeifahren."

Bekannte internationale Hochgeschwindigkeitszüge

Maglev – Shinkansen
Diese Magnetschwebebahnlinie fährt von Tokio über Nagoya nach Osaka in Japan. Die Höchstgeschwindigkeit beträgt 505 km/h).

TGV – Train à Grande Vitesse
Der Hochgeschwindigkeitszug der französischen Staatsbahn SNCF verkehrt wie der Thalys und der Eurostar International in Frankreich, Deutschland, der Schweiz, Italien, Belgien, den Niederlanden, Großbritannien, Luxemburg und Spanien. Die Höchstgeschwindigkeit beträgt bis zu 320 km/h.

Die Hauptstrecken des TGV in Frankreich verlaufen von Paris aus in Richtung der großen Städte Lille, Metz, Lyon, Marseille und Rennes.

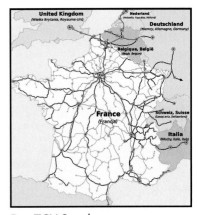

Das TGV-Streckennetz

ICE – Intercity Express
Der Intercity-Express (ICE) ist der schnellste Zug der Deutschen Bahn (DB). Er wird innerhalb von Deutschland, aber auch auf den Auslandsverkehrsrouten nach Österreich, in die Schweiz, nach Frankreich, Belgien, in die Niederlande und nach Dänemark eingesetzt. Die Höchstgeschwindigkeit beträgt 330 km/h.

Transrapid China Shanghai
Diese Magnetschwebebahn verbindet das Zentrum von Shanghai mit dem Flughafen Pudong und bietet so Touristinnen und Touristen eine sehr schnelle und aufregende Fahrt in die Stadt. Die Höchstgeschwindigkeit beträgt 501 km/h.

www.hochgeschwindigkeits-zuege.com

ETR – Elettrotreno Rapido (Pendolino)
Den elektrischen Schnellzug gibt es in verschiedenen Baureihen und auch in verschiedenen Einsatzgebieten, aber hauptsächlich in Italien. Die Höchstgeschwindigkeit beträgt 360 km/h. Züge der Pendolinoklasse werden in den verschiedensten Ländern Europas verwendet. Trenitalia bezeichnet ihre Züge je nach Höchstgeschwindigkeit von „Frecciabianca" bis „Frecciarossa".

AVE – Alta Velocidad Española
Er befährt z. B. die Strecke zwischen Madrid und Sevilla, ebenso aber die zwischen Madrid und Barcelona mit einer Höchstgeschwindigkeit bis zu 300 km/h.

Eurostar
Von Frankreich, England und Belgien speziell für den Eurostartunnel entwickelter Zug, wodurch er als erster das europäische Festland mit der britischen Hauptstadt London verbindet. Mit dem Eurostar hat sich die Reisezeit zwischen Paris und London auf 2 Stunden 15 Minuten verkürzt; zwischen London und Brüssel auf 1 Stunde 51 Minuten.

Thalys
Der Thalys ist ein europäischer Hochgeschwindigkeitszug, der sozusagen auf dem TGV basiert. Die Kernstrecke befindet sich zwischen Brüssel und Paris, aber es gibt auch Verbindungen zwischen Köln bzw. Amsterdam und Paris.

Der europäische Thalys

Arbeitsaufgaben

1. Kreuzen Sie mindestens fünf der folgenden weltbekannten touristischen Züge an und finden Sie mithilfe des Internets für Ihre Kundschaften relevante Informationen darüber:

☐ African Explorer   ☐ Belmond British Pullman   ☐ Belmond Hiram Bingham

☐ Belmond Royal Scotsman   ☐ Bernstein-Express   ☐ British Pullman

☐ California Zephyr   ☐ Danube-Express   ☐ Eastern and Oriental Express

☐ Golden Chariot   ☐ Inca Rail – Machu Picchu Train   ☐ Indian Pacific

☐ Lézard Rouge   ☐ Lhasa-Bahn   ☐ Maharajas' Express

☐ Palace on Wheels   ☐ Pride of Africa   ☐ Rocky Mountaineer

☐ Rovos Rail   ☐ Royal Canadian Pacific   ☐ Royal Rajasthan on Wheels

☐ Shongololo Express   ☐ The Ghan   ☐ The Sunlander

☐ Tibet-Bahn   ☐ Train Al Andalus   ☐ Tren Crucero

2. Unterteilen Sie die in Frage 1 angeführten Zugbeispiele in Züge

■ in Afrika,   ■ in Australien,   ■ in Asien,   ■ in Europa.

Ziele erreicht? – „Bahnverkehr"

1. Zeichnen Sie im vorgegebenen österreichischen Bahnstreckennetz mindestens fünf weitere wichtige Bahnlinien mit ihrem Namen ein.

Westbahnstrecke

Gmünd · Breclav · Passau · Linz · Wels · St. Pölten · Wien · Amstetten · Salzburg · Attnang-Puchheim · Waidhofen an der Ybbs · Wiener Neustadt · Kufstein · Windischgarsten · Bregenz · Bischofshofen · Stainach-Irdning · Selzthal · St. Michael · Bruck an der Mur · Wörgl · Schwarzach St. Veit · Feldkirch · Innsbruck · Böckstein · Graz · Brenner · Mallnitz · Spielfeld-Straß · Buchs · Spittal an der Drau · Villach · Klagenfurt · Jesenice

2. Geben Sie mithilfe einer Mindmap eine Übersicht zu Bahnbetreibern in Österreich.

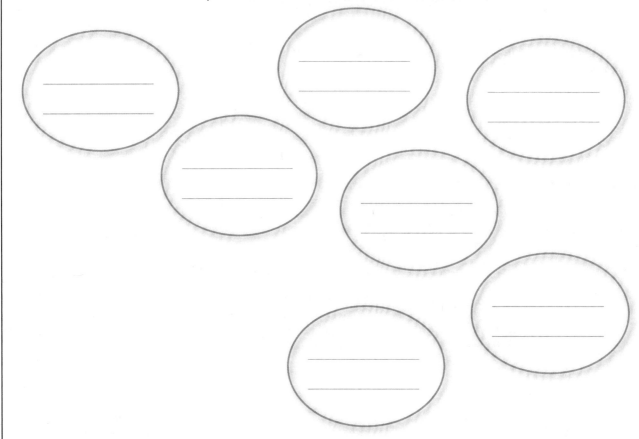

3. Stellen Sie mithilfe des aktuellen Bahntickets für die Jugend in Europa eine für Sie persönlich attraktive Reise für drei Wochen zusammen.

■ Besuchen Sie dabei mindestens vier Staaten und fünf Reiseziele.

■ Notieren Sie sich Kosten, Bedingungen, Abfahrts- und Ankunftszeiten sowie die Namen der Bahnhöfe an den gewählten Reisezielen.

■ Halten Sie fest, wobei Sie noch Hilfe von einem Reisebüro für die gesamte Reiseplanung benötigen.

Sanfte Mobilität

KOMPETENZ-
ERWERB

◎ **Meine Ziele**

Nach Bearbeitung dieses Kapitels kann ich

- Beispiele und Modellregionen sanfter Mobilität in Österreich und im Alpenraum nennen;

- den Wunsch von immer mehr Menschen nach Entschleunigung im Urlaub verstehen und den Erholungswert sanfter Mobilitätsformen argumentieren;

- den Stellenwert des Wander- und Radtourismus in Österreich bewerten und konkrete Urlaubstipps geben;

- die Stärken organisierter Wander- oder Radreisen aufzeigen;

- Vorschläge für die Weiterentwicklung des Radtourismus in meiner Region einbringen.

1   Sanfte Mobilität im Tourismus

Egal, wo das gewählte Urlaubsziel ist – der Gast von heute will in möglichst kurzer Zeit an sein Ziel gelangen. Flugzeug und Kfz ermöglichen eine rasche Raumüberwindung, verursachen dabei aber enorme Abgasmengen. Angesichts eines spürbaren Klimawandels machen sich immer mehr Anbieter Gedanken über eine Schadstoffreduktion und entwickeln Modelle einer umweltschonenden, nachhaltigen Mobilität.

Dieses Kapitel analysiert sanft-mobile Modellgemeinden im Alpenraum und beleuchtet die Bedeutung von Radfahren und Wandern im Tourismus.

Urlaub ohne Auto – kann das funktionieren?

Der Gast von heute möchte moderne, vernetzte Verkehrslösungen auch im Urlaub. Darauf müssen Touristiker/innen und Bewohner/innen der kleinen Gemeinden eingehen. Alternative Verkehrskonzepte müssen aber vor allem die Einheimischen und die Tourismusbetriebe miteinbeziehen, nicht nur die Verkehrsbetriebe. Werden Nahverkehrsangebote zum USP einer Region, wird dem Gast rundum alles organisiert und jede unnötige Last abgenommen, dann steigt die Akzeptanz. Der Gast muss spüren, dass seine „Vor-Ort-Mobilität voll garantiert ist", dann verzichtet er gerne auf sein Auto. In Österreich fehlen größere regionale Lösungen, meist bleiben es kleine „Projektinseln".

Erkenntnisse vom 2. Österreichischen Tourismus-Mobilitätstag 2015.

++ **Fallbeispiel 1: Sanft-mobile Urlaubsorte: „Werfenweng – alle Zeit der Welt"**
Mitte der 1990er-Jahre merkte der kleine Salzburger Tourismusort, dass seine Gästezahlen konstant zurückgingen und so machte man sich in Arbeitskreisen Gedanken, wo und wie man ein neues touristisches Profil – eine Unique Selling Proposition (USP) – finden könnte. Dank der Visionen und der Hartnäckigkeit des jungen Tourismuschefs und Bürgermeisters Dr. Peter Brandauer wurde daraus seit 1997 ein weltweit beachteter Modellort für „sanfte Mobilität" (SAMO).

Wandern liegt im Trend

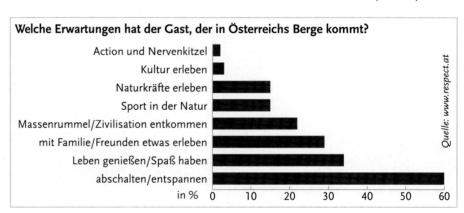

Welche Erwartungen hat der Gast, der in Österreichs Berge kommt?

Quelle: www.respect.at

(Balkendiagramm: Action und Nervenkitzel; Kultur erleben; Naturkräfte erleben; Sport in der Natur; Massenrummel/Zivilisation entkommen; mit Familie/Freunden etwas erleben; Leben genießen/Spaß haben; abschalten/entspannen — in % 0 10 20 30 40 50 60)

Kann und will der moderne Mensch auf sein Auto verzichten?

Menschen in reichen Staaten arbeiten überwiegend in Büros, leiden unter Wohlstandskrankheiten und haben daher ein wachsendes Bedürfnis, in Freizeit und Urlaub die Natur zu erleben. Mit zunehmendem Alter steigt die Wertschätzung für eine intakte Landschaft, Gesundheit ist ein Wert mit stark steigender Bedeutung geworden. Urlaub ist vielfach eine Flucht aus dem Stress einer industrialisierten Welt, eine Suche nach Entschleunigung, einer begrenzten Auszeit, nach Harmonie und Idylle.

Genau in diese Kerbe zielt Werfenweng. „Wir wollen ein Ort mit hoher Aufenthaltsqualität sein", meint der Bürgermeister, „wer per Bahn anreist oder im Urlaub freiwillig auf sein Auto verzichtet, der kommt in den Genuss unserer sanft-mobilen Gratisangebote und ist dadurch uneingeschränkt mobil".

Trotz anfänglicher Skepsis gegen diese visionären Ideen hat der Erfolg den Werfenwengern recht gegeben: Von 1996 bis 2006 stieg die Zahl der Nächtigungen um + 49 Prozent, im Winter sogar +123 Prozent, die Zahl der mit Bahn anreisenden Gäste hat sich verdreifacht und liegt derzeit bei 25 Prozent, die sanfte Mobilität erspart rund 500 t CO_2 pro Jahr – und alle Werte liegen weit über dem Salzburger Landesdurchschnitt.

Werfenweng ist dafür mit vielen internationalen Auszeichnungen gewürdigt worden, zuletzt mit dem „Tourism for Tomorrow-Award" 2011 des World Travel&Tourism Council (WTTC) in Las Vegas, regelmäßig kommen Studiengruppen aus der ganzen Welt in das Dorf am Fuße des Tennengebirges.

■ Stellen Sie für eine Pressekonferenz die innovativen Angebote von Werfenweng in einer PowerPoint-Präsentation dar.

Arbeitsaufgaben

1. Analysieren Sie auf www.werfenweng.eu die Angebote für Sommer und Winter, für Familien mit Kindern und für schlechtes Wetter und präsentieren Sie Ihre Resultate in der Klasse.

2. Recherchieren Sie auf derselben Website: Was versteckt sich hinter der „SAMO-Card"? Was wird den Gästen geboten? Welche SAMO-Angebote gibt es ganzjährig?

Alpine Pearls – die Perlen der Alpen

Doch von Anfang an setzte man auch auf internationales Networking und so entstand 2006, ausgehend von Werfenweng, die Kooperation der „Alpine Pearls": 15 Partner starteten im Rahmen eines EU-geförderten Alps-Mobility II Projektes, seit 2012 sind es schon 27 Dörfer in sechs Alpenstaaten, die „sanft-mobilen Urlaub in den schönsten Alpenorten Europas" bieten wollen.

Quelle: *https://www.alpine-pearls.com/ mobilitaetsgarantie/ DL 22.4.2018*

Die „Perlen" unterziehen sich regelmäßig einer unabhängigen Qualitätskontrolle. Zu den Hauptkriterien gehören die umweltschonende Verkehrsgestaltung bei voller Mobilitätsgarantie für den Gast, Schritte zur Bewahrung von Natur und Umwelt sowie der regionalen Kultur bei stark partizipativer Einbeziehung aller beteiligten Gruppen im Ort. (www.alpine-pearls.com)

Gratis-Verleih von gasbetriebenen Pkws

Bigas – garantierter Spaßfaktor

■ Besuchen Sie https://www.serfaus-fiss-ladis.at/de und studieren Sie die dortigen Angebote einer sanften Urlaubsmobilität

Servicequalität und Qualitätsversprechen

Die zahlreichen Kundenservices der „Perlen" beginnen schon vor der Anreise des Gastes: Man reserviert Bahntickets (mit Liege- oder Schlafwagen) und bietet Abholservice, gasbetriebene Orts- und Regionalbusse, vielfältige Mobilitätsangebote wie E-Fahrzeuge, Pferdekutschen- oder Pferdeschlittenfahren, Räder, ein breites Sportangebot und einen Sportgeräteverleih. Die Perlen arbeiten eng zusammen: Newsletter, gemeinsame Produktentwicklung (buchbare Pauschalangebote, gemeinsame Fortbildung und PR-Arbeit).

Alpine Pearls Qualitätsversprechen für Ihren perfekten Urlaub

Die Perlen der Alpen, das sind...

+ 23 Orte, die zu Ferien auf die sanfte Tour einladen.

+ 23 Orte, die man komfortabel und umweltfreundlich mit Bahn und Bus bereisen kann.

+ 23 Orte, die rund-um-sorglos Mobilität vor Ort garantieren, mit zahlreichen Verkehrsleistungen - ohne eigenes Auto

+ 23 Orte, in denen man in höchster Premium.Qualität neue und umweltfreundliche Freizeit- und Mobilitätsangebote erleben kann

+ 23 Orte, in denen man sich als Fußgänger noch wunderbar frei bewegen kann - fernab von Verkehrslärm und Autoabgasen.

+ 23 Orte, die mit herausragendem Service - wie Information und Beratung - sanft-mobilen Urlaub so einfach wie möglich machen. Buchen Sie bei einem der zertifizierten Alpine-Pearls-Gastgeber!

+ 23 Orte, die ihr regionales, kulinarisches und kulturelles Erbe in seiner Vielfalt bewahren

Quelle: https://www.alpine-pearls.com, DL 22. April 2018

Fallbeispiel 2: VCÖ-Mobilitätspreis für Serfaus 2015

Schon 1985 wurde der kleine Tiroler Ort Serfaus (heute Teil der Region Serfaus-Fiss-Ladis) berühmt, weil er eine Dorf-U-Bahn errichtet hatte. „Serfaus z'lieb" heißt ein Projekt, das den gesamten Ortskern zur Begegnungszone gemacht hat: alle Verkehrsteilnehmer – Autos, Fußgänger und Radfahrer – dürfen die Straßen gleichberechtigt und mit Rücksicht aufeinander benützen, niemand wird ausgegrenzt und alle profitieren vom schonenden Umgang mit dem öffentlichen Raum.

Die Ortsbewohner/innen werden angehalten, freiwillig auf das Auto zu verzichten, im Ort gelten 20 km/h und ein Fahrverbot für Tagesgäste und Pendler. Bei konstant steigenden Nächtigungszahlen konnte der Ort trotzdem für die Einheimischen lebenswert und für die Gäste attraktiv erhalten werden. An weiteren sanftmobilen Angeboten für die Gäste gibt es einen Wanderbus und die kostenlose Benützung der Bergbahnen mit der „Super.Sommer.Card". Auch die Dorfbahn ist gratis benützbar.

Das Konzept „Serfaus z'lieb" wurde 2015 mit dem Mobilitätspreis des VCÖ (Verkehrs Club Österreich) ausgezeichnet.

Nach ÖGZ 9. November 2015

Arbeitsaufgaben

1. Zählen Sie weitere österreichische Orte auf, die Mitglied der „Perlen" sind.

2. Die „Alpine Pearls" stehen in einer engen Verbindung zur „Via Alpina", einem Netz von alpinen Weitwanderwegen: Recherchieren Sie auf der Seite www.via-alpina.org, wie viele solcher Wege es gibt und welche davon durch Österreich führen.

2 Wandertourismus

> *Während der Mensch dank perfekter Verkehrsmittel zu immer weiter entfernten Reisezielen aufbricht, steigt gleichzeitig das Bedürfnis nach Entschleunigung. Immer mehr Menschen versuchen, durch langsame Fortbewegung und bewusste Sportausübung Abstand vom beruflichen Stress zu gewinnen, Kraft zu tanken und Erschöpfungszuständen vorzubeugen. Daher sind Wandern und Radfahren heute wichtige Angebotsfaktoren im österreichischen Tourismus.*

Was früher Erinnerungen an mühsame Sonntags-Familienpflichtausflüge hervorgerufen hat, ist heute in vielen europäischen Ländern ein Milliardengeschäft geworden.

Wandertourismus in Österreich und Deutschland	
Österreich	**Deutschland**
■ 2,4 Millionen Österreicher/innen bezeichnen sich als Wanderer und Bergsteiger – mehr als Schifahrer! ■ Ca. 2,5 Mio. Wandergäste kommen aus dem Ausland ■ Für 38 % der Sommergäste ist Wandern die Haupturlaubsaktivität, ¾ aller Tiroler Sommergäste wandern ■ Ca. 1,7 Mrd. EUR Wertschöpfung aus Wander- und Bergsteigertourismus	■ 6,7 Millionen Deutsche über 14 Jahre gehen häufig pro Jahr wandern ■ 1,7 Mrd. EUR durch Nächtigungen von Wandergästen ■ 3,4 Mrd. EUR Ausgaben für Ausrüstung Über 1 Mrd. EUR Ausgaben für die Anreise ins Wanderziel ■ rund 7,4 Mrd. EUR Wertschöpfung aus dem Wandertourismus

Nach: TAI 11. August 2017 und Travel One 3/2018

Die höchste Wanderbegeisterung zeigt die Altersgruppe 50–65 Jahre („Best Ager"), doch die Zahl der Wanderer zwischen 20 und 39 Jahren hat sich im letzten Jahrzehnt verdoppelt. Wandern gilt heute auch bei der Jugend nicht mehr als antiquiert, sondern als „hip" und absolut trendig. Der Aufschwung des österreichischen Sommertourismus (ohne Städtetourismus) um +14 % (seit 2010) ist primär dem Wanderboom zu verdanken.

Entscheidend ist vermutlich, dass praktisch jeder Mensch ohne Vorkenntnisse wandern kann und dass es an sich keiner spezialisierten Ausrüstung bedarf – wobei sich der Markt für Wanderausstattung enorm entwickelt hat. In Deutschland werden pro Jahr derzeit etwa 3,4 Milliarden Euro Umsatz mit Outdoorausrüstung gemacht, die Ausstatter haben sich auf die vielfältigsten Kundentypen eingestellt.

Der Großteil der Menschen wandert individuell – mit Freunden oder der Familie – aber die Veranstalter von Wander- und Trekkingreisen melden konstante Zuwächse bei Nachfrage und Buchung. Dabei geht der Trend eindeutig zum Komfort – die Übernachtung im Hotel oder der komfortablen Lodge rangiert weit vor der Berghütte mit einfachem Massenlager (siehe: Kapitel Spezialveranstalter). Beliebtester Wandermonat ist der September.

Outdoorbekleidung und -ausrüstung sind mittlerweile ein Milliardengeschäft

Motive – warum wandern Menschen?

💡 **Arten und Varianten des „Wanderns"**

- Spazierengehen
- Wandern
- Familienwandern
- Themenwanderungen
- Bergsteigen
- Weitwandern
- Trekking
- Nordic Walking
- Trail Running
- Klettern
- Pilgern
- Schneeschuhwandern

Der „**Aktivurlauber**" von heute sucht sportliche Urlaubsaktivitäten, aber auch solche, die Gemütlichkeit und Genuss bereiten.

Wandern gilt als „in" und wurde Teil der bewussten, aktiven Urlaubsentscheidung.

Stressabbau, Entschleunigung, zu sich selbst finden, meditativ-therapeutische Wirkung; je langsamer man eine Landschaft durchquert, desto bewusster erlebt man sie.

Freude an der **Bewegung in der Natur** – landschaftliche Schönheit bewusst erleben.

Bei der Jugend dominiert die Lust, etwas **Unbekanntes auszuprobieren** – etwa Gehen mit Steigeisen, Gletschertouren, Kletterkurse – sowie das Interesse an Landschaften mit viel Entdeckerpotenzial, zum Beispiel Touren auf der Spuren der Mayas, Azteken oder Inkas in Mittel- und Südamerika.

Wandern steht oft auch in **Verbindung mit Mythen, Legenden, Geschichten** – so werden am Donausteig Geschichten und Sagen auf Schautafeln vermittelt.

Gesundheitliche Aspekte

Ob Wandern als täglicher Stressausgleich oder Trekking als Urlaubsreise – Gehen hat viele positive Auswirkungen für den menschlichen Organismus. Die Vorteile verstärken sich noch, wenn im gesunden Reizklima, also in mittleren Höhenlagen (zw. 1 000 und 2 500 m Seehöhe) gewandert wird, das bewies schon 2007 eine mehrjährige Studie (AMAS – Alpine Moderate Altitude Studies in Lech am Arlberg).

Wandern hat viele positive Aspekte auf den menschlichen Körper

Wandern führt zu psychischem Wohlbefinden, verbessertem Schlaf, positiverer Lebenseinstellung, Stressabbau. Aufwärts gehen ist ein ideales Ausdauertraining für das Herz-Kreislauf System, bergab gehen wirkt als ideales Krafttraining für die Bein-, Gesäß- und Bauchmuskulatur.· Wandern kräftigt die Gelenke, es trainiert die Koordination und den Gleichgewichtssinn. Bei Wanderungen im Gebirge sorgt die verstärkte Bildung roter Blutkörperchen für einen verbesserten Sauerstofftransport im Blut.

Mit weniger Aufwand kann in mittlerer Höhe eine bessere Leistung gebracht werden, die Cholesterinwerte verbessern sich. Die gesteigerte Zirkulation der Stammzellen im Blut verbessert das Immunsystem. 83 % aller Wanderer/Wanderinnen fühlen sich nachher glücklicher und zufriedener, 74 % seelisch ausgewogener.

Was darf der Wanderer/die Wanderin, wo heißt es, achtzugeben?

Wegefreiheit

Laut österreichischem Forstgesetz darf jedermann jeden Wald frei betreten und sich dort zu Erholungszwecken aufhalten. Dieses Recht umfasst das ungehinderte Gehen, Wandern, Laufen und Klettern in Wäldern. Hingegen ist das Befahren der Wälder per Rad oder Mountainbike verboten – außer dort, wo es die Waldbesitzer ausdrücklich erlauben. Lagern und Campieren ist ebenfalls nur mit ausdrücklicher Zustimmung der Waldbesitzer erlaubt.

Ruhezonen für das Wild oder Sperrzonen für forstliche Arbeiten sind unbedingt einzuhalten, das Betreten eines Waldes ist dann verboten.

Das Forstgesetz gilt bis zur Baumgrenze, darüber – auf Almen und im alpinen Ödland – gibt es eine Wegefreiheit auf markierten Wegen, nicht aber im freien Alpingelände.

Konflikt: Wanderer – Weidevieh

Immer wieder gibt es Probleme zwischen Wanderern und weidenden Tieren, vor allem Kühen und Kälbern, die manchmal auch zu schwersten Verletzungen führen. Weidetiere dürfen, so die rechtliche Lage, frei – also ohne kleinräumige Einzäunung – gehalten werden. Zu Konflikten oder Unfällen kommt es zumeist, wenn Wanderer Hunde mitführen – diese müssen ausnahmslos an der Leine geführt werden. Vernünftig ist, eine Wanderung mit Hund so anzulegen, dass möglichst keine freien Weidebereiche durchquert werden müssen.

Dass Wanderer keinen Müll wegwerfen, sondern diesen im Idealfall selbst wieder ins Tal mitnehmen, sollte selbstverständlich sein.

Neue Haftungsregeln für Hundebesitzer/innen

Der Nationalrat hat im Jahr 2019 neue Haftungsregeln für Almen beschlossen und Verhaltensmaßregeln für Wanderer mit Hunden ausgegeben. Darin heißt es unter anderem, dass die Begegnung von Mutterkühen und Hunden vermieden werden sollte. Weiters sollten Hunde an kurzer Leine geführt werden, bei einem Angriff sollte man sie aber sofort frei laufen lassen. Wanderwege sollten nicht verlassen und alle Tore wieder geschlossen werden.

Arbeitsaufgaben

1. Recherchieren Sie und zählen Sie Regionen in Ihrem Bundesland auf, die gezielt den Wandertourismus bewerben. Gibt es einen bekannten Pfad oder Weitwanderweg, der durch Ihre Heimatregion führt?

2. Nennen Sie Varianten des Gehens/Wanderns, die in Ihrer Schulregion ein wichtiges touristisches Thema sind.

3. Erstellen Sie eine Mindmap, in der Sie folgenden Zielgruppen die (Ihrer Ansicht nach) passenden Arten und Varianten des Wanderns zuordnen: Genusswanderer – Sportliche/r Aktivurlauber/in – Patient/in auf Rehabilitation – Alpinist/in – Schulklasse – Familien – Wintererholungsgast – Jugendverein – Kurgast – kulturinteressierte/r Aktivtourist/in

4. Stellen Sie in einer kurzen PowerPoint-Präsentation die positiven medizinischen Effekte von bewusster Bewegung in Gebirgslandschaften dar.

2.1 Wandern aus touristischer Sicht

Der Wandergast kommt überwiegend aus dem großstädtischen Raum, er ist überwiegend gut gebildet und anspruchsvoll. Das Internet spielt die größte Rolle bei der Informationsfindung, frühere Erfahrungen und Empfehlungen von Freunden/Verwandten haben einen hohen Stellenwert.

Die Ausrüstung bringt der Gast selbst mit – aber er erwartet sich von seiner Unterkunft Serviceleistungen wie Stöcke, Rucksack oder Kindertragen, die kostenlos zur Verfügung gestellt werden und Verpflegung unterwegs (also Berücksichtigung von Hütten/Gasthäusern bei der Routenplanung), Transportmöglichkeiten (Wandertaxi) sowie Beratung und Information.

Touristische Aspekte

Besonderheiten von Landschaft und Natur	**Ausrichtung auf bestimmte Zielgruppen**	**Zusatzaktivitäten und -Angebote**	**Regionale Besonderheiten**	**Einzigartige, authentische Erlebnisse**

Zum Beispiel: Besondere Landschaftsformen, Schutzgebiete	**Zum Beispiel:** Familien	**Zum Beispiel:** Fackelwanderungen	**Zum Beispiel:** Kultur, Kulinarik, Bewohner/innen, Unterkunft)	**Zum Beispiel:** Besuch einer Käserei auf einer Almhütte

Quelle: nach TAI 11. August 2017

Kaum eine Destination bewirbt nicht das Wandern. Während geübte Alpinisten selbst viel Erfahrung mitbringen und individuell unterwegs sind, bieten viele Reiseveranstalter organisierte Touren an. Sehr im Trend liegen auch Fernwanderungen und immer mehr Pilgerreisen.

2.1.1 Organisierte Wanderreisen – Spezialreiseveranstalter: Wander- und Trekkingtouren

Es gibt eine ganze Reihe von Reiseveranstaltern, die auf allen Kontinenten und allen großen Gebirgsregionen der Welt Wander- und Trekkingtouren anbieten. Dabei handelt es sich keineswegs um Billigprodukte, denn diese Kundschaft verfügt durchaus über ein überdurchschnittliches Urlaubsbudget.

Neben der Unterkunft gehört immer öfter auch der **Transport des Gepäcks** sowie die **Reiseleitung und Betreuung** zum Reisepaket.

Ein wesentliches Qualitätskriterium ist ein guter Führer/eine gute Führerin: Das Fachwissen und die Erfahrung der Guides über Region, Wetterverhältnisse und Streckenbeschaffenheit. Die Guides können bei Bedarf (Wetter, Kondition der Teilnehmer/innen) die Tour spontan umstellen oder abkürzen oder auch erste Hilfe leisten.

💡 Ein Klassiker sind nach wie vor die Alpen, wo eine ausgezeichnete Infrastruktur vorhanden ist – viele Gasthöfe und Unterkünfte in guter Qualität, bestens gepflegte Wege. Diese Standards sind in anderen Kontinenten meist nicht zu finden. Diese beeindrucken wiederum durch einzigartige Natur- und Kulturlandschaften (z. B. Vulkantrekking in Nicaragua oder Nationalparkwandern in Costa Rica).

Die Beratung im Reisebüro stellt oft eine große Herausforderung dar. Wichtig ist die ausreichende Beratung hinsichtlich Kondition und körperlicher Anforderungen der jeweiligen Tour sowie deren Schwierigkeitsgrad. Die Spezialveranstalter bieten meist auf ihren Websites spezielle Beratungsmodule oder stehen für direkten telefonischen Kontakt zur Verfügung.

Diese Spezialveranstalter sind ständig auf der Suche nach neuen Trends, um Stammkunden binden und neue Kunden ansprechen zu können. So findet man:

- Einfache, unkomplizierte Einstiegsangebote – ab 2 Tagen, man geht 2–3 Stunden pro Tag
- Trainingskurse als Vorstufe zum anspruchsvollen Bergsteigen/Wandern oder Klettern
- Familien wollen oft ihren Kindern Naturerlebnisse ermöglichen – dafür gibt es Wanderungen mit Pferden, Mulis oder Kamelkarawanen.
- Unter dem Slogan „Wandern plus" findet man innovative Angebote, wobei Wandern beispielsweise kombiniert wird mit Kochen, Fotografie, Gärten, Natur & Kultur, Rad- oder Kanutouren.

Fallbeispiel: Wanderreiseveranstalter WELTWEITWANDERN
(www.weltweitwandern.at)
Im Jahr 2000 von Christian Hlade als Einmannbetrieb in Graz gegründet, der die eigene Reiselust zum Beruf gemacht hat. Heute hat das Unternehmen 12 fixe und 500 freie Mitarbeiter in der ganzen Welt. Hlade ist Verfechter eines „fairen und intelligenten" Tourismus, er folgt dem Motto „Gehen & Erleben, Reisen für alle Sinne".

> *„Ich wollte einst mal von meinem Hobby, dem Reisen, leben können. Ich habe meinen Traum realisiert."*
>
> CHRISTIAN HLADE

„Reisen heißt, ein Einheimischer auf Zeit zu sein." *Quelle: SN 17. August 2009*

Sein Angebot umfasst rund 40 Reiseländer von Armenien bis Usbekistan, rund 2 500 Reisegästen pro Jahr bietet er beispielsweise Trekkingtouren nach Nepal, Ladakh, Tibet, Marokko, Ecuador, Peru oder Kroatien an. Seine Kunden sind „40+, sehr gebildet, urban, finanziell sehr gut ausgestattet.

Arbeitsaufgaben

1. Fassen Sie die Erwartungen des Wandergastes an eine Region zusammen.
2. Erläutern Sie einem Kunden/einer Kundin im Reisebüro die Vorteile einer organisierten Wanderreise.
3. Erklären Sie interessierten Kunden/Kundinnen, welche weiteren Zusatzangebote mit einem Wanderurlaub kombiniert angeboten werden.

2.1.2 Themenwege und geführte Wanderungen

erfreuen sich großer Beliebtheit, nicht nur in Nationalparks und Schutzgebieten. Zum Angebot zählen etwa Gletscherlehrpfade, Bach-, Moor-, Blumen- oder Baumlehrpfade. Es gibt Wege, die alten Bergbauprojekten oder historischem Handwerk nachfolgen oder solche, die besonderen Erlebnischarakter aufweisen.

 Immer gefragter werden Trainings gegen Höhenangst.

Beispiele für spezialisierte Reiseveranstalter
- Alpinschule Innsbruck (www.asi.at)
- Krauland, Klagenfurt (www.krauland.at)
- WeltWeitWandern, Graz (www.weltweitwandern.at)
- Kneissl-Touristik (Lambach-Wels) (www.kneissltouristik.at)
- Pineapple Reisen, Wien (www.pineapplereisen.at)
- Hauser Exkursionen, München (www.hauser-exkursionen.de)
- Hagen Alpin Tours, Bayern (www.welt-weit-wandern.de)
- Wikinger Reisen, (www.wikinger-reisen.de)

 ■ Diskussionsrunde und Rollenspiel:
In einem österreichischen Urlaubsort kommt es zu einer bewegten Diskussion zwischen Wandergästen, jugendlichen Mountainbikern, einer Bäuerin, einem Jäger – ein/e Mitarbeiter/in des Tourismusverbandes versucht zu vermitteln und die unterschiedlichen Interessen zu kanalisieren.

Beispiele:
- Baumkronenweg (Kopfing, OÖ)
- Weg der Sinne (Haag am Hausruck, OÖ)
- Kneippwanderweg St. Jakob im Walde (Stmk.)

Wie umfangreich und hoch entwickelt das Angebot zum Thema Wandern ist, sollen folgende Fallbeispiele zeigen:

 Fallbeispiele:

Österreichs Wanderdörfer

Unter diesem Titel haben sich (Stand 2018) 44 Regionen in 8 Bundesländern (außer Wien) zusammengeschlossen, um sich als Wanderferiendestinationen zu vermarkten. Die Wanderdörfer gehören zu den sogenannten „Urlaubsspezialisten". In den Regionen gibt es 117 Mitgliedsbetriebe. Sie bieten eine Auswahl von über 5 000 verschiedenen Wanderwegen, die in einem Katalog unter dem Motto „Die Magie des Gehens" zusammengefasst sind. www.wanderdoerfer.at

Urlaubsspezialisten

Die **Urlaubsspezialisten** sind eine Idee der Österreich Werbung: Betriebe, Orte oder Regionen arbeiten zusammen, um ein Produkt zu bieten, das auf eine spezielle Zielgruppe optimal abgestimmt ist. Die Urlaubsspezialisten sind überwiegend als selbstständige Vereine organisiert und unternehmensmäßig völlig losgelöst von der Österreich Werbung. Sie umfassen verschiedenste Themen wie etwa Sport (Tennis, Golf, Reiten, Radfahren u. a.), Naturerlebnis, Familie, Wein, Kultur oder Gesundheit. Die Österreich Werbung bietet ein eigenes Tourenportal „Alpintouren" mit Wander-, Kletter- und Mountainbikeangeboten. www.austria-tourismus.com

Europäische Wanderhotels

Ausgehend von seinem eigenen Betrieb gründete der Kärntner Eckhart Mandler die Kooperation der Europa Wanderhotels, der heute 71 Betriebe der gehobenen Kategorie in der Schweiz, Deutschland, Österreich und Italien angehören, mehr als die Hälfte davon liegen in Südtirol.

Zehn Qualitätskriterien muss das Hotel erfüllen, diese garantieren dem Gast einen gelungenen Wanderurlaub: Der Gastgeber (Hotelier) muss persönlich über eine umfassende Wanderkompetenz verfügen und mit seinen Gästen selbst wandern, zum Hotelservice gehören eine umfangreiche Infothek, ein Ausrüstungsverleih, Massage- und Wellnessangebote sowie eine auf Vollwertkost und regionale Besonderheiten ausgerichtete Küche. www.wanderhotels.com

Bergsteigerdörfer

Dies ist eine Kooperation von derzeit 24 Orten in ganz Österreich, Bayern und Südtirol, in denen der Alpinismus seit vielen Generationen traditionell verwurzelt ist. Dem Gast soll ein ganzheitliches Naturerlebnis geboten werden – mit einem erstklassigen Wegenetz, bestens betreuten Hütten, kompetenter Beratung, einem Ausrüstungsverleih und einer Vielzahl geführter Touren verschiedenster Schwierigkeitsgrade, im Sommer ebenso wie Schitouren im Winter.

Die meisten Dörfer liegen in oder nahe an Schutzgebieten oder Nationalparks, sie sollen bewusst klein sein (bis max. 2 500 Einwohner/innen) und die Umgebung soll Höhenunterschiede von mehr als 1 200 m aufweisen. Der Gast soll die Tourenziele aus eigener Kraft erreichen können. Es gibt keine Schischaukeln, keine Höhenstraßen und keine Durchzugsrouten durch das Dorf, alle Orte müssen zumutbar mit öffentlichen Verkehrsmitteln erreichbar sein, es gibt keine Kettenhotels oder „Bettenburgen". An der Entstehung hat der Österreichische Alpenverein mitgewirkt. Die Bergsteigerdörfer entsprechen den Grundsätzen der Alpenkonvention (Artikel 6/17, Tourismusphilosophie). www.bergsteigerdoerfer.at

2.1.3 Pilgern/Wallfahrten

In einer Zeit der Reizüberflutung und Stressbelastung erlebt das Pilgern eine ungeahnte Renaissance. Weltweit schätzt man, dass sich jährlich 260 Mio. Personen auf eine Pilgerreise begeben. Immer mehr Menschen nehmen eine begrenzte Auszeit und wandern, wobei die Motive vielschichtig sind: Vor allem wollen die Pilger/innen zu sich selbst finden, sie suchen Stressausgleich und Entschleunigung, spirituelle Erfahrungen oder Entscheidungshilfe in heiklen Fragen.

Gerade entlang alter Pilgerwege spielen aber sicher auch historischkulturelles Interesse, Architektur und Kunstschätze eine Rolle sowie das Erleben außergewöhnlicher Landschaften. Pilgern ist Wellness für Körper und Seele, meint ein Tourismusprofi, es erfüllt die Ursehnsucht des Menschen, den Dingen auf den Grund zu gehen. Pilger sind meist eine bis drei Wochen unterwegs, erst langsam kommt man innerlich zur Ruhe.

In Europa gelten historisch die Pilgerwege nach Rom, Santiago oder auch St. Wolfgang als Vorläufer des modernen Tourismus.

Trendroute Jakobsweg

Der Jakobsweg nach Santiago de Compostela im nordwestspanischen Galizien hat in den letzten beiden Jahrzehnten einen ungeahnten Boom erlebt, man schätzt, dass pro Saison über 120 000 Pilger auf dieser klassischen Pilgerroute unterwegs sind. Quer durch Europa führen Anmarschwege in den Grenzort Roncesvalles (Pyrenäen), von wo dann ein Weg bis ans Ziel führt.

Zwei Zubringerwege führen auch durch Österreich, man unterscheidet die Route nördlich der Alpen (Wolfsthal–Salzburg–Feldkirch) und die südlich gelegene Variante (von Graz über Slowenien, Kärnten und Südtirol nach Innsbruck und Feldkirch und dann weiter ins schweizerische Einsiedeln). In St. Christoph am Arlberg steht seit über 600 Jahren eines der berühmtesten Hospize, die traditionell die Pilger beherbergten.

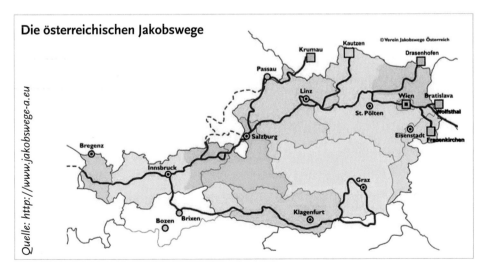

In Österreich gehören weiters die Via Sacra (Wien–Mariazell), der Johannesweg (Mühlviertel), die Via Nova, der Hemmaweg in Kärnten (von verschiedenen Ausgangspunkten nach Gurk), der St. Rupert-Pilgerweg, mehrere Radpilgerwege oder der „Weg des Buches" (entlang dieser Route brachten einst Protestanten die Lutherbibel zu geheimen Gemeinden in Österreich) zu den beliebtesten Angeboten.

Pilgern ist nicht dasselbe wie Wallfahren. Während Wallfahrer/innen meist in Gruppen unterwegs sind und Messen und Gebete (Rosenkranz) das Gehen prägen, sind Pilger im Wesentlichen allein, eventuell in Kleingruppen auf dem Weg. Pilgerreisen kennt man in allen großen Weltreligionen – z. B. die muslimische „Hadsch", die Reise nach Mekka.

Früher war der Pilger traditionell mit einem Umhang (capa), einem breitkrempigen Hut (sombrero), seiner Pilgertasche und einem Stock ausgerüstet; heute dominiert leichtes und funktionales Outdoor-Equipment.

Erkennungszeichen Jakobsweg

Arbeitsaufgaben

1. Recherchieren Sie fünf der wichtigsten katholischen Wallfahrtsorte in Europa – kontaktieren Sie bei Bedarf einen Religionslehrer Ihrer Schule.

2. Österreich hat zahlreiche regional bedeutende Wallfahrten: Listen Sie mindestens fünf auf.

3. Österreichische Pilger/innen reisen auch nach Tschenstochau und nach Medjugorje – wo liegen diese Pilgerziele?

4. Sie lesen von einer Pilgerreise ins „Heilige Land" – was ist aus Sicht der Katholiken damit gemeint? Nennen Sie die wichtigen Stätten dort.

5. Nennen Sie drei Städte, die als die drei „heiligen" Städte der Muslime gelten.

6. Nennen Sie die Religionsgruppe, die nach Varanasi pilgert.

💡 Wanderrouten in Österreich (Auswahl)

- Salzburger Almenweg (Pongau)
- Karnischer Höhenweg (Ktn./I)
- Venediger Höhenweg (Ostt./ Sbg.)
- Glocknerrunde (Sbg./Ostt.)
- Österreichischer Jakobsweg (nördliche Route und südliche Route)
- Donausteig (OÖ)
- Via Alpina – 5 Routen durch 8 Alpenländer
- Tauerntreck – auf verschiedenen Routen zwischen Osttirol und Salzburg, teilweise mit Haflingern oder Lama-Trekking

2.2 Wandern in Österreich

Österreich verfügt heute über ein großartiges und bestens betreutes Wegenetz, alpine Vereine (Alpenverein, Naturfreunde) im Gebirge, Tourismusverbände und Gemeinden investieren zum Teil erhebliche Mittel in die Betreuung und Verbesserung der Wege. Tourismusberater haben bereits sehr viel Fachwissen zur Qualitätsverbesserung und -sicherung erarbeitet. So gibt es ein Wandergütesiegel, das Qualitätsstandards definiert, Interessenten berät und die Zertifizierung durchführt. Für den Kunden wird die hohe Qualität durch das Wandergütesiegel, das an Regionen, Dörfer, Wege und Betriebe vergeben wird, nachvollziehbar. (www.wanderguetesiegel.at)

Arbeitsaufgabe

- Lokalisieren Sie die angeführten Wanderrouten in der Karte.

Fallbeispiel: Donausteig

Seit Juli 2010 bereichert der Donausteig das heimische Wanderangebot. 450 km Weitwanderwege und 41 „Donaurunden" bringen die landschaftliche Vielfalt des oberösterreichischen Donauraumes zwischen Passau und Grein zur Geltung.

Dieses Projekt erschließt Burgen, Schlösser, Ruinen, Stifte, Museen und historische Altstädte, Aussichtspunkte mit herrlichem Panoramablick über das Donautal, „Natura 2000"- und Landschaftsschutzgebiete. Naturlehrpfade oder Höhepunkte wie die Schlögener Schlinge „garnieren" diesen Wanderpfad.

Weitwanderer und Tagesausflügler werden vom Donausteig, der sowohl am nördlichen als auch am südlichen Ufer verläuft, gleichermaßen angesprochen. Sind die 41 „Donausteigrunden" als Tageswanderangebote ins Hinterland des Stromes konzipiert, so kann man die Hauptroute in mehreren Tagesetappen erwandern, insgesamt stehen gut 900 km Wegenetz zur Verfügung.

„Einfach sagenhaft"

135 Start-, Rast- und Panoramaplätze „inszenieren" den abwechslungsreichen Talverlauf von Engstellen und weiten Becken und bieten ausführliche Informationen, Sitz- und Rastgelegenheiten. Auf den Übersichtstafeln finden sich auch insgesamt 120 traditionelle Sagen aus dem Donauraum.

46 Gemeinden und 64 Wirte beteiligen sich an diesem Projekt, das basierend auf dem alten Donau-Höhenwanderweg erarbeitet wurde. Die Tourismusbetriebe erfüllen definierte Qualitätskriterien und haben zielgruppenspezifische Pauschalangebote erstellt.

Quelle: „Lust aufs Land" und www.donausteig.at

Donausteig mit Blick auf die Schlögener Schlinge

„Ideal ist die Einbindung von Bahn, Bus und Schiff – sei es zur Rückreise, für Teilstrecken oder bei Schlechtwetter", erklärt Projektleiterin Beate Kepplinger.

Fallbeispiel: Der Salzalpensteig

Ist ein Premium-Weitwanderweg über 237 km, machbar in 18 gut aufbereiteten Tagesetappen durch 6 Urlaubsregionen in Bayern, Salzburg und Oberösterreich. Start/Endpunkte sind Prien am Chiemsee und Obertraun am Dachstein. Die Touren sind überwiegend von leichtem bis mittlerem Schwierigkeitsgrad und bieten atemberaubende Panorama-Ausblicke.
Näheres unter http://www.salzalpensteig.com/

Arbeitsaufgaben

1. Besuchen Sie die Europäischen Wanderdörfer im Internet und verschaffen Sie sich einen Überblick, welche Orte in Ihrem Bundesland hier Mitglied sind.

2. Studieren Sie auf einer (Ober-)Österreichlandkarte den Abschnitt des Donautales von Passau bis Linz: Notieren Sie fünf der wichtigsten Orte und versuchen Sie, zumindest fünf kulturelle Sehenswürdigkeiten aufzulisten.

3 Das Rad im Tourismus

Der Boom des Radfahrens ist ungebrochen und durch das E-Bike wurde eine neue Dimension des Radfahrens eröffnet. Immer mehr Menschen radeln in ihrer Freizeit, die Städte forcieren das Radfahren zur Entlastung des Großstadtverkehrs und die meisten Regionen in Europa bieten heute attraktive Radurlaubsangebote an.

3.1 Das Rad im städtischen Raum

Durch den alltäglich gewordenen Stau und durch ein gestiegenes Gesundheits- und Umweltbewusstsein der Menschen kommt dem Fahrrad auch im Alltagsverkehr eine immer größere Bedeutung zu. Immer mehr Menschen sind bereit, auf das Rad umzusteigen – wenn die Gemeinden eine entsprechende Infrastruktur bereitstellen können.

Was muss die Stadt bieten?

Eine Stadt gilt als „radfreundlich", wenn sie ein ausgedehntes Netz gut beschilderter und sicherer Radwege besitzt, wenn es Brückenunterführungen und radfahrerfreundliche Kreuzungsregelungen gibt. Weiters sollen ausreichende Abstellflächen bei öffentlichen Gebäuden, die Sicherheit der abgestellten Räder gegeben sein und Verleihsysteme oder Park-Bike-Angebote für Besucher/innen zu finden sein.

💡 Europaweit gilt Kopenhagen als die „Radhauptstadt" – im Vergleich aller EU-Hauptstädte werden dort 35 % aller Alltagswege per Rad zurückgelegt, gefolgt von Amsterdam (30 %) und Berlin (13 %); Wien liegt mit 6 % an 6. Stelle.

In Österreich gilt Innsbruck als Rad-Musterstadt, hier sind es aktuell 23 % aller täglichen Fahrten, gefolgt von Bregenz, Salzburg und Graz.

„Radhauptstadt" Kopenhagen

Bike Sharing – man unterscheidet zwischen

Stationsgebundenes System	Free Floating System
Man gibt das gemietete Rad wieder in einer der Verleihstationen zurück	Dabei kann man das Rad an einem beliebigen Ort abstellen, neue User orten über eine App das nächststehende Rad, entsperren es mit einem zugesandten Code und fahren los, bezahlt wird mit Kreditkarte.

💡 Immer mehr Städte bieten auch Stadtführungen per Rad an.

Bei Strecken bis zu 5 km ist das Fahrrad das ideale Verkehrsmittel in der Stadt, in allen Städten sind Radbotendienste heute die schnellste Zustellungsmöglichkeit für kleine Postsendungen.

Arbeitsaufgaben

1. Erklären Sie, warum in einem Radius bis zu 5 km das Rad oft das schnellste Verkehrsmittel ist.

2. Sammeln Sie Argumente und stellen Sie anschaulich dar, wie radfreundlich Ihre Schulstadt ist.

3. Recherchieren Sie, welche Rolle der Radtourismus in Ihrer Heimatregion spielt.

Die Umwelt profitiert

In Österreich werden pro Tag rund fünf Mio km geradelt – das vermeidet immerhin 320 000 t CO_2; am fleißigsten strampeln die Vorarlberger (505 Rad-Km/Person/Jahr), vor den Salzburgern (350 km) und den Niederösterreichern (270 km).

3.2 Wer ist der Radurlauber/die Radurlauberin?

Man findet alle Alters- und Sozialschichten, es dominiert aber die meist gut verdienende Gruppe der 30- bis 50-Jährigen, die Radsport als Ausgleich zum beruflichen Bewegungsmangel, Stress und Wohlstandskrankheiten sieht; das Durchschnittsalter sinkt kontinuierlich (derzeit 45 Jahre).

Radurlauberinnen und Radurlauber

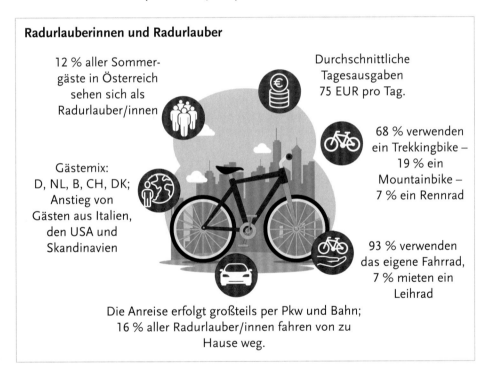

12 % aller Sommergäste in Österreich sehen sich als Radurlauber/innen

Durchschnittliche Tagesausgaben 75 EUR pro Tag.

68 % verwenden ein Trekkingbike – 19 % ein Mountainbike – 7 % ein Rennrad

Gästemix: D, NL, B, CH, DK; Anstieg von Gästen aus Italien, den USA und Skandinavien

93 % verwenden das eigene Fahrrad, 7 % mieten ein Leihrad

Die Anreise erfolgt großteils per Pkw und Bahn; 16 % aller Radurlauber/innen fahren von zu Hause weg.

Österreichs Radfahrer/innen

- Mehr als die Hälfte der Österreicher/innen fahren regelmäßig Rad.
- Wir besitzen 6,4 Mio. Räder (im Vergleich zu 4,8 Mio. Pkw) dazu kommen rund 100 Mio. EUR an Rad-Accessoires, die verkauft werden.
- Der Handel boomt – alleine 2015 wurden rund 400 000 neue Räder aller Typen und Varianten verkauft, jedes 5. ist ein E-Bike.
- Österreichs Radurlauber/innen befahren rund 11 000 km ausgewiesene Radwege.
- In Deutschland gibt es rund 200 Radfernwege.
- Aus den vielen österreichischen Angeboten ragen 14 überregionale Routen heraus.
- Man schätzt, dass in Österreich rund 18 000 Arbeitsplätze mit dem Radverkehr zusammenhängen. Die gesamte (direkte und indirekte) Wertschöpfung wird auf 500 Mio. EUR im Jahr geschätzt.

Quellen: verschiedene SDN-Artikel 2017 und 2018

Die durchschnittlichen Tagesetappen betragen 50–60km, für die Radtouristen/-touristinnen zählt nicht primär die Kilometerleistung, sondern der Genuss. Sie wollen aktiv sein und zugleich den Urlaub und die Landschaft genießen. Es wird auch ausreichend Zeit für Besichtigungen, Rast und Verpflegung eingeplant.

Der Radgast hat hohe Erwartungen bei Verpflegung und Unterkunft, vor allem die Generation „50+" fragt überwiegend nach ****-Hotels, daneben dominieren ***-Hotels, Gasthöfe und Pensionen.

Radtouristen/-touristinnen schätzen möglichst unverbaute, ländliche Regionen mit geringem Verkehrsaufkommen und mit Routen, die ausschließlich dem Radfahren vorbehalten sind. Sie haben ein hohes Umweltbewusstsein und möchten zumindest im Urlaub klimaneutral unterwegs sein. Sie interessieren sich für Geschichte, Kultur und das regionale gastronomische Angebot.

Es überwiegt der selbst organisierte Individualurlaub, meist ist man mit Freunden oder Familie mehrere Tage unterwegs; geführte Radtouren mit einem Guide gehen zurück.

3.3 Themen- und zielgruppenspezifische Angebote

Je größer das Angebot europaweit wird, desto vielfältiger wird es und immer öfter auf ganz spezielle Zielgruppen zugeschnitten:

- Themenwege machen das Angebot unverwechselbarer
- Pilgern per Rad wird zunehmend populärer (z. B. Radpilgern im Traisental in NÖ, Benediktweg in Bayern).
- Die spaß- und abenteuerorientierte Jugend erfreut sich an Bike Parks und Downhilltrails für „Fullys" (voll gedämpfte MTB) oder „Dirt Bikes" oder „Fat Bikes" (extra breite Reifen).
- Es gibt eigene Angebote für Familien mit kleinen Kindern.
- „Hunde-Radreisen" ermöglichen die Mitnahme des Vierbeiners.
- Kulinarik- und Genießertouren begeistern ein Publikum, das nicht primär Kilometer sammeln, sondern die Zielregion in ihrer kulturellen Vielfalt kennenlernen und die regionale Kulinarik erleben will.
- Bike&Hike" kombiniert zwei Sportarten: man fährt mit dem Mountainbike auf den Berg und wandert oben weiter.

Auch Wirte und Beherbergungsbetriebe haben sich auf Radgäste eingestellt und kooperieren vermehrt. In Österreich noch eher regional (z. B. Drauradwegwirte), in Deutschland gibt es bundesweit bereits über 5 500 „Bett&Bike-Betriebe", knapp 280 in Österreich.

Mit dem Fat Bike im Schnee

Bett&Bike ist ein Qualitätsgütesiegel des Allgemeinen Deutschen Fahrrad Clubs (ADFC). Es wird an Betriebe vergeben, die sich einer Zertifizierung unterziehen. Zu den Kriterien zählen, dass der Gast auch nur für eine Nacht bleiben kann, dass es abschließbare Räume für die Räder gibt und dass man Kleidung oder Ausrüstung trocknen kann. Werkzeug für kleine Reparaturen steht zur Verfügung und man weiß über die nächste Werkstatt Bescheid.
Ist der Betrieb zertifiziert, darf er das Bett&Bike-Logo tragen und er wird über Website und Katalog vermarktet
www.bettundbike.de sowie www.adfc-tourenportal.de.
In Österreich findet man diese Betriebe auf www.radtouren.at

 Arbeitsaufgaben

1. Fassen Sie die Erkenntnisse über den Radurlauber/die Radurlauberin zusammen. Was reizt den Gast neben dem Radfahren – was kombiniert er mit sportlicher Aktivität?

2. Erläutern Sie Ihrem Kunden/Ihrer Kundin mindestens drei Kriterien, die ein zertifizierter „bett&bike"-Betrieb erfüllen muss.

3.3.1 Mountainbike

Seit der Erfindung und durch die permanente Verbesserung des Mountainbikes wurden auch die Gebirgsregionen für Radler interessant, vor allem Schigebiete profilieren sich heute als attraktive MTB-Destinationen, sie ermöglichen eine Bergfahrt per Seilbahn und bieten Funparks, Trails und Downhillstrecken für den abenteuerorientierten Gast.

Mountainbike Hotspot Salzburg
In diesem Bundesland gibt es heute 48 ausgewiesene Trails und 5 Bike Parks, wobei sich vor allem Zell am See und Saalbach/Leogang in der Bikerszene mit coolen Downhilltrails einen Namen gemacht haben: Leogang macht bereits einen größeren Umsatz mit Bikern als mit Wandergästen.

Großveranstaltungen wie die Mountainbiketrophy Salzkammergut oder Weltcuprennen erhöhen Österreichs Attraktivität im internationalen Angebot. Aber die Konkurrenz ist riesig: Man kann heute in Destinationen auf der ganzen Welt einen äußerst attraktiven MTB-Urlaub verbringen – in Europa etwa am Gardasee, in Andalusien, in den französischen oder Schweizer Alpen usw.

Fast jedes Jahr entstehen neue Touren und Trails in allen Alpenländern, Beispiele sind die Trans Nationalpark Tour Kalkalpen (OÖ) – Nationalpark Gesäuse (Stmk.), Touren im Karwendel, der Similauntrail in den Ötztaler Alpen, Enduro-Trails am Reschenpass, die Weißensee-Tour oder der Russenweg in Lienz.

In den Anfangsjahren des Mountainbikens sorgten oft Einschränkungen der Grundbesitzer/innen für Verstimmungen bei Gästen und Touristikern. Per Gesetz haftet der Straßenerhalter für Unfälle und daraus entstehende Folgekosten, daher waren viele Forststraßen gesperrt. Inzwischen sorgen Ausgleichsmaßnahmen (z. B. Wegepacht) und Haftpflichtversicherungen, die seitens der öffentlichen Hand abgeschlossen wurden, für ein großes Netz an attraktiven MTB-Routen.

Bikepark Leogang

3.3.2 E-Bike

Die Entwicklung des E-Bikes, das zunächst älteren Menschen das Radfahren erleichtern sollte, inzwischen aber auch die sportlichen Fahrer/innen voll begeistert, ist auch für Touristiker/innen interessant. 15 % der Radurlauber/innen sind derzeit mit einem E-Bike unterwegs.

Die Technik macht jedes Jahr Fortschritte, die Akkus werden leistungsfähiger, die Reichweiten größer, die Ladezeiten immer kürzer: 200 km Reichweite in der Ebene, Ladezeit 20 Minuten – das ist bereits Standard, E-Mountainbikes schaffen bis zu 2 000 Höhenmeter/Ladung.

Ladestationen findet man überwiegend in Tourismusregionen (50 %) häufig auch schon auf Bergen, immer mehr aber auch im urbanen Raum (40 %) und in Betrieben (10 %). Praktisch jede Tourismusregion hat sich inzwischen auf diesen Boom eingestellt.

Europaweit werden die meisten E-Bikes in den Niederlanden verkauft (vor Belgien und Österreich), 2017 wurden in unserem Land eine halbe Million E-Bikes verkauft, derzeit besitzen 8 % der österreichischen Radler/innen solch ein Gerät, Tendenz deutlich steigend.

Arbeitsaufgaben

1. Ermitteln Sie, welche Zielgruppen bevorzugt E-Bikes kaufen oder mieten.

2. Recherchieren Sie, was sich E-Bike-Touristen in einer Tourismusdestination erwarten.

3. Recherchieren und diskutieren Sie in der Klasse: Warum verbieten manche Waldbesitzer das Mountainbiken auf ihren Forststraßen? Wie ist die Sichtweise der Jäger/Jagdpächter?

4. Ermitteln Sie, welche Informationen Mountainbiker/innen über eine Route erwarten.

Verschiedene Routen:
Mur-, Drau-, Inn-, Enns-Radweg, Tauernradweg, Ybbstal und Traisental, Salzkammergut- und Mühlviertelradweg, Römerradweg, Via Claudia Augusta, Weinland Steiermark Radtour, Neusiedlersee Radweg oder die Thayarunde

3.4 Radwege

... in Österreich

Routen entlang von Flüssen oder Seen sind die Klassiker im Angebot, zu den Aufsteigern gehören anspruchsvolle Routen im alpinen Raum.

Informationsbroschüren bieten perfekte Routenbeschreibungen und Höhenprofile, Schwierigkeitsgrad, meist kulturelle und touristische Hinweise, Quartiervorschläge und Servicestationen.

Fallbeispiel: Donauradweg – seit mehr als 30 Jahren ein Klassiker

Seit über 3 Jahrzehnten wird auf den gut 300 km zwischen Passau und Wien geradelt, rund 600 000 Menschen tun dies jedes Jahr. Das regionale Know-How gilt heute in ganz Europa als Vorbild. Dank österreichischer Initiative kann man heute bereits die gesamte Donau bis zur Mündung per Rad erkunden, wobei der Streckenausbau in Serbien, Rumänien und Bulgarien noch nicht abgeschlossen ist.

Geradelt wird bei uns auf den „Treppel-" oder „Treidelwegen", auf denen einst Pferde die Floße und Schiffe flussaufwärts gezogen hatten. Das Donautal als historische Durchzugsroute begeistert durch seine Burgen, Schlösser, Ruinen und Klöster, durch mittelalterliche Städte oder die Weltkulturregion Wachau, ebenso aber durch ein abwechslungsreiches Landschaftsbild mit tief eingeschnittenen Abschnitten und weiten Becken.

Entzerren der Hochsaison

Man schätzt, dass an Spitzentagen über 2 000 Radler entlang der Donau unterwegs sind, rund 85 000 Gäste verbringen einen Mehrtagesurlaub. Das Problem ist die enorme Ballung in der Hochsaison Juli und August – die Touristiker versuchen daher durch attraktive Angebote und Attraktionen die Vor- und Nachsaison anzukurbeln.

Gerade an der Donau sind Rad-Schiff-Kombinationen sehr beliebt, bei Schlechtwetter, bei wenig attraktiven Abschnitten oder bei Problemen bei der Quartiersuche wird eine Etappe per Schiff absolviert. Spezielle Radlifte erleichtern den Anstieg aus sehr steilen Teilen des Donautales zu Gasthöfen, Beherbergungsbetrieben oder zu Panoramapunkten mit herrlichem Ausblick über das Donautal.

... in Europa – Eurovelo

Eurovelo ist ein Netzwerk mit derzeit 15 Langstrecken-Radwegen durch alle Teile Europas; bis 2020 sollen alle Routen mit dann insgesamt 70 000 km Radrouten fertig sein.

3.5 Organisierte Rad-Pauschalreisen

Wenn auch die Mehrheit der Radtouristen privat und individuell radelt, so haben sich doch einige große Pauschalreiseanbieter fest etablieren können, die Varianten der Packages sind vielfältig und unterscheiden sich in

Das Package umfasst meist die notwendigen Informationen (Karte, Routenbeschreibungen und Streckenprofile, landeskundliche Hinweise – meist auch als App), Leihräder, GPS, Unterkunft und Gepäckstransport. Letzterer stellt die Anbieter vor eine große logistische und auch finanzielle Herausforderung, ist für den Gast aber eine wichtige Erleichterung.

Die organisierte Radpauschalreise verkauft sich vor allem bei Auslandszielen gut (europäische Reiseländer), je weniger man ein Land kennt (z. B. Lettland, Bulgarien), desto mehr schätzt man die Begleitung durch einen Radreiseleiter oder einen Begleitbus. In Deutschland werden aktuell 6 % der Radreisen im Inland, hingegen aber 19 % der Touren im Ausland als Pauschale gebucht, immerhin 69 Radreiseveranstalter sind am deutschen Markt präsent. In Österreich sind bei Radpauschalreisen nur 1-2 % der Gäste Österreicher/innen, Hauptnationen sind D, NL, CH, B und I.

Einige Eurovelo-Routen
- 4 der 15 Routen führen durch Österreich:
- Eurovelo 6: Atlantik – Schwarzes Meer
- Eurovelo 7: Sonnenstrecke
- Eurovelo 9: Ostsee – Adria
- Eurovelo 13: Iron Curtain Trail (entlang des ehemaligen Eisernen Vorhanges)

Der Radurlaub wird digital
90 % aller Radurlauber/innen verwenden das Internet zur Urlaubsplanung, bei der konkreten Etappenplanung bleibt die gedruckte Radkarte wichtig. Mehr als die Hälfte der Radtouristen orientieren sich heute am Smartphone, gut ein Drittel verwendet GPS-Systeme oder Apps, die direkte Beratung im Tourismusverband hingegen geht stark zurück – aber am wichtigsten ist die optimale Beschilderung in der jeweiligen Region.

Weitere Anbieter:

- OÖ-Touristik (Linz)
- Rad + Reisen (Wien)
- Austria Radreisen (Schärding)
- Donau-Radfreunde GmbH (Engelhartszell)
- DERTOUR-Outdoor (Wander- und Radreisen)
- ASI – Alpin Schule Innsbruck – Mountainbike und E-Bike-Reisen

Eurofun (Obertrum)

ist einer der größten Veranstalter von Rad- und Aktivreisen in Europa (mit Standbeinen in D, CH, F und S). Die Marke „Eurobike" bietet Radreisen für rund 60 000 Kunden/Saison.

Donau-Touristik (Linz)

ist der Pionier unter den Radreiseanbietern, seit dem Beginn des Donauradweges mit dabei, bietet heute Radreisen in ganz Europa an. Die steigende Nachfrage an Rad-Schiff-Angeboten führte dazu, dass mit der MS Kaiserin Elisabeth ein Ausflugs- und mit der MS Primadonna ein eigenes Kreuzfahrtschiff erworben wurde.

Der Radboom eröffnete auch den Busreiseveranstaltern ein neues Marktsegment, man schätzt, dass 15 % aller Busreisegäste Radtouristen sind; im Frühjahr und Herbst sind meist kaum mehr freie Radanhänger zu finden.

- Als Radexperte/-expertin wurden Sie in eine Tourismusschulklasse eingeladen: Gestalten Sie für diesen Unterrichtsbesuch eine Mindmap über die Bedeutung des Radtourismus in Österreich/in Ihrem Bundesland.

 Arbeitsaufgaben

1. Nennen Sie die bedeutendsten/beliebtesten Radwege bzw. Radregionen in Ihrem Bundesland.

2. Erläutern Sie in einem Beratungsgespräch, warum Radfahren entlang von Flüssen so beliebt ist.

 Ziele erreicht? – „Sanfte Mobilität"

Sei es Wandern, Radfahren oder Pilgern, neue Formen des Reisens, die eigentlich eine Rückbesinnung auf ältere Formen des Tourismus darstellen, gewinnen in „neuem Gewand" an Bedeutung. Reiseveranstalter reagieren mit entsprechenden Angeboten, die die Umwelt kaum belasten und keine großen Investitionen in die touristische Infrastruktur benötigen. Man spricht daher von „Sanfter Mobilität".

1. Suchen Sie aus dem Internet einen Themenwanderweg in Österreich (z. B. www.bergfex.at) und stellen Sie diesen Ihren Mitschülerinnen und Mitschülern vor.

2. Der Euro Velo 13, der Iron Curtain Trail verläuft entlang des ehemaligen Eisernen Vorhangs. Recherchieren Sie den genauen Verlauf und durch welche Länder er führt. http://en.eurovelo.com/

3. Erklären Sie in einem Beratungsgespräch einer Kundin/einem Kunden die Vorteile eines Urlaubes ohne Auto.

4. Treffen Sie zum folgenden Spotlight Aussagen. Diskutieren Sie die Ergebnisse.

Spotlight zum Beruf

Wanderführer/in sein, ist ein besonders interessantes Berufsfeld:

Aus diesem Kapitel habe ich die nachstehend angeführten Erkenntnisse und/oder Einsichten gewonnen:

Exkurs: Reiseangebote

1 Angebot einer Wanderpauschalreise auf den Azoren

Wanderreise mit
Wolfgang Deisenberger!

Portugal / Azoren
11 Tage/10 Nächte im Doppelzimmer pro Person
€ 2.250,-
Termin: 14.5.-24.5.2018

Inseln zum Verlieben

Sao Miguel – die Azoreninsel mit der größten landschaftlichen Vielfalt und den meisten vulkanischen Erscheinungen mit Kraterseen, Steilküsten, grünen Wiesen und üppigen Wäldern von atemberaubender Schönheit, mit Ananas-, Tee- und Tabakplantagen.
Sao Jorge – eine unvorstellbare Vielfalt an Grüntönen bedeckt Täler und Berge, weißen Farbtupfern gleich verteilen sich die kleinen Dörfer.
Pico – die „gebirgige Insel" mit dem gleichnamigen höchsten Berg Portugals mit 2.351 m. Die ehemalige Walfang- und jetzige Weinbauinsel.
Faial – Faial ist ein Aquarell, frisches Grün des Grases und der Zedern, die Blautöne der Hortensienbüsche. Ohne Zweifel ist der Hauptort Horta eine der schönsten Städte der Azoren.

1. Tag: Anreise
Linienflug ab/bis München über Lissabon nach Sao Miguel, Transfer zu unserem Hotel in Vila Franca.

2. Tag: Der blaue und der grüne See
(Lagoa Verde – Lagoa Azul)
Wir fahren über Ponta Delgada in den Westen der Insel zu den Kraterseen. Nach einem fantastischen Ausblick über das Vulkansystem wandern wir auf dem Kraterrand oberhalb der Caldera bis nach Sete Cidades.
Auf- und Abstieg: je ca. 300 Hm,
Wanderzeit: 4 Stunden, 13km.

3. Tag: Feuersee (Lagoa do Fogo)
Mit dem Bus nach Agua de Alto. Von dort steigen wir zum Feuersee hinauf, von dort bei trockenem Wetter zum Monte Escuro (889 m) ganz oben auf der Insel. Nach der Wanderung fahren wir dann weiter zur alten Teefabrik Gorriana und nach Furnas, wo wir die nächsten zwei Nächte verbringen.
Aufstieg ca. 520 Hm, Abstieg minimal.
Wanderzeit: 4 ½ Stunden, km je nach Route.

4. Tag: Dschungelähnliche Landschaft und versteckte Dörfer.
Von oberhalb von Povoçao wandern wir meist den Flusslauf Ribeira do Faial de Terra bergab auf romantischen Wegen durch einen lichten Wald bis zum Wasserfall Salto do Prego. Weiter geht es durch dschungelähnliche Landschaft nach Faial da Terra.
Aufstieg 120 Hm, Abstieg 422 Hm,
Wanderzeit: 3 Stunden.

5. Tag: Flug nach Sao Jorge
Je nach Flugzeit haben wir noch Zeit in Furnas (Hallenbad, Thermalsee), dann bringt uns der Bus zum Flughafen und wir verabschieden uns von Sao Miguel und fliegen auf die Insel Sao Jorge. Wir sind in Velas, dem kleinen, schmucken Hauptort der Insel untergebracht.

6. Tag: Fajãs und Steilküste – Wälder und üppige Vegetation
Heute wandern wir zu Fajãs an der Südküste der Insel. Nach einer kleinen Pause im Ort Faja dos Vimes geht es auf einem kleinen Pfad meist berauf bis nach Loural und dann durch lichten Wald wieder bergab bis zur Fajã de Sao Joao.
Auf- und Abstieg je ca. 650 Hm,
Wanderzeit: 5 Stunden, 8 km.

7. Tag: Der Königsweg
Vom Inselrücken Serra do Topo aus steigen wir auf alten Pfaden zur Küste ab, bis wir den direkt am Meer gelegenen See „Caldeira de Santo Christo" erreichen. Noch heute ist die Fajã nicht mit dem Auto zu erreichen. Am Nachmittag geht es leicht auf und ab, der Küste entlang bis zur Fajã dos Cubres.
Aufstieg ca. 210 Hm, Abstieg ca. 890 Hm,
Wanderzeit: 4 Stunden, 10 km.

8. Tag: Zur Insel Pico
Transfer zum nahen Hafen von Velas und mit der Fähre zur Insel Pico. Dort erwartet uns der Bus und wir machen einen Ausflug mit einer sehr schönen Küstenwanderung.

Die Fahrt endet in Lajes do Pico, wo wir unser Quartier beziehen.
Auf- und Abstieg: je 100 Hm,
Wanderzeit: 2 Stunden.

9. Tag: Besteigung des Pico (2.351 m)
Wenn es das Wetter zulässt, kann man in Begleitung eines offiziellen Bergführers (Extrakosten) den anstrengenden Aufstieg auf den höchsten Berg Portugals machen (reine GZ 6–7 Stunden, HU: je 1.150 m). Von der auf 1.221 m gelegenen Casa da Montanha erfolgt der Aufstieg auf einem ehemaligen Lavastrom und erfordert sehr gute Kondition und Trittsicherheit. Alternativ bieten wir eine Wanderung vom Hochland durch viel Naturschutzgebiet zur Küste Baia das Canas an.
Abstieg 750 Hm, Wanderzeit: 3 ½ Stunden.

10. Tag: Fähre nach Faial und Wanderung
Vormittags bringt uns die Fähre in 25 Minuten nach Faial zum Seglerparadies. Der Bus bringt uns hoch zur Caldeira, die wir bei klarer Sicht mit Ausblicken über die gesamte Insel umwandern.
Auf- und Abstieg je 240 Hm,
Wanderzeit: 2 ½ Stunden, 6,8 km.

11. Tag: Heimflug
Kurzer Transfer zum Flughafen in Faial und Flug über Lissabon nach München.

Termin: 14.5.–24.5.2018
Aufpreis Einzelbelegung: € 425,-
Teilnehmer: min. 10 bis max. 15 Personen

Inkludierte Leistungen
> Linienflug ab/bis München
> Unterkunft, Halbpension
> Fähren und Transfers auf den Azoren
> Reiseleitung durch Wolfgang Deisenberger

Allgemeine Informationen / Reisebedingungen

Preis- und Programmänderungen:
Sind vorbehalten aufgrund von Änderungen von Wechselkursen, Erhöhungen bei Treibstoffpreisen, Erhöhung oder Einführung von Steuern und Abgaben, die zum Zeitpunkt der Kalkulation noch nicht bekannt waren. Gemäß den „Allgemeinen Reisebedingungen" und den Richtlinien des Konsumentenbeirates des Bundesministeriums für Gesundheit, Sport und Konsumentenschutz darf die Erhöhung nicht mehr als maximal 10 Prozent des Pauschalpreises betragen.

Zahlungskonditionen:
Bei Buchung ist eine Anzahlung in der Höhe von 20 Prozent des Pauschalbetrages zu entrichten. Die Restzahlung ist so zu bezahlen, dass der Betrag eine Woche vor Abreise bei uns eingelangt ist. Im Falle eines Zahlungsverzuges gelten der Ersatz sämtlicher Mahn- und Inkassospesen, sowie Zinsen von 1 (einem) Prozent/Monat als vereinbart. Absage einer Reise wegen Nichterreichung der ausgeschriebenen Teilnehmerzahl: Bei Nichterreichen der Mindestteilnehmerzahl kann die Reise bis 28 Tage vor Reisebeginn abgesagt werden.

Erlebnisreisen (Trekking, Biking und Abenteuerreisen):
Diese Reisen sind bedingt durch die Art der Bestätigung einem höheren persönlichen Risiko ausgesetzt. Wir garantieren für die Organisation im Rahmen der angeführten Leistungen, können aber für Unfälle und sonstigen persönlich erlittenen Schaden keine Haftung übernehmen.

Veranstalter & Reisebedingungen:
Für alle Reisen außer Costa Rica:
Veranstalter: Verkehrsbüro-Ruefa Reisen GmbH, Lassallestraße 3, 1020 Wien. Veranstalterverzeichnis des BMfWFW Nr.: 1998/0290. Versicherer: Erste Group Bank AG. Pol. Nr.: 594115. Abwickler: AWP P&C S.A., Tel. 01/525 030. Ansprüche sind innerhalb von 8 Wochen beim Abwickler zu melden. Anzahlung 20%. Restzahlung ab 20 Tage vor Reiseantritt. Es gelten die ARB 1992 in der letztgültigen Fassung. Preisänderungen vorbehalten. Pass-/Visum-/gesundheitspolizeiliche Informationen abrufbar auf: www.bmeia.gv.at/reise-aufenthalt/reiseinformation.

Für die Costa Rica Reise:
Reisevermittler: Verkehrsbüro-Ruefa Reisen GmbH, Lassallestraße 3, 1020 Wien. Veranstalter: DER Touristik Frankfurt GmbH & Co. KG, Emil-von-Behring-Str. 6, 60439 Frankfurt, Deutschland. Versicherer: Deutscher Reisepreis-Sicherungsverein VVaG. Abwickler: Europäische Reiseversicherung AG, Tel. +49 (0)89/4166-1570. Es gelten die AGBs der DER Touristik Frankfurt GmbH & Co. KG. Preisänderungen vorbehalten. Pass-/Visum-/gesundheitspolizeiliche Informationen abrufbar auf: www.bmeia.gv.at/reise-aufenthalt/reiseinformation

Preise in Euro, Stand 11/2017. Vorbehaltlich Druck- und Satzfehler, Programm-, Preis- und Flugplanänderungen.

Arbeitsaufgaben

1. Verorten Sie auf einer entsprechenden Karte diese Inselgruppe und ermitteln Sie die Koordinaten (geografische Länge und Breite).

2. Benennen Sie die vier wichtigsten Inseln dieser Gruppe.

3. Recherchieren Sie klimatische Hinweise für dieses Reiseziel und erklären Sie, warum hier z. B. Tee, Ananas, Tabak und Wein prächtig gedeihen. Ermitteln Sie die ideale Reisezeit für diese Inseln.

4. Fassen Sie die Programmhöhepunkte kurz zusammen.

5. Erläutern Sie, warum es hier vulkanische Erscheinungsformen gibt.

6. Erklären Sie Ihren Kunden und Kundinnen, welche körperlichen Voraussetzungen die Ersteigung des höchsten Berges verlangt.

7. Bereiten Sie Ihre Kundinnen und Kunden auf die Dauer der Wanderetappen vor.

8. Der Reisepreis ist durchaus gehoben: Stellen Sie Ihren Kunden/Kundinnen die Leistungen dieses Reisepaketes überzeugend dar.

9. Ermitteln Sie bitte im Internet die gesamte Reisezeit München – Azoren und recherchieren Sie den Zeitzonenunterschied.

10. Erläutern Sie Ihren Kunden/Kundinnen, in welcher Sprache man dort mit den Einheimischen kommunizieren kann und ob ein Geldwechsel erforderlich ist.

11. Fassen Sie zusammen, unter welchen Umständen sich der Reisepreis noch nach der Buchung ändern kann und wie hoch diese Preisänderung maximal sein darf.

12. Ermitteln Sie noch, wofür der Veranstalter keine Haftung übernimmt.

2 Angebot einer Flug-Bus-Pauschalreise nach Frankreich

■ ■ FR

Sa 15.09. - Sa 22.09.

NORMANDIE - BRETAGNE
„ZAUBER VON MONT SAINT MICHEL"

REISEWELT 8 Tage ab € **1.499,-**

Schloss Chenonceau

Die malerischen Regionen

Die Regionen Normandie und Bretagne bestechen durch ihre malerischen Landschaften, eine bewegte Geschichte, Kulinarik, kunst- und kulturgeschichtliche Sehenswürdigkeiten sowie als besonderer Höhepunkt - die Abtei Mont Saint Michel. Das Loiretal, der Garten Frankreichs, beeindruckt durch seine zahlreichen Schlösser und Kathedralen.

1. Tag Anreise - Paris - Chartres.
Fahrt nach Chartres Stadtrundgang und Transfer nach Tours.

2. Tag Bootsfahrt - Loireschlösser Chenonceaux und Chambord.
Bootsfahrt mit herrlichem Blick auf das Wasserschloss Chenonceaux. Über das Loiretal kommen Sie zum größten der Loireschlösser, dem Schloss Chambord. Besichtigung beider Schlösser.

3. Tag Tours - Abtei - Amboise.
Ein Vormittag in Tours inklusive Stadtbesichtigung. Weiterfahrt zur Abtei inklusive Besichtigung. Hier lebte der Hl. Martin als Bischof. Am Rückweg lernen Sie Amboise bei einem Spaziergang kennen.

4. Tag Bretagne: Dinard - St. Malo - Mont St. Michel.
Sie verlassen das Loiretal und fahren in die Bretagne nach Dinard. Spaziergang durch die Altstadt mit Fachwerkhäusern. Weiterfahrt nach St. Malo. Rundgang durch die alte Korsarenstadt mit bedeutendem Hafen und der Stadtmauer.

Mont St. Michel

Hafen in Saint Malo

5. Tag Mont St. Michel - Austernzucht.
Ein Tag in Mont St. Michel inkl. Besuch der Abtei. Weiterfahrt in die Bucht von Mont St. Michel und Besuch einer Austernzucht inkl. Verkostung.

6. Tag Normandie: Bayeux - Landungsküste - Caen - Lisieux.
Ausflug ins Hinterland nach Bayeux. Spaziergang durch die Altstadt und Besuch des Museums de la Tapisserie mit seinem einzigartigen Wandbehang. Weiterfahrt an die Landungsküste der Alliierten. Caen ist ihr nächstes Ziel. Die Altstadt blickt auf eine 1000 Jahre alte Geschichte zurück. Auf dem Weg nach Lisieux besuchen Sie eine Käserei inkl. Verkostung der berühmten Spezialitäten der Region.

7. Tag Honfleur - Fécamp - Etrétat.
Honfleur gilt als beliebtes Städtchen bei Malern. Spaziergang entlang der malerischen Kulisse und den beeindruckenden Lagerhäusern, die für die Salzgewinnung errichtet wurden. Nachmittags besuchen Sie die normannische Küste mit ihren eindrucksvollen Kalkfelsen. Rundgang durch die pittoresken Fischerorte Fécamp und Etrétat.

8. Tag Lisieux - Rouen - Rückflug.
Verbringen Sie den Vormittag in Lisieux. Spaziergang durch die Altstadt. Weiterfahrt nach Rouen mit Besichtigung der Altstadt und ihren prachtvollen Fachwerkbauten. Transfer zum Flughafen.

HINWEIS
Mindestteilnehmer: 30 Personen

Bitte beachten Sie die gesonderten Stornobedingungen auf Seite 224

Inkludierte Leistungen

- ✓ Flug mit Austrian Airlines Wien - Paris - Wien
- ✓ Flughafentaxen und Sicherheitsgebühren inkl. Flugabgabe € 94,- (Stand 08/2017)
- ✓ Unterbringung in Hotels der guten Mittelklasse
- ✓ 7 x Übernachtung/Frühstück
- ✓ 7 x Abendessen
- ✓ Rundreise, Besichtigungen und Eintritte lt. Programm
- ✓ deutschsprachige qualifizierte Reiseleitung ab/bis Paris

Nicht inkludiert

- Getränke, zusätzliche Mahlzeiten, persönliche Ausgaben, Trinkgelder, Reise- und Stornoversicherung, Servicepauschale € 19,- p.P.

Reisepreis

Preis pro Person im DZ	€ 1.499,-
EZ-Zuschlag	€ 369,-

41

ALLGEMEINE GESCHÄFTSBEDINGUNGEN UND WICHTIGE INFORMATIONEN

REISEBEDINGUNGEN:
Für alle im Katalog beworbenen Reisen gelten die Allgemeinen Reisebedingungen (ARB 1992) in der letzt gültigen Fassung.

ANMELDUNG:
- persönlich in den Büros von Mader, Krautgartner, Wintereder Reisen und Reisewelt
- schriftlich
- telefonisch (ebenfalls verbindlich)
- per Fax
- per E-Mail
- online über unsere Buchungsportale

FIXBUCHUNG UND REISEUNTERLAGEN:
Nach erfolgter Buchung erhalten Sie eine Buchungsbestätigung mit Zahlschein. Kontrollieren Sie bitte alle Leistungen wie Einzelzimmer/Doppelzimmer, Versicherung, Zusatzleistungen und Zusteigstelle. Der Name und Vorname muss mit dem Reisepass übereinstimmen. Reiseinformation erhalten Sie ca. 2 Wochen vor Reiseantritt.

ZAHLUNGSBEDINGUNGEN:
Sie erhalten nach der Buchung eine Buchungsbestätigung. Spätestens 8 Tage nach Buchung, jedoch nicht früher als 11 Monate vor Abreise ist eine Anzahlung von 20 % des Reisepreises fällig. Die Restzahlung ist 20 Tage vor Abreise zu begleichen. Die gängigsten Kreditkarten werden akzeptiert. Eventuell unterschiedliche Zahlungsbedingungen von Fremdveranstaltern entnehmen Sie aus den Reise- und Zahlungsbedingungen dieser. (Internetadressen siehe Punkt Reisebedingungen und Kundengeldabsicherung gemäß EU Pauschalreiserichtlinie Fremdveranstalter)

MINDESTTEILNEHMERZAHL:
Wenn in der Reisebeschreibung nicht anders angeführt, gilt die Mindestteilnehmerzahl von 20 Personen. Natürlich sind wir bemüht eine Reise auch mit weniger Teilnehmern durchzuführen. Wir müssen uns in diesem Fall den Einsatz eines Kleinbusses sowie die Stornierung der Reiseleitung oder einen Kleingruppenzuschlag (bis zu 10% des Reisepreises) vorbehalten. Dieser ist deshalb notwendig, da bei Unterschreitung der Mindestteilnehmerzahl die Kosten für Begleitpersonen (Führer, Busfahrer,...) pro Person wesentlich höher sind als kalkuliert und auch die Hotelkosten durch Wegfall von ermäßigten Gruppenpreisen erhöht werden. Eine Änderung der Reiseleistungen ist damit nicht verbunden. Die entsprechende Aufzahlung wird spätestens 3 Wochen vor Reisebeginn festgelegt. Bei nachträglicher Überschreitung der Mindestteilnehmerzahl wird dieser Zuschlag wieder rückerstattet.

WARTELISTE:
Ist eine Reise ausgebucht, so haben Sie die Möglichkeit, sich unverbindlich auf die Warteliste setzen zu lassen. Tritt ein Reisegast zurück, werden Sie umgehend verständigt.

PLATZRESERVIERUNG:
Die Sitzplatzvergabe erfolgt nach Eingang der Buchung. Veränderungen infolge von Buseinsatzänderungen behalten wir uns ausdrücklich vor. Ausländische Busse verfügen teilweise nicht über eigene Reiseleitersitze und haben eine andere Sitzordnung. In diesen Fällen müssen die reservierten Plätze den Gegebenheiten angepasst werden. Diese Regelung gilt auch bei Kleingruppen, bei denen 8- oder 13-Sitzer Kleinbusse eingesetzt werden. Diese Sitzplatzverschiebungen sind geringfügige Leistungsänderungen, die den Charakter der Reise nicht verändern und daher keinen Refundierungs- oder Rücktrittsanspruch nach sich ziehen. Es gibt

auch Reisen im Katalog, wo wir keine Sitzplatzreservierung vornehmen können. Diesbezüglich erhalten Sie Informationen bei der Buchung.

IHRE ZUSTEIGSTELLE:
Auf Seite 8 finden Sie die aktuellen Zusteigstellen für unsere Reisen. Wir bitten Sie, uns Ihre gewünschte Zusteigstelle bei der Buchung bekannt zu geben. Bei einem nachträglichen Änderungswunsch der Zusteigstelle, kann es möglich sein, dass diese nicht mehr angeboten wird. Bitte beachten Sie auch, dass nach Versendung der Reiseunterlagen nicht mehr alle angegebenen Zustiege buchbar sind, da wir hier bereits eine fixe Route festgelegt haben.

NICHTRAUCHERREISEN:
Das Rauchen in den Bussen ist nicht gestattet. Es sind jedoch Pausen vorgesehen, die nebenbei den Konsum von Kaffee und Erfrischungen ermöglichen.

FLUGREISEN:
Mit wenigen Ausnahmen haben Sie die Möglichkeit, Ihre Reise auch ab allen Flughäfen Österreichs anzutreten. Gerne überprüfen wir für Sie die entsprechenden Möglichkeiten und den Preis. Natürlich können Vielflieger bei unseren Gruppenreisen Meilen sammeln. Eine entsprechende Gutschrift erfolgt lt. den entsprechenden Vertragsbedingungen. Auch eine Aufzahlung auf Business-Class ist in den meisten Fällen möglich. Flughafentaxen: Die Flughafentaxen und Sicherheitsgebühren sind im Pauschalpreis inkludiert. Bei Drucklegung war dieser Preis aktuell, ist jedoch veränderlich und wird bei der Reiseinformation auf den tatsächlichen korrigiert. Luftverkehrsteuer: Eine von der Regierung eingeführte Luftverkehrsabgabe ab 2011 ist im Pauschalpreis inkludiert. Treibstoffzuschlag: Wir möchten Sie darauf hinweisen, dass es bei allen Transportmitteln Flug/Bus/Schiff aufgrund des steigenden Öl- bzw. Kerosinpreises zu nachträglichen Treibstoffzuschlägen kommen kann.

ALLGEMEINE STORNOBEDINGUNGEN:
Gemäß den ARB 1992 gelten für Gruppenpauschal- und Autobusgesellschaftsreisen folgende Stornogebühren, welche seitens des Veranstalters in Rechnung gestellt werden:

Bis 30 Tage vor Reiseantritt	10 % des Reisepreises
29. - 20. Tag vor Reiseantritt	25 % des Reisepreises
19. - 10. Tag vor Reiseantritt	50 % des Reisepreises
09. - 04. Tag vor Reiseantritt	65 % des Reisepreises
ab 72 Stunden vor Reiseantritt	85 % des Reisepreises
Bei Nichterscheinen	100 % des Reisepreises

SPEZIELLE STORNOBEDINGUNGEN:
1. Musikreisen:
Bei Stornierung einer Musikreise kommen die Stornosätze laut ARB 7.1 für den Reisepreis abzüglich der Eintrittskarten zur Anwendung. Die Eintrittskarten werden voll verrechnet.

2. Kreuzfahrten:

120 bis 91 Tage vor Reiseantritt	25 % des Reisepreises
90 bis 61 Tage vor Reiseantritt	40 % des Reisepreises
60 bis 41 Tage vor Reiseantritt	50 % des Reisepreises
40 bis 31 Tage vor Reiseantritt	60 % des Reisepreises
30 bis 11 Tage vor Reiseantritt	75 % des Reisepreises
10 Tage vor Reiseantritt	100 % des Reisepreises

Betrifft der Rücktritt einen Platz in einer Doppel- oder Mehrbettkabine beträgt der pauschalierte Schadensersatzanspruch in der Regel 100 % des Reisepreises des zurücktretenden Kunden.

3. Zusatzleistungen:
Versicherung, Musicalkarten, Konzert- oder Opernkarten sowie City Cards, Transfer-Wertkarten etc. sind bei Buchung vollständig zu bezahlen und können nicht zurückerstattet werden.

4. Fremdveranstalter:
Reisen bei denen ein Fremdveranstalter angegeben ist (z.B.: GTA Sky-Ways, Idealtours, Gruber Reisen, Prima Reisen, ...) gelten die Stornobedingungen des jeweiligen Veranstalters. Gerne werden Ihnen diese auf Wunsch ausgehändigt.

GESONDERTE STORNOBEDINGUNGEN DER REISEWELT GMBH:
Preis- und Tarifstand: August 2017. Preis-, Programm- und Flugplanänderungen sowie Treibstoffzuschlag vorbehalten. Es gelten die Allgemeinen Reisebedingungen (ARB 92). Insbesondere wird auf Punkt 8.1 verwiesen (Preisänderungen aufgrund von Änderungen der Beförderungskosten, Abgaben/Gebühren bzw. Wechselkurse). Zusätzlich gilt noch die Bedingung, dass bei Nichterreichen der Mindestteilnehmerzahl der Reisepreis bis 21 Tage vor Abreise um 10 % angehoben werden kann. Änderungen der ausgewiesenen Zuschläge, Gebühren/Abgaben werden mit den tatsächlichen Kosten bei Ticketausstellung nachverrechnet/rückerstattet. Auch hier bleiben Änderungen in den letzten 20 Tagen vor Reiseantritt unberücksichtigt. Veranstalter: Reisewelt GmbH. Veranstalternummer: 1998/0023
Für die Eigenreisen der Reisewelt GmbH gelten die verbindlichen Allg. Reisebedingungen (ARB 1992) der neuesten Fassung. Folgende veränderte Punkte gelten: Gesonderte Stornobedingungen (ersetzen Punkt A.7.1.c.1 der Allg. Reisebedingungen i.d.l.g.F.):

ab Buchung	
bis 60. Tag vor Reiseantritt	
(statt bis 30. Tag vor Reiseantritt 10%)	25%
ab 59. bis 40. Tag vor Reiseantritt	
(statt bis 30. Tag vor Reiseantritt 10%)	50%
ab 39. bis 20. Tag vor Reiseantritt	
(statt ab 29. bis 20. Tag vor Reiseantritt 25%)	75%
ab 19 Tage vor Abreise (statt 50% - 85%)	100%.

ALLGEMEINE STORNOBEDINGUNGEN WENN VERANSTALTER WINTEREDER TOURISTIK GMBH:

Ab Buchung bis 60 Tage vor Reiseantritt	10%
Ab 59 bis 30 Tage vor Reiseantritt	25%
Ab 29 bis 20 Tage vor Reiseantritt	50%
Ab 19 bis 10 Tage vor Reiseantritt	65%
Ab 9 bis 2 Tage vor Reiseantritt	85%
Ab 1 Tag vor Reiseantritt und bei No-Show	100%
Flugtickets ab Ausstellung	100%
Nicht refundierbare Anzahlungen & Eintritte	100%

ABWICKLUNG DER STORNIERUNG BEI STORNOVERSICHERUNG:
Eine Stornierung ist dem Veranstalter unverzüglich, am besten schriftlich mitzuteilen. Sie erhalten von uns ein Schadensformular der Versicherung. Das ausgefüllte, im Krankheitsfall vom Arzt bestätigte Formular, senden Sie bitte ehestmöglich an uns zurück. Wir leiten dieses umgehend an die Versicherung weiter und verständigen Sie, sobald die Bearbeitung seitens der Versicherung abgeschlossen ist. Falls Sie eine Rücküberweisung ihres Guthabens wünschen, wird eine Bearbeitungsgebühr von € 25,- in Abzug gebracht. Verwenden Sie das Guthaben für eine weitere Reise, so entfällt diese Bearbeitungsgebühr. Achtung! Bei bestehender chronischer oder psychischer Erkrankung gelten gesonderte Versicherungsbedingungen. Wenden Sie sich bitte an unser Verkaufspersonal.

UMBUCHUNGSGEBÜHR:
Grundsätzlich wird von uns keine Umbuchungsgebühr verrechnet. Wird uns jedoch vom Leistungsträger (z.B.: Fluggesellschaft, Hotel,...) eine Gebühr für die Namensänderung oder sonstige Umbuchungen verrechnet, erlauben wir uns, Ihnen diese in Rechnung zu stellen.

Arbeitsaufgaben

1. Erläutern Sie das gute Preis-Leistungs-Verhältnis dieser Reise und begründen Sie gegenüber einem potentiellen Kunden/einer Kundin, was die Stärken dieses Angebotes sind.

2. Vergleichen Sie den Preis und das Programm mit ähnlichen Angeboten anderer Reiseveranstalter.

3. Recherchieren Sie klimatische Hinweise für den Spätsommer (Reise im September) in Westfrankreich.

4. Recherchieren Sie noch Informationen über drei weitere Loireschlösser: Azay-le-Rideau, Villandry und Chenonceaux.

5. Stellen Sie Ihren Kunden dar, mit welchen weiteren Kosten bei dieser Reise noch zu rechnen ist.

6. Klären Sie noch die Frage eines Kunden, ob für eine Reise nach Frankreich ein österreichischer Pass schon abgelaufen sein darf.

7. Ermitteln Sie den Preis einer Storno- und Reiseschutzversicherung für eine Person bei dieser Reise. (www.ruefa.at)

8. Erheben Sie noch die Höhe der Stornokosten, wenn diese Reise 22 Tage vor Reiseantritt abgesagt werden muss.

3 Angebot einer Flugpauschalreise nach Argentinien und Chile

Südamerika - Rundreise

Reisecode: 9361222

Südamerika - Rundreise
Südamerika

Hotels

- Frühstück und Halbpension
- 18 Tage
- inkl. Flug ab/bis Wien oder München & Fahrt mit einem Tragflügelboot zu den Mond- und Sonneninseln

Termine: 11.11.19 - 05.03.20

pro Person

ab € 3.499,-

ZUR BUCHUNG

Machu Pichu

⌄ Termine & Preise

Saisonen	Termine	Abflughafen	DZ	EZ
Saison A	11.11.19 – 28.11.19 27.01.20 – 13.02.20 17.02.20 – 05.03.20	ab/bis Wien	€ 3.739,-	€ 4.339,-
		ab/bis München	€ 3.699,-	€ 4.299,-
Saison B	20.11.19 – 07.12.19	ab/bis Wien	€ 3.539,-	€ 4.139,-
		ab/bis München	€ 3.499,-	€ 4.099,-

Alle Preise pro Person und Aufenthalt

Belegungsinformation

Doppelzimmer (DZ): Mindest-/Maximalbelegung = 2 Erwachsene.
Einzelzimmer (EZ): Mindest-/Maximalbelegung = 1 Erwachsener.

⌄ Reisebeschreibung

INKLUSIV-LEISTUNGEN

- Bahnfahrt mit den ÖBB in der 2. Klasse ab allen ÖBB Bahnhöfen zum Flughafen Wien und zurück

- Linienflug (Economy Class) mit Iberia ab/bis Wien oder München via Madrid nach Rio de Janeiro und retour von Lima via Madrid inkl. 23 kg Gepäck (mit Umsteigeverbindungen)

- Linienflüge mit LAN Airlines Rio de Janeiro – Iguazú, Iguazú – Buenos Aires, Buenos Aires – Santiago de Chile, Santiago de Chile – La Paz, Cusco – Lima inkl. 23 kg Gepäck

- Flughafentaxen und Sicherheitsgebühren

- 16 x Übernachtung in Hotels der guten Mittelklasse

- Verpflegung: Frühstück und 3 x Mittagessen (Tag 13, 14, 16)

- Teilnahme am Kulturprogramm am Titicacasee (Tag 12)

- 1 x Fahrt mit einem Tragflügelboot zu den Mond- und Sonneninseln (Titicacasee) (Tag 13)

- 1 x Fahrt mit einem öffentlichen Touristenbus Puno – Cusco (Tag 14)

- 1 x Fahrt mit der Schmalspurbahn Ollantaytambo – Aguas Calientes – Ollantaytambo (Tag 16)

- Alle Transfers, Ausflüge und Eintritte lt. Reiseverlauf

- Örtliche, deutschsprachige Reiseleitung

Reiseverlauf

Tag 1 Anreise • Flug via Madrid nach Rio de Janeiro/Brasilien. Ankunft, Begrüßung durch die deutschsprachige Reiseleitung und Transfer zum Hotel.

Tag 2 Rio de Janeiro • Am Vormittag Stadtbesichtigung. Mit dem Bus geht es zur Station der Zahnradbahn, die durch den Tijuca Nationalpark auf den 710 m hohen Corcovado führt. Vom Fuße der 38 m hohen Christusstatue erschließt sich ein einzigartiger Blick auf die, so sagen die Brasilianer, schönste Stadt der Erde. Danach Besuch des Stadtzentrums. Im geschäftigen Kern der Stadt sieht man unter anderem die Stadtkathedrale und das älteste Café, Confeitaria Colombo. Anschließend Fahrt mit der Seilbahn auf den Zuckerhut. 370 m über der Bucht von Guanabara mit Ausblick auf die Strände, das Stadtzentrum und auf die nahe gelegenen Inseln.

Tag 3 Rio de Janeiro – Iguazú • Transfer zum Flughafen und Flug nach Iguazú. Inmitten eines üppigen und vielfältig grünen Urwaldgebietes stürzt der Iguazú etwa 80 m in die Tiefe und mündet anschließend in den Parana Fluss, der die Grenze zwischen Brasilien, Paraguay und Argentinien bildet. Dabei entstehen auf einer Breite von fast 4 km 20 große und über 200 kleinere Wasserfälle. Dadurch sind sie breiter als die Viktoria-Fälle und höher als die Niagara-Fälle und laut vieler Besucher. Jahrtausende lang waren diese Wasserfälle eine heilige Kultstätte für die Stämme der Tupi-Guarani und der Paraguas, ehe sie durch den Spanier Don Alvaro Nunez im Jahre 1541 entdeckt wurden. Er nannte die Wasserfälle Saltos de Santa Maria. Dieser Begriff war aber schon bald vergessen, sodass man den Namen der Tupi-Guarani-Indianer beibehielt: Iguazú, was so viel bedeutet wie „Großes Wasser". Ankunft und Transfer zum Hotel. Anschließend Besuch der brasilianischen Seite der Wasserfälle. Schon von weitem hört und sieht man die Vorboten der größten Wasserfälle der Welt: das dumpfe Grollen und der feine Nebel, der über dem Urwald schwebt.

Tag 4 Iguazú – Buenos Aires • Besuch der argentinischen Seite der Wasserfälle. Die Iguazú-Fälle bestehen aus mehreren Wasserfällen, die verschiedene Bezeichnungen tragen: „Garganta del Diablo" (der Teufelskatarakt), „Dos Hermanas" (die zwei Schwestern), „Salto de San Martin" und noch viele mehr. Nachdem die Grenze überquert ist, führt der Ausflug über die International Tancredo Neves Brücke, die über den Grenzfluss führt. Weiter geht es in den argentinischen Iguazú Nationalpark. Die Besichtigung der Fälle führt zuerst an die Hauptstation der Ökologischen Touristenbahn, der die Besucher in die Nähe der Wasserfälle bringt. Der Weg führt direkt entlang des Wassers. Mit etwas Glück sieht man Schwärme von grünen Papageien kreischend darüber hinweg fliegen, und Myriaden von Schmetterlingen, die sich in dem üppigen, saftigen Grün tummeln. Danach Transfer zum Flughafen und Flug nach Buenos Aires/Argentinien. Ankunft, Transfer zum Hotel.

Tag 5 Buenos Aires • Am Vormittag Stadtrundfahrt in der kosmopolitischen Stadt Buenos Aires. In der Stadt ist auf Schritt und Tritt der Einfluss der verschiedenen Einwanderungsströmungen zu sehen. Die Rundfahrt fängt auf dem Hauptplatz an, auf dem die Stadt 1581 gegründet wurde. Der damalige Plaza de Armas, heute als Plaza de Mayo bekannt, ist das historische, politische und kulturelle Zentrum der Stadt. Die Maipyramide wurde 1811 errichtet und war das erste historische Nationalmonument der Stadt. Um den Platz herum sind die Casa Rosada (Rosa Haus), das heutige Regierungsgebäude, der im Kolonialstil errichtete Cabildo, das erste Rathaus der Stadt von 1754 sowie die Kathedrale zu sehen. Von der Plaza de Mayo aus geht es auf der Avenida de Mayo weiter, ein interessanter Komplex mit verschiedenen Baustilen. Die Tour führt dann in den Bezirk San Telmo, einer der ältesten Bezirke der Stadt, der bis zum Ende des 19. Jahrhunderts von den aristokratischen Familien bewohnt war. Im Bezirk wurde das kulturelle und architektonische Erbe der Stadt größtenteils erhalten. Weiter geht es gen Süden in den nächsten Bezirk, das bunte Hafenviertel La Boca mit seiner berühmten Künstlergasse El Caminito. Ein sehr eigener Baustil und die Gewohnheiten der vielen Einwanderer aus Europa, die Ende des 19. Jahrhunderts ins Land kamen, haben hier nicht nur in der Architektur der bunten Wellblechhäuser, sondern auch in der Küche der typischen „Cantinas" ihren Stempel hinterlassen. Anschließend führt die Tour in den modernen Hafenbezirk Puerto Madero mit seinen alten Hafenspeichern, die heute teure Büros, Lofts, Restaurants und viele elegante Geschäfte mit Blick auf den Rio de La Plata beherbergen. Weiter geht es zum größten Bezirk, Palermo, mit eleganten Residenzen, umgeben von vielen Grünflächen und schließlich nach Recoleta. Der Friedhof von Recoleta überrascht mit reicher Bildhauerkunst. Viele berühmte Persönlichkeiten sind hier beigesetzt, unter ihnen Eva Perón. Neben dem Friedhof befinden sich die Kirche Nuestra Señora del Pilar, das alte Kloster, das heute das Kulturzentrum von Recoleta ist, das Einkaufszentrum Buenos Aires Design sowie die Ausstellungen des Palais de Glace. Am Nachmittag Zeit zur freien Verfügung. Am Abend Möglichkeit, eine Tango-Show inkl. Abendessen zu besuchen (optional zubuchbar).

Tag 6 Buenos Aires • Tag zur freien Verfügung.

Tag 7 Buenos Aires – Santiago de Chile • Zeit zur freien Verfügung. Transfer zum Flughafen und Flug nach Santiago de Chile/Chile. Ankunft, Transfer zum Hotel und Übernachtung.

Tag 8 Santiago de Chile • Am Vormittag Stadtrundfahrt mit Besichtigung der historischen Innenstadt und des Berges San Cristóbal, von dem man einen herrlichen Blick auf die Stadt und die sie umgebenden schneebedeckten Anden hat. Während der Rundfahrt Sicht auf den Präsidentenpalast, einst die Nationale Münzanstalt und daher „La Moneda" genannt, den historischen Hauptplatz „Plaza de Armas", die Kathedrale, den „Palacio de la Real Audiencia", der heute das Nationale Historische Museum beherbergt, und die „Casa Colonial", die Residenz des Gouverneurs während der Kolonialzeit. Den besten Blick über Santiago genießt man vom San Cristóbal. Der Berg ist Teil des riesigen Parks Metro-Politano, der grünen Lunge Santiagos. Weiterfahrt durch Providencia, einem noblen Stadtviertel Santiagos mit eleganten Geschäften, sehr guten Restaurants und einigen futuristischen Hochhäusern.

Tag 9 Santiago de Chile • Tag zur freien Verfügung mit Möglichkeit, an einem Ausflug zum Weingut Undurraga teilzunehmen (optional zubuchbar).

Tag 10 Santiago de Chile – La Paz • Transfer zum Flughafen und Flug nach La Paz/Bolivien. Ankunft und Stadtrundfahrt in La Paz. Die Stadt und ihre Umgebung versetzen ihren Besucher in eine mysteriöse Vergangenheit, wo jede Ecke, jede Straße ein versteckter Schatz ist und das Abenteuer beginnt. Bis zum heutigen Tag werden die Traditionen bewahrt und auf den Straßen erlebt man Magie aus prähispanischen Zeiten. Die indigenen, kolonialen und modernen Gegenden, die klassischen bunten Märkte, der Hexenmarkt und atemberaubende Landschaften werden alle von dem Hausberg Illimani umrahmt. Anschließend Fahrt ins nahegelegene Mondtal. Hier findet man Tonablagerungen, die der Oberfläche des Mondes ähneln. Danach Rückfahrt nach La Paz und Fahrt mit der neuen Seilbahn, um die facettenreiche Stadt aus der Vogelperspektive betrachten zu können.

Tag 11 La Paz • Tag zur freien Verfügung.

Tag 12 La Paz – Huatajata/Titicacasee • Am Vormittag Fahrt nach Huatajata am Titicacasee. Besuch des Ökodorfes „Wurzeln der Anden", des Altiplano-Museums, dem Handarbeiterviertel, den Ton-Iglus und den Begräbnistürmen der Urus-Chipayas. Tierliebhaber werden die reinste Freude haben an den Vicuñas, Lamas, Alpakas und den mythischen Suri. Am späten Abend Besuch der Kallawayas (Naturheiler) und des Alajpacha Sternenobservatoriums. In der mystischen Welt der Kallawaya herrscht der Glaube, dass man erst seine Seele heilen muss, um danach den Körper heilen zu können. Der Kallawaya Tata Benjo segnet die Reise unserer Besucher und beantwortet Fragen mit Hilfe seiner heiligen Kokablätter. Im Alajpacha Sternenobservatorium bekommt man einen Einblick in die Weltanschauung der Aymara und betrachtet die Konstellationen der südlichen Hemisphäre. Übernachtung in Huatajata.

Tag 13 Huatajata/Titicacasee – Puno • Fahrt nach Copacabana mit Überquerung der Tiquina See-Enge. Ankunft und Besuch der Kathedrale sowie der „Indianischen Jungfrau", einer der wichtigsten Pilgerstätten für Bolivianer und Peruaner. Weiter geht es mit einem Tragflügelboot zu den mystischen Mondinseln mit Besichtigung des „Iñak Uyu", die Überreste des Sonnenjungfrauentempels mit der Geschichte der Jungfern. Weiterfahrt zur Sonneninsel, Geburtsort von Manko Kapak und Mama Ocjllo-Kinder des Sonnengottes Wiracocha. Es wird gesagt, dass es ihre Aufgabe war, die Menschheit zu belehren. Es wurde ihnen ein Stab mitgegeben, und diesen probierten sie an verschiedenen Orten in die Erde zu fügen. Als sie nach Cusco kamen, verschwand der Stab in der Erde und so wurde die Inka Stadt gegründet. Mittagessen auf der Sonneninsel und anschließend Rückfahrt nach Copacabana. Weiterfahrt mit dem Bus über die Grenze nach Puno/Peru.

Tag 13 Huatajata/Titicacasee – Puno • Fahrt nach Copacabana mit Überquerung der Tiquina See-Enge. Ankunft und Besuch der Kathedrale sowie der „Indianischen Jungfrau", einer der wichtigsten Pilgerstätten für Bolivianer und Peruaner. Weiter geht es mit einem Tragflügelboot zu den mystischen Mondinseln mit Besichtigung des „Iñak Uyu", die Überreste des Sonnenjungfrauentempels mit der Geschichte der Jungfern. Weiterfahrt zu der Sonneninsel, Geburtsort von Manko Kapak und Mama Ocjllo-Kinder des Sonnengottes Wiracocha. Es wird gesagt, dass es ihre Aufgabe war, die Menschheit zu belehren. Es wurde ihnen ein Stab mitgegeben, und diesen probierten sie an verschiedenen Orten in die Erde zu fügen. Als sie nach Cusco kamen, verschwand der Stab in der Erde und so wurde die Inka Stadt gegründet. Mittagessen auf der Sonneninsel und anschließend Rückfahrt nach Copacabana. Weiterfahrt mit dem Bus über die Grenze nach Puno/Peru.

Tag 14 Puno – Cusco • Transfer zum Busbahnhof. Fahrt mit einem öffentlichen Touristenbus nach Cusco (Dauer ca. 7,5 Std.). Der erste Halt ist bei dem Museum von Pukara. Das Museum verfügt zusätzlich zu Stelen und Monolithen über eine Sammlung von zoomorphen Skulpturen mit raffinierten Details. Pukara war eine der ersten Ansiedlungen auf dem Hochland, welche auf zwischen 100 bis 300 vor Christus zurückgeht. Dann kurzer Stopp bei Raya, dem höchsten Punkt der Straße zwischen Puno und Cusco, 4.338 m über dem Meeresspiegel. Mittagessen in einem lokalen Restaurant in Sicuani. Anschließend Besuch der Raqchi Ruinen mit Blick auf den Tempel von Wiracocha, dem Sonnengott der Inkas. Der letzte Halt vor Cusco ist Andahuaylillas, ca. 40 km vor der Inkastadt. Hier befindet sich die bekannte Andahuaylillas Kirche, welche wegen der hohen Qualität seiner Kunstwerke auch „Die Sixtinische Kapelle Amerikas" genannt wird. Die Struktur wurde im 16. Jahrhundert über die Überreste von Gebäuden gebaut, die wahrscheinlich zu der Wari-Kultur gehörten. Es beherbergt eine originale Pfeifenorgel, die vor kurzem restauriert worden ist. Ankunft in Cusco und Transfer zum Hotel.

Tag 15 Cusco • Am Vormittag Stadtrundfahrt. Die heutige Tour beginnt bei Coricancha, welcher auch als der Sonnentempel bzw. Goldener Tempel bekannt ist. Dieser wurde von dem Inka Pachacutec (1438 – 1572) gebaut und bei der Ankunft der Spanier zur Grundlage für den Bau des Kloster Santo Domingo. Hier wurde während der Inkazeiten die Sonne angebetet. Es gab eine Zeit als er mit Gold bedeckt war, was den Namen Goldener Tempel erklärt. Anschließend Besuch der Kathedrale, das imposanteste Denkmal auf der Plaza de Armas. Ihr Bau begann im Jahre 1560 und endete erst im Jahre 1654, fast ein Jahrhundert später. Für den Bau wurden Hunderte von Steinen von der nahe liegenden Festung Sacsayhuamán unter dem Kommando des Kirchenrats extrahiert. Anschließend Besuch der Überreste der Festung Sacsayhuamán, eines der charakteristischsten Gebäude der Inkas, welches ebenfalls vom Inka Pachacutec im fünfzehnten Jahrhundert erbaut wurde. Die riesige Festung wurde mit großen Steinen gebaut, deren Transport bis heute immer noch ein Rätsel ist. Während der Wintersonnenwende, am 24. Juni, wird hier Inti Raymi gefeiert und die Sonne verehrt. Danach Fahrt zu den Inka-Anlagen Qenko und Puka Pukara. Qenko ist ein archäologischer Komplex, von dem man annimmt, er galt hauptsächlich dem religiösen Gebrauch und man glaubt, dass dort entsprechend Rituale und Zeremonien zum Wohle der Landwirtschaft abgehalten wurden. Der Tag endet mit dem Besuch des Puka Pukara, was übersetzt „Rote Festung" bedeutet. Ein architektonischer Komplex mit mehreren Räumen, Plätzen, Bädern, Aquädukte, Mauern und Türmen, welcher angeblich dem Militär diente.

Tag 16 Cusco – Machu Picchu – Cusco • Fahrt nach Ollantaytambo. Weiterfahrt mit der Schmalspurbahn durch die Urubamba-Schlucht nach Aguas Calientes, welches auch als Machu Picchu Pueblo bekannt ist. Ankunft und Busfahrt zur Ruinenstadt Machu Picchu. Der Ort ist ein Meisterwerk der Ingenieurwissenschaften und Architektur und man nimmt an, er diente als Heiligtum und Wohnort des Inka Pachacutec (1438 – 1572). Machu Picchu, was so viel wie „Alter Berg" bedeutet, ist ein Weltkulturerbe der UNESCO und wird als eines der neuen sieben Weltwunder betrachtet. Rückfahrt nach Aguas Calientes. Mittagessen und anschließend Rückfahrt mit der Schmalspurbahn nach Ollantaytambo und weiter nach Cusco.

Tag 17 Cusco – Lima – Rückreise • Transfer zum Flughafen und Flug nach Lima/Peru. Ankunft und anschließend Stadtrundfahrt. Die Fahrt beginnt in der Innenstadt mit dem Besuch des Hauptplatzes. Das ist der Ort, wo Lima als 1Die Stadt der Könige! im Jahr 1535 gegründet wurde. Blick auf den Präsidentenpalast, den Palast des Erzbischofs und die Kathedrale. Anschließend Besichtigung der San Francisco Kirche mit seiner Sammlung alter Bücher und einem authentischen Netzwerk von Katakomben, welche für die Öffentlichkeit zugänglich ist. Weiter geht es zum Viertel Pueblo Libre, um das 1926 von Rafael Larco Hoyl gegründete Larco-Museum zu besuchen. Das Museum befindet sich in einer vizeköniglichen Villa, welche auf einer präkolumbianischen Pyramide des 7. Jahrhunderts erbaut wurde und beherbergt die umfassendste prä-hispanische Sammlung von Gold und Silber Artefakten. Anschließend Transfer zum Flughafen und Rückflug via Madrid.

Tag 18 Ankunft in Wien bzw. München und individuelle Heimreise.

Arbeitsaufgaben

1. Suchen Sie zu allen auf der Karte genannten Orten Fotos und Kurzinformationen aus dem Internet (TOP Sehenswürdigkeiten).

2. Fassen Sie die Leistungen zusammen und begründen Sie gegenüber einem potenziellen Kunden/einer Kundin, was daran besonders positiv ist.

3. Vergleichen Sie den Preis mit ähnlichen Angeboten anderer Reiseanbieter und analysieren Sie die unterschiedlichen Preisniveaus dieses Angebots.

4. Geben Sie dem potenziellen Kunden/der Kundin Auskunft über das Klima der Zielregion.

5. Erklären Sie dem Kunden/der Kundin, warum es im Süden Lateinamerikas so viele Vulkane gibt.

6. Erklären Sie dem Kunden/der Kundin, was das Besondere am Tjuca Nationalpark ist und wie die Anden entstanden sind.

7. Sie erklären dem Kunden/der Kundin, was es mit der Zeitverschiebung auf sich hat und mit wieviel Zeitunterschied er/sie zu rechnen hat.

8. Sie geben dem Kunden/der Kundin Auskunft über die Airlines, mit denen er/sie unterwegs sein wird.

Stichwortverzeichnis

Bildnachweis

S. 9 links: www.london-2006.de
S. 12 oben: Waldviertel Tourismus
S. 16: http://www.feldkirch.at
S. 17 RS: http://upload.wikimedia.org
S. 27: http://de.wikipedia.org
S. 29: (Marmor) DinoPh / Shutterstock.com
S. 34 RS: http://upload.wikimedia.org
S. 35 Mitte: Derflinger, Manfred
S. 35 unten: Friedhuber, Sepp
S. 38 Mitte: Derflinger, Manfred
S. 38 unten: https://www.google.at/
S. 39 RS: unbekannt
S. 40 oben: www.hoeckmann.de
S. 40 unten: http://www.t-online.de
S. 40 HS: https://www.google.at/
S. 41: http://images04.oe24.at/erdbeben_karte_oe.jpg
S. 42: aus HAK I S. 44
S. 43 (3): unbekannt
S. 43 (4): http://upload.wikimedia.org
S. 43 (5): unbekannt
S. 43 (6): unbekannt
S. 44 rechts: http://www.kleinezeitung.at/
S. 44 links: www.salzi.at
S. 46: Aus HAK I S. 48:
S. 47 RS: http://www.bgr.bund.de
S. 48: (Lavafeld) Paul R. Jones / Shutterstock.com
S. 49(2): unbekannt
S. 49(3): http://www.canyon-tours.com
S. 49(4): de.wikipedia.org
S. 49(5): de.wikipedia.org
S. 54: http://www.familie-koerte.de
S. 55 links: http://www.panoramio.com
S. 55 rechts: www.skihotel-edelweiss.de
S. 61: Mänling
S. 64 links: www.geolinde.musin.de
S. 66 oben: http://www.bieszczady-outdoor.de
S. 66 unten: Rak, Peter
S. 67: Rak, Peter
S. 79/2: Indrich, Alois
S. 79/1:Friedhuber, Sepp
S. 79/3: http://www.abenteuer-regenwald.de
S. 81: (Wüste) sunsinger / Shutterstock.com
S. 94: aus HAK I S. 102:
S. 97 oben: http://www.sueddeutsche.de
S. 97 unten: www.aktuell.ru
S. 98: aus HAK I S. 106:
S. 99: aus HAK I S. 107 oben:
S. 99: http://spectrum.ieee.org/
S. 101: (Antarktis) chrisontour84 / Shutterstock.com
S. 127/1: www.steyr.info
S. 127/2: www.sunny.cusoon.at
S. 127/3: www.fotografie.at
S. 136: Flughafen München, Infobroschüre
S. 137: (Fluglotsen) Stoyan Yotov / Shutterstock.com
S. 140: (Flughafen Frankfurt) travelview / Shutterstock.com
S. 141: (Gastronomie Flughafen) Ko Aun Lee / Shutterstock.com

S. 144: (Flughafen Amsterdam) Aerovista Luchtfotografie / Shutterstock.com
S. 148: (Flughafen Wien) vitfoto / Shutterstock.com
S. 151: (Fluggesellschaft) NextNewMedia / Shutterstock.com
S. 152: (Ryanair) NextNewMedia / Shutterstock.com
S. 154 (Lufthansa) NextNewMedia / Shutterstock.com
S. 160: (Easy Jet) Antony McAulay / Shutterstock.com
S. 171: http://reiseanalyse.de
S. 173: https://www.travel-to-nature.de
S. 174: http://kilimanjaro.bplaced.net
S. 178: http://www.esquinaslodge.com
S. 179: (Hochgebirgstour) Marc Bruxelle / Shutterstock.com
S. 182: http://latina-press.com
S. 197: (Darjeeling mit Bahn) ABIR ROY BARMAN / Shutterstock.com
S. 210: https://www.google.de
S. 219: unbekannt
S. 220/1: unbekannt
S. 220/2: http://www.altausseeschifffahrt.at
S. 220/3: https://www.atterseeschifffahrt.at
S. 229 rechts: unbekannt
S. 234 oben: unbekannt
S. 250: johnbraid (Dampflok)
S. 250: Tupungato (Shinkansen),
S. 252 oben: Sergiy Palamarchuk (Festungsbahn),
S. 255: Majestic Imperator unbekannt
S. 261: Karte Transsib, unbekannt
S. 261: (Blue Train) unbekannt
S. 261 Pres Panayotov (Orient Express)
S. 270: Reimair, Alfred

Alle weiteren Bilder und Karten sind Eigentum der Trauner Verlag + Buchservice GmbH bzw. wurden von adobe.stock.com, shutterstock.com und istockphoto.com zugekauft.

Literaturverzeichnis

Bätzing, Werner: Die Alpen, C. H. Beck Verlag, 4. Auflage, München 2015

Bohn T und D. Neutatz (Hg.): Studienhandbuch Östliches Europa. Band 2: Geschichte des Russischen Reiches und der Sowjetunion. Böhlau Verlag Köln Weimar Wien 2009. 2. Auflage

Edition Le Monde diplomatique Nr. 20 :Warmzeit. Klima, Mensch und Erde, Berlin 2017

Edition Le Monde diplomatique Nr. 13 : Russland, Berlin 2013

Glawion, Rainer u.a.: Physische Geografie – Klimatologie (= das geographische Seminar), Westermann Verlag, Braunschweig 2011

Hofmeister, B.: Stadtgeografie (= das geographische Seminar), Westermann Verlag, Braunschweig 2016

Leser, Hartmut (Hg.): Diercke Wörterbuch Allgemeine Geographie, Deutscher Taschenbuchverlag, Heidelberg 2017

Lichtenberger, E.: Österreich (=wissenschaftliche Länderkunden), Wissenschaftliche Buchgesellschaft, Darmstadt 1997

Luger, K; Rest, F. (Hg.): Alpenreisen – Erlebnis, Raumtransformation, Imagination, (= Tourismus: transkulturell & transdisziplinär, Band 11) Studienverlag, Innsbruck 2017

Reuber, Paul (Hg.): Geographie, Physische und Humangeographie, Spektrum Verlag, Heidelberg 2011

http://ec.europa.eu/eurostat/de/home

http://www.ams.at/

http://www.statistik.at/web_de/statistiken/index.html

https://www.wko.at/